楚国经济史

刘玉堂 著

楚学文库

张正明 主编

刘玉堂 执行主编

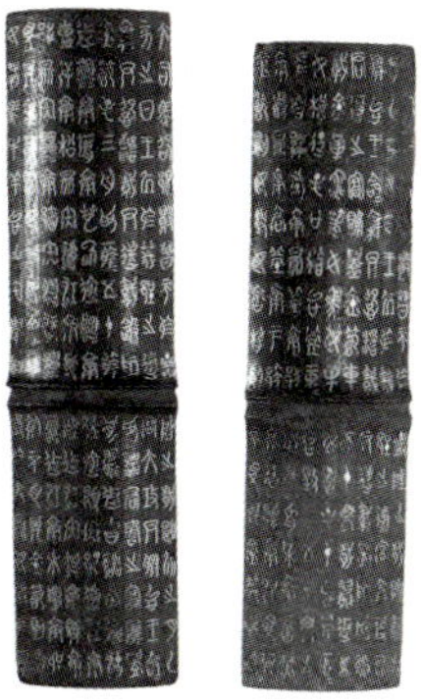

长江出版传媒

湖北教育出版社

图书在版编目（CIP）数据

楚国经济史 / 刘玉堂著. -- 武汉 : 湖北教育出版社, 2024.5
（楚学文库）
ISBN 978-7-5564-4389-5

Ⅰ. ①楚… Ⅱ. ①刘… Ⅲ. ①中国经济史－研究－楚国(?-前223) Ⅳ. ①F129.26

中国国家版本馆CIP数据核字(2023)第112252号

楚国经济史 CHUGUO JINGJISHI

出 品 人 方 平 责任编辑 查 丹
封面设计 蔡立国 责任校对 李庆华
美术编辑 李 枫 何亦明 责任督印 刘牧原

出版发行 长江出版传媒 430070 武汉市雄楚大道 268 号
湖北教育出版社 430070 武汉市雄楚大道 268 号
经 销 新 华 书 店
网 址 http://www.hbedup.com
印 刷 湖北新华印务有限公司
地 址 武汉市硚口区长风路 31 号
开 本 787mm×1092mm 1/16
印 张 21.5
字 数 299 千字
版 次 2024 年 5 月第 1 版
印 次 2024 年 5 月第 1 次印刷
书 号 ISBN 978－7－5564－4389－5
定 价 128.00 元

总　序

光阴荏苒，岁月不居，弹指间《楚学文库》初版问世已近三十个春秋。蓦然回首，当年的盛况仍历历在目：《楚学文库》甫一亮相，即在北京召开了出版座谈会与楚学研讨会，著名学者季羡林、张岱年、何兹全、任继愈、邹衡、庞朴、黄展岳、俞伟超、黄景略、瞿林东、刘梦溪、王渝生、徐敏、白翠琴和主编张正明等先生欣然赴会，畅所欲言，对《楚学文库》给予了高度评价，称其“是本世纪楚文化研究成果的一次重要总结和集中展示”，为“区域文化研究树立了里程碑”，“对其他地域文化的研究必将产生强大的推动作用”，《光明日报》以《光彩神州，丰润中华》为题，整版刊发了与会学者的精彩发言。李学勤先生因故未能莅临盛会，特意致函主编张正明先生，盛赞《楚学文库》“不愧为楚文化研究的集大成之作”。社会反响异常强烈，文化史学界更是好评如潮，虽多次重印，某些专著仍一书难求。

然而，自《楚学文库》出版以来，有关楚文化的考古发现层出不穷，出土文献联翩而至，相关研究成果亦如雨后春笋，学术界对楚文化的认知已由量的积累上升到质的飞跃，加之初版《楚学文库》已难以购全，因此，增补、修订《楚学文库》成为学术界和广大读者的共同心愿。湖北教育出版社审时度势，毅然决然对《楚学文库》进行增修，堪称远见卓识之举！

相较于原版《楚学文库》，增修版至少有如下优长。

一是体量增大，即所收专著数量增加。初版《楚学文库》共有专著18部，除《楚人的纺织与服饰》尊重作者意愿未纳入外，其他17部全部纳入增修版，并在此基础上增加了3部专著，即张正明先生的《楚文化史》，刘彬徽、刘长武先生的《楚系金文汇编》和宋公文先生的《楚令尹制研究》，共计20部。其中，《楚系金文汇编》弥补了初版有简帛文字研究而无铜器铭文研究的缺憾，与原《楚系简帛文字编》可谓珠联璧合，便于人们在一套丛书中得窥楚文字之全豹；《楚令尹制研究》不仅填补了楚令尹制度研究的空白，还为楚官制研究向纵深推进提供了有益的借鉴，二书的重要意义不言而喻。尤其值得关注的是张正明先生《楚文化史》的收入，该书堪称海内外第一部全面、系统、深入研究楚文化的精品力作，不仅在楚学界具有开榛辟莽之功，而且在中国区域文化乃至中华传统文化研究领域享有盛誉，其影响力并未因时光流逝而消减。回想起1987年《楚文化史》横空出世，旋即在历史文化学界掀起一股先睹为快的热潮，书中锦句如“从楚文化形成之日起，华夏文化就分成了北南两支：北支为中原文化，雄浑如触砥柱而下的黄河；南支即楚文化，清奇如穿三峡而出的长江……”等，一时为楚文化研究者和爱好者广泛征引传诵，几近“有井水处皆歌柳词”之情状。正是由于《楚文化史》一书思接千载，视通万里，新意纷披，文采斐然，故虽屡屡再版，依然洛阳纸贵。此次其被纳入增修版，与初版中的《楚史》相映生辉，更利于人们对楚国历史文化的全面认识和整体把握。

二是内容增加，即每部专著都增添了新的内容。近30年间，随着湖北枣阳九连墩楚墓、河南新蔡葛陵楚墓、湖北宜昌万福垴遗址等的发掘，尤其是湖北荆门郭店楚简和上海博物馆、清华大学、安徽大学珍藏的战国竹简等出土文献陆续问世，极大地丰富了楚文化的内容。各位作者秉持精益求精的态度，对新资料悉心梳理、精细甄别，进而充实到原书相关部分，从而使原著更加丰满。

三是精度更高，即匡谬正误，推陈出新。随着新材料的出现、新方法的运用和新技术手段的推广，楚文化研究高潮迭起。增修版各位作者在充分吸收最新研究成果的基础上，提出了一系列新的见解，纠正了原著中存在的谬误，廓清了初版中某些模糊的认识，调整了不甚合理的结构，文字表述也更加准确、精炼和畅达。

人们常常以章太炎先生的“前修未密，后出转精”来形容作品的初版和修订版的差别，我们虽不敢如此自诩，但增修版的质量超越初版则是毋庸置疑的。时值《楚学文库》初版问世29周年和主编张正明先生仙逝18年之际，湖北教育出版社历经9年艰苦细致的工作，郑重推出《楚学文库》增修版，充分体现出该社对学术的尊崇、对事业的执着和对楚文化研究一如既往的关心与支持，其中也饱含着对张正明先生的敬重和缅怀。

作为忝列张正明先生门墙的弟子，我承蒙湖北教育出版社真诚而盛情的邀请，有幸主持了《楚学文库》的增修工作。受命之日，我即摒弃其他琐务，全身心恭奉其事，未敢有丝毫懈怠。因为从某种意义上说，我把这项工作当作是恩师张正明先生布置的一次特殊作业，只不过评判这次作业的不再是恩师，而是广大热心的读者。

因我学识浅陋和能力有限，各位作者增修的时间也较为仓促，增修版错讹之处在所难免，诚望读者诸君不吝指正。

刘玉堂

2024年4月28日

于武汉东湖之滨

编者献辞 *

楚学是一个正在开拓中的学术园地，从初辟草莱到蔚成气象，还不满半个世纪。

楚学的任务是对楚国的历史和文化做多层面的、全方位的研究，需要众多志士仁人为它献出智慧和辛劳。

楚学的对象自成一个博大精深的体系，从神话、传说到信史，从石器时代、铜器时代到铁器时代，从天文、历法到地理，从物质形态的、精神形态的到制度和风俗，从民族、语言到文字，到玉帛到干戈，从科学到巫术，从老、庄的“玄览”到屈、宋的“流观”，从事象到模式，等等，凡上古文化涉及的一切，无所不包。只靠一个学科或者几个学科的力量，断难窥其堂奥而得其神髓。

中国的古代文化是多元复合的，它的主体华夏文化是二元耦合的。所谓二元，就方位来说是北方与南方，就流域来说是黄河与长江，就代表性的始祖来说是黄帝与炎帝，就象征性的灵物来说是龙与凤，就学术的主流来说是儒家与道家，就风格的基调来说是雄浑、谨严与清奇、灵巧。早在先秦，就形成了这样的格局。春秋战国时代的华夏文化，北方以晋（韩、赵、魏）为表率，南方则由楚独领风骚。近数十年来，学术界论及中国古代文化，大抵重北轻南，重河轻江，重黄轻炎，重龙轻凤，重儒轻道，总之，不免失之偏颇。要全面地认识中国古代文化，不可不研究楚学。

世界的古代文化更是多元复合的，它的主体即旧大陆的古代文化也是二元耦合的。这个二元，简单地说来，就是西方与东方。从公元

---

* 本文系 1995 年版《楚学文库》编者献辞。

前6世纪中到公元前3世纪中，西方的希腊与东方的楚竞辉齐光，宛如太极的两仪。然而，近百余年来，学术界论及世界古代文化，往往重西轻东，也不免有偏颇之失。要全面地认识世界古代文化，也不可不研究楚学。

我们奉献给读者的这套《楚学文库》，结集了晚近的楚学专著，总计有书18部。出齐之后，则非仅一斑，而足使读者获睹楚国历史文化的全豹。

对于学术问题，见仁见智是正常的现象。我们的编纂宗旨是择善而取，不拘流派，不分门户，不求千口一腔。各部专著分开来看，都自成一家言。整套文库合起来看，则可谓："纷总总其离合兮，斑陆离其上下。"

《楚学文库》编委会

目　　录

导　论

恩格斯指出："每一时代的社会经济结构形成现实基础，每一个历史时期由法律设施和政治设施以及宗教的、哲学的和其他的观点所构成的全部上层建筑，归根到底都是应由这个基础来说明的。"[①] 研究楚国历史，离不开对楚国社会经济结构形成现实基础亦即经济基础的分析。

作为楚国社会经济基础最主要的组成部分的土地所有制，无疑是形成经济制度和政治制度最重要的根源。因此，楚国土地所有制便理所当然地成为笔者考察的第一个对象。

西周早期，周成王把一块蛮荒之地封给楚人，旨在以此确定楚人对周室的经济附庸关系和政治隶属关系，并无画地为牢之意。事实上，以当时楚族的规模，绝非区区方圆"五十里"的"子男之田"[②] 所能容纳。但是，无论楚人实际占据的地盘有多大，它从名义上来说都归周天子所有，楚人则只是占有土地。因此，终西周之世，楚人尚无名分上属于自己的土地。

春秋早期，楚人熊通为了挣脱周室的控制，自立为武王。熊通称王后的第一个目标便是锐意扩张领土。楚王将所灭之国改建为直接隶属于楚中央政府的县邑，并从新占之地中拿出一部分封赏给贵族。从春秋早期到战国中期，楚国的土地所有制走的是一条国君所有制与里社占有制、领主占有制、自耕农占有制相结合的道路。而王田、食邑和小私有土地，则是楚国土地所有制最主要的三种形式。尽管贵族在其食邑内具有一定的支配权力，也尽管自耕农所占有的土地从某种程度上说已具有

① 马克思恩格斯全集·第20卷［M］. 北京：人民出版社，1971：29.
② 史记·卷四十［M］. 北京：中华书局，1959.

私有的性质，但是，楚王仍是土地的最高所有者。用楚芋尹申无宇的话说，就是："封略之内，何非君土？"① 需要强调的是，楚国存在着井田制度。但是，楚国的井田只是官方征收军赋计算土地面积的单位，而非百官俸禄的等级单位，更非土地所有制的一种形式。大约在春秋中期或许更早，楚国的土地制度开始有了某些变化，这些变化突出体现在土地交易的出现引起了里社土地的松动，贵族食邑世袭已成为客观存在的事实，以及小私有土地的进一步发展。但是，楚国土地制度的这类变化仍然只是"量"的变化，它并未从根本上改变楚国土地所有制的性质。

一定的土地制度决定一定的赋税制度。正如马克思所指出的："如果不是私有土地的所有者，而像在亚洲那样，国家既作为土地所有者，同时又作为主权者而同直接生产者相对立，那末，地租和赋税就会合为一体。"② 楚国的赋税制度，主要包括军赋、田税、地租、户口税、关市税和贡纳几种形式。楚国的军赋开始于春秋早期，完善于春秋晚期。文献记载表明，楚国县邑的军赋由国家通过县这个政权机构直接向土地占有者征收，而封邑或曰赏田则由贵族代为征收，这就是说，楚国的军赋普行于一切土田而无所豁免。在楚史研究乃至先秦史研究中，不少学者或以为楚国田税（赋）同军赋是同名异称，或以为田税是军赋的一个子目。事实上，在楚国，田税与军赋是两种不同的赋税形式。前者以增强国家经济实力为鹄的，后者则以加强国家军事实力为旨归。尽管二者征收的对象同为土地占有者。关于楚国地租问题，目前主要有两种看法：一种看法认为楚国自武王翦灭"汉阳诸姬"始，便从周人那里接过其先进的地租制度；一种看法认为楚国自始至终只有田税，未有地租。我们以为，上述两种观点都有偏颇之嫌：楚人土地制度是从原始社会脱胎而来，周人土地制度则是由奴隶社会发展而至，二者基础迥异，决定了楚人不可能一开始就全盘照搬周人的地租制度；战国中期，随着不同

① 杨伯峻．春秋左传注［M］．北京：中华书局，1990：1284.

② 马克思恩格斯全集·第 25 卷［M］．北京：人民出版社，1974：891.

类型的私有性质的土地日见其多，公法上的土地国有和私法上的土地私有逐渐分离，新兴地主阶级便通过向农民收取地租的形式转嫁自己承担的日趋繁重的赋税负荷。楚国的户口税，是指以户为征税单位，以口为收税标准，并非户税之中又包含口税，也并非按人和户为单位分别征收的两种税收的合称。关市税，也是楚国财政收入的一个极其重要的来源。楚国关市税的特点是向巨商大贾倾斜，这是楚国为了刺激商品经济的发展而采取的一种让利政策。楚国从附庸国索取的“邦国之贡”和从本国牧、衡、虞等索取的“万民之贡”，是楚国一项重要的经济收入。楚国赋税项目之完备，在列国中罕有其匹。

土地所有制决定作为封建社会上层建筑重要内容的宗法制；反过来，宗法制又制约着一定的土地关系。宗法制的核心是世袭制。长期以来，学术界对楚国宗法制的核心君位世袭制所见不一。不少学者认为，分封制与宗法制是相互为用的，而楚人恰好缺乏宗法制的传统，他们的传统是传弟与传子并用，且传子也不必立嫡立长，此即所谓“楚国之举，恒在少者”。[①] 然而，楚国君王继位的史实却不能为上述观点提供证明。在楚国数百年的历史上，兄终弟及仅有五例。在这五例中，有三例是因兄无子才传弟，一例是弟弑兄子自立，一例是弟弑兄而篡立。总之，五例都属于特殊情况，即要么是先王无后，要么是王弟凭借武力非法窃取政权。这五例都不是正常情况下的君位递遭，就不能说是“传统”，也更不能算作“制度”了。再看“传子也不必立嫡立长”。在楚国历史上，少子继承君位者有三例，无一不是弑兄而立；庶子继承君位者有一例，同样是弑立。二者凡四例，没有一例是合法继承的。由此可见，楚国君位继承实行的是嫡长子继承制，“兄终弟及”和“少者”继位都只能算是变例。与宗法制度密切相关的楚国等级构成，也体现出楚国社会的封建特征。《左传·昭公七年》记楚人申无宇对楚王说：“天有十日，人有十等。下所以事上，上所以共神也。故王臣公，公臣大夫，

① 杨伯峻. 春秋左传注［M］. 北京：中华书局，1990：514.

大夫臣士，士臣皂，皂臣舆，舆臣隶，隶臣僚，僚臣仆，仆臣台。马有圉，牛有牧，以待百事。”申无宇这里列举的，是楚国贵族封邑内的等级构成，而非阶级关系。等级构成与阶级关系既有联系，又有区别：即前者指的是楚国政制和军制中的上下隶属关系，后者指的是楚国统治阶级与被统治阶级的关系。假若申无宇讲的是楚国的阶级关系，那么，作为楚国被统治阶级主体的庶人为何被排除在外？相反，由于等级构成强调的是一种有条件的政治从属关系，而庶人既不为贵族所臣，自己又无奴隶可臣，故难以列入上臣下的等级构成之中。在这十等人中，自士以上四等人身份不言自明。在自皂至台的六等人中，皂、舆、隶三等人断非奴隶；僚虽然同奴隶的地位比较接近，也只能归于下等役徒之属；仆和台倒是奴隶，但却是家内奴隶。由此可见，上述等级构成虽然不是楚国阶级对立的缩影，却是某些阶级内部存在的等第关系的写照，是我们判断楚国社会性质的一个不可或缺的参考系数。

庶人作为楚国被统治阶级的主体，是楚国的直接生产者。但是，对于庶人亦即楚国直接生产者的身份，却存在着不同的见解，而这又直接牵涉对楚国社会性质的判定。我们以为，楚国直接生产者的身份是农奴和其他依附农民，这是对有关史料进行综合分析所得出的结论。当然，在楚国直接生产者之间，也并非全无奴隶。只是农业奴隶在楚国是极个别的现象，而且限于畜牧业之中。直接生产者的农奴身份，无异于标志着楚国社会的封建性质。

对楚国土地制度、赋税制度、宗法制度与等级构成和直接生产者身份等问题的分析考察，为我们研究楚国社会经济形态的演变轨迹奠定了基础。史实表明，鬻熊之世，楚人尚徜徉于原始社会之中。熊绎受封，只是标志着楚开始由成熟的独立个体姿态踏上历史舞台，并非意味着楚已从原始部落集团转变成完全意义的国家。虽然自熊渠以后西周楚君的继承状况已日渐反映出贫富的分化和阶级的对立，但是，终西周之世，这种分化和对立都还没有完全超越氏族社会所允许的范围。春秋早期熊通自立为武王，是楚国历史上发生的重大转折。从此，楚人原来那种氏族制度的机关已被完全意义的国家机关所取代。尤其值得注意的是，楚族并非像诸夏那样从原始社会过渡到奴隶社会而后封建社会，而是超越了奴隶社会这个历史阶段，直接由原始社会过渡到封建社会。楚国历史发展阶段上表现出来的特殊性，是由内、外两方面的因素及其交互作用决定的。大约在战国中期，楚国已基本完成了由封建领主制向封建地主制的转变。

作为封建社会基本生产部门的农业，自春秋开始在楚国获得了较快的发展。楚国农业发展最重要的标志是农田水利的设施与建设。楚国农田水利设施包括堤防工程、蓄水工程和排灌工程，其中以蓄水工程最负盛名。如春秋中期楚令尹孙叔敖主持兴建的期思陂，是我国亘古以来第一个社会性的大型农田水利工程，它比我国历史上几个早期的著名水利工程——魏国的西门渠、秦国的都江堰和郑国渠，分别要早 200 多年、350 年和 360 年。战国晚期，楚人子思又主持兴建了另一个大型水利工程——芍陂。如众所知，楚国发达的农业文明，不仅造就了农家学派的创立者——许行，而且催育了我国最早的农学著作——《神农》。萃于《吕氏春秋》等典籍中的有关农业生产技术与经验的理论，有不少是楚人智慧的结晶。

楚国的手工业也堪称发达。这种发达主要表现在两个方面：即较为完善的手工业管理与生产体系和较为先进的手工业生产与工艺水平。文献记载和考古发现的资料均表明，楚国官营手工业门类全、规模大、分布广，在楚国手工业生产中居于绝对优势，民间手工业则只是其基础和补充。从生产管理的角度看，楚国不仅有着完备的工官制度和合理的官吏配置，而且有着比较严格的生产技术监督和产品质量检验规章，甚至还在一定范围内推行了生产责任制。楚国手工业生产者，主要包括国工、匠客和工奴三种。其中匠客是在楚国工作的外国工匠。正是由于楚人能够最大限度地发挥异国技术人才的聪明才智，吸取当时各国最先进的技术成果，因而赢得了手工业生产的高速发展和技术水平的全面提高。考古发现表明，在春秋中晚期，楚国不仅普及了中原大约在春秋中期推广的分铸、焊接技术，而且创造了中原尚未尝试的失蜡法铸造工艺；不仅镶嵌红铜工艺的采用在时间上同中原难分先后，而且镶嵌黑漆工艺的采用更是比中原捷足先登。[①] 楚国还很可能是我国周代铁器最多和最早发明铸铁柔化技术的国家。同楚国相比，西方获得铸铁柔化技术晚了大约1700年。楚国的丝织刺绣业，代表了当时的最高水平：已发现的楚国丝织品主要有纱、罗、绢、绨、组、绮、锦、絛、纨、缟、缣、縠等十二种，几乎囊括了先秦丝织品的所有类别；丝织物中经二重、经三重组织和纬二重组织的出现，表明楚国纺织品的结构已经相当完备；从有些锦面的花纹图案贯穿全幅来看，楚人已拥有较先进的提花织机；对某些丝织物的捶砑和压光处理，更说明楚人的织造技术已向深加工迈进；楚国刺绣品中单行劈绒接针的锁绣花纹方法的采用，在先秦刺绣业可谓独步一时。楚国的漆器制造工艺，堪称东周列国之翘楚。已发现的楚国漆器表明，楚人不仅生产出精制漆和调油漆，而且熟练掌握了彩绘、针刻、错嵌、描金、贴金等髹漆工艺。此外，楚国的料器制造业也后来居上，堪与西亚等地生产的料器相媲美。

与农业和手工业相比，楚国的商业也毫不逊色。楚国商业繁盛的标志，不仅在于它有着一整套商业管理机构和职官，而且在于商人在楚国具有一定的社会地位，更重要的是楚国有着发达的商品贸易、商业都会与交通，以及独特的货币系统和完备的度量衡。就商品贸易而言，楚国不仅同当时中国版图内列国诸邦有着频繁的贸易往来，甚至同中亚、西亚、南亚、东南亚等地也有着商品交流。楚国著名的商业都会有郢、鄢、宛、陈、寿春、吴等，其中尤以郢都最为繁华。在交通方面，与中原诸夏偏重陆路和吴越偏重水路不同，楚国将水陆交通的发展几乎置于同等重要的地位，到战国时期，楚国北通中原、东连吴越、南达五岭、西接巴蜀，已形成较为完整的水陆交通网络。迄今已知先秦时期金、银、铜三种货币齐备者，唯有楚国。其中金、银铸币在列国中也是仅见的。在

① 张正明．楚文化史［M］．上海：上海人民出版社，1987：59.

币形、币材，以及币值、币文方面，楚币都别具一格，有异于同时其他各国的货币。在春秋战国时代我国度量衡日臻完备的历史进程中，楚国度量衡的领先地位也是显而易见的。

楚国之所以能够在社会形态上躐等破格、经济体制上另辟蹊径和生产技术上突飞猛进，取决于楚人激扬蹈厉的进取精神、恢宏通达的开放气魄和领异标新的创造意识。假定楚人在历史的转折关头不是探索自己的前进道路而是固守诸夏的发展模式，那么，他们绝不可能把自己的国家建设成为第一流的经济大国，也不可能取得震古烁今的生产技术成就。外求诸人以博采众长，内求诸己而独创一格，这既是楚国历史发展的道路，也是楚国经济发展的捷径。

楚国巨大的经济成就，对中国后世经济的发展产生了不可低估的影响。楚国堪称发达的农业和手工业生产技术，既为秦统一南方准备了物质条件，又为汉魏以降中国经济文化重心的南移奠定了基石；楚国相对发达的早期商品经济，不仅为我国历代反封建斗争提供了某种历史的启示，而且是我国古代南方商品经济的发展乃至明清之际资本主义萌芽的活水源头。

第一章　土地制度

第一节　土地所有制形式

土地所有制，是社会制度的基础。土地所有制的形式及其体系结构，不仅是形成社会经济制度和政治制度主要特征的重要渊薮，而且也制约着阶级斗争，对社会历史发展进程有着重大的影响。

春秋初期以前，楚君对周天子具有经济附庸关系，楚国的土地从名义上说为周天子所有，楚人则只是占有土地。但实质上，在这里“所有”与“占有”几乎统一起来了，或许称为“享有”更为合适。

《史记·楚世家》记：“楚熊通怒曰：‘吾先鬻熊，文王之师也，蚤终。成王举我先公，乃以子男田令居楚，蛮夷皆率服，而王不加位，我自尊耳。’乃自立，为武王。”熊通称王后，整军经武，锐意扩张，以所灭之国为己有。楚王把所得之地拿出一些来封赏给贵族，从春秋初期到战国中期，楚国的土地所有制走的是一条国君所有制与里社占有制、领主占有制、自耕农占有制相结合的道路。

《左传·昭公七年》记载楚芋尹申无宇同楚灵王议论楚国土地制度时，说过这么一段话：“天子经略，诸侯正封，古之制也。封略之内，何非君土？食土之毛，谁非君臣？故《诗》曰：‘普天之下，莫非王土；率土之滨，莫非王臣。’”由此可见，楚国土地所有制在根本原则上仍保留了西周的封建土地所有制。楚人心目中“封略之内”的“君土”，与周人诗中“普天之下”的“王土”不仅文词类似，而且含义相同，即楚王是土地的最高所有者。[①] 这正如马克思在论证亚细亚的财产形式时所说：“在大多数亚细亚的基本形式中，凌驾于所有这一切小的共同体

① 何浩 . 试论西周春秋时期的楚国土地占有制度［J］. 江汉论坛，1983（4）.

之上的总合的统一体表现为更高的所有者或唯一的所有者，实际的公社只不过表现为世袭的占有者。”[①] 在楚国，楚王是土地的最高所有者，里社则是土地的实际占有者。

概而言之，楚国的土地所有制，主要有王田、食邑和小私有土地几种形式。

一、王田

马克思指出：“土地所有权的前提是，一些人垄断一定量的土地，把它作为排斥其他一切人的、只服从自己个人意志的领域。”[②] 这里的“王田”，是指由王室直接垄断的土地。《国语·楚语下》记观射父对楚昭王追述历代楚王的祭祀制度为：“兆民经入畡数以奉之。”观射父还以之同周制作了比较：“天子之田九畡，以食兆民，王取经入焉，以食万官。”孙诒让认为，“九畡”之田是“专据邦畿言之”，即王室直接控制的畿内之地；所谓“经入”即“京入”，也就是京畿九畡之田的收入。[③] 可见，楚王“经入畡数”就是仿照周天子的做法，直接掌管楚都畿内的耕地，以此项收入解决供奉祭祀、王室生活费用、百官俸禄和军队粮饷等。

随着楚国版图的拓展，王田也日渐突破都畿范围。自从楚武王克权为县以后，楚王田已开始扩大到一切县邑，凡是设县的地方，其田皆由王室直接管辖，任命县尹（公）处理县内军政事务，这是楚国王权日益扩大的经济基础。[④]

有学者认为，在王田中，臣工被分给一定的禄田，但只能收取田租，境内人民还是由王的代理人——县尹（公）管理。其根据有三：第一，《淮南子·缪称训》载：“楚庄（王）谓共雍曰：‘有德者受吾爵禄，

① 马克思 . 资本主义生产以前的各种形式［M］// 马克思恩格斯全集 · 第 46 卷 . 北京：人民出版社，1979：473.
② 马克思恩格斯全集 · 第 25 卷［M］. 北京：人民出版社，1974：695.
③ 孙诒让 . 籀庼述林 · 卷二［M］. 北京：中华书局，2010：93.
④ 郭仁成 . 楚国经济史新论［M］. 长沙：湖南教育出版社，1990：66—67.

有功者受吾田宅。'" 所谓"有德者受吾爵禄"，指的是在职官员必分予禄田，如《左传·昭公十三年》所称"有禄于国"，杜预注："受禄邑"，就是这种禄田。第二，《韩非子·喻老》称："楚邦之法，禄臣再世而收地。"而《淮南子·人间训》则称楚国之法"功臣二世而夺禄"，《吕氏春秋》亦云"楚功臣封二世而收"。后两书以"禄臣"为"功臣"，是把这两种制度混为一谈了。不然的话，为何《韩非子·和氏》记吴起说"不如使封君之子孙三世而收爵禄"。如依《淮南子》和《吕氏春秋》之说，功臣既已"二世而收"，哪还用得着"三世而收"呢？只有"禄臣"才"再世而收地"，所以孙叔敖一死，他那个没做官的儿子便不能继承他的禄田，只好上山砍柴来维持生活。第三，文献对禄田的单位有明确的记载，如《战国策·楚策》称："叶公子高食田六百畛"，又云："蒙谷之功多……封之执珪，田六百畛"；《淮南子·道应训》谓子发攻蔡有功，宣王"列田百顷而封之执珪"；《吕氏春秋·异宝》称："荆国之法，得伍员者，爵执珪，禄万担，金千镒"。可见大约爵至执珪，食禄田六百畛，合百顷，可收租谷万担。① 依我之见，这三条根据似乎都有重新商讨的余地。先说第一条：《淮南子·缪称训》载"有德者受吾爵禄，有功者受吾田宅"，这里的"爵禄"，即官吏的俸禄，起初是实物，后来也有黄金，未必是禄田。至于《左传·昭公十三年》"有禄于国"，似应理解为领取国家俸禄，杜预解释为"受禄邑"，显系揣测之辞。再说第二条：说者以为是《淮南子》和《吕氏春秋》以"禄臣"为"功臣"，把这两种制度混为一谈了。而事实恰恰相反，是《韩非子·喻老》误把"功臣"作"禄臣"。《韩非子·喻老》的原文是这样的："楚庄王既胜，狩于河雍，归而赏孙叔敖。孙叔敖请汉间之地，沙石之处。楚邦之法，禄臣再世而收地，唯孙叔敖独在，此不以其邦为收者，瘠也，故九世而祀不绝。""赏""封"义近，既然是"归而赏孙叔敖"，说明是赏田，也即封邑，而非禄田；受赏者或曰受封者也只能

① 郭仁成.楚国经济史新论［M］.长沙：湖南教育出版社，1990：65—66.

是功臣，而非禄臣。同一件事，《淮南子·人间训》作："楚庄王既胜晋于河、雍之间，归而封孙叔敖，辞而不受。病疽将死，谓其子曰：'吾则死矣，王必封女。女必让肥饶之地，而受沙石之间。有寝丘者，其地确石而名丑，荆人鬼，越人机，人莫之利也。'孙叔敖死，王果封其子以肥饶之地。其子辞而不受，请有寝之丘。楚国之俗，功臣二世而爵禄，唯孙叔敖独存。此所谓损之而益也。"由此可见，《淮南子·人间训》先言"封"，后言"功臣"，前后一致，合情合理。这正是对《韩非子·喻老》前言"赏"，后言"禄臣"，概念混淆的拨乱反正。《吕氏春秋》则是先言"功臣"，后言"封"，也一改《韩非子·喻老》前后矛盾的讹误，而与《淮南子·人间训》相同。至于论者举《韩非子·和氏》"不如使封君之子孙三世而收爵禄"以证二世而收者非"功臣"而应为"禄臣"，也是忽略了楚国历史发展中阶段性的区别。《韩非子·喻老》说的是楚庄王时的事，而同书《和氏》说的则是楚悼王时的事，二者相距二百余年，楚国的封邑制度发生变化是理所当然的，不存在相互矛盾的问题。事实上，楚国的封邑本来是规定"二世而收"的，后来，由于封君实力的增强，渐渐向世袭制过渡。对此，考古材料提供了确凿无疑的证据。时代为战国中晚期的湖北荆门包山二号楚墓出土竹简，就记载有食邑世袭的情况。如第151、152简文记："左驶番戌飤田于邙域歡邑城田一素畔蓄。戌死，其子番步后之；步死，无子，其弟番黜后之；黜死，无子，左尹士命其从父之弟番款后之。款飤田疠于责，骨儥之。左驶游，晨骨贮之有五节，王士之后郢赏间之，谓番戌无后。左司马追命左令歎定之，谓戌有后。"① 简文大意是左驶番戌死后，其食田因相继继承的嫡子、庶子死而无后，左尹士令番戌之侄继承，从而引起诉讼，最后经左尹裁定，仍由番戌之侄继承。由此可见，至迟在战国中晚期，楚国的食邑（食田）世袭已成为现实了。文献记载也提供了这方面的信息。如《越绝书》卷七载："昔者范蠡其始居楚，曰范伯。自谓衰贱，

① 湖北省荆沙铁路考古队．包山楚简［M］．北京：文物出版社，1991：28.

未尝世禄，故自菲薄，饮食则甘天下之无味，居则安天下之贱位。”此“世禄”，即世袭。据此可知，范蠡居楚或更早的时候，楚国已出现了事实上的世袭制，故范蠡才会因衰贱以至不能享此厚遇而伤感。据《史记·越王句践世家》记载可知，范蠡在公元前494年即已至越，其时当楚昭王二十二年。这就是说，至迟在此时楚国已开始出现封邑世袭制的萌芽了。最后说第三条：《战国策·楚策》所记叶公子高、蒙谷和《淮南子·道应训》所记子发，都是楚国的有功之臣，按楚国“有德者受吾爵禄，有功者受吾田宅”的制度，他们获得的应是赏田或曰封邑，而不是一般的俸禄或所谓“禄田”。因为能得伍员者不一定是名将功臣，故《吕氏春秋·异宝》谓其报酬只是租谷万担、爵至执珪和黄金千镒，这恰好说明得伍员者充其量只能同受爵禄的有德者相提并论，而不可与受田宅的有功者同日而语。由此可见，至少根据目前所掌握的资料，我们还不宜断定楚国曾实行过禄田制。那么，楚王田中也就不大可能有禄田了。

除了对畿内土地的垄断和对县邑土地的严密控制外，楚王田还有以下几个方面的来源。第一个来源是未设县的边防要地。《史记·楚世家》载张仪曰：“（怀王）私商於以为富。”所谓“私商於”，自然不是说商於是怀王的私邑，而应是商於由以怀王为首的楚王室直辖的意思。仅商於一处就有六百里王田，足见楚王田规模之大。第二个来源是被没收的贵族的赏田或封邑。《吕氏春秋·上德》载：“荆王薨，群臣攻吴起，兵于丧所，阳城君与焉。荆罪之，阳城君走，荆攻其国。”阳城君的封邑分明没为王田。按《史记·吴起列传》记载，因这次事件“夷宗死者七十余家”，这些被灭族者的赏田或封邑必然被收归国有。第三个来源是山林和川泽。董说《七国考·楚职官》引《楚书》云：“蓝尹、陵尹分掌山泽，位在朝廷。”楚蓝尹见于昭王十一年，陵尹见于灵王十一年，楚置官分掌山林川泽，说明山林川泽直接由王室管辖。[①]

---

① 殷崇浩．春秋战国时楚国土地制的变革［J］．江汉论坛，1985（4）．

二、食邑

食邑文献或称“封（采）地”“封邑”“采邑”，楚墓出土简文又称“食田”。① 它是王家赐予功臣贵族和卿大夫的田邑。春秋以至战国中期，楚国按规定封邑传承不得超过二世，但事实上已有所突破，如孙叔敖的食邑虽说是贫瘠、荒凉，毕竟“传九世不绝”；郧公一职连同其食邑也是世袭的；前引《越绝书》也谓范蠡曾慨叹其“未尝世禄”。如果那时楚国食邑不存在事实上的世袭，吴起也不会做出“使封君之子孙三世而收爵禄”的举措了。当然，同诸侯国相比，当时楚国食邑世袭只是一种失控现象，至少在法律上还不见有食邑世袭的规定。吴起这样做，只不过是在传统的“二世而收”的制度与事实上的世袭制之间寻求的一种折中方案，遗憾的是这一方案随着吴起变法的流产而夭折。大约从战国中期开始，楚国食邑世袭已由原来事实上的失控变为法律上的许可，前引《包山楚简》所记由番戌食邑世袭引起的诉讼案，充分证明战国中晚期楚国已用法律的形式来保证食邑世袭了。

贵族在自己的食邑内有充分的统治权力，既可以收取田税，又可以奴役人民。王在贵族的食邑内无权直接干预，他只能按贵族的等级征收贡献，征发军队参加战争。贵族食于某邑，即以该邑之名为氏，从而与楚君以熊为氏有别。早期的食邑，可考而知的有斗、芀（薳）、屈三地，斗为若敖子食邑，芀为蚡冒子食邑，屈为武王子食邑。这三地被称为食邑，都是后来的事。就当年的楚君来说，他们只是仿照先人熊渠的遗规，把一块新占的领土交给一个儿子管理，并把当地某些村落应纳的贡税赏给这个儿子，如此而已。从熊渠到熊通，楚君的指导思想是走自己的路，不按周朝的规矩办事。那时，楚国内部尚无封爵可言，自然也就无采邑可言了。汉代以后的学者见到斗、芀、屈三地类似采邑，才把它

① 湖北省荆沙铁路考古队．包山楚简［M］．北京：文物出版社，1991.

们称为食邑了。[①]

楚人实行食邑制，大概始于成王之时，至庄王方成定制。《楚史梼杌·虞丘子》称："(庄王)赐虞丘子菜地三百(户)，号曰国老。"《史记·滑稽列传》也称楚庄王封孙叔敖之子"寝丘四百户"。同书《孔子世家》则称："昭王将以书社地七百里封孔子。"《索隐》云："古者二十五家为里，里则各立社。则书社者，书其社人名于籍。盖以七百里书社之人封孔子也。"《史记·孔子世家》明言"以书社地七百里封孔子"，《索隐》却解为"以七百里书社之人封孔子"，由于此解有迂曲之嫌，以致不少人为楚昭王欲封给孔子的究竟是"书社地"还是"书社之人"而争辩不休。事实上，这是连地带人一起封的，以人(户)计是就受田的农夫而言，以里社计是就占田的基层社会组织而言。

春秋中期以后，楚国的食邑制仍与诸夏的食邑制大相径庭。诸夏的通例，如《左传·襄公二十七年》所记是"卿备百邑"。杨伯峻据《齐子仲姜镈铭》，指出还有一次所赐邑近三百个的。至于楚国，就连相当于上卿的令尹，食邑也不多、不大，通常只有一个或两个。功大名高如孙叔敖，死后楚王以寝丘为其子食邑，也不过四百户。因平定白公之乱有大功于国的叶公诸梁，也只得田六百畛，而按《战国策·楚策》的评价，这还是"丰其禄"的奖励。与北方诸国相比，这是很少的。齐国可以一次授三百个县，尽管比楚县小得多，但县数达到三百，其面积肯定要比楚国的一两个食邑大得多。楚国对贵族食邑规模严加限制，[②]是保证楚国王权绝对的政治和经济优势地位的必要条件。

及至战国早中期，又出现了封君制。由于土地私有制度的日益发展与巩固，从前那种动辄封赏食邑的做法显然已不合时宜，于是在战争中涌现的大批军功新贵，虽然也能得到土地，却不能像过去领有食邑的

① 张正明.楚国社会性质管窥[M]//楚史论丛·初集.武汉：湖北人民出版社，1984：48.

② 程涛平.春秋时楚国贵族对土地的占有及所受的限制[J].中国社会经济史研究，1984(2).

贵族那样享有种种特权了。《战国策·楚策一》：“楚尝与秦构难，战于汉中，楚人不胜，通侯、执珪死者七十余人。”通侯即彻侯，彻侯即封君。汉武帝以后才因避讳而改称通侯的。这种彻侯制度始于战国，而一直沿用于秦汉以后。它与过去的食邑制度相比，已有很大的不同。《史记·货殖列传》称：“封者食租税，岁率户二百。千户之君则二十万，朝觐聘享出其中。”这虽然说的是汉初制度，却也反映了战国时的情况，因为汉人所行的这种制度，完全是承袭战国的。封君只能在自己的封地内按户征收一种户税，而不能像过去领有食邑的贵族一样按土地面积收租了。因为他的封地内的土地已为自耕农所有，或已另有地主收取地租了。①《史记·春申君列传》：“考烈王元年，以黄歇为相，封为春申君，赐淮北地十二县。后十五岁，黄歇言之楚王曰：‘淮北地边齐，其事急，请以为郡便。’因并献淮北十二县，请封于江东。”春申君受封的十二县，也只能按户收税，而不能计田收租。《战国策·楚策四》：“庄辛谓楚襄王曰：‘君王左州侯，右夏侯，辇从鄢陵君与寿陵君。’”自战国以来，文献和考古资料出现了鄂君、春申君、增城君、襄成君、阳陵君、临武君、阳文君、析君、朴君、盛君、郷陵君、郯阳君、上赣君、蓏君、坪夜君、邸阳君、中君、越涌君、蒧陵君、卑梁君、鄴君、鄦君、郹君、𡪞君、郘君，乐君，②以及陵阳侯、州侯、雇侯、衙侯、夏侯之类的封君，他们封地即便很广，但也只能食其户税，而不能收取地租。③但是，封君在封地内依旧拥有行政权力，《吕氏春秋·上德》记：“墨者钜子孟胜，善荆之阳城君。阳城君令守于国……阳城君走，荆收其国。”阳城君可以将封地委托他人代管，说明封君对领地的行政权力仍然保留。

值得注意的是，大约在战国中晚期，楚国还出现了一种徒有封君之号，而无封地之实的“封君”。《战国策·楚策一》记：“江乙说于安陵

①③ 郭仁成．楚国经济史新论［M］．长沙：湖南教育出版社，1990：68—69.

② 黄锡全．古文字中所见楚官府官名辑证［J］．文物研究，1991（7）.

君曰：‘君无咫尺之地，骨肉之亲，处尊位，受厚禄，一国之众，见君莫不敛衽而拜，托委而服，何以也？’”这个安陵君就是没有封地的封君。如此看来，这种封君只不过是政治上的一种殊荣罢了。

楚国所谓“赏田”，其实不过是“食邑”的别称，因为从赏田的性质上，找不出异于食邑的特征。故分之可称之为赏田、食邑，合之则可称为食邑。《左传·成公七年》：“楚围宋之役，师还，子重请取于申、吕以为赏田。王许之。申公巫臣曰：‘不可。此申、吕所以邑也，是以为赋，以御北方。若取之，是无申、吕也，晋、郑必至于汉。’王乃止。”申、吕作为楚国的北方大县，是楚国军赋的重要来源。楚共王起先允许子重请赏田，并非把申、吕两县都赏给子重，而是在申、吕两县内分割出一些土田民人赏给子重为采邑，所以叫作“取于申、吕以为赏田”，不能理解为“以申、吕为赏田”。从申、吕划出赏田来，这两县的土田民人就要减少，这既减少了申、吕两县的赋税，又削弱了申、吕两县的军事实力，故申公巫臣要竭力反对，并极而言之：“若取之，是无申、吕也，晋、郑必至于汉。”意思是说，如果那样做，等于是架空了申、吕，而这样一来，势必招致“晋、郑必至于汉”的严重后果。因为如前文所言，楚王只能按贵族领有采邑的等级征收贡献，征发军队参加战争，但封地内的军赋却由封君征集统领，是为私属或私卒。《左传·僖公二十八年》城濮之战中，楚子玉所率“若敖之六卒”，就是由他的宗人和私属所组成的；又《左传·襄公二十五年》记楚吴之战中，楚子彊“请以其私卒诱之”；《左传·昭公十七年》：“令曰：‘鲂也以其属死之。’”这自愿效死疆埸的“其属”，当即私属。而县邑的赋税则由楚王直接征收。申公巫臣极力阻挠从县邑分割采邑，其实也是从国家利益考虑的，我们无法由此得出赏田不必出赋的推论来。

由于政治上的冲突，楚王往往随时剥夺贵族的食邑。《左传·昭公十三年》记：“楚子（灵王）之为令尹也，杀大司马薳掩而取其室。及即位，夺薳居田……王夺斗韦龟中犫。又夺成然邑，而使郊尹。”这是文献所见楚王直接收夺贵族食邑最早的一次。另一次更大规模剥夺贵族食邑发生在楚悼王至肃王之际。这次剥夺分两个阶段：先是楚悼王任用吴起实行变法，“令贵人往实广虚之地”①，“使封君之子孙三世而收爵禄”②，后是肃王借贵族射杀吴起“加于王尸”事件进行镇压，“夷宗死者七十余家”③。如前文所述，被楚王直接剥夺的贵族的食邑，绝大部分自然没入王田，但也会有少量土地被其他贵族趁机侵占。

贵族之间也相互兼并食邑。《国语·楚语》：“庄王方弱，申公子仪父为师，王子燮为傅，使师崇、子孔率师以伐舒。燮及仪父施二帅而分其室。”韦昭注：“室，家资也。”所谓“家资”，即主要资产，当包括土地和民人。还有一次发生在楚共王时。《左传·成公七年》载：“子重、子反杀巫臣之族子阎、子荡及清尹弗忌及襄老之子黑要，而分其室。子重取子阎之室，使沈尹与王子罢分子荡之室，子反取黑要与清尹之室。”这“室”，应如杨伯峻所注：“室恐指其一切财产而言，包括田地与奴隶；奴隶固以室计，《周书》所谓‘一室之禄’‘千室之禄’是也。”④需要说明的是，杨氏所谓“奴隶”应为家内奴隶，而非固着于土地之上的民人。在这种贵族之间相互兼并食邑的斗争中，必然有人会失去其法定食邑，而这些食邑落到他人手中之后，就丧失了食邑的性质而逐步沦为获胜者私占的土地。而土地私占的发生正是土地私有的前奏。⑤但是，由于楚国王权的强大，楚王依然对土地握有予夺的大权，贵族的食邑尚未出现普遍重新分配的现象。因此，楚国土地所有制的根本性质并未改变。⑥

三、小私有土地

春秋中期，楚国已出现了自耕农。战国中期以后，自耕农规模越

---

① 吕氏春秋·贵卒［M］. 北京：中华书局，2009.
② 韩非子校注·和氏［M］. 南京：江苏人民出版社，1982.
③ 史记·卷六十五［M］. 北京：中华书局，1959.
④ 杨伯峻. 春秋左传注［M］. 北京：中华书局，1990：515.
⑤ 殷崇浩. 春秋战国时楚国土地制的变革［J］. 江汉论坛，1985（4）.
⑥ 张正明. 楚文化志［M］. 武汉：湖北人民出版社，1988：201.

来越大。有自耕农当然就有小私有土地。不过，最早的小私有土地是宅地。《左传纪事本末·晋楚争伯·补遗》引《尸子》载：“（庄王）使巡国中，求百姓、宾客之无居宿、绝粮者，赈之。”既有“无居宿”“绝粮”的无宅地者，便有有居宿而不缺粮的有宅地者。又《战国策·楚策一》：“郢人有狱三年不决者，故令请其宅以卜其罪。”由此看来，自春秋中期以降楚国都中大部分人都是有宅地的。《说苑·辨物》载：“昔者庄王伐陈，舍于有萧氏，谓路室之人曰：‘巷其不善乎？何沟之不浚也？’”庄王停留之地似在野地，说明野人中也有人有小块宅地。又如《史记·楚世家》所记，观从在乾溪对楚军将士说：“国有王矣。先归，复爵邑田室。”田室主要包括私人田宅，宅是家私的，若无变故，则世代相传。

除宅地外，小私有土地还有三个来源。一是贵族封君的子孙，由于被人侵占或不善经营等缘故，所占土地越来越少，最后只有躬耕自给。二是自动流入的邻国之民被分给小块土地，而且复除赋役。《周礼·地官·旅师》：“凡新甿之治皆听之，使无征役，以地之嬍恶为之等。”郑玄注：“新甿，新徙来者也。治，谓有所求乞也。使无征役，复之也。《王制》曰：‘自诸侯来徙家，期不从政。’以地美恶为之等，七人以上授以上地，六口授以中地，五口以下授以下地，与旧民同。”这种优待外来移民的土地与赋役政策，为春秋战国时期各国所通行，目的在于“以广招徕”，发展本国经济。楚国自然不会例外。《孟子·滕文公上》：“有为神农之言者许行，自楚之滕，踵门而告文公曰：‘远方之人，闻君行仁政，愿受一廛而为氓。’”正因为许行习知楚国优待移民的政策，故推知他到滕国也会得到优待。果然，许行和他的弟子都得到了滕国分给的土地，过着自耕而食的生活。[①] 三是因故被迁的贵族所开垦的荒地，自然归己所有。如前文所述吴起变法中“往实广虚之地”的“贵人”即属此类。

有学者认为，楚国自耕农的最重要来源，或曰小私有土地的最重要来源是迁徙到楚国的那些被征服的小国的农民，理由是迁徙首先是出

① 郭仁成．楚国经济史新论［M］．长沙：湖南教育出版社，1990：70.

于政治上、国防上的考虑，同时也出于经济上的打算。因为把大批被灭国的农民由熟耕地迁往边荒之地，既能留下大片肥沃田地归王室所掌握，又可借助于这些农民开拓国土，从而增强国家的经济实力。说者还列举了楚国从武王克权迁民于那处以来的历次重大灭国迁民活动。[①] 我们认为，这种看法与实际情况不大相符。诚然，楚国每每将被灭之国和属国迁于其境内，有的小国还不止迁一次。如《左传·昭公十三年》记（楚）灵王“迁许、胡、沈、道、房、申于荆焉”，其中，许国曾四次被迁。但是，在楚国，诸如此类的“迁”，被迁的并不是被灭国的全部人口，而只是贵族及其少量臣妾，而亡国之民人和土地则是楚国设县的基础。如灵王迁申于荆，申国旧民随之变为楚国申县县民。[②] 又如《左传·庄公十八年》记：“楚武王克权，使斗缗尹之，以叛，围而杀之。迁权于那处，使阎敖尹之。”可见，楚武王克权后，当即在权地设县，使斗缗为县尹，原权国旧民必然变成县民。不久，权县发生叛乱，楚人又把权迁往那处，照旧设县，使阎敖为县尹。在平叛后的迁徙中，不论权县旧民是滞留原地抑或迁往那处，都未能改变其县民的身份，而县民应是依附于土地之上的农奴，而非自耕农。假定县民都是自耕农的话，那楚国就无封建土地制度而言了。所谓迁国，实际上是将所灭之国及其属国的贵族与民众分而治之，并非是将被灭国的民众迁往荒远之地垦辟经营，变为自耕农。

伴随着自耕农的出现，土地私有化程度日渐加深，土地交易终于在楚国发生了。我国古代关于土地买卖最确切的材料见于战国中晚期，[③] 它是由西周中后期就已发生的土地转让和易主现象演化来的。[④] 迄今为止，尚未发现有关楚国进行土地买卖的直接材料，但文献和考古资料却都透露出土地易主的信息。《吕氏春秋·知士》：“（楚相）昭阳请以数

① 郭仁成．楚国经济史新论［M］．长沙：湖南教育出版社，1990：69.
② 张胜琳．春秋时期楚国异族人的来源及其处境［J］．江汉论坛，1984（6）.
③ 史记·卷八十一［M］．北京：中华书局，1959.
④ 李学勤．西周金文中的土地转让［N］．光明日报，1983-10-30.

倍之地易薛”，据说这次土地交易因薛地主人不同意而未果。但薛地既为私邑，那么昭阳也应当是以私邑易之。考古资料也间接反映了土地交易的存在。包山楚墓出土竹简第 67 简记载：“十月戊寅之日，郄郜大宧屈庇，大钍尹夏句浩受期，臱月辛未之日不轭丝䣄归其田以致命，阩门又败。”[①] 这件由归不归田引起的案例，反映了楚国存在着土地转借的现象，而转借也是交易的一种形式。由此可见，至迟在战国中晚期，楚国贵族阶层已拥有一定数量的私地并进行交易了。而既然土地交易已成为事实，土地买卖就不是没有可能的了。李亚农在探讨中国古代土地私有权时指出：根据恩格斯在《家庭、私有制和国家的起源》中的提示，货币是跟土地私有权同时出现的，对土地的完全而自由的所有权，就是表示可以出售它。[②] 楚国既然至迟在春秋中期已经有了金属货币，则土地的买卖和抵押该是情理之中的事。虽然这种土地买卖只是在一定的范围内进行。

以上论述还只能表明楚国从春秋中期开始已经初步具备了以封建方式经营土地的可能条件，至于封建土地经营方式是否产生，尚缺乏确凿材料，只能根据有关文献作“曲径通幽”式的考察。《说苑·贵德》载：“君子之富……其食饮人，不使也，不役也。”所谓“不使也，不役也”，自然不是白白地供养人，否则绝难至富。这里的不使不役只能理解为剥削方式的改变。如果这类至富的“君子”拥有私有土地，那么他一定是采用了某种进步的剥削方式。《淮南子·人间训》载：“白公胜……大斗斛以出，轻斤两以内”，这是发生在春秋晚期的事。白公胜的做法酷似田齐，都是采用了剥削较轻的手段。此法既可在借贷中使用，也可在土地经营中使用，因而白公胜可能采用封建方式经营土地。[③]

值得注意的是，在包山楚墓出土竹简中，有两条因扩大土地面积而引起诉讼的案例记录：第 77 简记：“臱月辛未之日，迅命人周甬受正李

① 湖北荆沙铁路考古队 . 包山楚简［M］. 北京：文物出版社，1991：21.
② 李亚农 . 殷代社会生活［M］. 上海：上海人民出版社，1955：58.
③ 殷崇浩 . 春秋战国时楚国土地制的变革［J］. 江汉论坛，1985（4）.

刎耴以𡸗田于章域……”又第94简记：“九月己酉之日，苛䐾讼圣冢之大夫轭登以𡸗田。”①“𡸗”，读如乘。《淮南子·氾论训》：“强弱相乘。”注：“加也。”此指扩大土地面积。根据简文分析，似乎并非贵族间兼并土地，也不像是民间巧取豪夺。这些扩大土地的方式，很可能是通过转让和买卖，大概由于土地买卖在楚国并未得到法律的认可，只是民间私下进行，才会引起诉讼。

第二节　井田制度

中国古代的井田制度，自先秦以来就是一个聚讼纷纭的问题。在探讨楚国土地制度时，自然不能回避这个问题。长期以来，学术界对楚国井田的有无、井田的性质以及实施方式等，都存在着不同的意见。因此，笔者在此不拟作“先入为主”的结论，只是力图通过对文献记载的综合分析以及对诸说的考辨，提出个人的看法。

涉及楚国井田制的文献材料，仅见于《左传·襄公二十五年》，原文是这样的：楚康王十二年，芀掩为司马，“子木（时为令尹）使庀赋，数甲兵。甲午，芀掩书土、田：度山林，鸠薮泽，辨京陵，表淳卤，数疆潦，规偃豬，町原防，牧隰皋，井衍沃，量入修赋，赋车、籍马，赋车兵、徒卒、甲楯之数。既成，以授子木，礼也”。对这段文献，贾逵和杜预有着根本不同的理解。后来的分歧，大抵分别为贾、杜之派演。为便于分析比较，现将贾、杜的解释分别书录于兹。

据《左传正义》所引，贾逵对“书土田”以下九事所作的注解是：

> 山林之地，九夫为度，九度而当一井也。
> 薮泽之地，九夫为鸠，八鸠而当一井也。
> 京陵之地，九夫为辨，七辨而当一井也。
> 淳卤之地，九夫为表，六表而当一井也。

① 湖北省荆沙铁路考古队．包山楚简［M］．北京：文物出版社，1991：21、23.

疆潦之地，九夫为数，五数而当一井也。

偃豬之地，九夫为规，四规而当一井也。

原防之地，九夫为町，三町而当一井也。

隰皋之地，九夫为牧，二牧而当一井也。

衍沃之地，亩百为夫，九夫为井。

贾逵此说的特点，是自始至终以井田制来解释九事。孔颖达《礼记正义》于《王制》篇引许慎《五经异义》，也与贾说大致相同。

杜预的解说与贾逵迥异。杜预是把“书土田”与下面九事平列，所以他所释共有十事：

书土田：书土地之所宜。

度山林：度量山林之材，以供国用。

鸠薮泽：聚成薮泽，使民不得焚燎坏之，欲以备田猎之处。

辨京陵：别之以为冢墓之地。

表淳卤：表异，轻其赋税。

数疆潦：计数减其租入。

规偃豬：规度其受水多少。

町原防：堤防间地，不得方正如井田，别为小顷町。

牧隰皋：水厓下湿，为刍牧之地。

井衍沃：如《周礼》制以为井田。

按照杜预的解释，蒍掩所作的只是楚国的全面土地规划，大多数事情都与治赋毫不相干，这显然与蒍掩的计划是背道而驰的。杜预失误的根源，在于他没有考虑到楚蒍掩以楚国大司马的身份治赋本身就表明此事具有明显的军政性质，而当时的军政又和井田密切相关。[①]

① 李学勤．论蒍掩治赋［J］．江汉论坛，1984（3）．

唐孔颖达弃贾从杜，其注云："按《周礼》所授民田，不过再易，唯有三当一耳，不得以九当一也。山林、薮泽、京陵、偃豬，本非可食之地，不在授民之限。虽九倍与之，何以充税而使之当一井也？且以度鸠之等皆为九夫之名，经传未有此目。故杜不从其说。"在这里，孔颖达对贾注的证伪列举了三条理由：一是"不得以九当一"；二是山林、薮泽、京陵、偃豬非可食之地，不能折算后征赋；三是以度、鸠等为九夫之名未见经传。其实，这三条证据都不能成立。"以九当一"和将山林、薮泽等折算征赋，并非独行于楚国，而是普行于当时中原诸夏。《管子·乘马篇》就记有各种土地的折算规定：如地之不可食者、山之无木者、涸泽、地之无草木者，以及楚棘杂处之地，都是百而当一；薮、蔓山，九而当一；汎山，十而当一；流水、林、泽，五而当一。可见，中原诸夏对各种不同类型的土地都规定了相应的折算比例。其中既有"九而当一"者，也有"十而当一""五而当一"者，甚至有"百而当一"者。至于山林、薮泽等土地，都无一例外地作了折算。这与楚国将土地分为九种类型进而予以折算大致相仿。至于说以度、鸠之等为九夫之名不见经传，则更难成立，因为不能认为凡不见于经传者皆非历史事实。更何况度、鸠之等并非全然不见于经传，《周礼·地官司徒》就有"乃经土地而井牧其田野"之语。值得注意的是，汉代郑众、郑玄正是引《左传·襄公二十五年》所记蒍掩"牧隰皋""井衍沃"来印证其释的。经、传中"牧""井"之相互印证，无疑给我们以窥斑见豹的启示。

也有在贾逵、杜预二说之外另创新论者。如日本学者竹添光鸿《左氏会笺》云："山林、薮泽因生材多少以量入，故言度、鸠；京陵、淳卤无所入，故特言辨、表；町原防以下三事，赋入寓于法制之中，故唯言其制。"在这里，竹添光鸿将蒍掩书土田以下九事区分为三种情况：山林、薮泽视收入量定赋，京陵、淳卤从总征赋土地面积中扣除，町原防以下三事即原防、隰皋、衍沃以井为基准折算其面积。尽管竹添光鸿对"数疆潦""规偃豬"二事没有解释，但有一点是可以肯定的，他不会将"数疆潦"和"规偃豬"列入上述三种情况中的任何一种，否则他不会避而不谈。考虑到这一事实，竹添光鸿至少将九事分成了四种情况。实际上，竹添光鸿的这种“三分法”或“四分法”也是值得商榷的。首先，据《左传·襄公二十五年》所载可知，芀掩书土田是纲，其余九事是目。也就是说，其余九事必须围绕书土田这个纲领展开。而在同一纲领之下的诸事，虽然可能会有不同的折算比例，但至少应有统一的计量标准，不可能各行其是。其次，即令按竹添光鸿的意见把书土田以下诸事分成几种情况，他的分法也不能自圆其说。依竹添光鸿所言，山林、薮泽无须计量单位，而无计量单位何以登记——“书土田”？京陵、淳卤无收益，无收益的土地何以会在土田之列？原防、隰皋、衍沃的赋入要寓于“法制”之中，此“法制”如指井田制，则尚可通，如非指井田制，那么“寓于法制之中”就并非书土田的应尽之务了。总之，无论从任何角度分析，竹添光鸿的解释都难以成立，他本想在旧注的基础上翻出新意，其结果却是治丝益棼。

不过，贾逵、杜预的解释尽管分歧很大，但却有一个共同点——承认楚国有井田。不同的是，贾逵在解释书土田以下诸事时以井田一以贯之，即：“自山林以至衍沃，悉以井田数之”；杜预则以为仅在衍沃之地制井田，即：“衍沃，平美之地，则如周礼制以为井田：六尺为步，步百为田，亩百为夫，九夫为井”。竹添光鸿所谓“法制”，也不排除有指井田制的可能。这就是说，古今学者大多认为楚国实行过井田。这是一种符合历史实际的见解。

但是，也有学者否认楚国实行过井田制度。如李剑农说：“按此段文字（笔者按：指《左传·襄公二十五年》关于芀掩庀赋的一段记载），贾逵注因有‘井衍沃’三字，亦以之牵入井田制，其说过于支离，孔颖达已辞辟之，兹不赘引。按全文之大旨，即察土地之高下形势，地味之肥瘠，分别其用途及其收益之多寡，以定赋役。所谓井衍沃者，划衍沃之地为可耕之地耳。”[①]李氏的解释显然欠妥。首先，李氏只说根据土

① 李剑农. 先秦两汉经济史稿［M］. 上海：三联书店，1957：113.

地高下形势和地味肥瘠分别确定其用途和收益之多寡，殊不知，没有统一的计量标准何以判断其收益之多寡？其次，李氏将“井衍沃”解为“划衍沃之地为可耕之地”，这等于未作解释：衍沃为可耕之地是不言自明的，何须重“划”？

齐思和也否认楚国历史上有过井田制度，他在解释“井衍沃”时说：“按其文义，井为动词，义谓凿井也。盖沃衍之地，需要灌溉，故凿井。若以制井田解之，则似前无井田，至此时而始区之为井也。夫至是时，各国井田，逐渐破坏，而楚方制井田，殆无是理。故杜解虽引《周礼》以为之说，亦不可信也。”[①]郭豫才也说：“井之发明，虽在商代，然无明确之叙述。至周穿井事业渐繁，影响于社会者亦深，除以井为共饮之利外，即藉井以溉田，古井田之法，即衍于是。”[②]对于将“井衍沃”解释为凿井溉田之说，刘家和已提出质疑，他说：“愚意认为，凿井之说恐难遵从。一则凿井无关于量入，距治赋的题旨稍远；再则楚处江汉平原，河渠湖泊，所在多有，不似北方平原，灌溉需要凿井。据考古发现，楚古城遗址有不少居民饮水用井，而农田灌溉用井，尚未有所闻。”[③]刘氏的这一见解是比较妥当的。但也有学者认为，文献中已有楚国凿井溉田的记载。《庄子·天地》载：“子贡南游于楚，反于晋，过汉阴，见一丈人方将为圃畦，凿隧而入井，抱瓮而出灌。”还有学者认为，汉阴为故庸国地，后属楚。这条史料说明楚人凿井溉田的事实。[④]我们认为，这种理解有出入。因为汉阴丈人灌的是圃，而并非稼。当时“圃”与“稼”已有明确的区别。如《论语·子路》记：“樊迟请学稼，子曰：‘吾不如老农。’请学为圃，曰：‘吾不如老圃。’”圃畦种的是蔬菜或花木，它们对水的需求是经常性的，某些品种甚至是全天候的，且面积较小，只有仰赖井水灌溉；而土田种植的则是粮食作

① 齐思和．孟子井田说辨［J］．燕京学报，1948（35）．
② 郭豫才．殷周民族与井水文化［J］．河南省博物馆馆刊，1937（9）．
③ 刘家和．关于芳掩庀赋［J］．江汉论坛，1984（3）．
④ 郭仁成．楚国经济史新论［M］．长沙：湖南教育出版社，1990：64.

物，对水的需求是季节性的，且面积较大，故宜借助陂渠灌溉。楚人用井水灌溉蔬菜花木，不见得也用井水灌溉粮食作物。

也有学者把“书土田”与其后九事平列，进而将其分为“三组十事”：第一个三件事包括登记耕地面积，估算山林薮泽材木及渔猎收益，这是确定赋额的主要依据；第二个三件事包括辨别和统计高山荒岭、盐碱埆薄、疆界积水等无收益之地，从全地区征赋面积中扣除出去；最后四件事属于规划性质，其中“规偃豬”和“町原防”是计划增加农田水利建设，“牧隰皋”和“井衍沃”是扩充牧地和耕地，目的在于发展生产，从而也就可以增加赋入。以上三组十事都是为了“量入”，而“量入”的目的又在于“修赋”。为了强调楚国无井田制度，他进而指出：“井衍沃”无关楚国的土地制度，楚国不存在孟子所说的那种井田制度。所谓“井衍沃”不过是在平衍的地方打出井来，以利灌溉，它与“町原防”“规偃豬”一样，都是农田水利设施，也是楚人征兵时经常进行的“抚民”工作，与《左传·成公二年》楚令尹子重为阳桥之役以救齐时所进行的“大户”“已责”等一样，无非是为了安排好出征战士的生产生活，解除他们的后顾之忧。[①] 我们以为，这样的解释似有商讨的余地。首先，前文已指出，“书土田”是“总纲”，其余九事是“分目”，若将书土田与其他九事平视，则有悖原文旨意：尽管其余九种土地各不相同，但其根本属性无疑是土田，如果我们承认从山林至衍沃均属不同类型的土田，那么与之平列的“书土田”之“土田”又属哪种类型呢？假定说这“土田”属平善肥沃之地，岂不是同最后的“衍沃”前后重复吗？可见，只有将“书土田”理解为“总纲”，才能顺畅地对其下九事做出解释。之所以视“书土田”为总纲，是因为“书”者，登记也，所谓“书土田”，指的是将其下九类不同的土田予以折算登记。若书土田不是“纲”，其下九事又皆未含登记之意，如此一来，又怎么能够确定征赋的标准呢？其次，即令将“书土田”与其下九事平列，其解

① 郭仁成．楚国经济史新论［M］．长沙：湖南教育出版社，1990：12.

释也如方枘圆凿。依照这种解释，头三件事（包括登记耕地面积、估算山林薮泽材木及渔猎收益）看起来似乎与治赋有点关系，但并非完全意义上的治赋，因为它缺乏量的概念，而不能“量入”，谈何修赋？第二个三件事（包括辨别和统计高山荒岭、盐碱埆薄、疆界积水等无收益之地，从全地区征赋总面积中扣除出去）与治赋无必然联系，因为高山荒岭，埆薄、疆界积水等地收益较低是实，却断非全无收益，若从总面积中扣除，岂不违背了治赋的准则：军赋行于一切土田。最后四件事（属于规划性质，其中“规偃豬”和“町原防”是计划增加农田水利建设，“牧隰皋”和“井衍沃”是扩充牧地和耕地）则与治赋毫无干系，因为兴修水利也好，扩充牧地和耕地也好，既非治赋的内容，也与蒍掩所任司马的职责不符。《荀子・王制篇》云：“司徒知百宗、城郭、立器之数，司马知师旅、甲兵、乘白之数……修隄梁，通沟浍，行水潦，安水藏，以时决塞，岁虽凶败水旱，使民有所耘艾，司空之事也。”可见，扩充农田和兴修水利是司空职掌之事。楚国虽然未见司空一官，但考虑其职责之重大，不可能由司马兼领，当设有一类似司空的职官。一般说来，楚官与周官名、责均大同小异。《左传・宣公十一年》载：“令尹蒍艾猎城沂，使封人虑事，以授司徒。”这说明楚司徒名称和职责都与周相同。再次，把“规偃豬”“町原防”“井衍沃”视为楚人征兵时经常进行的“抚民”工作，也显然不当，因为安排好出征战士的生产生活等“抚民”工作，已远远超出了治赋的范围。

还有学者认为，井田楚固有之，比较可信。至于蒍掩是否又重新进行了一次井田，看来只能作否定回答。他列举了两个方面的证据。第一，蒍掩的职务是司马，实行井田和处理其他土地不是他的职责。第二，从蒍掩自接受任务庀赋至完成任务的时间来看，他不可能重新进行一次井田并处理其他各类土地。据文献记载可知，蒍掩庀赋受命于令尹子木（即屈建），子木于鲁襄公二十五年六月代替薳子冯为令尹，八月率兵灭舒鸠，十月八日（即“甲午”）命蒍掩庀赋。所以，如果子木灭舒鸠归来使蒍掩治赋，那么他的工作过程只有三个多月。要在这样短的时间里重新实行一次井田并对各种不同土地重新加以安排处理，这在事实上是办不到的。[1] 我们认为，这两个方面论据似乎都难以成立。先看第一，虽说实行井田和处理其他土地不是作为司马的芳掩的专职，但上古的军政与井田是密不可分的，既然芳掩以司马之职治理军赋，势必涉及井田。这种涉及井田同专门规划井田和处理其他土地是两码事。再看第二，论者之所以认为芳掩治赋的时间最多只有三个多月，是由于他把《左传·襄公二十五年》所记的“甲午”当作完成的日期，而这“甲午”恰恰是治赋开始的日期。《左传》只是说“甲午”之日开始治赋，却未说何时完成。虽然下文有“既成，以授子木”语，但并没有时间概念，假定要把“甲午”之日理解为完成治赋的日期，无异于说芳掩是当天开始当天完成，而这是绝对不可能的。其实，芳掩治赋的时间既非一个多月，也非三个多月，提供给他的至少有五年的时间。芳掩于襄公二十五年开始治赋，据《左传·襄公三十年》所记，是年芳掩被楚公子围（即楚灵王）所杀。这就是说，芳掩在从襄公二十五年至三十年的五年中，都可以治赋为己任。

综考古今诸家对《左传·襄公二十五年》关于芳掩庀赋的记载的注解，虽然瑕瑜互见，但相对而言，还是贾逵的看法比较妥当。其理由有三：一是贾逵以“书土田”为总纲，以其下九事为分目，符合《左传》本意。二是将“度”“鸠”“辨”“表”“数”“规”“町”“牧”“井”一律释为不同土地的面积单位，体现了“一以贯之”的工作原则和方法。三是把不同土地的质的差别通过折算而化为量的差别，而这种差别最终又以“井”为标准单位，这恰恰是治赋最基本的工作内容。或许正由于贾注言之成理，故清代的一些汉学家多以贾注为宗。如沈钦韩《春秋左氏传补注》、李贻德《春秋左传贾服注辑述》、刘文淇《左传旧疏考证》和《春秋左氏传旧注疏证》等皆是代表之作。

楚国究竟有无井田制度，我们认为应作肯定回答。但是，楚国的井

① 刘家和．关于芳掩庀赋［J］．江汉论坛，1984（3）．

田制同西周井田制有质的区别。如果说，西周的井田制是作为诸侯百官的俸禄等级单位和考验直接耕种者勤惰的标准，[①]那么，楚国的井田则是征收军赋时计算土地面积的标准单位。具体来说，即在衍沃之地直接把田按井字划分成小块以便于官方计征，在其他各类土地上把不同土地的质的差别通过折算而转化为以“井”为标准单位的量的差别。总之，楚国的井田只是在赋率上同西周的井田相似。[②]《国语·鲁语下》记述孔子论古时军赋说：“其岁收，田一井出稯禾、秉刍、缶米，不是过也。”这说明以“井”作为田的计算单位，并以之作为征收军赋的计量标准，为诸侯国所通行。

恩格斯指出：“如果你在某一地方看到有陇沟痕迹的小块土地组成的棋盘状耕地，那你就不必怀疑，这就是已经消失的农业公社的地产。”[③]这里的“农业公社”，就是“农村公社”。而这里的“棋盘状耕地”，就是包括楚国在内我国古代存在过的“井田制”。由此也可以看出，井田制同村社制是紧密联系在一起的，次生形态的村社制正是井田制赖以产生的基础。

中国古代井田制究竟废除于何时，历来众说不一。其中，唐兰的看法颇值得注意。他认为，战国时代除秦国商鞅变法废井田外，东方六国都没有正式废除过井田。俞正燮的《王制东田名制解义》指出《礼记·王制》的“东田”就是战国时东方各国遗留下来的井田；《汉书·食货志》载武帝末年诏曰：“十二夫为田，一井一屋，故亩五顷”；又桓宽《盐铁论》云：“先帝制田二百四十步而一亩”；可见，井田制到了汉武帝时才完全废除。[④]如此说能成立，楚国的井田一直延续到战国末年亡于秦之时也未可知。

① 郭沫若．奴隶制时代［M］．北京：中国人民大学出版社，2005：22.
② 张正明．楚文化志［M］．武汉：湖北人民出版社，1988：202.
③ 马克思恩格斯全集·第19卷［M］．北京：人民出版社，1963：452.
④ 唐兰．春秋战国是封建割据时代［J］．中华文史论丛，1963（3）.

第二章　赋税制度

第一节　军赋

军赋，也称兵赋，是楚国最主要的赋税之一。《左传·成公七年》记："楚围宋之役，师还，子重请取于申、吕以为赏田。王许之。申公巫臣曰：'不可。此申、吕所以邑也，是以为赋，以御北方。若取之，是无申、吕也，晋、郑必至于汉。'王乃止。"杜预注云："言申、吕赖此田成邑耳。不得此田，则无以出兵赋，而二邑坏也。"从这段传、注中，我们至少可以得到以下几点启示：一是在春秋中期，楚国已有了比较完备的军赋制度。因为"楚围宋之役，师还"时值鲁宣公十四年（公元前595年），这就是说，最迟在公元前595年之前，楚国已有军赋，但却不能因之将此时作为楚国有田赋或曰田税的起点。二是申、吕原为小国，灭于楚后设县，所谓"是以为赋，以御北方"，证明县邑的军赋由国家通过县这个政权机构直接向土地占有者征收，而赏田或曰封邑则由贵族代为征收，并非是封君之地国家就无以为赋。[①]三是杜注："不得此田，则无以出兵赋"，说明楚国军赋是从田不从户的。

楚国大规模治理整顿军赋，使之成为一套完整的制度，是在春秋晚期，确切说是楚康王十二年即鲁襄公二十五年（公元前548年）。《左传·襄公二十五年》载："楚芀掩为司马，子木使庀赋，数甲兵。甲午，芀掩书土、田：度山林，鸠薮泽，辨京陵，表淳卤，数疆潦，规偃豬，町原防，牧隰皋，井衍沃，量入修赋，赋车、籍马，赋车兵、徒兵、甲楯之数。既成，以授子木，礼也。""庀赋"，杜预注云："庀、治。"

① 吴永章．楚赋税制初探［J］．江汉论坛，1982（7）．

孔颖达《左传正义》说："庀训为具而言治者，以下说治赋之事，治之使具，故以庀为治也。"孔氏只知道"庀"训为"具"，不知此字也通常训为"治"，除《左传》外还见于《国语·鲁语》等，因而绕了一个不必要的圈子。[①]"芳掩书土田"，"土""田"二字互训，见《尔雅·释言》《广雅·释地》，合之则成一词。《诗经》的《大雅·瞻卬》有"人有土田"，《鲁颂·閟宫》有"土田附庸"，《左传·定公四年》有"分之土田陪敦"，金文琱生簋也有"僕庸土田"，都表明"土田"即土地的意思。"书土田"就是登记土地。[②]关于上述九种土地的含义，也有不同的解释，其中突出表现在对淳卤、疆潦、偃豬、原防的理解上。淳卤，杜预只释为"埆薄之地"。汉儒贾逵已经指出："淳，鹹也。"杜氏大概是认为"淳"字没有鹹的训诂，不取其说。清代沈钦韩《春秋左氏传补注》申述贾说，提出"淳"训为"渍"，"言斥卤之地多沾渍"，故贾逵转训："淳，鹹也。"这就胜过了杜说。疆潦，杜说以为是在疆界上有流潦，也不合情理。贾逵读疆为彊，以为"彊檃垸埆之地"，按"彊檃"一词见《周礼·草人》。沈钦韩以此为据，解释"疆潦"为土地刚硬，受水则"潦"，并引《管子·地员》以证其说。[③]偃豬，杜氏释为"下湿之地"，与"隰皋"重复。孔颖达《正义》本来已赞同偃豬为潴水之处，但他又云可"使田中之水注之"，则自相矛盾，既已潴水，又以田中水注入其中，何以耕稼？沈钦韩又指出"偃"即"堰"，即后世所说陂塘，恐欠妥。因为陂塘属水利建设，非治赋范围内的事。再者，楚人蓄水设施通常称为"陂"，如"期思陂""芍陂"等，并不称"偃"。原防，杜预引《尔雅·释地》："广平曰原"，释防为堤，以原防为堤防间地。孔颖达《正义》历引众说，云"其实此原防谓堤防之间也"，此与前者大致相同。准确地说，原防，就是指堤防间不规则的碎地。这样，芳掩所分的九种土地是：山林、薮泽（湖泊沼泽）、京陵（丘陵）、淳卤（盐碱地）、疆潦（刚硬易潦之地）、偃豬（潴水之地）、原防（堤防间碎

①②③　李学勤．论芳掩治赋［J］．江汉论坛，1984（3）．

地）、隰皋（下湿之地）、衍沃（平原）。芳掩就是要将这九种不同土地予以统计折算，换算为井后登记造册，也即“量入”，然后以之作为征收军赋的依据，也即“修赋”。按《周礼·大司徒》将土地分为五种类型：山林、川泽、丘陵、墳衍、原隰，大致相当于芳掩所分的山林、薮泽、京陵、隰皋、衍沃五者，相较之下，楚国多淳卤、疆潦、偃豬、原防四类。楚人对土地的划分之所以比北方诸夏更细，主要是充分考虑了长江流域特殊的地理状况。

量九土之入，只是芳掩工作的一半，还有一半就是“修赋”，亦即确定军赋征收的内容。对此，《左传》称之为“数甲兵”，孔颖达则称之为“赋税差品”。要探讨楚军赋的内容，首先必须明白“甲兵”的含义。“甲兵”这个词，在古籍中一般有两层含义，一是专指武器，此例不胜枚举。二是泛指武备，有时用作军事的代称，包括人马、铠甲和兵器，如《诗经·秦风·无衣》：“王于兴师，修我甲兵，与子偕行。”又如《左传·哀公十一年》：“胡簋之事，则尝学之矣；甲兵之事，未之闻也。”这里的“甲兵”，应指武备，即包括人马、铠甲和兵器。因为根据后面的传文，所修之赋的内容即：“赋车籍马，赋车兵、徒兵、甲楯之数”，分明已将车马、人、武器装备依次列举。而这段传文显然同前面“庀赋”的下文为“数甲兵”是相对应的。其实，孔颖达早已看出了这一点，他在《左传正义》中说：“车兵者，甲士也。徒兵者，步卒也。知非兵器者，上云‘数甲兵’，下云‘甲楯之数’，故知此其谓人也。”

也有的学者则认为此处所谓车兵、徒兵、甲楯均指兵器。其理由是，从历史事实看，楚国兴兵作战并非不征发人民。《左传·僖公二十八年》记子玉败于城濮之后，楚成王使人谓之曰：“大夫若入，其若申、息之老何？”这说明申、息人民是服了兵役并在战场上作了牺牲的。可是在谈到赋的时候，往往并不涉及人。例如，《国语·楚语上》记楚灵王将城陈、蔡、不羹，使人问于范无宇曰：“诸夏不服吾而独事晋，何也？唯晋近我远也。今吾城三国，赋皆千乘，亦当晋矣。又加之以楚，诸侯其来乎？”只说“赋皆千乘”，可见说赋若千乘的时候自然包括若千乘的兵员，不说人也是可以的。所以，说“赋车籍马”的时候已经自然地包含了兵员，而车兵、徒兵、甲楯当然也只是指兵器了。[①]我们认为，这种说法难免有二律背反之嫌。如果说“赋若千乘自然包括若千乘的兵员”，那也一定包括武器和装备，否则赤手空拳的士兵是不可能征战的。而一旦承认了这一点，先言“赋车籍马”，后又言“赋车兵、徒兵、甲楯之数”，岂不是语义重复吗？此说之所以会陷入这种二律悖反的困境，关键在于对“赋”的理解的简单化。赋的含义有以下几种：一指“兵赋”，《左传·隐公四年》：“君为主，敝邑以赋，与陈、蔡从，则卫国之愿也。”服虔注：“赋，兵也。以田赋出兵，故谓之赋。”前引《国语·楚语》“赋皆千乘”之“赋”，即指兵赋。二指“税”“敛”，《说文》：“赋，敛也”。段玉裁注曰：“《周礼·大宰》‘以九赋敛财贿’，敛之曰赋。班之亦曰赋，经传中凡言以物班布与人曰赋。”三指“量”，《尔雅·释言》：“赋，量也。”郝懿行《尔雅义疏》云：“《吕览·分职》注：‘赋，予也。’……是赋兼取予，其义则皆为量也。故《鲁语》曰：‘赋里以入，而量其有无。’”前引“赋车籍马”和“赋车兵、徒兵、甲楯之数”之“赋”，则应释为量。因此，若将此“赋”与“赋皆千乘”之“赋”混为同义，就自然会陷入两难的境地了。

《左传·襄公二十五年》关于芀掩庀赋的一段记载还涉及楚国兵赋的征收物问题。不论是“赋车籍马，赋车兵、徒兵、甲楯之数”也好，还是“赋皆千乘”也好，并不意味着要纳税人直接交付车马、兵器、甲楯，而是纳税人用自己生产的粮食和其他物品充数。因为《左传·庄公四年》载：“楚武王荆尸，授师孑焉，以伐随。”孑者，杜预引扬雄《方言》释为戟。据此，清人顾栋高在《春秋大事表·丘甲田赋记》中说：“楚武王授师孑焉，以伐随，则甲杖兵器皆出自上，可知矣。”《吕氏春秋·分职》也说到楚叶公平白公之乱，“出高库之兵以赋民”。足

① 刘家和 . 关于芀掩庀赋［J］. 江汉论坛，1984（3）.

证其说不妄。又据《荀子・议兵》载："楚人鲛革犀兕以为甲，鞈如金石，宛钜铁釶，惨如蜂虿，轻利僄遬，卒如飘风。"精良的武器装备，并非一家一户所能置办，只有依靠官营手工业作坊统一制造的武器和装备，才能赢得"天下强兵莫如楚"的美誉。那么，史书中为何要称甲楯兵器等为赋呢？对此，吴永章的解释可谓切中肯綮。吴氏以为，这只是以其作为计算单位而已。《睡虎地秦墓竹简》的有关记载即可证实这一点。在湖北云梦睡虎地秦墓出土的竹简中，经常出现"赀 × 甲""赀 × 盾"的字样，此处甲、盾正是作为罚款多少的衡量尺度而言的，并非意味着要被罚者直接交纳"× 甲"或"× 盾"，而只须以粮食和物品代替。可见，直至秦代仍流行以兵器甲杖作为价值的计算单位。这是不足为奇的。因其时战争连绵不断，国家对武器装备的需求量十分大，于是，人们就把经常使用的战争工具，作为一般等价物来对待了。由此也就不难理解，所谓"赋千乘"与"赀 × 甲"，其义是一致的，即"乘"与"甲"都是作为计算单位出现的。换言之，军赋虽是按土田的高下多寡而定的，但却不能直接用土田之出产的计量单位而必须将其折合成军备单位来交纳。[①] 这也是当时各国通行的方式。

贵族的食邑或曰赏田向楚王交纳军赋的主要方式，是由领主以其私卒从征。《左传・宣公十二年》记："楚熊负羁囚知罃，知庄子以其族反之，厨武子御，下军之士多从之。"杜预注："族，家兵。"《国语・楚语》韦昭注云："族，部属也。"家兵也好，部属也好，都是私卒的意思。《左传・襄公二十五年》记子强伐舒鸠时对令尹子木说："请以其私卒诱之，简师，陈以待我……从之。五人以其私卒先击吴师。"私卒也可称属，《左传・昭公十七年》记，吴伐楚，令尹卜战不吉。司马子鱼要求改卜。改卜的卜辞是："鲂（即子鱼）也以其属死之，楚师继之，尚大克之？"这里的"属"，即私卒。

对于春秋时期楚国所征兵赋的总额，文献语焉不详。但是，史载楚

① 吴永章 . 楚赋税制初探［J］. 江汉论坛，1982（7）.

灵王与令尹子革的一段对话，则给我们提供了某些信息。《左传·昭公十二年》载："（楚灵）王曰：'昔诸侯远我而畏晋，今我大城陈、蔡、不羹，赋皆千乘，子与有劳焉，诸侯其畏我乎！'（令尹子革）对曰：'畏君王哉！是四国者，专足畏也。又加之以楚，敢不畏君王哉！'"这里的不羹，包括东、西两个不羹，故称陈、蔡、不羹为四国。其时，此四国均为楚灭而城之为县邑（曾一度为别都），成了楚国的四个大县，故又称之为"大城"。这段记载表明：楚灵王时，此四县"赋皆千乘"，则共为四千乘。依《司马法》，每乘包括甲士十人，徒卒二十人，共计三十人，则四千乘共有十二万兵力。就是说，仅此四个县本身，就要承受十多万兵力的兵役和军备负担。一县拥有"千乘"的兵力，或许有夸大之处，但楚国县的兵力十分强大则是毫无疑问的。如《左传·成公六年》载，楚公子申、公子成曾率"申、息之师"救蔡，申、息之师能解救处于重围的蔡国，足见其军队实力之雄厚。而这两支军队所需军赋，当取之于该县，最终必将转嫁到力耕的农奴和其他依附农民乃至平民身上。这是因为楚县的土田，大部分为里社所占用，而里社的土地主要由庶人耕种。正由于庶人承担的兵赋很重，所以统治阶级往往辅之以"抚民"措施。《左传·昭公十四年》记："楚子使然丹简上国之兵于宗丘，且抚其民……使屈罢简东国之兵于召陵，亦如之，好于边疆。息民五年，而后用师，礼也。"楚国统治者经常在战争前采取宽松的抚民政策，其根本原因就在于兵赋过于繁重，如不抚民，恐生大患。[①] 如《左传·昭公二十四年》所记："楚子为舟师以略吴疆，沈尹戌曰：'此行也，楚必亡邑。不抚民而劳之，吴不动而速之，吴踵楚，而疆埸无备，邑，能无亡乎？'"这说明统治集团中的有识之士已清醒认识到抚民与强国的辩证关系。

及至战国，楚国兵赋较春秋时期更重了。《战国策·楚策》谓楚国"地方五千里，带甲百万，车千乘，骑万匹，粟支十年，此霸王之资也"。

① 张正明．楚文化志［M］．武汉：湖北人民出版社，1988：204.

军队既然如此庞大，不难想见楚国的兵赋是何等浩繁了。《史记·越王句践世家》记齐使对越王说："此时不攻楚，臣以是知越大不王，小不伯。复雠、庞、长沙，楚之粟也；竟泽陵，楚之材也。越窥兵通无假之关，此四邑者不上贡事于郢矣。"雠、庞、长沙、竟泽陵四邑，原属百越之地，为楚人所占后，便成为楚国兵赋取给之区了。[①]《战国策·楚策三》记苏秦对楚王说："今王之大臣父兄，好伤贤以为资，厚赋敛诸臣百姓，使王见疾于民，非忠臣也。"苏秦之言难免有夸张的成分，但必有事实为张本。

春秋早期和中期，楚国所征军赋的分配是不大均衡的，其中大部分出自县鄙之地，小部分出自贵族的食邑或曰赏田。到𫇭掩庀赋以后，开始不分公田和私田，一律"量入修赋"，即军赋普行于一切土田而无所豁免。这种兵赋制度打破了贵族和平民的界限，缩小了国人与野人的差别，是楚国赋税制度的一次重大改革，在中国赋税制度史上有着不容忽视的地位。

楚国的兵赋制度同周制相比，可谓同异互见。《国语·鲁语下》载孔子之言："先王制土……赋里以入，而量其有无……有军旅之出则征之，无则已。其岁（注云：有军旅之岁也）收，田一井出稯禾、秉刍、缶米。"《五经异义》释云："有军旅之岁，一井九夫百亩之赋，出禾二百四十斛，釡米十六斗。"周制的"赋里以入，而量其有无"，与楚𫇭掩"量入修赋"甚合，即都是根据土地的级差和数量征收军赋，这是二者的相同之处。但周制是"有军旅之出则征之，无则已"；楚则带有完整的制度性质，无论有无"军旅之出"皆征不免，这是二者的不同之处。

① 张正明．楚文化志［M］．武汉：湖北人民出版社，1988：205.

第二节　田税

田税也称田赋，但田赋之名是后起的，故似以称田税为宜。

田税是按土田的占有情况来征收的。《绎史》卷五十七引《孙叔敖碑》记孙叔敖为令尹，“布政以道，考王象以度，敬授民时，聚藏于山，殖物于薮……钟天地之美，收九泽之利，以殷润国家，家富人喜”。所谓“收九泽之利”，即收各种土田之所产以为税；所谓“以殷润国家，家富人喜”，即上交国家财政，以保国富民安。这说明此税非指军赋，因为军赋只能充实国家兵力，并不能增强国家财力。由此可见，田税与军赋是两种不同的赋税项目。

楚田税始于何时，文献无明确记载。《左传·成公七年》：“楚围宋之役，师还，子重请取于申、吕以为赏田。王许之。申公巫臣曰：‘不可。此申、吕所以邑也，是以为赋，以御北方。若取之，是无申、吕也，晋、郑必至于汉。’王乃止。”正如郭仁成所指出的，有些著述仅仅根据“是以为赋”，就断定以土地为征收对象的所谓田赋在春秋时楚已有之，这似乎是把军赋与田赋（税）混为一谈了，事实上二者却是同时存在的两种不同税目。应该说，杜注已经讲得很明白：“不得此田，则无以出兵赋”，并不涉及田赋。不过我们还是可以从这段史料中捕捉出楚人实行田税制度的一些信息，这同赏田的性质有关。① 孙诒让《周礼正义》称：“是凡赏田，皆赐以田，而不得有其邑，与家邑异。”赏田是否“与家邑异”姑且勿论，但赏田不属于王田范围则是无疑的。由于从县邑分割出去的赏田的所有权将由县邑转移到田主手中，这自然影响县邑的收入，所以申公巫臣作为县尹当然要出来反对。② 但是，从公邑请赏田的事情肯定还是很普遍的，申、吕之田虽因巫臣的干涉而没有为子重所取，但更多的情况恐怕是已为王家所特许。随着赏田及其他具有某种私有性质的土地日益增多，楚王直接控制的土地自然相对减少，

①② 郭仁成．楚国经济史新论［M］．长沙：湖南教育出版社，1990：49.

这当然要影响政府的财政收入。为了弥补这个损失，一种由政府向土地占有者征收的田税便应运而生。由此看来，楚国在子重请赏田的时候，即鲁宣公十四年（公元前595年）以前就可能已经有田税了。[①]

战国时期，楚国继续实行田税制度。《墨子·贵义》载：子墨子南游于楚，见楚献惠王，献惠王以老辞，使穆贺见子墨子。子墨子说穆贺，穆贺大说，谓子墨子曰："子之言则成善矣，而君王天下之大王也，毋乃曰'贱人之所为'而不用乎？"子墨子曰："唯其可行。譬若药然，草之本，天子食之以顺其疾，岂曰'一草之本'而不食哉！今农夫入其税于大人，大人为酒醴粢盛，以祭上帝鬼神，岂曰'贱人之所为'而不享哉！"所谓"农夫"，指自耕农、农奴和其他依附农民，他们有义务向"大人"纳田税。所谓"大人"，指楚王及地方官吏，他们按土地面积征收田税，供军事以外的各项开支。正因为田税是国家最主要的一种经常性税收，所以《国语·楚语下》观射父回答楚昭王关于先王遗制的提问时说："天子之田九畡，以食兆民，王取经入焉，以食万官。"韦昭注："经，常也；常入，征税也。"此"经入"即指经常性的田税。考古资料中也有楚国在战国时期仍征收田税的明证。如包山楚墓出土竹简第81简记："冬柰之月癸丑之日，周赐讼郊之兵虘执事人宦司马兢丁，以其政其田。"[②]"政"，借作正，即征。《周礼·夏官·司勳》："惟加田无国正。"郑玄注引郑司农云："正谓税也。"陆德明释曰："正，本亦作征。"由田税征收问题引起诉讼，说明楚国对田税的征收是十分严格的。战国时期，田税在楚之赋税收入中占有极其重要的地位。《战国策·楚策》和《史记·苏秦列传》都说楚国"粟支十年"；《越绝书·越绝外传记吴地传》记："吴两仓，春申君所造。西仓名曰'均输'，东仓周一里八步。"足见楚国粮食储备之丰，而这些粮食当主要来自田税。

由于山泽也属土田范围，故山泽的物产也在田税之列。楚国自然

① 郭仁成．楚国经济史新论［M］．长沙：湖南教育出版社，1990：49.
② 湖北省荆沙铁路考古队．包山楚简［M］．北京：文物出版社，1991：22.

条件优越，物产富饶。《汉书·地理志下》谓：“楚有江汉川泽山林之饶”，《吕氏春秋·有始》说楚有被列为天下“九薮”之一的云梦。《墨子·公输》所言尤详：“荆有云梦，犀兕麋鹿满之，江汉之鱼鳖鼋鼍为天下富……荆有长松、文梓、楩楠、豫章。”从这些山林池泽中取税，既是楚国田税的内容之一，也是楚国一项重要的财政收入。《墨子·尚贤中》云：“收敛关市、山林、泽梁之利，以实官府。”楚国也不例外。据《国语·楚语下》载，楚王孙圉对晋赵简子说：“山林薮泽，足以备财用，则宝之。”而楚国之宝则“有薮曰云连徒州，金、木、竹、箭之所生也。龟、珠、齿、革、羽毛，所以备赋，以戒不虞也”。此处所谓“备赋”“备财用”与墨子所说的“收敛”“实官府”，其义完全相同，都是指从中征税以实国用之意。这是田税包括山林薮泽之税的力证。

既有山林薮泽之税，当设官专司其事。《周秦古玺精华》著录有楚国《陆官之玺》一枚，据有关学者考证，“陆官”或即楚国征收阜陆之地赋税的官员。[①]所谓“阜陆”之地，即山地丘陵，简称之“山林”。说明楚有掌山林之税的官吏。据《吕氏春秋·孟冬纪》载：“令水虞、渔师收水泉池泽之赋”，《吕氏春秋》杂采列国之事，故楚国也应置有此类官员。

第三节　地租

一般认为，封建地租包括劳役地租、实物地租、货币地租三种不同的形态。

《孟子·滕文公上》说：“夏后氏五十而贡，殷人七十而助，周人百亩而彻。”贡、助、彻的内容是什么？这是讨论先秦剥削形态尤其是地租制度必然会涉及的重要问题。这个问题历来其说不一。徐中舒认为，五十、七十、百亩是夏、商、周三代每夫所能耕种的田亩。贡是贡纳，

① 黄锡全．古文字中所见楚官府官名辑证［J］．文物研究，1991（7）．

助是服役，彻是一定数量的实物地租。贡、助是适应于奴隶社会的制度，彻是适应于封建社会的制度。彻本意是彻取公社土地十分之一作为公田，但彻田须借民力耕种，因此又称为藉田。孟子说“虽周亦助也”，这就是原始的彻法。[①] 杨向奎则认为，贡是公社向国王交纳的贡赋，助是劳役地租，彻是实物地租，它们代表着三个不同的历史阶段。他认为西周的乡遂与都鄙田制不同，税制也有异。金鹗《求古录·礼说》云：“王畿乡遂用贡，都鄙用助，邦国亦宜然。”这个说法是合理的。[②] 王玉哲说，西周的井田制度实行于“野”中，对农奴实行劳役地租的剥削（助法）；与此同时，在“国中”还实行一种非井田系统的土地制度，即抽什一之税的彻法。贡纳什一之税者身份为自由农民，这种身份使得他们在纳税时多少带点主动性，所以孟子说“使自赋”。[③] 高亨认为孟子所说的“贡”法虽有托古的意味，但也不完全出于空想，它反映了战国或其以前某个地域曾经实行过的实物地租制度。至于“助”法，则是实行井田制的平原地区的一种劳役地租。他还根据《左传》《国语》和《诗经》等文献，证明西周实行劳役地租，但西周末年或东周初年已经出现了实物地租的剥削方式。[④] 郭仁成则认为，如果把《孟子》的“徹”字解释为“撤”字，问题便可迎刃而解了。因为“唯助为有公田”，数家同耕公田作为劳役地租，乃是殷人助法的主要特点；而周人的徹法不同于助法之处，就在于撤去公田，只从总收获量中分出若干作为实物地租上缴领主。古徹、撤为一字，其例甚多：《诗经·小雅·十月之交》：“徹我墙屋，田卒污莱”；《左传·宣公十二年》：“虽诸侯相见，军卫不徹，警也”；《礼记·丧大礼》：“君大夫撤县，士去琴瑟”等皆是。

① 徐中舒．试论周代田制及其社会性质［J］．四川大学学报，1955（2）；徐中舒．论西周是封建制社会——兼论殷代社会性质［J］．历史研究，1957（5）．

② 杨向奎．试论先秦时代齐国的经济制度［J］．文史哲，1954（11-12）．

③ 王玉哲．两周社会形态的探讨（重印附记）［M］// 中国的奴隶制与封建制分期问题论文选集［M］．上海：三联书店，1956.

④ 高亨．周代地租制度考［J］．文史哲，1956（10）．

自楚武王后，“汉阳诸姬，楚实尽之”[①]，周人的先进地租制度也随之为楚人所接受，不仅在禄田中实施，全国公私邑也都陆续仿行。[②]总的说来，郭氏对“徹”的解释，优于此前诸说。但是，他进而认为，楚人自灭汉阳诸姬以来，已接受了周人的先进地租制度，则似可存疑。

前文在论述楚国土地制度时，曾否定了楚有禄田之说。既然楚无禄田，就不存在佃耕禄田缴纳地租以为百官俸禄。春秋以至战国中期以前，楚国百官的俸禄主要由公田收取的田税支付。战国中期以前楚国未接受周人地租制度的原因，主要在于二者的历史背景不同，因为无论学术界对西周的社会性质持何种看法，都未否认西周以前为奴隶社会，而其土地制度和与之相适应的剥削形态也由奴隶制发展而来。楚则不然，武王以前尚处于原始社会，这无疑决定了它缺乏西周那样的土地制度和剥削形态的基础。因此，武王以后，无论它的社会形态是奴隶社会抑或封建社会，它都不可能迅速并且完全照搬周人的地租制度。在楚国，最早的赋税形式很可能是实物，因为迄今我们尚未发现楚国实行过力役形式的赋税的材料。

当然，我们认为楚国并未迅速从周人那里接受其先进的地租制度，并不等于说楚国自始至终未能出现地租制度。战国中期以降，随着楚国土地兼并的加剧、工商业的繁荣，小私有土地获得了较大发展，与之同时，因军功而获得土地者也日见其多。所有这些，都为新兴地主阶级的产生准备了条件。于是，“土地所有的双重性日益明显，公法上的土地国有和私法上的土地私有便逐渐分离了”。[③]但国家对私有土地的赋税反而加重了，于是，获得土地的新兴地主便把赋税负担转嫁到新兴的农民身上，而理想的转嫁形式便是向农民收取地租。春秋末叶发端至战国中晚期盛行的以“畛”“顷”乃至“国”“县”为封地计算单位，正是楚国地租从萌芽至茁长这一过程在土地制度上的反映。

---

① 左传·僖公二十八年［M］.北京：中华书局，1990.

②③ 郭仁成.楚国经济史新论［M］.长沙：湖南教育出版社，1990：47.

根据对某些间接材料的分析，楚国的地租开始很可能只是在私有土地中施行，后来则逐步扩大至王田和其他土地之中。至于战国中期以后楚国地租是与田税并存，还是取代了田税，由于缺乏可靠的资料，暂且只能存疑。

第四节　户口税

《史记·孔子世家》载："昭王将以书社地七百里封孔子。"《索隐》："古者：十五家为里，里则各立社，则书社者，书其社之人名于籍。"杨倞注云："书社谓以社之户口书于版图。"有的学者据此认为：从这件封赠的事实，我们可以看到，楚国当时已经在征收一种以户为单位的赋税了。[①] 我以为，这种看法似有进一步考虑的必要。因为《史记·孔子世家》强调的是以"书社地七百里封孔子"，落脚点是"地"，而不是"里"。所谓"书社地七百里"，意指一万七千五百家的土田。如以户计，不如径称"书社七百里"，何必要加一"地"字？

虽说至今未能确考楚国户口税实行的具体时间，但根据文献记载分析，至少在春秋中期已经开始。《楚史梼杌·虞丘子》称"（庄王）赐虞丘子菜地三百（户），号曰国老"；《史记·滑稽列传》也称楚庄王封孙叔敖之子"寝丘四百户"；同书又称，庄王马死，优孟请"奉以万户之邑"。尽管学术界对《史记·滑稽列传》所载的可靠性颇有疑虑，但认为其有夸饰的成分似可，以为其全无根据则欠当。封赠既以户来计算，只能说明其时已出现在封域内征收户税的制度，否则就无须以户计了。

《左传·成公二年》载，楚令尹子重为阳桥之役以救齐，将起，子重曰："先君庄王属之曰：'无德以及远方，莫如惠恤其民，而善用之。'"子重"乃大户，已责，逮鳏，救乏，赦罪。悉师，王卒尽行"。"大户"，杜预注为："阅民户口。"即对户籍重新清理检阅，并在此基

① 郭仁成．楚国经济史新论［M］．长沙：湖南教育出版社，1990：56.

础上，视具体情况采取免除逋欠、宽宥孤寡、赈济贫穷等“惠恤”楚民的措施。这和《管子·国蓄》所记：“以正户籍，谓之养赢”可以说是异曲同工：“大户”与“正户籍”均属清理户籍与征收户税的举措。又《左传·昭公十四年》载，楚平王即位后，为巩固其统治地位，采取了大规模的“抚民”措施，即“分贫，振穷；长孤幼，养老疾；收介特，救灾患；宥孤寡，赦罪戾；诘奸慝，举淹滞”。“宥孤寡”，杜预注：“宽其赋税”，孔颖达疏：“孤子寡母，宽其赋税。”又《孟子·梁惠王下》云：“幼而无父曰孤。”由此可见，这里所“宽”的“赋税”，当系户口税，因为它不仅仅限于成人，而且及于孤儿。还有一条史料，似乎也可作楚有户口税的证据。《左传·昭公二十七年》记：“左司马沈尹戌帅都君子与王马之属以济师。”杜预注：“在都邑之士有复除者。”有的学者因之认为：复除指免除其徭役与赋税，则一般都邑之士原来也是要缴纳口税的。这是正确的。但同时又认为：楚人所征户税，其中也包含着口税，故可合称为户口税。[①]这样将户税与口税分开，就把问题复杂化了。实际上，楚国此时所谓户口税，是指以户为征税单位，以口为收税标准，并非户税之中又包含口税，也并非按人和户为单位征收的两种税收的合称。[②]

文献记载表明，在户税之外另收口税的制度，始于秦汉。马端临曾说：“古之治民者，有田则税之，有身则役之，未有税其身者也。”[③]清人惠栋也说：“三代以前分土，自秦汉分人。”[④]此“三代以前”，也即马氏所说的“古”。不过，马端临和惠栋以为三代以前没有口税是正确的，但他们同时认为三代以前只有“有田则税之”或曰“分土”的田税，及至连户税也否定了，这就有违历史事实了。

也有学者认为口税乃是列国通行的税目，[⑤]其根据是郑玄的一段注

①⑤ 郭仁成．楚国经济史新论［M］．长沙：湖南教育出版社，1990：57.
② 吴永章．楚赋税制初探［J］．江汉论坛，1982（7）.
③ 马端临．文献通考·卷十［M］．北京：中华书局，1986.
④ 王先谦．后汉书集解［M］．北京：中华书局，1984.

释。《周礼·天官·冢宰》："以九赋敛财贿"，郑玄注："赋，口率出泉也"，"国中自七尺以及六十，野自六尺以及六十有五，皆征之"。其实，这条注解并不能证明三代以前有口税。其原因有二：一是郑玄将"赋"释为"口率出泉也"并不符合《周礼》"以九赋敛财贿"的原意，从《周礼》原文根本看不出有口税的痕迹。二是"国中自七尺以及六十，野自六尺以及六十有五"皆征之，非但不能证明户税与口税已分开，反而可以理解为以户为征税单位，以口为征税标准。而每口的标准按人累计后以户为单位缴纳，或许就是三代以前户口税比较确切的含义。

由于文献记载和考古资料的缺乏，对楚之户口税的税额与征收办法等详情，均难以确知。欲解此谜，只有企盼未来考古发现可能提供的新材料了。

第五节　关市税

春秋战国时期，各国均有"关市之征"。[①] 随着商品经济的迅速发展，向工商业征收的关市税，日益成为楚国赋税收入的一个极其重要的来源。

一、关税

1957年，安徽寿县出土了楚怀王六年（公元前323年）所制的鄂君启金节。此节分舟节与车节，用青铜铸成，上均有错金铭文。正是这铭文，成为研究楚国关税的宝贵资料。综合诸位学者考证，舟节铭文为：大司马昭阳败晋师于襄陵之岁。夏□之月，乙亥之日，王处于茂郢之游宫。大工尹脽以王命命集尹悊糈、裁尹逆、裁令阬为鄂君启之府赓铸金节，屯三舟为一舿，五十舿，岁赢返。自鄂往，逾湖，上汉，庚鄘，庚芑阳；逾汉，庚邽；逾夏，入邔；逾江，庚彭弹，庚松阳；入澮江，

① 孟子·滕文公下［M］. 北京：中华书局，1988.

庚爰陵。上江，入湘，庚𦉜，庚郷阳；入澮，庚鄙；入资、沅、澧、澭。上江，庚木关，庚郢。见其金节则勿征，勿舍桴饲；不得其金节则征。如载马牛羊以出内关，则征于大府，勿征于关。车节铭文为：大司马昭阳败晋师于襄陲之岁，夏□之月，乙亥之日，王居于茂郢之游宫。大工尹脽以王命命集尹恕楮、裁尹逆、裁令阬为鄂君之府庚铸金节。车五十乘，岁赢返。勿载金革篃箭。如马如牛如特，屯十以当一车，如檐徒，屯二十檐以当一车，以毁于五十乘之中。自鄂往，庚阳丘，庚方城，庚象禾，庚畐焚，庚繁阳，庚高丘，庚下蔡，庚居巢，庚郢。见其金节则勿征，勿舍桴饲；不见其金节则征。[①] 通观舟、车两节铭文，我们可获得如下启示：一是铭文说“见其金节则勿征”“不得其金节则征”，说明至少战国中期楚国已实行关税制，凡载货出入关者，除持有特殊的通行证外，一律要按货收税。二是楚国负责征收过关税的机构，上为“大府”——中央税收、财政机关，下为最基层的征税机构——“关”。二者的分工是：“大府”直接负责征收少数重要的物资，如马、牛、羊等的过关税；“关”则负责征收大多数普通货物的税收。三是铭文中的“庚”表示经过，所经之地当为邑关戍，有税官驻守，[②] 可知当时楚国水陆税关已达二十处之多。由此可见，楚国关税机构是比较健全的，关税制度也是比较完善的。四是能获得免税特权的，只能是巨商大贾，这类人多为官商。这是楚国为了刺激商品经济的发展而采取的一种让利政策。

关税的征收与市税密切相关，某些货物在已征收市税后便不再征收关税；有的货物则关税市税全征。还有的货物在过关入市前已一次性征了关市税，尔后过关入市自然免征了。《古玺汇编》0295 著录一枚楚玺，

① 郭沫若．关于鄂君启节的研究［J］．文物参考资料，1958（4）；谭其骧．鄂君启节铭文释地［J］．中华文史论丛，1962（2）；商承祚．鄂君启节考［J］．文物精华，1963（2）；于省吾．“鄂君启节”考释［J］．考古，1963（8）；黄盛璋．关于鄂君启节交通路线的复原问题［J］．中华文史论丛，1964（5）.

② 黄盛璋．关于鄂君启节交通路线的复原问题［J］．中华文史论丛，1964（5）.

上镌刻“勿正关钚”四字。据有关专家考证，是用以加盖免征关税通行证的，其条件当然是已经缴过关市税款了。[①] 但也或许是已征于市，不再征于关也未可知。

细分起来，关税之外还有门税，大概由于门税较关税轻的缘故，通常情况下只言关税而未言门税。事实上，广义的关税已包括门税。《周礼·地官·司门》云：“凡出入不物者，正其货贿，凡财物犯禁者举之。”同书《司关》云：“掌国货之节，以联门市。”郑玄注：“货节，谓商本所发司市之玺节也。自外来者，则案其节，而书其货之多少，通之国门，国门通之司市。自内出者，司市为之玺节，通之国门，国门通之关门，参相联以检猾商。”楚国发现有司关掌“以联门市”的玺节，除前述“勿正关钚”外，《古玺汇编》还著录有两枚楚玺：一为该书 0168 著录的一枚阴刻白文古玺，文曰：“南门出钚”；另一枚为同书 0267 著录的白文玺印，其上镌刻六字，右行三字已磨蚀难辨，左行三字经辨认为“之出钚”。或许楚国规定某类货物已征于关后不再征于门，所以才用“出钚”这类玺节加盖在已纳关税者的通行证上，以便放行。

二、市税

随着城市和商业的发展，各诸侯国均在城中设“市”，作为交易场所。《礼记·月令》对市场的管理尤其是市税的征收作了如下记述：“易关市，来商旅，纳货贿，以便民事。四方来集，远乡皆至，则财物不匮，上无乏用，百事乃遂。”各诸侯国管理市场的官员为“市吏”，楚国管理市场的官员为“市令”。《史记·循吏列传》载：楚庄王更换币制，引起市场混乱，民弃其业。“市令”将此情禀之于相，相复言之于王，王从其计，许复之，一度混乱的市场又恢复了稳定。市令既然为市场之总管，征收市税则当责无旁贷。

① 汤余惠 . 楚玺两考［J］. 江汉考古，1984（2）.

楚人重商，商品经济相当发达。在楚国集市上，各类专业市场一应俱全。据《左传・宣公十四年》载，楚郢都有“蒲胥之市”，这“胥”就是司市的属官“胥师”，是管理市场的基层官员。①《庄子・外物》说到楚有“枯鱼之肆”和“庸肆”，《韩诗外传》称楚有“屠羊之肆”。《庄子・则阳》记：“孔丘之楚，舍于蚁丘之浆。”是指孔子舍于卖浆之肆。可以说，楚市是店铺林立，货物充盈。而政府所获得的市税也必然十分丰厚。

据《周礼・地官・廛人》说，某些已征门关通过税的货物，入市不再征收货物税。但是，须另征“廛布”——货物囤放官方仓库之税，征“絘布”——列肆开店之税，征“总布”——掌斗斛铨衡者之税。这类税，可称之为工商税，与严格意义的市税略有区别。据文献记载分析，楚国很可能也有“廛布”之属的工商税。《孟子・滕文公上》记楚人许行“自楚之滕，踵门而告文公曰：‘远方之人，闻君行仁政，愿受一廛而为氓。’文公与之处，其徒数十人，皆衣褐，捆屦织席以为食”。许行至滕伊始，即向滕文公提出希望能得到“一廛”，这分明是比照楚国的受“廛”之制，否则不会凭空提出这一要求。《荀子・王制篇》：“顺州里，定廛宅。”注：“廛谓市内百姓之居。”廛如果用来存放货物，所收之税即为“廛布”。既然楚国有受“廛”之制，或许也有“廛布”之税。

按照列国的通例，市税往往有以产品充税者。如《周礼・地官・廛人》规定：“凡屠者，敛其皮角筋骨，入于玉府。”郑玄注：“以当税，给作器物也。”屠肆能征收实物，其他类似的工肆或许也有以征收实物为主者。

第六节　贡纳

按照周制，贡纳分为邦国之贡和万民之贡。楚制早期摹仿周制，后

① 郭仁成．楚国经济史新论［M］．长沙：湖南教育出版社，1990：55.

虽有所损益，但无根本区别。因此，楚贡纳也可分为邦国之贡和万民之贡两类。

一、邦国之贡

邦国之贡指属国或曰附庸国对宗主国的贡献，它源于周制“九贡”。《周礼·天官·冢宰》云：“以九贡致邦国之用：一曰祀贡，二曰嫔贡，三曰器贡，四曰币贡，五曰材贡，六曰货贡，七曰服贡，八曰斿贡，九曰物贡。”贾公彦疏：“诸侯国内得民税，大国贡半，次国三之一，小国四之一，所贡者市取当国所出美物。”由此可知，春秋战国时期，大国和强国往往通过贡纳的方式，对小国和弱国巧取豪夺，索取的贡品既有金珠玉帛，也有方物特产，甚至还有奴婢工匠。

楚国作为春秋五霸中南方各族之雄，战国七雄中东方各国之长，灭国六十余个，而这些国家大多以属国的名义长期存在过。[①] 因此，楚国无疑从众多的弱小属国中获得了丰厚的贡纳。对此，文献不乏记载。《左传·僖公十一年》记：“黄人不归楚贡。冬，楚人伐黄。”次年，“黄人恃诸侯之睦于齐也，不共楚职……夏，楚灭黄”。此所谓“职”，当指“贡”，《左传·襄公二十八年》有“共其职贡”之语，即可为证。这职贡具有重要的政治意义和经济意义。政治上，意味着存在藩属关系；经济上，意味着要按时入贡奇珍异物。而一旦楚国的要求未得到满足，则对属国加之以征讨，楚黄之间的关系，就是典型的事例。

随着楚势的扩张，尤其是楚庄王成就霸业之后，贡纳的收入也日渐增多。据《左传·襄公二十七年》记，公元前546年，晋楚平分霸权，召集有十四个国家参加的“弭兵”之会，此会在牺牲弱小国家利益的前提下达成了协议：除齐、秦两大国外，其余中小国家如宋、鲁、郑、卫、曹、许、陈、蔡等都必须同时向楚、晋两国进贡。

楚国对于属国的需索十分苛重，以致常常引起属国的不满或抵制。

① 何浩．楚灭国研究［M］．武汉：武汉出版社，1989：89-102.

《左传·定公十五年》记："胡子豹又不事楚，曰：'存亡有命，事楚何为？多取费焉。'"胡子不堪忍受重索，公然抵制事楚。《左传·襄公三十一年》记郑国子产说："以敝邑褊小，介于大国，诛求无时，是以不敢宁居，悉索敝赋，以来会时事。"这虽是子产与晋臣的对话，但语义所指则包括了晋国和楚国。因为当时郑国"介于"楚、晋两"大国"之间，为求"宁居"计，不得不满足晋、楚的轮番"悉索"以应付其"无时"的"诛求"。

楚国索取贡品的范围十分广泛。《左传·昭公六年》记楚公子弃疾如晋过郑，郑伯劳之。弃疾见郑伯"如见王，以其乘马八匹私面"。这是以马为贡物。《左传·襄公二十八年》记郑伯使游吉如楚致辞说："寡君是故使吉奉其皮币，以岁之不易，聘于下执事。"据《孟子》赵岐注，皮为狐貉皮，币为缯帛之货。这是以狐皮缯帛为贡物。《左传·定公三年》记："蔡昭侯为两佩与两裘以如楚，献一佩一裘于昭王。"这是以玉佩和轻裘为贡物。《战国策·楚策四》云："饭封禄之粟，而载方府之金。"鲍彪注："方，四方；金，其所贡。"这是以金为贡物。《七国考》引许慎《淮南注》："楚合诸侯，鲁赵皆献酒于楚。"这是以酒食为贡物。

除奇珍异物外，楚国的贡纳还及于人。《吴越春秋·句践伐吴外传》载越王句践曰："邦国南则距楚，西则薄晋，北则望齐，春秋奉幣、玉帛、子女以贡献焉，未尝敢绝。"又《韩诗外传》卷八称"越王句践使廉稽献民于荆王"。这充分说明，当时各国不仅仅向楚国进贡玉帛，而且贡献奴婢。楚人还注意通过贡纳引进技术人才。《左传·成公二年》记鲁孟孙赂楚人"以执斫、执针、织纴皆百人"，这就是以技术工匠为贡纳了。

据郭仁成先生研究，楚人对于属国的需索，似乎重北而轻南，这大概是由于楚人的战略目标在防御北方，南方一向是作为大后方来对待的。所以《后汉书·南蛮传》称长沙武陵蛮"田作贾贩，无关梁符传租税之赋"，吕思勉先生在其所著《先秦史》中认为这正是"楚人抚绥之法”。同书又称“楚子称霸，朝贡百越”，但《卫飒传》却说：“含洭、浈阳、曲江三县，越之故地，武帝平之，内属桂阳，民居深山，滨溪谷，习其风土，不出田租。”含洭等县曾经属楚，其不出田租的旧规，很可能是楚人立下的。可见，楚人对南方属地，大都保持朝贡与贸易关系，而不再征其地租税。[①]需要补充说明的是，即使是贡纳，楚国的原则也是重北轻南。

二、万民之贡

万民之贡导源于《周礼》的“九职”，贾公彦疏：“太宰以九职任万民，谓任使万民各有职事，有职事必有功，有功即有贡。”故万民之贡也有九项：“任农以耕事，贡九谷；任圃以树事，贡草木；任工以饬材事，贡器物；任商以市事，贡货贿；任牧以畜事，贡鸟兽；任嫔以女事，贡布帛；任衡以山事，贡其物；任虞以泽事，贡其物；凡无职者出夫布。”[②]从“有功即有贡”来看，所谓“万民之贡”，指各行各业的收益税或物产税，也即广义的贡纳，它是包括赋税于其中的。在楚国，农圃之贡即指军赋和田税，工、商、嫔属于关市税范围，只有牧、衡、虞三者向国家财政机关或楚王室进献的物产，才属严格意义的贡纳范畴。《国语・楚语下》记楚王孙圉对晋赵简子说：“山林薮泽，足以备财用，则宝之”，而楚国之宝“有薮曰云连徒洲，金木竹箭之所生也，龟、珠、齿、革、羽毛，所以备赋”。这里所备之“赋”，即指贡赋。需要说明的是，此处所谓“山林薮泽”，并非芳掩所书“土田”之属的“山林”“薮泽”，前者分别是牧民、山民、渔民的经营范围，后者则是农夫经营的范围。

事实上，贡纳也不限于“九职”，万民对楚王室的贡献几乎是无所不包。《战国策・楚策》记：“昭鱼因买五双珥，令其一善，而献之王”；又载：“有献不死之药于荆王者”；《新序》称：“楚人有献鱼于

① 郭仁成．楚国经济史新论［M］．长沙：湖南教育出版社，1990：53.

② 以上引文分别见《周礼・天官・太宰》和《周礼・地官・闾师》。

王者”；《左传·昭公二十七年》记：“进胙者莫不谤令尹”等等，都是楚国臣民对王室贡献的事例。不过，上述贡纳似乎属于自愿的性质，不一定是官方规定的制度。

综考楚国赋税制度，不难发现这么一个事实：楚赋税制度的健全与否同楚之国力息息相关。楚国之所以能从一个“土不过同”的蕞尔小邦，发展到一个“地方千里”的泱泱大国，在很大程度上得力于楚国赋税提供的雄厚的财力物力基础。一般而言，当政局稳定时，楚赋税制不仅能满足连年征战的耗费，而且还能使民乐业安居。如楚庄王时，虽“昔岁入陈，今兹入郑”而能使“民不罢劳”；虽“荆尸而举”却做到了“商农工贾不败其业”。[①] 此外，楚国统治阶级为了缓和国内矛盾，调动劳动者的积极性，常常采取“抚民”措施，[②] 如楚平王实施的“宥孤寡”的赋税宽免政策，就取得了积极的效应。

但是，随着楚国统治集团队伍的急剧膨胀和生活的日益腐化，楚国庶民承担的赋税之重也日甚一日了。而这势必使社会阶级矛盾进一步激化，国力逐渐削弱，最终酿成其灭亡的重要因素之一。对此，当时的有识之士已有洞察，并作过透辟分析，以期引起最高统治者的警觉。《国语·楚语下》记：楚“斗且廷见令尹子常，子常与之语，问蓄货聚马。归以语其弟曰：‘楚其亡乎！不然，令尹其不免乎！吾见令尹，令尹问蓄聚积实，如饿豺狼焉，殆必亡者也。夫古者聚货不妨民衣食之利，聚马不妨民之财用。国马足以行军，公马足以称赋，不是过也。公货足以宾献，家货足以共用，不是过也。夫货马邮则阙于民，民多阙则有离叛之心，将何以封矣……今子常，先大夫之后也，而相楚君无令名于四方。民之羸馁，日已甚矣，四境盈垒，道殣相望，盗贼司目，民无所放。是之不恤，而蓄聚不厌，其速怨于民多矣。积货滋多，蓄怨滋厚，不亡何待！’”这说明，早在春秋末年，斗且廷已一针见血地指出，若

① 左传·宣公十二年［M］. 北京：中华书局，1990.
② 左传·昭公十四年［M］. 北京：中华书局，1990.

楚国统治集团继续奉行“积货滋多，蓄怨滋厚”的做法，楚国就会“不亡何待”！进入战国，由于战争的频仍而引起的消费剧增，楚国统治阶级便把这沉重的负担转嫁到赋税承担者身上，愈加激发了统治阶级与劳动者之间的矛盾，以致民心涣散，士气不振。攻破郢都的秦国主帅武安君在谈及楚败秦胜之因时，曾有过这样的分析：“是时楚王恃其国大，不恤其政”，“百姓心离”，楚兵“各有散心，莫有斗志”，故秦“是以能有功也”。[①] 显而易见，楚国统治集团的滥加征取、厚敛于民，是导致楚国灭亡的诱因之一。

然而，从另一角度看，楚国赋税制度体现了楚国社会的封建性质。因为无论从楚赋税项目的完备程度，还是赋税与土地之关系，以及赋税征收者与缴纳者之间的关系，都表现出封建社会的特征。此外，楚国在赋税政策上始终依靠县邑，抑制贵族、封君的政治地位和经济实力，即王家直接掌握的县地越多，中央政府直接征收的赋税也就越多，而贵族的采邑则始终未能得到长足的发展。这也是楚国王权同贵族较量中始终处于优势地位的经济根源。

① 战国策·中山策［M］. 上海：上海古籍出版社，1985.

第三章　宗法制度与等级构成

第一节　宗法制度

宗法制度同封建制度有着密切的联系。甚至可以说，宗法制度是东方封建制的特点，因为封建社会最重要的上层建筑就是宗法制度。而宗法制度的基本精神就是以宗子为中心，按血缘关系的远近来区别亲疏贵贱，从而规定出无可改变的等级制度。范文澜认为，这种制度在统治阶级和被统治阶级那里都是存在的，它对贵族领主来说是一种加强统治的力量，对农夫来说也是一种组织力量。[①]范文澜关于宗法制度与封建制度密不可分的观点，是建立在西周封建论的基础之上的。我们认为，楚国的情况同西周不尽相同，在楚国，宗法制度与封建制度虽说也有密切的联系，但楚国被统治阶级的宗法制度不只先天不足，后天也一直发育不良，作为楚国被统治阶级主体的农民是以个体家庭为单位而进行生产的，基本上不在贵族的宗法系统之内。也就是说，楚国贵族基本上组织在宗法系统里，而农民则大部分结合在里社之中。正如童书业所指出的那样，贵族之所以保持着“宗族”制度，只是集中力量控制被统治阶级的一种手段。[②]

宗法制的核心是王（公）位世袭制。《史记·楚世家》云：“季连生附沮，附沮生穴熊，其后中微”，“弗能纪其世”。同书又曰：“周文王之时，季连之苗裔曰鬻熊。鬻熊子事文王，蚤卒。”“鬻熊子事文王”之

---

① 范文澜．关于中国历史上的一些问题［M］// 范文澜全集·第十卷文集．石家庄：河北教育出版社，2002：240.

② 童书业．论宗法制与封建制的关系［J］．历史研究，1957（8）．

“子”，应为周朝给予内封的酋长的封号，是一种原始的爵位。恩格斯在论述雅典氏族的特征时指出：“我们知道，每一氏族都有自己的首长；但是，任何地方都没有提到过这一职务是在一定的家庭中世袭的。在野蛮时代结束以前，总是不大可能有严格的世袭制的，因为这种世袭制是同富人和穷人在氏族内部享有完全平等权利的秩序不相容的。”[①] 因此，楚国在鬻熊之前，尚不具备实行严格的世袭制的基础与条件。

王位继承制的关键是嫡长子继承制。《史记·楚世家》记鬻熊“蚤卒”后，“其子曰熊丽。熊丽生熊狂。熊狂生熊绎”。从鬻熊至熊绎，楚公位的继承已经限制在鬻熊嫡系子孙中，这标志着楚国已出现公位世袭制的雏形，并非表明楚国已有了严格的世袭制，更非意味着已经实行了嫡长子继承制，只不过是为尔后嫡长子继承制的实行提供了可能性。因为从鬻熊至熊绎共五代，不可能每代皆为一子，《史记·楚世家》只言熊“某”生熊“某”，只不过表明继位者未超出鬻熊嫡系范围，并没有交代继位者是否嫡长子。这是因为，熊绎时的楚国，“土不过同”[②]，究其实只是一个部落或部落联盟。因此，还谈不上有严格的世袭制，更谈不上嫡长子继承制，甚至不能完全排除楚公位继承人是通过一定形式选举产生的可能性。

熊绎五传至熊渠。《史记·楚世家》记熊渠“甚得江汉间民和”，实行远交近攻，“兴兵伐庸、扬粤，至于鄂”；“乃立其长子康为句亶王，中子红为鄂王，少子执疵为越章王，皆在江上楚蛮之地”。这就是说，他组织了远征军，又在获胜之后把远征军改为驻防军，以建立附庸国。后来周厉王暴虐，熊渠怕他举兵伐楚，把三子的王号取消了。[③] 据文献记载，熊渠多子，其子不下五人：康、红、执疵以外，《史记·楚世家》所记还有熊延，《史记》司马贞索隐引谯周之说还有熊翔。至于继位的

---

① 恩格斯 . 家庭、私有制和国家的起源［M］. 北京：人民出版社，1972：162.

② 左传·昭公二十三年［M］. 北京：中华书局，1990.

③ 张正明 . 楚国社会性质管窥［M］// 楚史论丛·初集 . 武汉：湖北人民出版社，1984：37.

情况，《史记·楚世家》以为是“毋康（即长子康）蚤死。熊渠卒”，熊延杀其兄挚红而代立；《左传·僖公二十六年》以为熊挚“有疾”，“自窜于夔”；《国语·郑语》韦昭注则以为“熊挚有恶疾，楚人废之，立其弟曰熊延，挚自窜于夔”。以上诸说，不无抵牾之处，但有一点是大致可以肯定的，即熊渠死后诸子因争立而发生了内讧。恩格斯说：“掠夺战争加强了最高军事首长以及下级军事首长的权力；习惯地由同一家庭选出他们的后继者的办法，特别是从父权制确立以来，就逐渐转变为世袭制，人们最初是容忍，后来是要求，最后便僭取这种世袭制了；世袭王权和世袭贵族的基础奠定下来了。于是，氏族制度的机关就逐渐脱离了自己在人民、氏族、胞族和部落中的根子，而整个氏族制度就转化为自己的对立物。”[①]看来，当时楚国的公室是一个父权大家族，这个父权大家族已需要用战争来满足有增无减的贪欲，而且曾因内部的纷争酿成危机。在这样的父权大家族里，无疑包含着在先前的社会发展阶段上未曾有过的处在奴隶境遇和其他形式的依附地位的直接生产者。熊渠发动远征，应是为掠取财货和人口。他分立三子各为王，则是为了向夺占的地区征索贡赋，是部落联盟的扩张和衍变，与周初的分封颇异其趣。这些迹象表明，当熊渠之世，楚族已跨上阶级社会的门槛。[②]熊渠五传至熊霜，熊霜卒，三弟争立，仲雪死，叔堪避难于濮，季徇立。[③]熊徇又两传至称为“若敖”的熊仪，时届两周之交。要之，从熊渠至熊仪历五代，凡八传，其间两度发生兄弟争立的冲突，结局都是少弟即位。这说明，若敖之世，楚国已开始向嫡长子继承制过渡，其宗法制度也日趋定型。

然而，长期以来，学术界对楚国的宗法制尤其是王权世袭制度所见互异。其中不少学者认为，分封制与宗法制是相互为用的，而楚人正缺乏宗法制的传统，他们的传统是传弟与传子并用，传子也不必立嫡立

---

① 恩格斯．家庭、私有制和国家的起源［M］．北京：人民出版社，1972：162.

② 张正明．楚国社会性质管窥［M］// 楚史论丛·初集．武汉：湖北人民出版社，1984：38.

③ 史记·卷四十［M］．北京：中华书局，1959.

长，所谓“楚国之举，恒在少者”[①]，凡此都与宗法制从而也与分封制格格不入。[②]我认为，这种看法似乎有重新认识的必要。

上述观点形成的根据有二：一是楚国的传统是“传弟与传子并用”；二是“传子也不必立嫡立长”。

我们先看楚国的传统是不是“传弟与传子并用”。考诸史籍，楚国自熊渠以来，传弟有五例：即熊勇卒，弟熊严立；蚡冒卒，弟熊通弑蚡冒子自立，是为武王；庄敖欲杀弟熊恽，反被弑，恽立，是为成王；肃王卒，无子，弟良夫立，是为宣王；幽王卒，弟犹立，是为哀王。[③]在五次“传弟”继位中，有三次是因无子才传弟，即熊勇传熊严，肃王传宣王和幽王传哀王；有一次是弟杀兄子，即熊通弑蚡冒子；一次是弟弑兄，即熊恽弑庄敖。由此可知，五次传弟都属于特殊情况，即不是先王无后就是王弟凭借暴力夺取王位。既然不是正常情况下的王位递禫，就不能说是楚国的“传统”；既然连“传统”都不是，也自然不能算作制度了。因为作为一种王位世袭准则的“兄终弟及”制度，同楚国纯粹由于特殊情况而导致的“兄终弟及”现象是不可同日而语的。作为“兄终弟及”制度，大致如吕振羽在分析殷代实行“传弟”与“传子”互用制度的原因时所指出的那样：在初期国家的时代，王同时又是军事集团的首领。这种军事首领，不但需要成年者才能担任，而且要具备精武善战的条件。当王死后，其子如具备这种条件，便“传子”；如其子年岁幼小或无此种才能者，便不能不“传弟”。总之，这正是男子世袭制确立后的特征。[④]由此可见，任何认为楚国王位继承制度是“兄终弟及”，并将其同殷代的王位继承制度相比附的说法，都是缺乏对楚国王位继承中出现的具体问题作具体分析。

再看所谓“传子也不必立嫡立长”，即所谓“楚国之举，恒在少

① 左传·文公元年［M］. 北京：中华书局，1990.
② 郭仁成. 楚国经济史新论［M］. 长沙：湖南教育出版社，1990：146.
③ 见《史记·楚世家》《史记·六国年表·楚表》等。
④ 吕振羽. 殷周时代的中国社会［M］. 北京：三联书店，1962：92.

者”。我认为，之所以得出楚国传子也不必立嫡立长的结论，导源于对“楚国之举，恒在少者”[①]理解的偏差。《左传 · 文公元年》载：“楚子（成王）将以商臣为太子，访诸令尹子上。子上曰：‘君之齿未也，而又多爱，黜乃乱也。楚国之举，恒在少者。且是人也，蜂目而豺声，忍人也，不可立也。’弗听。”显然，对“举”字诠释的正确与否，是理解“楚国之举，恒在少者”的关键所在。杜预《春秋经传集解》注：“举，立也。”杨伯峻《春秋左传注》说：“楚国以立少者为常，举，立也。”[②]与杜注无异。但是，在楚国享国的数百年间，少子继承王位者三例，均属弑兄而立；庶子继承王位者一例，也属弑立。二者凡四例，没有一例是合法继承的。[③]前者如熊渠卒，长子毋康早死，诸子争立，熊延弑其兄挚红而代立；熊霜卒，三弟争立，仲雪死，叔堪避难于濮，季徇立；公子比（干）立，楚公子弃疾以陈、蔡等师入郢，灵王自缢，弃疾杀公子比，自立，是为平王。后者如负刍杀哀王自立。由此可见，如将“举”释为正常王位继承的“立”，很难对上述楚国史实做出合乎情理的解释。

日本学者泷川资言在《史记会注考证》中引龟井昱释“举”为废举之“举”。梁中实认为，这一解释开始接近史实，惜未言明。究其实，“举”在这里应释作“举动”，亦即“起兵动众”之意。准此，“楚国之举，恒在少者”只能局限在特定的历史条件下，即唯有发生“以弟废兄的举动”时才能成立。他还进一步论证说，“楚国之举，恒在少者”是有前提的，即与“君之齿未也，而又多爱，黜乃乱”文意相连贯。正因为有“黜乃乱”，才会发生“废举”之事，而其得以继承君位的规律往往是“少者”。如果将《左传 · 文公元年》记公元前 626 年楚人子上所言“……黜乃乱也。楚国之举，恒在少者”同《左传 · 昭公十三年》记公元前 529 年晋人叔向所言“……芈姓有乱，必季实立，楚之常也”相

① 左传 · 文公元年［M］. 北京：中华书局，1990.

② 杨伯峻 . 春秋左传注 · 文公元年［M］. 北京：中华书局，1981.

③ 见《史记 · 楚世家》《史记 · 六国年表 · 楚表》等 .

互对照，便不难发现，两者正可互为注脚。不同时期、不同国别的子上与叔向所言如出一辙，绝非偶然。[①]梁氏的解释，与前述楚国的史实正好相符。这说明，在楚国的王位继承制度中，不存在所谓“传子也不必立嫡立长，而往往是少者即位”的传统。

然而，梁中实在正确解释“楚国之举，恒在少者”的前提下，却得出了疑是的判断。他的结论是：“楚国之举，恒在少者”是不容怀疑的史实，但有两点被人们忽视了，需要说明。其一，它只说明楚成王以前的情况；其二，与“必季实立，楚之常也”一样，“恒在少者”是有前提条件的，即“芈姓有乱”。因此，无论是少子继承论者，还是嫡长子继承论者，都不免有偏颇之误，实质上楚国实行的是选择继承制。[②]梁文所谓“其一”，与楚国史实不符，公子弃疾杀公子比而自立就发生在楚成王以后。梁文所谓“其二”倒是事实，但是，却无由得出“楚国实行的是选择继承制”的结论来。因为所谓“选择继承制”，大概意即“择贤而立”，但事实上楚国诸子争立中的“少者”都是凭借兵力和韬晦以政变的方式获胜，并不由他人选择。既然不由他人“选择”，又谈何“选择继承制”呢？事实证明，所谓“兄终弟及”中即位的“弟”，要么是其兄无后，要么是杀兄自立，也与“选择”无涉。

由此可见，楚国王位继承实行的是嫡长子继承制，“兄终弟及”和“少者”继位都只能算是变例。

宗法制度的另一个重要内容是家族制度。楚国贵族统治集团，也包括王和大夫这两等。贵族按血缘的统系，组成大小不等的许多族和家。族原即氏，氏衍分而为族。家原即族，族衍分而为家，家则有室。家与族联结起来，则是所谓宗。宗是血缘团体，族主要是政治兼军事团体，家主要是经济团体。[③]

《左传・隐公八年》说：“天子建德，因生以赐姓，胙之土而命之

①② 梁中实．“楚国之举，恒在少者”试释［J］．江汉论坛，1988（3）．

③ 张正明．楚国社会性质管窥［M］//楚史论丛・初集．武汉：湖北人民出版社，1984：46.

氏。诸侯以字为谥（氏），因以为族。官有世功，则有官族。邑亦如之。”楚国也不乏有世功的官族。据《左传》记载，若敖之子有名可考者至少有六人。公元前764年，若敖卒，长子坎立，继为熊氏，是为霄敖。其余五子皆别族，立为斗氏。斗廉、斗缗、斗祁、斗伯比和斗御彊的后代，逐步形成日后的斗氏宗族，即“若敖氏之宗”。① 斗氏世为郧公，是楚国地位较高的官族。武王熊通，除其长子赀因立为楚王而继为熊氏外，另有“子瑕，受屈为客卿，因以为氏”。② 屈氏世为莫敖，是楚国地位最高的官族。楚国也有许多地位较低的官族，如鬻拳的后裔，世为大阍；又如钟氏，世为伶人。然而，楚国的要职，即令尹、司马和大县的县公，都不是世职。③ 这不失为楚国宗法制的特点之一。楚国也有以邑为氏者，如《通志·氏族略》记载蚡冒庶子“薳章食邑于薳，故以命氏”。这是楚国历史上有文献可考的第一个以邑为氏的显赫宗族。④

族有军事武装，即文献所说的“私卒”。私卒来自同族的各家，服从于本族军事首领的指挥。《左传·襄公二十五年》记：舒鸠叛楚，楚伐舒鸠，吴救舒鸠，“子木遽以右师先，子彊、息桓、子捷、子骈、子盂帅左师以退。吴人居其间七日。子彊曰：‘久将垫隘，隘乃禽也，不如速战。请以其私卒诱之，简师，陈以待我。我克则进，奔则亦视之，乃可以免。不然，必为吴禽。’从之。五人以其私卒先击吴师，吴师奔；登山以望，见楚师不继，复逐之，傅诸其军，简师会之。吴师大败”。子彊、息桓等五人都有私卒，可见贵族出征时，私卒必从征。但是，同中原诸夏相比，楚国的家族武装力量确实算不上强大。楚国最大的家族若敖氏曾有六卒，即兵车一百八十乘，可谓居楚国家族武装力量之首，但比之于晋国韩氏私卒，则不及后者的十分之三，⑤ 也不能同鲁

① 左传·文公九年［M］. 北京：中华书局，1990.
② 洪兴祖 . 楚辞补注［M］. 北京：中华书局，1983.
③ 张正明 . 楚国社会性质管窥［M］// 楚史论丛·初集 . 武汉：湖北人民出版社，1984：51.
④ 何浩 . 试论西周春秋时期的楚国土地占有制度［J］. 江汉论坛，1983（4）.
⑤ 左传·昭公五年［M］. 北京：中华书局，1990.

国的三大家族——孟孙、叔孙、季孙的“三军”相提并论。[①]这也是楚国宗法制度的特点之一。

张正明指出，族权与王权既对立又统一，构成了楚国贵族统治集团内部的主要矛盾。就王权来说，对族权是务必严加控驭的。当族权与王权协调时，它是王权的肱股，族长奉职于庙堂，族兵效死于疆埸。反之，当族权与王权敌对时，它就是王权的祸患，族长可能成为政变的主谋，族兵则可能成为叛军的主力了。[②]从庄王到悼王之世，楚国的族权与王权发生了下列三次重大冲突。第一次是若敖氏攻楚庄王，楚庄王灭若敖氏，事见《左传·宣公四年》。第二次发生在楚灵王至楚平王之世，事见《左传·昭公十二年》。第三次发生在楚悼王末年至肃王初年，以吴起变法为焦点，事见《史记·孙子吴起列传》《淮南子·道应训》《韩非子·和氏》《吕氏春秋·贵卒》和《战国策·秦策》等。楚国王权与族权的三次冲突，都是以王权加强，族权削弱为结局。这种结局固然取决于多重因素，但楚国宗法制度的某些特殊性不能说不是其中的极为重要的因素之一。

第二节　等级构成

《左传·昭公七年》记楚灵王：“为章华之宫，纳亡人以实之。无宇之阍入焉。无宇执之，有司弗与，曰：‘执人于王宫，其罪大矣。’执而谒诸王。王将饮酒，无宇辞曰：‘天子经略，诸侯正封，古之制也。封略之内，何非君土？食土之毛，谁非君臣？故《诗》曰：‘普天之下，莫非王土；率土之滨，莫非王臣。’天有十日，人有十等。下所以事上，上所以共神也。故王臣公，公臣大夫，大夫臣士，士臣皂，皂臣舆，舆臣隶，隶臣僚，僚臣仆，仆臣台。马有圉，牛有牧，以待百事。

① 左传·襄公十一年［M］. 北京：中华书局，1990.

② 张正明. 楚国社会性质管窥［M］// 楚史论丛·初集. 武汉：湖北人民出版社，1984：52.

今有司曰：‘女胡执人于王宫？’将焉执之？周文王之法曰：‘有亡，荒阅’，所以得天下也。吾先君文王，作《仆区》之法，曰：‘盗所隐器，与盗同罪’，所以封汝也。若从有司，是无所执逃臣也。逃而舍之，是无陪台也，王事无乃阙乎？昔武王数纣之罪以告诸侯曰：‘纣为天下逋逃主。萃渊薮。’故夫致死焉。君王始求诸侯而则纣，无乃不可乎？若以二文之法取之，盗有所在矣。’王曰：‘取而臣以往。盗有宠，未可得也。’遂赦之。”研究先秦史的人士，大多以为申无宇对楚灵王所说的“人有十等”一席话，反映了楚国的阶级关系，并借以推断春秋时代的楚国尚处于奴隶社会。这是需要加以辨识的。

我们认为，申无宇对楚灵王所讲的“人有十等”，不过是楚国的等级构成，并非阶级关系。等级构成与阶级关系既有联系，又有区别，不可等同视之。[①]大致说来，前者指的是楚国政制和军制中的上下隶属关系，后者指的是楚国统治阶级与被统治阶级之间的阶级对立关系。假定申无宇讲的是楚国的阶级关系，那么，作为楚国被统治阶级主要成分的庶人为何被排除在外？相反，在等级构成中，强调的只是一种有条件的政治隶属关系，而作为楚国人口主体的庶人，通常不为贵族所臣，自己又无奴隶可臣，要摆在上臣下的等级体系里确实有困难。[②]由此可见，在申无宇的所谓“人有十等”中，只能看到以尊臣卑的秩序，却看不到阶级的分野。既然如此，以等级构成代替阶级分析并据以判断楚国的社会性质，只能是以蠡测海。

等级构成虽然不等于阶级关系，不能作为判断楚国社会性质的主要标准，但是，对等级构成的具体分析，却仍然有助于我们对楚国社会性质的认识。

申无宇所谓“人有十等”，显然是一个约数。因为就按申无宇所说的，也不止十等。十等之外，有圉，有牧，还有陪台，总计应有十三

① 林甘泉，田人隆，李祖德．中国古代史分期讨论五十年［M］．上海：上海人民出版社，1982：291.

② 张正明．楚国社会性质管窥［M］// 楚史论丛·初集．武汉：湖北人民出版社，1984：55.

等。不过，学术界争议较大的还是前“十等”人的身份，故笔者的分析姑且以“十等”人为主。

在“十等”人之中，对自“王”至“士”四等人的身份，学术界看法比较一致，毋须重为言之。分歧较大的是自“皂”至“台”六等人的身份。长期以来，不少学者认为自“皂”至“台”六等人都是奴隶。[①]也有的学者认为自“皂舆”至“圉牧”八等人皆属家内奴隶性质。[②]这是需要审慎辨析的。

皂，其本义是黑色。《集韵》：“皂，黑色。”《广雅·释器》：“皂，黑也。”《广韵》：“皂亦黑缯。”故文献常称着黑衣者为皂。俞正燮《癸巳类稿》指出：“皂者，《赵策》所云补黑衣之队，卫士无爵而有员额者。”[③]此释甚当。可见皂非奴隶。然而，也有学者据有关文献释皂为养马之低级官员者。[④]《管子·轻重戊》：“殷人之王，立皂牢，服牛马。”《史记·邹阳传》：“使不羁之士与牛骥同皂。”司马贞《索隐》云：“言骏马不可羁绊，以比逸才之人。韦昭云：‘皂，养马之官，下士也。’案：养马之官，其衣皂也。”《周礼·夏官·校人》：“乘马一师四圉，三乘为皂，皂一趣马；三皂为繫，繫一驭夫。”郑玄注：“二耦为乘师，趣马、驭夫、仆夫帅之名也。趣马下士，驭夫中士。”我们认为，释皂为低级养马官同俞正燮释皂为补黑衣之队的无爵而有员额的卫士也有相通之处。因为韦昭已明确指出：“养马之官，其衣皂也。”大概在“补黑衣之队”的“卫士”中，既有任“养马之官”的“下士”，也有“无爵而有员额”的“卫士”。这或许是皂的比较确切的释义。

舆，古人、近人和今人的解释大致可分为四种。一曰即众。但在此前提下又分两说，其一谓：“舆，众也，佐皂举众事也”。[⑤]其二谓：“舆

① 吕振羽．中国社会史上的奴隶制度问题［M］// 中国社会史诸问题．上海：华东人民出版社，1954：73–125.

② 杨向奎．中国历史分期问题［J］．文史哲，1953（1）．

③ 俞正燮．癸巳类稿［M］．北京：商务印书馆，1957.

④ 郭德维．皂、舆、隶等浅议［J］．江汉论坛，1985（8）．

⑤《左传·昭公七年》孔颖达疏引服虔语。

则众也，谓卫士无爵又无员额者”。[①] 二曰“是一种临时职业，其中也有是农人被征为役徒者”。[②] 三曰“民”，“舆应放在民众或平民之列，而不能排除在外”。[③] 四曰“奴隶”。[④] 现依次予以辨析。

释舆为“佐皂举众事也”，语义较模糊。因为此释只说舆“佐皂举众事”，并未言及舆之身份或职业。释舆为“卫士无爵又无员额者”，恐未妥。《左传·襄公三十年》记“晋悼夫人食舆人之城杞者”，赵孟要让其中一个年老的舆人做官，可见舆人并非“无爵又无员额”的“卫士”。释舆为农人（或曰农夫、农奴和其他依附农民）者，主要证据是《左传·僖公二十八年》记晋文公在军中“听舆人之诵曰：‘原田每每，舍其旧而新是谋。’”说者认为，既然舆人之诵与“原田”有关，其身份就自然是“农人”。这一推论至少有两个疑点：其一，《左传》明言晋文公闻“舆人之诵”的地点是在“军中”，说明舆人应与军队有关；假定舆人是农人，晋文公听诵的地点就应当是鄙野了。其二，此处“诵”即民间流行的俗谚俚语，俗谚俚语向来为社会各阶层（尤其是中、下阶层）所习传，也就是说，并不是只有“农人”才能诵“原田每每”。释舆为“民众或平民之列”，似嫌笼统。春秋战国时期“平民”的概念十分宽泛，它指的是身为国人的广义庶人，其职业有农、工、商、贾之别，还有为数不多的官和为数稍多的吏。释舆为“平民”，不能算是严密准确的解释。不过，以上三种解释尽管不尽一致，但都排除了是奴隶的可能。至于第四种解释把舆归于奴隶，显然与史实不符，文献中提到的“舆”或“舆人”，很难使人将其与“奴隶”联系起来。

我们认为，舆的身份属役卒，其职业似以军中驾车、造车、修车的士兵为主。《老子》：“虽有舟舆，无所乘之。”此“舆”即车。《考工记·舆人》：“舆人为车。”这里更是明确指出舆人为造车者。《左

① 俞正燮．癸巳类稿［M］．北京：商务印书馆，1957.
② 张鸿雁．春秋战国城市经济发展史论［M］．沈阳：辽宁大学出版社，1988：140.
③ 郭德维．皂、舆、隶等浅议［J］．江汉论坛，1985（8）.
④ 吕振羽．中国社会史上的奴隶制度问题［M］// 中国社会史诸问题．上海：华东人民出版社，1954：73-125.

传·僖公二十八年》记晋侯在军中听舆人之诵，而军中最接近国王的当为驾车的士兵。《左传·僖公二十五年》记：“秦人过桥，限入而系舆人。”这“舆人”，无疑为役卒，也包括军中车夫。《左传·襄公三十年》记晋悼夫所慰劳的“城杞”之“舆人”，当为役卒。《左传·昭公四年》记上层贵族所用之冰由“山人取之，县人传之，舆人纳之，隶人藏之”。“舆人纳之”，即指舆人从县人手中接收过来转交隶人收藏。负责这一传输工作的人，很可能是役卒，其中应有不少驾车的士兵。

隶，应为有一定身份的罪人。属役徒之列。《仪礼·既夕礼》：“隶人涅厕。”注：“隶人，罪人，今之役徒作者也。”正因为隶在犯罪前有一定身份，故也有为贱官者。《左传·成公十六年》：“鲁之常隶也。”杜注：“隶，贱官。”《国语·晋语四》记“皂隶食职”，说明隶有菲薄的禄，不可视为奴隶。也有的学者认为隶中既有罪隶，也有不是罪隶的。这未免混淆了隶或隶人同罪隶的区别。《周礼·秋官·司寇》“罪隶”注：“盗贼之家为奴者。”贾公彦疏：“罪隶，古者身有大罪，身既从戮，男女缘坐，男子入于罪隶，女子入于舂槁，故云盗贼之家为奴者。”可见，隶与罪隶是两个不同的概念，代表着两种不同身份的人。尽管隶也可能转化为罪隶，但这种转化必须有先决条件，即“身有大罪，身既从戮”者。当隶没有完成这个转化之前，是不能称之为“罪隶”的，从而也不能视其为奴隶。

僚，杜注：“僚，劳也。”孔颖达疏引服虔云：“僚，劳也，共劳事也。”可见僚为役徒中之位卑者，其地位接近奴隶，但还不是真正的奴隶。正因为如此，俞正燮才做出了模棱两可的解释：“入罪隶而任劳者，其分益下若今充当苦差。”[①] 谓僚为“入罪隶而任劳者”，意即其已沦为奴隶；谓僚为“若今充当苦差”，意即相当于出苦力的役徒。俞氏的这种游离不定的看法正好反映了僚的身份的特殊性。

仆，即供役使的人。《诗经·大雅·既醉》：“君子万年，景命有仆。”《毛传》：“仆，附也。”《琱生殷》铭文有“仆庸土田”句，仆

① 俞正燮．癸巳类稿［M］．北京：商务印书馆，1957.

庸相连，也可证“仆”为“附庸”之义。《礼记·礼运》：“仕于公曰臣，仕于家曰仆。”足见仆为家内奴隶无疑。俞正燮谓：“仆则三代奴戮，今罪人为奴矣。”①说仆系“罪人为奴”尚可；谓其“三代奴戮”则未免有臆测之嫌了。

台，位居十等之末，当为奴隶。《叔德簋》铭文“王益叔德臣台十人”，意为王加赐叔德十名奴隶，说明台也是家内奴隶。陪台，俞正燮释为：“罪人为奴又逃亡复获之，则为陪台。”②此说可从。

由此可见，在自皂至台的六等人中，皂、舆、隶三等人断非奴隶。僚虽然同奴隶的地位比较接近，但还不能算作严格意义上的奴隶，只能属于下等役徒。仆和台倒是奴隶，但却是家内奴隶。在封建社会里，家内奴隶的存在是一种长期现象。因此，我们不能因为楚国存在着仆、台之类的家内奴隶，就认为楚国处于奴隶社会。至于把皂至台的六等人都释为奴隶，并以之推断楚国为奴隶社会的观点，不仅与历史事实不符，而且在理论上也说不通。殊不知，即便自皂至台的六类人确为奴隶，也不能据此判断楚国的社会性质为奴隶社会。因为这六类人都不是楚国的直接生产者，也不是被统治阶级的主体。而我们又几乎很难想象，在不考虑被统治阶级主体的身份的情况下，能对楚国的社会性质做出比较恰当的判断。

马克思指出：“在过去各个历史时代，我们几乎到处都可以看到社会完全划分为各个不同的等级，可以看到由各种不同社会地位构成的整个阶梯”，“并且几乎在某一个阶级内部又有各种独特的等第”。③从《左传·昭公七年》所记芋尹申无宇列举的“十等”人中，我们看到了楚国由各种具有不同社会地位者构成的阶梯。它虽说不是楚国社会阶级对立的缩影，但却是不同阶级内部存在的等级关系的写照，是我们判断楚国社会性质不可或缺的一个参考系数。

①② 俞正燮．癸巳类稿［M］．北京：商务印书馆，1957.

③ 马克思．共产党宣言［M］// 马克思恩格斯全集·第4卷．北京：人民出版社，1958：466.

第四章　直接生产者的身份

第一节　阶级关系

如前文所言,《左传·昭公七年》记载楚芋尹申无宇所列举的楚国“人有十等”，并非楚国的阶级关系，其理由是这十等人之中并不包括楚国被统治阶级的主体。那么，楚国的阶级关系究竟怎样，楚国的被统治阶级的主体是由何等人组成，其身份地位又如何呢?

在传世文献中，未见有完整而系统表述楚国阶级关系的记载。但是，如果我们将《左传·昭公七年》所列举楚国的等级构成与《国语·楚语》中的一段记载相互参照，并且佐以载于典籍的同时其他国家的阶级关系，仍可对楚国的阶级关系获得大致的了解。

《国语·楚语上》记楚子木（屈建）说:“国君有牛享，大夫有羊馈，士有豚犬之奠，庶人有鱼炙之荐，笾豆脯醢则上下共之。”这里虽然说的是祭典，但“祀，国之大事也”[①]，祭典的规格无疑标志着等级和阶级的结构，子木所列止于“庶人”，是因为庶人以下无缘享受祭典的待遇，并不意味着庶人以下无其他阶级身份的人。《国语·楚语下》记观射父谈及当时的祭典时，所举与此大致相同:“天子举以太牢，祀以会。诸侯举以特牛，祀以太牢。卿举以少牢，祀以特牛。大夫举以特牲，祀以少牢。士食鱼炙，祀以特牲。庶人食菜，祀以鱼。”说明祭典止于庶人是当时的通例。那么，庶人以下还有哪些阶层呢? 只须参照《左传·昭公七年》所载芋尹申无宇列举的“十等”人便可得知。申无宇所列的“十等”人中，“士”以下为“皂”；子木所列举的四等人中，

① 左传·文公二年［M］. 北京：中华书局，1990.

“士”以下为“庶人”。而自“皂”至“台”的六等人都是无缘享受祭典者，说明庶人阶层应高于皂，低于士，也即介于“皂”与“士”之间。由此可见，假如要子木不以祭典的享用与否为前提划分阶级关系，那么，他在“庶人”之后必定会依次列举皂、舆、隶、僚、仆、台这六等人的。这种推论还可以从文献对同时其他国家阶级结构的有关记载中得到印证。先秦典籍所涉及的列国阶级结构，尤以晋国为详。《左传·襄公九年》记：“秦景公使士雅乞师于楚，将以伐晋，楚子许之。子囊曰：‘不可。当今吾不能与晋争。晋君类能而使之，举不失选，官不易方。其卿让于善，其大夫不失守，其士竞于教，其庶人力于农穑，商、工、皂、隶不知迁业’”。在这里，“庶人”以下为“商工皂隶”。尤其耐人寻味的是，子囊作为楚国统治阶级中的上层人物，所言虽然是晋国的阶级状况，但却不可能不比照楚国。又《国语·晋语四》记载晋文公返国后采取了一系列改革措施，其中经济方面的措施为：“公食贡，大夫食邑，士食田，庶人食力，工商食官，皂隶食职，官宰食加。”可见，这与子囊所言基本一致。略有不同的是在“皂隶”之下多列了“官宰”。“官宰”，韦昭注：“家臣也。加，大夫之加田。”说明“官宰”的身份与楚国的“僚”大致相当。文献中还有一条包括晋国在内的当时各国阶级关系的材料，更能说明这个问题。《左传·襄公十四年》记载晋师旷对晋侯说：“是故天子有公，诸侯有卿，卿置侧室，大夫有贰宗，士有朋友，庶人、工、商、皂、隶、牧、圉皆有亲昵，以相辅佐也。善则赏之，过则匡之，患则救之，失则革之。自王以下各有父兄子弟以补察其政。”师旷之言既不是止于“皂隶”，也不是止于“官宰”，而是止于“牧圉”。而“牧圉”恰好是申无宇所列“十等”之下者。这当然不是巧合，只能说明楚国的阶级关系的内部结构与同时中原诸国基本相同。因此，如果要完整列出楚国的阶级结构的话，那么，它当是王、公、大夫、士、庶人、工、商、皂、舆、隶、僚、仆、台、陪台、牧、圉。

其实，文献中也有将楚国所有人等笼统划为两大阶层的记载。《左传·宣公十二年》记士会论楚国的国情时说：“君子、小人，物有服章，贵有常尊，贱有等威，礼不逆矣。”又《左传·昭公六年》记：“楚公子弃疾如晋……誓曰：‘有犯命者，君子废，小人降。’”在这里，所谓“君子”，指统治阶级；所谓“小人”，指被统治阶级。这种划分虽然体现了粗略的阶级分野，却不利于人们对楚国的阶级关系获得明晰的认识和进行精细的分析。在这种“两分法”中，作为被统治阶级主体的庶人阶层未能被凸现出来，庶人阶层与奴隶阶层被笼统地归于“小人”之列了。假定我们依照这种“两分法”来判断楚国的社会性质，势必难以奏效。因为无论是奴隶社会，还是封建社会，都存在着互相对立的两大阶级，而仅凭“君子”和“小人”又很难洞悉这两大阶级的属性，即它究竟是标志着奴隶主阶级同奴隶阶级的对立？还是封建领主（或地主）阶级同农奴（或农民）阶级的对立？

第二节　直接生产者的身份

一、庶人界说

作为楚国社会的直接生产者，只能是被统治阶级的主体。而通过前文论述可知，楚国被统治阶级的主体为庶人。也就是说，欲考察楚国社会直接生产者的身份，必先考察庶人的身份。然而，对于楚国乃至周代庶人身份的判别，分歧则由来已久。

概括说来，对于庶人涵义的界定，至少有以下三种观点。

第一种观点认为庶人包括部分国人和部分野人。其中身为国人的庶人，其职业有农、工、商、贾之别，还有为数不多的官和为数稍多的吏。他们无论从事何种职业，就阶级地位来说都是平民。身为野人的庶人，被较强的依附关系束缚在里社中，从事农业劳动，承担兵赋、贡税。他们的家境或优或劣，他们的阶级地位则是农奴或其他依附农民。[1]

① 张正明．楚国社会性质管窥［M］// 楚史论丛·初集．武汉：湖北人民出版社，1984：41.

上述观点主要是针对楚国的情况而言的。这种观点同《孟子》的主张比较接近。《孟子·万章下》云：“在国曰市井之臣，在野曰草莽之臣，皆谓庶人。”在先秦史的研究中，也有学者持类似看法。如范义田认为，西周所谓“庶人”，是被统治阶级的通称，其中包括了自由民、农奴、工奴以及家务奴隶等。[①]在这里，庶人的涵义被进一步扩大，以至连家务奴隶也被包括进去了。

第二种观点认为庶人指农、工、商、贾。对此，文献虽不见明确的记载，但仍然透露出这方面的信息。《左传·昭公七年》记芋尹申无宇列举的楚国等级构成中，“士”之下曰“皂”，省去了“农工商贾”；而在前文所引《国语·楚语上》记楚国子木和《国语·楚语下》记楚观射父在言及楚国的祭典时，“士”之下即为“庶人”，考虑到列国普行的自“皂”以下皆不配享受祭典的制度，则此所列“庶人”即彼所列“农、工、商、贾”。这种推理也并非全无佐证，《左传·宣公十二年》记晋随武子称赞楚国“荆尸而举，商农工贾不败其业，而卒陈辑睦”。这说明楚国是将“商农工贾”并称的。而“商农工贾”之前是否为“士”呢？对此，孔颖达的解释事实上已经作了肯定的回答。孔氏在《左传正义》中说：“此武子意言举兵动众，四者不败其业。发兵则士从征，不容复就闲燕。”意思是说，随武子是就“出兵”与“守业”而言的，由于发兵时“士”已经“从征”，故能“不败其业”（即守业）者就只有“商农工贾”了。换言之，在楚国，“商农工贾”之前也无疑是“士”。这说明一般而言，“商农工贾”即楚国所谓的“庶人”。“庶人”包括“农、工、商、贾”的观点，不仅在楚史研究领域赞同者甚众，而且在先秦史学界也具有相当大的影响。如翦伯赞认为，西周庶人最主要的成分是农奴，此外亦有工奴和贱奴，通称之为“臣”“妾”“白丁”“鳌仆”“夫”。[②]翦氏所谓“贱奴”，或许包括“商贾”在内。

① 范义田．西周的社会性质——封建社会［J］．文史哲，1956（9）．

② 翦伯赞．中国史纲·第一卷［M］．上海：生活书店，1946．

第三种观点认为庶人是指农奴及其他依附农民。对此，文献多有所载。《左传·襄公九年》记楚子囊说："其庶人力于稼穑，商、工、皂、隶不知迁业。"明言庶人为从事农业生产者。《礼记·曲礼上》说："问国君之富，数地以对，山泽之所出。问大夫之富，曰'有宰食力，祭器、衣服不假。'问士之富，以车数对。问庶人之富，数畜以对。"既然衡量庶人贫富的标准是牲畜的数量，说明庶人应是农牧业的经营者。《国语·晋语四》则曰："庶人食力，工商食官，皂隶食职"，也将"工商"与"庶人"分列。又《左传·襄公十四年》记晋师旷对晋侯语有"庶人、工、商、皂、隶、牧、圉，皆有亲昵，以相辅佐也"，也显然将"庶人"与"工商"分列。《左传·哀公二年》记赵鞅誓词曰："克敌者，上大夫受县，下大夫受郡，士田十万，庶人、工、商遂，人臣隶圉免。"这里将"庶人"与"工商"并提，而与"人臣隶圉"分列，恰好说明庶人与工商地位相近而身份不同。至于"人臣隶圉"，则无论是地位还是身份，都与庶人迥异。在先秦史学界，不少学者也认为庶人主要指农奴。如范文澜根据对《诗经》中有关资料的分析，认为西周的庶人或民完全符合经典作家所指示的关于封建社会农奴的特征。[①] 杨向奎认为，《左传》中的"庶人"是一个没有劳动对象而有着生产工具的阶级，亦即农奴。[②] 童书业认为，根据《宜侯夨簋》记载，庶人是随着土地分封的，可见他们的身份接近农奴，可称之为原始的国有或族有的农奴。但他又声明，并非所有的庶人都是农奴，至少庶人中的一部分属于公社成员或自由人成分。[③] 童书业的看法只不过同范文澜和杨向奎稍有区别而已。

综上以观，有关"庶人"涵义的三种观点只有广、狭之分，而无是、非之别。因为三种观点都有或多或少的文献作依据，都在某种程度

① 范文澜 . 中国通史简编（修订本）· 第一编《绪言》[M] . 北京：人民出版社，1949.

② 杨向奎 . 中国历史分期问题 [J] . 文史哲，1953（1）.

③ 童书业 . 从"生产关系适合生产力的规律"说到西周春秋的宗法封建制度 [J] . 文史哲，1957（1）.

上同楚国的实际情况相符。但是，这并不意味着三种观点毫无距离。严格说来，第三种观点文献证据较多，其表述较明确，比较符合楚国的实际情况。因此，我们倾向于第三种观点，即楚国庶人指农奴及其他依附农民。这种理解可以说是属于狭义庶人的范畴。需要指出的是，程涛平有两篇专论楚国的平民阶层和野地居民的文章，[①]尽管其切入角度与笔者多有不同，但某些见解仍不乏相近之处；尤其是张正明论证楚国庶人的力作，[②]更加深了我们对这一问题的理解。

二、直接生产者的身份

直接生产者的身份与地位，是判断社会性质的重要标准之一。

在前面的论述中，我们已经提出楚国的庶人指农奴及其他依附农民的看法。而这农奴及其他依附农民，正是楚国的直接生产者。

那么，楚国直接生产者的地位是如何确定的呢？也就是说，以什么依据判断楚国直接生产者的身份是农奴和其他依附农民？这正是下文所要探讨的问题。

（一）农奴

尽管迄今为止学术界对“农奴”的界定还不尽一致，但按照马克思主义的观点，并综观史学界诸家之共识，农奴至少具有以下的特征则是大致可以肯定的。[③]一是农奴和其他依附农民通常是被灭国地区的臣民，或曰异族人。这些异族人中的绝大多数亡国后便成为战胜国的直接生产者。而由于他们只能居于野而不能居于国，故又称为野人。二是农奴和其他依附农民附着于土地之上，耕种王田和贵族食邑的土地，向王室或贵族缴纳赋税，并服兵役和劳役。三是农奴有家室妇子之私，有相对独

---

① 程涛平．春秋时期楚国的平民阶层［J］．历史研究，1983（6）；楚国野地居民社会形态研究［J］．历史研究，1990（1）．

② 张正明．春秋楚国庶人浅析［J］．江汉论坛，1984（8）．

③ 林甘泉，田人隆，李祖德．中国古代史分期讨论五十年［M］．上海：上海人民出版社，1982；《历史研究》编辑部．建国以来史学理论问题讨论举要［M］．济南：齐鲁书社，1983.

立的经济生活。因此，我们只要考察并验证楚国的直接生产者是否具有以上特征，便可大致确定其身份是否为农奴。

先看第一个特征。楚人灭国之多，扩土之广，远甚于诸夏。从若敖、蚡冒至于武、文的“土不过同”，到武王时的“地千里”和平王时的“土数圻”，[①]疆土扩张的速度异乎寻常。楚国常以所灭之国为县，而以楚国公子王孙为县公。楚人所灭之国的公室，大抵被迁至楚国的后方，如“灵王迁许、胡、沈、道、房、申于荆焉”[②]；其余的贵族，也大抵失去了往日的地位；至于庶人，则一般不离其故土，变成了力耕的野人。[③]由此可见，楚国直接生产者与农奴的第一个特征相符。

再看第二个特征。楚国的野人，前途不外乎两种，即大部分成为县邑公田的直接生产者，小部分则连同田室一起被赐给有功的贵族作为食邑。无论哪一种前途的野人，都不能离开他们赖以依附的土地。正因为他们依附于土地之上，所以他们必须向国家或贵族缴纳赋税，并服兵役和劳役。《国语·楚语下》记斗且廷说：“公货足以宾献，家货足以共用。”“公货”指楚王在公田上所征收的赋税，“家货”是贵族在食邑和私田上所征收的赋税。《左传·成公七年》记申公巫臣说：“此申、吕所以邑也，是以为赋，以御北方。”申、吕都是楚人在灭申国和吕国后所置的县，其县民当以野人为主。《左传·襄公二十五年》记司马蒍掩“书土田”，“量入修赋，赋车、籍马，赋车兵、徒卒、甲楯之数”。根据土地的级差和面积确定征赋的标准，这赋终归是由力耕土田的农夫——野人承担的。《左传·昭公十二年》记楚灵王说：“今我大城陈、蔡、不羮，赋皆千乘。”这个千乘之“赋”，只能由野人担当。以上主要是讲力耕县邑王田的野人承担赋税的情况。当然，蒍掩“量入修赋”不仅指王田，很可能包括贵族的食邑和其他私有土地。

楚国贵族的食邑，其地望可考知的，都在楚人所灭之国中。因为

① 见《左传·昭公二十三年》《史记·楚世家》。

② 左传·昭公十三年［M］. 北京：中华书局，1990.

③ 张正明 . 春秋楚国庶人浅析［J］. 江汉论坛，1984（8）.

楚人原居在睢山、荆山之间，那时自然未有任何采邑存在。楚国贵族的食邑计量单位不一，《楚史梼杌》称庄王："赐虞丘子菜（采）地三百（户）。"《史记·滑稽列传》记孙叔敖之子受封"寝丘四百户"，这是以"户"为计量单位；《史记·孔子世家》记楚昭王曾表示要把"书社地七百里"封赐给孔子，这里是以"里社"为计量单位。不过以"户"为单位也好，以"里社"为单位也好，归根结底要和土地的面积挂钩，原因是人户是随着土地封赠的。约从春秋晚期开始，楚国贵族的食邑更多的是以土地面积单位"畛"或"顷"来计算。《战国策·楚策一》："叶公子高食田六百畛。"同书又说："此蒙谷之功多，与存国相若……封之执圭，田六百畛。"《楚辞·大招》"田邑千畛，人阜昌只"，也是讲屈原宜居高位，受厚封。所谓"畛"，王逸注云："田上道也。"此释甚当。《诗经·周颂·载芟》"徂隰徂畛"即可为证。一畛指一片田。《淮南子·道应训》"子发攻蔡，踰之。宣王郊迎，列田百顷而封之执圭。"这里是以顷来计算的。无论以何种方法计算，身为野人的农夫都被结合在土地之中，他们一旦沦落到被楚王任意封赐给贵族的境地，就对楚王有了确凿无疑的人身依附关系。他们力耕的土地，已确凿无疑地成为王土了，所有权属于楚王，占有权属于贵族和里社，留给他们自己的仅剩使用权了。[①]但是，他们却是赋税的直接承担者。

楚国的野人，既是直接的生产者，又是主要的战斗力。文献记载表明，楚国的县民有应征从军的义务，他们一般被编入楚国的左军和右军，特殊情况下也可独自成军。《左传·僖公二十五年》记："秦、晋伐鄀。楚斗克、屈御寇以申、息之师戍商密。"这是说楚属县之师独成一军。《左传·僖公二十八年》记晋楚城濮之战中"陈、蔡奔，楚右师溃"，说明了陈、蔡两县之师被编为右军。同书还记载申、息两县之师为左军。随着楚国县制的推广，属县之师所起的作用也就越来越大了。公元前506年的吴、楚柏举之战，由于楚国未能及时征集北疆的属县之

① 张正明．春秋楚国庶人浅析［J］．江汉论坛，1984（8）．

师阻击吴军，致使吴军长驱直入郢都。在楚国的内乱中，属县之师也起着很大的作用。《左传·昭公十三年》记“楚公子比、公子黑肱、公子弃疾、蔓成然、蔡朝吴”等发动推翻楚灵王的政变时，曾率“陈、蔡、不羹、许、叶之师，因四族之徒，以入楚”。由此可见，从春秋初期开始，隶属于县邑的野人已成为楚国兵役的重要承担者了。

在楚国贵族的食邑中，以野人为主组成的军队，称“私卒”。贵族奉命出征，必有私卒从行。这私卒也是食邑军赋的重要组成部分。如楚国最大的家族若敖氏，曾拥有“六卒”。又据《左传·襄公二十五年》记载，楚贵族子彊、息桓、子捷、子骈、子盂等五人都有私卒。

无论是隶属于县邑的野人，还是附属于食邑的野人，都有服劳役的义务。据吴永章研究，楚国的力役主要有军中之役、筑城之役、建宫殿台阁之役、通沟洫之役等。[①]《左传·庄公四年》记：“令尹斗祁、莫敖屈重除道梁、溠，营军临随。”据杜注、孔疏云，除道为开辟道路，梁溠为在溠水架桥，说明楚军中有修路架桥的役夫。《左传·桓公十二年》记：“楚伐绞，军其南门。莫敖屈瑕曰：‘绞小而轻，轻则寡谋，请无扞采樵者以诱之。’从之。绞人获三十人。明日，绞人争出，驱楚役徒于山中。”说明军中有采樵的役徒。除此之外，楚军中还有修造营房[②]、构筑工事[③]、运送粮饷[④]等役徒。除了直接从事军中之役者外，还有大批役夫在内地或边境筑城。终春秋战国之世，楚灭国六十余，自筑和夺取他国城邑共计 280 余座，仅《左传》记载的楚国筑城活动就达 21 次。[⑤]楚国还有建宫室台阁之役。文献记载的楚宫室台阁有渚宫、细腰宫、兰台宫、洞庭宫、强台、匏居台、五仞台、层台、钓台、五乐台、九重台、章华台、乾溪台、荆台、渐台、小曲台、附社台、放鹰台、中

---

① 吴永章. 楚役制初议［J］. 江汉论坛，1983（12）.
② 左传·宣公十五年［M］. 北京：中华书局，1990.
③ 左传·哀公元年［M］. 北京：中华书局，1990.
④ 左传·成公十六年［M］. 北京：中华书局，1990.
⑤ 高介华，刘玉堂. 楚国的城市和建筑［M］. 武汉：湖北教育出版社，1996.

天台、阳云台、云梦台、豫章台、高观、朝云馆、楚王池等。[①]《左传·昭公十九年》记沈尹戍说楚“宫室无量”，以致“民人日骇，劳役死转，忘寝与食”，看来并非危言耸听。楚国十分重视水利事业，曾征调大批役夫从事“通沟洫”的工程。《淮南子·人间训》记：“孙叔敖决期思之水，而灌雩娄之野。”文献记载楚大型水利工程除上述期思陂外，还有芍陂、无锡湖陂、申浦、木渠等。司马迁在《史记·河渠书》中曾对楚国的水利设施作了如此描述：“西方则通渠汉水、云梦之野，东方则通沟江淮之间。”楚国堪称发达的水利事业，一方面收到了“百姓飨其利”[②]的效果，另一方面又给楚国的野人带来沉重的负荷。

楚国征兵的对象，基本上是力耕的野人。对此，文献屡有记载。《左传·宣公十五年》记楚、宋相持时，楚把军中“耕者”遣返回国，杜注以为“此乃分兵归田之谓也”。《左传·昭公二十三年》记沈尹戍坚决反对城郢，其中最重要的理由是：只要“民狎其野，三务成功，民无内忧，而又无外惧，国焉用城？”所谓“三务”，杜预释为：“春、夏、秋三务。”其意为只要使民生息于郊野，不耽误他们从事农业生产的季节，国家自然安全，从而也就没有必要兴役筑城了。而狎于“野”的“民”，只能是力耕的野人。《国语·楚语》记楚灵王筑章华之台，致使“年谷败焉”，这是大量农业劳动力被征调的恶果。[③]

最后看第三个特征。《左传·成公二年》记：“楚令尹子重为阳桥之役以救齐……乃大户，已责，逮鳏，救乏，赦罪。”所谓“逮鳏”“救乏”，无疑是针对有家室妇子之私者而言的，而这些人正是野人。《左传·昭公十四年》记：“楚子使然丹简上国之兵于宗丘，且抚其民。分贫，振穷；长孤幼，养老疾；收介特，救灾患；宥孤寡，赦罪戾；诘奸慝，举淹滞；礼新，叙旧；禄勋，合亲；任良，物官。”从经济的角度观察，“宥孤寡”以上主要是针对有家室妇子之私者，也即有独立经济

① 张正明．楚文化志［M］．武汉：湖北人民出版社，1988：146-149.

② 汉书·沟洫志［M］．北京：中华书局，1964.

③ 吴永章．楚役制初议［J］．江汉论坛，1983（12）.

生活的野人而言的。总之，这两次为征兵而实行的全面抚民政策，都是针对有家室、有自己独立的经济生活的农民而制定的，他们最低限度也得具有农奴的资格。[①]又《左传·成公十三年》记楚子救郑，申叔时批评他是“奸时以动而被民以逞”，因为这是二月出师，必然会妨碍春耕，也就损害了农民的利益。试想，如果这些农民不是独立的经济生活者，那么，受损失的首先是王家，而不是这些农民了，从而也就用不着申叔时来为民请命了。[②]《左传·庄公四年》记：“楚武王荆尸，授师孑焉，以伐随。”“荆尸”，旧解或以为是陈尸于荆地，或以为是军阵之名，都是无所据而云然。曾宪通以云梦睡虎地秦简中秦楚月名对照表为依据，考定荆尸为楚历月名，楚历建寅，荆尸为正月。[③]其释甚确。晋国的随武子称赞楚国由于能做到“荆尸而举”，故收到了“商农工贾不败其业，而卒乘辑睦”[④]的效果。而受“荆尸而举”之益最大的莫过于力耕且有着独立经济生活的野人了。

综上所述，我们不难发现，楚国力耕于县邑王田和贵族食邑的野人，基本上具备农奴的三个主要特征。也就是说，楚国野人中的绝大多数的身份应是农奴。之所以说野人中的绝大多数是农奴而非全部，是因为楚国野人除了农奴这个主体外，还有其他依附农民。

（二）其他依附农民

楚国农奴以外的其他依附农民，主要包括自耕农和雇农。

自耕农的出现源于小私有土地的产生。前文曾论及楚国小私有土地有多方面来源，说明这种土地占有形式正方兴未艾，而这种土地的主人——自耕农的数量自然呈雪球滚动之势。他们占有小块土地，自耕而食，世代相传，史籍中称之为“野人”“鄙人”“家人”。[⑤]《史记·楚世家》记：“灵王于是独傍徨山中，野人莫敢入王。”这“野人”，或

---

①⑤ 郭仁成．楚国经济史新论［M］．长沙：湖南教育出版社，1990：73、75.

② 吴永章．楚役制初议［J］．江汉论坛，1983（12）.

③ 曾宪通．楚月名初探——兼谈昭固墓竹简的年代问题［J］．中山大学学报，1980（1）.

④ 左传·宣公十二年［M］．北京：中华书局，1990.

许是在“山中”自耕的农夫。《吴越春秋·句践阴谋外传》记楚善射者陈音自称：“臣，楚之鄙人。”据《资治通鉴》所记，楚考烈王十四年（公元前249年），“楚灭鲁，迁鲁顷公于卞，为家人”。这种躬耕食力的自耕农，文献多有所载。如《庄子·天地》所记子贡南游于楚所见“汉阴丈人”，同书《则阳》所记公阅休，《史记·孔子世家》所记子路在陈蔡间所见的荷条丈人，《韩诗外传》所称楚庄王遣使聘请的北郭先生等，都属于这类自耕农。《史记·滑稽列传》记孙叔敖之子歌曰：“山居耕田苦，难以得食。”类似的居于深山苦耕且难以果腹者，很可能也是拥有小块贫瘠土地的自耕农。《史记·陈杞世家》所记申叔时引鄙语云：“牵牛径人田，田主夺之牛。”这田主若不是正在自耕，也就不存在“夺之牛”了。《孟子·滕文公上》所记楚国“为神农之言者许行”，主张“贤者与民并耕而食”，他代表的就是小私有农民的利益，他的追随者“其徒数十人”，以及“负耒耜而自宋至滕”的“陈良之徒与其弟辛”，也是自耕农。《管子·轻重》载，齐桓公“使人之楚买生鹿。楚生鹿当一而八万……楚民即释其耕农而田鹿”。这说明当时某些农民已能根据市场物价的导向调整其生产方向。如果这些农民不是自耕农，能有这么大的自由吗？[①]

值得注意的是，文献中还提到一些出身下层贵族的人，由于种种原因流落或隐居鄙野，过着自食其力的“躬耕”生活。如《荀子·非相篇》记：“楚之孙叔敖，期思之鄙人也。”《吕氏春秋·赞能》所记相同。孙叔敖即蒍敖。蒍氏是蚡冒的后代，是楚国的一个既老且大的家族。孙叔敖之父蒍贾曾任工正，主管工程。孙叔敖之兄蒍艾猎曾任令尹，在沂地筑城时显示了卓越的才干。[②]孙叔敖在出任令尹前已主持兴建了大型的水利工程——期思陂，[③]出任令尹后也以规划工程和主管政务见长。凡此，都说明孙叔敖并非地道的“鄙人”，故《史记·循吏列传》说他

① 郭仁成．楚国经济史新论［M］．长沙：湖南教育出版社，1990：75.
② 左传·宣公十一年［M］．北京：中华书局，1990.
③ 淮南子·人间训［M］．北京：中华书局，1998.

是“楚之处士”。我认为，孙叔敖在期思“躬耕”时身份是自耕农性质的“鄙人”，其身世则属贵族性质的“处士”。《庄子·人间世》记孔子适楚，楚狂接舆游其门而歌。郭注引皇甫谧云：“接舆躬耕。”这个佯狂不仕的接舆，其身世大概同属“处士”，其身份也可以自耕农视之。《韩诗外传》记：“楚有士曰申鸣，治园以养父。”申鸣“治园”以养父，说明他非自耕农莫属；但《韩诗外传》同时又说他为“士”，可证其出身于下层贵族。总之，在楚国自耕农之中，确有一部分人出身于贵族。他们数量虽然不大，但曾一度成为楚国直接生产者则是不容忽视的事实。

也许人们会问，既然依附农民是指农民连同其附着的土地与领主之间的依附关系，而自耕农却拥有属于自己的小块私有土地，为何还将其归之于依附农民？我们以为，将自耕农视为依附农民，主要有两个理由：一是从西周以至战国，尽管存在小私有土地的事实，但这类土地在名义上或者在法律意义上仍然属于王有，此即所谓“封略之内，何非君土”。[①] 二是楚国的兵赋普行于一切土田而无所豁免，而自耕农承担着赋税、军役和劳役的义务，正好说明他们仍然具有某种程度的人身依附关系。

楚国还存在雇农。《韩非子·外储说左上》记：“夫卖庸而播耕者，主人费家而美食，调布而求易钱者，非爱庸客也，曰：‘如是，耕者且深，耨者熟耘也。’庸客致力而疾耘耕者，尽巧而正畦陌畦畤者，非爱主人也，曰：‘如是，羹且美，钱布且易云也。’”自春秋以来，农业中使用雇佣劳动力的事已屡见不鲜了。楚国虽然缺乏这方面的直接史料，但某些资料却能间接说明这个问题。《说苑·善说》记：“庄周谓文侯曰：‘周以贫故来贷粟，而曰须我邑粟来也而赐臣，即来，亦求臣佣肆矣。’”庄周为楚人，他见到专门为卖庸而设的“佣肆”，很可能是在楚国。近年出土的楚国铜器上常常有“铸客”的题铭，有的学者认为这种“铸客”就是官府所雇佣的民间个体手工业者或异国来楚的工匠。既然手

① 左传·昭公七年［M］. 北京：中华书局，1990.

工业者中已存在“雇工”现象，想必楚国农业中也有这种雇佣劳动者。[①]

春秋时期，楚国有没有佃农，还很难肯定。有的学者认为大约在进入战国以后，随着封建领主的地主化，农奴逐渐转化为佃农。[②]这种推论有一定道理，但文献中很难找到这方面的确凿材料。因此，对楚国封建领主制何时向封建地主制转化，以及楚国原来的农奴是否逐渐转化为佃农，有关章节将专门予以探讨。

在楚国的直接生产者中间，有没有奴隶身份的人呢？看来应当作肯定的回答。不过，农业奴隶在楚国只不过是一种极个别的现象而已，而且限于畜牧业之中。如《左传·昭公七年》申无宇说的“马有圉，牛有牧”，这“圉”和“牧”，就是为王室和贵族经营畜牧业的奴隶。但总的来说，由于楚国贵族的室田不大，因而占有的奴隶也绝不会多。《左传·宣公十一年》记楚伐陈，“乡取一人焉以归，谓之夏州”。有的学者以为这些被集中于夏州的俘虏，显然是从事农业的奴隶。[③]这种理解似可商议。楚庄王经申叔时进谏，重新封陈，“乡取一人”，另建一州，虽然形式上与就地易国为县有异，但性质上并无多大不同。由“乡取一人”而另建的一个“州”，其州民的身份地位大概同县民没有多大差别，即他们都是力耕的农奴和其他依附农民。需要说明的是，据罗运环研究，“乡取一人焉以归”中的“一人”显然有误。按《周礼·地官·大司徒》记，西周时天子的国都及四邻也只有六乡。《尚书·费誓》说“鲁人三郊三遂”，三郊三遂就是三乡三遂。鲁亦三乡。春秋齐桓公时，管仲在齐施行“叁（三）其国而伍其鄙”的改革措施，也只分国（乡区）为二十一乡。陈系小国，即使改革，也不会多到二十一乡。即使有二十一乡，按《周礼》乡制计算，一州为二千五百家，乡取一人岂能成州？因此，“一人”当是“千人”之误。古文千字从人，其下加右合文符号则为千人。而作“一人”者，可能西汉末年人将古文隶定为“今

①②③ 郭仁成．楚国经济史新论［M］．长沙：湖南教育出版社，1990：76、73.

文”时所误。[1]我们以为，此说言之成理。如乡取千人，这个州就不会很小了，当时的楚国是不会也不可能集中大批奴隶从事农业生产的。

此外，居住在都邑的国人中也有极少数从事农作者，这类人虽然也属于直接生产者，但毕竟在直接生产者的整体结构中所占的比例极小。

① 罗运环．楚国八百年［M］．武汉：武汉大学出版社，1992：185.

第五章　社会经济形态演进轨迹

第一节　西周时期的社会经济形态

在楚族的始称国年代问题上，传统的看法，是时当殷纣、周文王之世的鬻熊之前已有楚国。范文澜说："三苗曾在长江中游建立起一个大国。这个大国当是一个大的部落联盟，是许多部落的集合体，其中较大的是荆楚。"① 郭沫若说："楚原是商的属国。商亡后，由北向西南发展，被周人斥为南蛮。"② 胡厚宣说："殷商必早有楚国，则可信而不可疑也。"③ 影响所及，《中国历史地图集》甚至直接标出了商代楚国的方位，④ 而在考古学界，将某些遗址视为商代楚国废墟的说法更是屡见不鲜。对此，有的学者曾条分缕析，力辨其非，似乎已毋庸赘言。但是，持异议者在否定旧说的基础上，又提出新的见解：直到周文王之世的楚鬻熊时期，楚族或楚国始形成于世。⑤ 这是值得进一步思考的。

我们认为，楚族与楚国是两个虽部分重合却又各不相同的概念，二者的形成也并非同步，而是有先后之别。具体说来，楚族形成于商末周初的鬻熊之世，楚国则至西周早期的熊绎之时才略具雏形，而完全意义的楚国的出现则更晚了。

《史记・楚世家》记："周文王之时，季连之苗裔曰鬻熊。"也许有

① 范文澜．中国通史简编・第一编［M］．北京：人民出版社，1964：165.
② 郭沫若．中国史稿・第一册［M］．北京：人民出版社，1976：296.
③ 胡厚宣．楚民族源于东方考［J］．北京大学潜社史学论丛，1934（1）.
④ 谭其骧．中国历史地图集・第一册［M］．北京：地图出版社，1982.
⑤ 王光镐．楚文化源流新证［M］．武汉：武汉大学出版社，1988：89.

人会问，既然鬻熊为季连之苗裔，换言之，鬻熊同季连之间既然有血缘可寻，楚族之形成为何不是始于季连之世？对此，《史记·楚世家》的另一则记载已作了回答："季连生附沮，附沮生穴熊。其后中微，或在中国，或在蛮夷，弗能纪其世。"这说明，在鬻熊之前，尚无一个所谓有共同地域、共同经济生活的稳固的共同体。而这些正是作为一个民族必须具备的基本要素。

到了鬻熊之时，他不仅率领其部落始"居丹阳"[①]，有了固定的地域，而且方能"继其世"，有了稳固的共同体，即《史记·楚世家》所谓："鬻熊……其子曰熊丽，熊丽生熊狂，熊狂生熊绎。"

古代文献中所谓"祖"或"先"，多指某一民族的直接缔造者。《史记·孔子世家》载："楚之祖封于周。"《汉书·艺文志》载："(鬻熊)周封为楚祖。"以上所谓的"祖"，即楚族形成之"祖"。据《史记·楚世家》载，楚武王曾尊鬻熊为"吾先"，此处所谓"先"，当即楚族形成之"先"。

在周人眼中，鬻熊之世的楚地只能是"族"而非"国"。《左传·昭公九年》记："及武王克商，蒲姑、商奄，吾东土也；巴、濮、楚、邓，吾南土也；肃慎、燕、亳，吾北土也。"以上所述，非"族"即"国"，两者相较，为"族"者多，为"国"者少。就周"南土"而言，巴、濮显然为族，邓为国始于周成王，《国语·郑语》："当成周者，南有荆蛮、申、吕、应、邓、陈、蔡、随、唐。"在此之前，尚未见有邓国。因此"邓"很可能是曼姓部族的一个支系。由此可见，夹在巴、濮与邓之间的楚，也应当以"族"视之。何况上引《国语·郑语》已明确称楚为"荆蛮"，"荆蛮"，显然是一个民族概念，而非国家概念。

持"鬻熊时始有楚国"说者的一个重要证据，就是文献曾称鬻熊为"鬻熊子""鬻子"，而这"子"的含义，无疑是"公侯伯子男"之

① 史记·卷四十［M］. 北京：中华书局，1959.

“子”，盖指楚国国君。[①] 诚然，《史记・周本纪》说周文王在位时，有“鬻子”往归之，这“鬻子”就是鬻熊；《史记・楚世家》也称鬻熊为“鬻熊子”，并说他曾“事文王”。然而究其实，以上所谓“子”，是古人对德高望重者或博学厚文者的尊称，如同古人分别称老聃、庄周、孔丘、孟轲、荀况为老子、庄子、孔子、孟子、荀子一样。鬻熊“事文王”，说明他德高望重，是名重一时的政治家；他留下一部义理精深的政治哲学著作——《鬻子》，[②] 其体例和内容与《老子》《庄子》不乏相通之处，《汉书・艺文志》将其列入“道家”。凡此，皆说明鬻熊无论就其政治才能，还是学术思想，都堪称为“子”。至于周原甲骨“楚子来告”之“子”，李学勤和王宇信考证为熊绎而非鬻熊，言之成理。可见，鬻熊称“子”缘于其道德学问，而非封爵。

从民族的角度出发，楚人敬重的祖先有四人，即老僮、祝融、季连和鬻熊。如包山楚墓竹简第 237 简简文即为“祷楚先老僮、祝融、鬻熊各两羖”，[③]其中又以祝融和鬻熊为尊。《左传・僖公二十六年》记：“夔子不祀祝融与鬻熊，楚人让之。对曰：‘我先王熊挚有疾，鬼神弗赦，而自窜于夔，吾是以失楚，又何祀焉？’秋，楚成得臣、斗宜申率师灭夔，以夔子归。”夔子不祀祝融和鬻熊，被楚人视之为数典忘祖，大逆不道，以致怒而灭之。夔国当祭而未祭的，无疑是楚族的祖先，因为尽管夔子先王“自窜于夔，是以失楚”，也只不过是指脱离了楚国，没有必要也不可能割断同楚族的血缘关系，也就是说，夔子可以不祀楚国之先王，却不可不祀楚族之先祖。换句话说，夔子祀不祀楚之先王或许不必干涉，祀不祀楚之先祖则非同小可了。

《史记・周本纪》：“西伯曰文王，遵后稷、公刘之业，则古公、公季之法，笃仁，敬老，慈少。礼下贤者，日中不暇食以待士，士以此多归之。伯夷、叔齐在孤竹，闻西伯善养老，盍往归之。太颠、闳夭、散

① 王光镐 . 楚文化源流新证［M］. 武汉：武汉大学出版社，1988：91.

② 叶德辉 . 鬻子［M］. 叶氏观古堂刊 .

③ 湖北省荆沙铁路考古队 . 包山楚简［M］. 北京：文物出版社，1991：36.

宜生、鬻子、辛甲大夫之徒皆往归之。”太颠、闳夭、散宜生三人，都是周初的重臣，武王克商前后他们曾“执剑以卫武王”①。辛甲大夫弃商奔周，也位至公卿。②既然太颠、闳夭、散宜生、辛甲大夫归周前为“士”，归周后为臣，鬻子当也不例外。这无疑说明，鬻熊等归周“之徒”并非受周册封之有爵位者，而仅是入侍为卿士。退而言之，假定鬻熊身份异于他人而确为受子爵之封的楚王，难道他能置国家大事于不顾而竟自入侍周室吗？而作为部落酋长则允许这么做。据文献记载，鬻熊入周任“文王之师”③或“为周师”④，这“师”，并非像有的学者所理解的即“师氏”⑤，而当即“火师”⑥，其职责是在有重大盟会或盛典时为周王“守燎”。足见其地位不高，不大可能由一个受封为子爵的国君专司此职。至于后来熊绎也曾“守燎”，纯属出于无奈，故楚人对此耿耿于怀，认为有辱子爵国君的身份。相反，鬻熊为文王“师”非但未引起楚人不满，反而使楚人引以为荣，这一恶一喜，只能从熊绎与鬻熊身份的差异去理解。

对于鬻熊与熊绎身份地位的区别，古人早已洞见。《左传·僖公二十六年》唐孔颖达《正义》云：“(鬻熊)曾孙熊绎，成王封于楚，祝融、鬻熊则为楚之远祖也。”说明在孔颖达的心目中，楚受周封始于熊绎，而鬻熊则同祝融一样，只是楚族的远祖，而非楚国的先王。其实，对于上述区别，熊绎的后裔们都心中有数。前引包山楚简第237简楚人称鬻熊及其先祖为“楚先”，而在第246简中，简文则为：“祷荆王自熊绎以庚武王，五牛、五豕。”⑦即称熊绎为“荆王”。需要说明的是，楚

---

① 史记·卷四［M］.北京：中华书局，1959.
② 史记·卷三［M］.北京：中华书局，1959.
③ 史记·卷四十［M］.北京：中华书局，1959.
④ 汉书·艺文志［M］.北京：中华书局，1964.
⑤ 沈长云.“鬻熊为文王之师”解［J］.江汉论坛，1983（6）.
⑥ 张正明.《鬻熊为文王之师”解》辨误［J］.江汉论坛，1983（9）；张正明.读《评鬻熊为火师说》有感［J］.江汉论坛，1984（3）.
⑦ 湖北省荆沙铁路考古队.包山楚简［M］.北京：文物出版社，1991：36.

简称熊绎为“荆王”，出于后世楚人的追尊，这同《史记·周本纪》记周文王“追尊古公为太王、公季为王季”，如出一辙。

以上论述无疑会使我们得出这样的结论：鬻熊之世，楚人尚徜徉于原始社会之中，作为当时楚人首脑的鬻熊，不过是芈姓荆楚部落的酋长。

继“或在中国，或在蛮夷，弗能纪其世”的艰难而漫长的岁月之后，[①]鬻熊时的楚族正处丁集聚、恢复、发展的关键时期。出丁这种需要，鬻熊举部背弃日暮途穷的殷商，亲附方兴未艾的周朝。[②]所谓“事文王”“为周师”，正是鬻熊为争取周朝扶持而采取的以屈求伸的策略。鬻熊此举，果然灵验，周文王对鬻熊等人“日不暇食”以待之，[③]表现了周人对他们的信任和器重。而这无疑为鬻熊部落的恢复和发展创造了良好的外部环境。

前文曾引《史记·楚世家》谓：“(鬻熊)其子曰熊丽，熊丽生熊狂，熊狂生熊绎。”熊丽之世楚族的情况，史无详载，《墨子·非攻下》只记有“昔者楚熊丽，始讨此睢(雎)山之间”。[④]此处“讨”字，清人毕沅注：“‘讨’字为‘封’。”罗运环则以为此“讨”字不误。其理由是，上引《墨子·非攻下》一句后，紧接“越王翳亏，出自有遽，始邦于越；唐叔与吕尚邦齐、晋。此皆地方数百里”。全文主要强调某国开始建立或兴起的地方及范围。又《左传·宣公十二年》“讨国人而训之”和“讨军密而申敬之”的“讨”，杜预注为“治”，即治理。为此，他进一步论证说，“始讨此睢山之间”，即指熊丽开始在“睢山之间”建立统治关系。[⑤]我们认为，罗氏说“讨”字不误，并援杜注释“讨”为“治”，可谓灼见。但他进而将“始讨此睢山之间”解释为指熊丽开始

① 史记·卷四十[M].北京：中华书局，1959.
② 张正明.楚文化志[M].武汉：湖北人民出版社，1988：4.
③ 史记·周本纪[M].北京：中华书局，1959.
④ 墨子·非攻下[M].北京：中华书局，1993.
⑤ 罗运环.楚国八百年[M].武汉：武汉大学出版社，1992：73.

在“雎山之间”建立统治关系，则似有斟酌的余地。我们认为，“始讨此雎山之间”，应指熊丽在“雎山之间”对其部落进行治理。当然，统治也包括治理在内，但二者毕竟有别，前者强调的是阶级式的强制，后者强调的是民主式的管理。另外，《墨子·非攻下》这则记载在“于越”和“齐”“晋”等国名之前用“邦”，独在“雎山之间”前用“讨”，恰好说明熊丽时楚仍处于部落联盟阶段，尚未立国，故不用“邦”，以示区别。

熊丽得以在“雎山之间”对其部落进行治理，说明鬻熊的“事周”策略产生了效应。倘若没有周朝的支持，熊丽是不能获得这一良机的。事实表明这种机遇对楚族的发展并非无足轻重。

接替熊丽担任酋长的熊狂，大概只是秉承父业，无突出贡献，故文献对其活动未曾言及。

然而，楚人这种沉寂只是短暂的，就在熊狂之子熊绎之时，楚族的历史出现了重大转机。

《史记·楚世家》记：“熊绎当周成王之时，举文、武勤劳之后嗣，而封熊绎于楚蛮，封以子男之田，姓芈氏，居丹阳。”同书又载楚王熊通曰：“吾先鬻熊，文王之师也，早终。成王举我先公，乃以子男田，令居楚。”以上所录，一为史家所记，一为楚人所述。由此看来，周成王始封熊绎殆无疑义。这是楚人第一次被封为“子”爵，也是楚得到周室正式承认的标志。从此以后，楚人昔日的酋长于周则为“侯”，于楚则为“王”了。[①]

楚于周成王时受封，是楚自身取得一定发展的历史标志，同时也是楚族跨入新的历史阶段的里程碑。受封意味着楚宛如一只破壳而出的幼雏，开始以独立个体姿态踏上了历史舞台。而这一重大历史转折的来临，首先要以受封前楚已取得较稳定的发展为前提。不妨这样说，从鬻熊时期楚族形成之后至熊绎受封前的短短数十年中，楚族已经走完了它

① 左传·昭公十二年［M］. 北京：中华书局，1990.

历史上最初的旅程——从集聚恢复而至稳定发展的旅程。受封为子爵后，楚的政治地位迅速提高，从而为新的发展奠定了基础。[①]

然而，熊绎受封是否标志着楚正式进入文明时期？即是否意味着楚族从原始部落集团转变为完全意义上的国家？对此，历史提供给我们的证据，却恰恰只能得出否定的结论。

周初封建诸侯的情况比较复杂，但其中最主要的分封模式有两种：一是所封为周之宗亲或姻戚，对这种受封者来说，受封之日就是新的国家诞生之时；一是所封为周边原始部落中的亲附酋长或先贤后裔，对这种受封者而言，受封不过是对其业已存在的状况予以承认，所得到的仅仅是一个徒有其名的封号而已。对这两种不同的分封模式，文献不乏明载。

第一种模式的分封，可以周人兄弟之国鲁、卫、晋的受封得闻其详。《左传·定公四年》："昔武王克商，成王定之，选建明德，以藩屏周。故周公相王室，以尹天下，于周为睦。分鲁公以大路、大旂，夏后氏之璜，封父之繁弱，殷民六族，条氏、徐氏、萧氏、索氏、长勺氏、尾勺氏，使帅其宗氏，辑其分族，将其类丑，以法则周公。用即命于周。是使之职事于鲁，以昭周公之明德。分之土田陪敦、祝、宗、卜、史，备物、典策，官司、彝器；因商奄之民，命以伯禽而封于少皞之墟。分康叔以大路，少帛，綪茷，旃旌，大吕，殷民七族，陶氏、施氏、繁氏、锜氏、樊氏、饥氏、终葵氏；封畛土略，自武父以南及圃田之北境，取于有阎之土以共王职；取于相土之东都以会王之东蒐。聃季授土，陶叔授民，命以康诰而封于殷虚。皆启以商政，疆以周索。分唐叔以大路、密须之鼓、阙巩、沽洗、怀姓九宗，职官五正。命以唐诰而封于夏虚，启以夏政，疆以戎索。"从上述记载不难看出，此类封国的受封，不仅有天子的册命及"聃季授土，陶叔授民"之类的隆重仪式，有种种奇珍异物作为受封之凭信，有"大路大旂"一类车旗仪仗示其威

① 王光镐．楚文化源流新证［M］．武汉：武汉大学出版社，1988：106-107.

仪，有钟鼎彝器之属别其尊卑，而且有“殷民六族”“殷民七族”“怀姓九宗”等异族奴隶供其役使，有典策条文以为其治理封疆的法律依据，有“祝、宗、卜、史”及“职官五正”等官吏为其分执统治机构的权柄。总之，此种受封活脱脱地是给封地移植去了一套完备无缺的政权机器。[①] 这无疑是受封者步入国家文明的象征。

然而，另一种模式的受封却与此判然有别，楚恰好属于这类受封者的典型。据《左传·昭公十二年》所记，楚灵王曾为先王受封事发愤激之辞：“昔我先王熊绎与吕伋、王孙牟、燮父、禽父并事康王，四国皆有分，我独无有。”《史记·楚世家》亦云：“(楚)王曰：‘齐、晋、鲁、卫其封皆受宝器，我独不。’”由此可见，同样是受周室之封的楚，既未在受封时得到周之宝器，更未得到包括军队、职官等在内的一套完整的国家机器。楚国所受封的，只有“子男之田”和“居丹阳”[②]，这与其说是受封，不如说是对既有事实的认可。因此，成王封楚并未使楚由部落一跃成为完全意义上的国家，也就是说，熊绎受封并未从根本上改变楚的原始社会性质。

周室仅仅承认熊绎已经据有一块蛮荒之地，熊绎对周室则至少必须尽以下三项职分：守燎以祭天[③]、贡苞茅以缩酒[④]以及贡桃弧棘矢以禳灾。[⑤] 显而易见，熊绎这位所谓的国君不过是酋长兼大巫罢了。他与鬻熊身份地位的差别在于前者得到了周室的正式认可，而后者则因其居甫定尚未受到周室哪怕是名义上的封赠。

据《史记·楚世家》记载，楚自熊绎受封以来，五传至熊渠。其间经历了熊艾、熊䵣、熊胜、熊杨四代“国”君。这时的楚，一面奋力建设家园，一面注意与楚蛮部落保持睦邻关系，获得了稳步的发展，显示

① 王光镐．楚文化源流新证［M］．武汉：武汉大学出版社，1988：110.
② 史记·卷四十［M］．北京：中华书局，1959.
③ 国语·晋语［M］．上海：上海古籍出版社，1978.
④ 左传·僖公四年［M］．北京：中华书局，1990.
⑤ 左传·昭公十二年［M］．北京：中华书局，1990.

了转弱为强的势头。至熊渠之时，正值周室内乱迭起的夷王之世，熊渠因之获得了向外发展的机缘。

熊渠是楚国历史上一个值得称道的首领。他继位伊始，即开始组织武装力量，揭开了对外扩张的序幕。《史记·楚世家》记："周夷王之时，王室微，诸侯或不朝，相伐。熊渠甚得江汉间民和，乃兴兵伐庸、杨粤，至于鄂。熊渠曰：'我蛮夷也，不与中国之号谥。'乃立其长子康为句亶王，中子红为鄂王，少子执疵为越章王，皆在江上楚蛮之地。"显然，周室衰微，诸侯离心，是楚人扩张的外在条件；楚族图生存，求发展，则是楚人扩张的内在动因。但是导致楚人对外扩张的最根本因素是楚族内已出现了阶级分化。因为阶级的分化，极大地刺激着人们对财富的贪欲，而满足这种贪欲的一种最直接有效的办法，便是对异族的掠夺。由原始社会形态向阶级社会形态的过渡阶段，从摩尔根开始往往被称之为军事民主制时期。恩格斯说："其所以称为军事民主制，是因为战争以及进行战争的组织现在已成为民族生活的正常职能。邻人的财富刺激了各民族的贪欲，在这些民族那里，获得财富已成为最重要的生活目的之一。他们是野蛮人：进行掠夺在他们看来是比进行创造的劳动更容易甚至更荣誉的事情。以前进行战争，只是对侵犯进行报复，或者是为了扩大已经感到不够的领土；现在进行战争，则纯粹是为了掠夺，战争成为经常的职业了。"[①] 熊渠之世连续不断的对外扩张战争，说明楚人已开始将战争视为"经常的职业"了。

从熊渠死后"诸子争立"的史实来看，无论在熊渠时楚人是否已抛弃了氏族社会的选举制度，均表明楚族之内私有制的存在与阶级的分化已是无可怀疑的事实。而当时私有制的最大受益者正是楚"君"。因为"氏族首长总是从每个氏族的同一家庭中选出的习俗，在这里也造成了最初的部落显贵"。[②] 不过，由楚"君"继承状况所反映的贫富的分化与

① 马克思恩格斯全集·第 21 卷［M］. 北京：人民出版社，1965：187–188.

② 马克思恩格斯全集·第 21 卷［M］. 北京：人民出版社，1965：144.

阶级的对立，都还没有完全超越氏族社会所允许的范围。

熊渠十传至蚡冒。其间世系，文献有载。《史记·楚世家》："熊渠卒，子熊挚红立，挚红卒，其弟弑而代立，曰熊延"，"熊严卒，长子伯霜代立，是为熊霜。熊霜元年，周宣王初立。熊霜六年，卒，三弟争立。仲雪死；叔堪亡，避难于濮；而少弟季徇立，是为熊徇"，"熊徇卒，子熊咢立。熊咢九年卒，子熊仪立，是为若敖……（若敖）二十七年，若敖卒，子熊坎立，是为霄敖。霄敖六年，卒，子熊眴立，是为蚡冒"。从熊渠至蚡冒，历七代，其间两度发生兄弟争立的事件。这说明至若敖、蚡冒之世，楚国以嫡长子继承制为核心内容的宗法制度已基本形成，这无疑是楚国私有制逐步发展和阶级进一步分化而产生的必然结果。

政治地位或阶级地位，是人们在社会生产过程中彼此形成的关系。西周楚君的政治地位，从他们在本族社会生产中所处的位置得到尤为深刻的反映。《左传·昭公十二年》说西周早期的熊绎"筚路蓝缕，以处草莽，跋涉山林，以事天子"，俨然一个与民同甘共苦的劳动者形象。值得注意的是，直到两周之际，楚君仍然保持着这一传统。《左传·宣公十二年》记："若敖、蚡冒筚路蓝缕，以启山林。"杜注："言此二君勤俭以启土。"终西周之世乃至春秋初年，楚君与主要生产者之间的关系，于此不难概见。对于原始社会与文明国家管理者地位之差异，恩格斯曾有过生动的比喻："文明国家的一个最微不足道的警察，都拥有比氏族社会的全部机关加在一起还要大的'权威'……后者是站在社会之中，而前者却不得不企图成为一种处于社会之外和社会之上的东西。"①西周楚君的身份与地位，充分显示出他们是站在社会之中而非社会之外和社会之上的。他们实际上只是氏族联盟的军事族长。恩格斯曾经指出："国家是以一种与全体经常有关的成员相脱离的特殊的公共权力为

① 马克思恩格斯全集·第21卷［M］.北京：人民出版社，1965：195.

前提的。”[①]西周楚族还没有形成一种与全体固定成员相脱离的“特殊的公共权力”，他们行使的是公共利益的领导职能，至多只是具有了文明将至的某种权力要素。

恩格斯还说过：“血缘亲属关系是（原始部落）联盟的真实基础”，旧的氏族公社是“由血缘关系形成和保持下去的”。[②]而“国家和旧的氏族组织不同的地方，第一点就是它按地区来划分它的国民”。[③]西周之时，楚族在根本上还是一个较单纯的血缘团体，从而也谈不上按地区来划分它的国民。而与这种血缘团体相适应的制度，就只能是氏族组织，而不可能是国家。

按照经典作家的观点，“国家是阶级统治的机关，是一个阶级压迫另一个阶级的机关”。[④]它是经济上占统治地位的阶级为了维护本阶级的利益而对被统治阶级实行专政的工具，主要由军队、警察、法庭、监狱等组成。也就是说，衡量国家专政机构健全与否的主要标准是军队和司法系统。而这两条标准恰好是西周之时的楚“国”所缺乏的。

唐孔颖达《左传正义》云：“楚本小国，地狭民少。虽时复出师，未自为法。”从“楚本小国”分析，孔氏所指主要是西周时期的楚“国”，因为春秋以降的楚国绝不会被人以“小国”视之。宋代的马端临则说得更为直接，他在其所著《文献通考》中说：“（楚）成王始为军政。”即西周时期楚还没有出现象征国家军事力量的“军政”。也许古人会如此质疑：如果西周时楚族没有军队，熊渠何以兴兵伐庸、扬越，至于鄂？蚡冒又何以“服陉隰”[⑤]？这个疑问并不难解答。因为我们说西周楚族没有军队，是指没有国家的正规军，并不等于说没有任何形式的武装力量。恩格斯曾经指出：“在原则上，每一个（原始）部落只要

① 马克思恩格斯全集·第21卷［M］.北京：人民出版社，1965：110.
② 马克思恩格斯全集·第21卷［M］.北京：人民出版社，1965：109、194.
③ 马克思恩格斯全集·第21卷［M］.北京：人民出版社，1965：194.
④ 列宁选集·第3卷［M］.北京：人民出版社，1972：176.
⑤ 左传·文公十六年［M］.北京：中华书局，1990.

没有同其他部落订立明确的和平条约，它同这些部落便都算是处在战争状态中。”而“要是发生战争，大半都由志愿兵来进行”，这类志愿兵被恩格斯称为“居民的自动的武装组织”。[①] 尚处在原始社会末期的西周楚族，其武装力量就类似于那种“居民的自动的武装组织”。

在整个西周时期，未见楚人有任何法律条文，也未见楚族有任何司法机构。这似乎也只有从楚族尚未进入完全意义的国家状态理解。

综上以观，虽说终西周之世楚族一直未能完全脱离原始的氏族社会形态，但是，促进这一形态瓦解的因素却在潜滋暗长。从种种迹象观察，这一因素的产生大致可追溯到西周中晚期熊渠之时。至若敖、蚡冒之世，这一因素的生发已接近临界点，一种新的社会形态犹如躁动于母腹中的胎儿，即将呱呱坠地了。而促使这个胎儿降临的助产的重任，便历史地落到了蚡冒的继任者熊通的肩上了。

第二节　春秋战国时期的社会经济形态

一、楚国家的形成

《史记·楚世家》记：“蚡冒十七年，卒。蚡冒弟熊通弑蚡冒子而代立，是为楚武王。”熊通弑侄自立，比起此前楚国历史上的“兄弟争立”，其形式虽然类似，其性质却有所不同。前者是世袭制度萌芽阶段出现的必然现象，后者则意味着“部落显贵”对权力的渴望与奢求。而这种被人不择手段攫取的权力只能是王权。这是社会贫富分化与阶级对立日益严重的必然归宿。

如果说，蚡冒“服陉隰”并不能排除恩威并施的可能性的话，那么，楚熊通“始开濮地而有之”[②]，则显然是凭借武力征服。而一个

① 马克思恩格斯全集·第21卷［M］.北京：人民出版社，1965：167、194.
② 史记·卷四十［M］.北京：中华书局，1959.

“有之”，充分表明楚熊通对异族的征伐并不仅仅在于掠夺其财货和人口，更重要的是获得对被征服地区的统治权力，这与其先君熊渠对异族的征伐颇异其趣。而这种“对被征服者的统治，是和氏族制度不相容的……因此，氏族制度的机关便必须转化为国家机关，并且为时势所迫，这种转化还得非常迅速地进行。但是，征服者氏族的最近的代表人是军事首长，被征服地区对内对外的安全，要求增大他的权力。于是军事首长的权力变为王权的时机便来到了，这一转变也终于实现了”。① 因此，熊通在位之时，楚族氏族制度的机关转化为国家机关了，军事首长转化为“王”了。

根据恩格斯的论断，国家的形成只能以如下两点作为终极标志：“第一，它造成了一种已不再直截了当同武装起来的全体人民相符合的公共权力；第二，它第一次不依亲属集团而依共同居住地区为了公共目的来划分人民。”② 依照这两条标准来对照楚国社会的发展状况，我们不难发现这样一个事实：楚国的正式形成当在武王之世。

所谓“公共权力”，是指“和人民大众分离”的超然于社会之上的一套完备的国家机器，它包括君主专制、官吏集团、国家军队和司法机构等。根据楚国历史实际，凡此种种在武王时皆已出现，只是带有不同程度的原始性而已。③

武王以前，楚君从本质上尚未脱离氏族成员，史载从熊绎到蚡冒的楚君皆“筚路蓝缕”“以处草莽”（或曰：“以启山林”），便是明证。然而自武王始，再也见不到关于楚君亲身参加社会生产活动的记述了。楚国君主身份改变的另一个突出标志是武王僭制称王。《史记·楚世家》说：“（楚武王）三十五年，楚伐随。随曰：‘我无罪。’楚曰：‘我蛮夷也。今诸侯皆为叛相侵，或相杀。我有敝甲，欲以观中国之政，请王室尊吾号。’随人为之周，请尊楚，王室不听，还报楚。”时人多据此

---

① 马克思恩格斯全集·第21卷［M］. 北京：人民出版社，1965：172.
② 马克思恩格斯全集·第21卷［M］. 北京：人民出版社，1965：131.
③ 王光镐 . 楚文化源流新证［M］. 武汉：武汉大学出版，1988：135.

以为楚熊通之本意是想请王号于周室，只是由于周人不允许才被迫自己称王。这或许只是事情的表象。其实，楚熊通指使随人向周室代请尊号这种“知其不可而为之”的举动，只是伐随的借口。果不其然，仅隔两年，熊通“乃自立为武王”[①]。熊通称王，不仅是诸侯国中僭制的首例，而且是长达五百年之久的楚国王制之始作俑者。熊通僭制称王这一事件的本身，便象征着楚国君主专制地位的基本形成。

专制君权的出现，必然会派生出一套完整的政权机关，以作为君主统治的工具。在武王以前，除单一的楚君世系或他们的子嗣外，楚国别无官吏见于史乘。于是，从楚武王开始，伴随君主专制地位的确立，一个各有专司的统治集团也应运而生。其中既有运筹于帷幄之中的斗伯比，又有决胜于千里之外的斗丹、斗廉等人；既有在国际事务中纵横捭阖的薳章、道朔，又有替楚王分治一方的斗缗、阎敖。尤其值得注意的是，武王还创设了令尹这个兼理军民大政的要职。这无疑说明，在楚武王时期，一个较为完整的统治机构已初步形成，尽管这个统治机构仍带有初创阶段的原始性。[②]

“(楚)武王始为军政”，是元马端临在《文献通考》中所作的断语。这是与楚国的历史实际相符的。楚武王时期，以“开濮”为嚆矢，曾先后征伐随、鄾、邓、郧、绞、罗、权等国，[③]说明其军事实力已不容低估。正因为如此，楚武王才敢于口出狂言：“我有敝甲，欲以观中国之政。”[④]甚至连其臣属斗伯比也踌躇满志：“我张吾三军而被吾甲兵，以武临之。”[⑤]楚武王还组建了楚国历史上最早的车兵。武王之前，楚国只有徒兵（或称之“居民自动武装”），故行军过河时只须摆渡就行了。史载武王第三次伐随时，“令尹斗祁、莫敖屈重，除道梁溠，营军临

①④ 史记·卷四十［M］. 北京：中华书局，1959.
② 王光镐. 楚文化源流新证［M］. 武汉：武汉大学出版社，1988：133.
③ 何浩. 楚灭国研究［M］. 武汉：武汉出版社，1989：21.
⑤ 左传·桓公六年［M］. 北京：中华书局，1990.

随”[①]。杜注：“梁，桥也。”楚军之所以必须在溠水架桥，是因为要解决车兵渡河的问题。当然，“始为军政”，并不仅仅在于扩充军事力量和添加兵种，还包括一系列军事制度的创立，楚国在荆尸之月出征的所谓“荆尸”举兵的军法，[②]正是楚武王创行的。凡此，足以说明武王之世楚国已开始建立了一支建制较完备的国家正规军队。

楚国的法制建设，在武王时已提上议事日程。《左传·桓公十三年》记楚武王夫人邓曼曰：“君抚小民以信，训诸司以德，而威莫敖以刑也。”同书又记莫敖屈瑕“使徇于师曰：‘谏者有刑。’”以上所谓“刑”，当指楚武王时已开始使用刑罚。既然有刑法，也必然有执法机构及其官员。只是由于史载阙如，其详情不得而知。不过，从“君抚小民以信，训诸司以德”分析，当时还没有形成系统而完整的法律思想，其刑法还未达到成文刑法的阶段，这正是氏族社会留下的痕迹。因为在氏族社会，酋长与族众间是“无刑罚之用”的，武王时楚国刚刚从原始社会脱胎而来，社会形态的迅速转换，使得他还来不及在法制建设方面有根本性的突破，但是，他毕竟还是开创了楚国用“刑”的先例。《左传·昭公七年》记楚芋尹申无宇说：“吾先君文王，作仆区之法，曰：‘盗所隐器，与盗同罪。’……若以二文之法取之，盗有所在矣。”杜注：“仆区，刑书名。服虔云：‘仆，隐也；区，匿也。为隐匿亡人之法也。’”楚文王之时出现的处治盗贼及其窝藏犯的成文法典，必然有一个形成过程，也就是说，这部法典的思想渊薮不能不追溯至楚武王时期。

所谓“不依亲属集团而依共同居住地区为了公共目的来划分人民”，即指以地缘团体代替血缘团体。楚武王自“开濮”后，对异族频频征战，屡有兼并，这就给固有的血族管理机制带来了一个无法回避的矛盾，即它既不可能将这大量的异族吸收到自己的血缘团体中来，却又必须对其施行行之有效的统治。显然，解决这一矛盾的办法只有一个：变血缘团体为地缘团体，亦即“依共同居住地区”来“划分人民”。“楚武

①② 左传·庄公四年［M］. 北京：中华书局，1990.

王克权，使斗缗尹之”[①]，这就是楚国变血缘团体为地缘团体的尝试。顾颉刚认为，斗缗尹权为楚国立县之始。[②]其说可信。这无非表明了这样一个事实：楚国率先实行了当时在中国堪称最为先进的地缘组织管理体制。

楚武王时期国家出现的另一个重要标志是完全意义上的都城的诞生。武王之前，鬻熊和熊绎都曾“居丹阳”[③]，但是，这丹阳不过是部落酋长居住和处理日常事务的所在，并非完全意义上的楚都。《世本·居篇》云：“武王徙郢。”杜预《春秋释例·氏族谱》亦云：“武王居郢。”但《史记·十二诸侯年表》则云：“楚文王赀元年，始都郢。”二说貌似抵牾，然实无大碍。因为所谓武王“徙郢”或“居郢”，是指楚武王已率部迁郢，并决定以郢为国都。而所谓文王元年“始都郢”，是指文王正式开始郢都的建设工作。其实，武王末年和文王“元年”本来就很难绝然分开，其前后承继关系不是一个静态的纪年表所能割裂的。

二、武王至悼王之世的社会性质

楚族在熊通之世，实现了由原始社会向阶级社会的过渡。文献记载告诉我们，此后多数楚人结合在称为里和社的农业团体中，楚王为土地的最高所有者，里社则是土地的实际占有者。由此可知，楚人在进入阶级社会以前也曾生活在农村公社中。[④]马克思在1881年写给维拉·查苏利奇的信中说：“农业公社既然是原生的社会形态的最后阶段，所以它同时也是向次生的形态过渡的阶段。这就是说，它同时也是由建立在公有制上的社会向建立在私有制上的社会的过渡。不言而喻，次生的形态是包含着建立在奴隶制上和农奴制上的一系列的社会的。”[⑤]楚族过渡

① 左传·庄公十八年［M］. 北京：中华书局，1990.

② 顾颉刚 . 春秋时代的县［J］. 禹贡，1936，7（6–7）.

③ 史记·卷四十［M］. 北京：中华书局，1959.

④ 张正明 . 楚国社会性质管窥［M］// 楚史论丛·初集 . 武汉：湖北人民出版社，1984：40.

⑤ 引自《史学译丛》1955 年第 3 期。

到什么社会形态去了，是以奴隶制为基础的社会，还是以农奴制为基础的社会？合乎史实的答案应当是后者而不是前者。

我们通常所说的社会经济形态，是指资源配置方式——生产力和生产关系的统一，其中主要的是指一定的生产资料和一定的劳动力二者之间的结合关系。显然，它牵涉到土地制度、赋役制度、主要生产者的身份地位、社会等级构成等一系列问题，而上述问题我已在前面几个章节分别作了论述。需要加以说明的是，前面的有关论述总的时间跨度虽然说为整个春秋战国时期，但其中重点考察的则是春秋至战国早期即武王至悼王之世的状况。悼王以降楚国的社会性质虽然有"量"的变化，却没有"质"的飞跃。由此说来，本章的论述是在前几章的基础上展开的，也可以说是对前几章论述的综合分析与系统考察。

楚国的土地所有制形态，就基层的里社来说，土地是里社所共有；从国家整体来说，则土地是国有；而从名义上来说，所有的土地皆属王有。但是，通过国家政权去占有里社土地的贵族领主，就表现为事实上的土地所有者的形式。这种土地所有制形态，已具备了马克思所指出的"作为封建制特点的'土地私有制的等级结构'"。[①] 作为楚国土地制度重要内容之一的食邑制，是连同土地和民人一起封给贵族的，即所谓的"授土授民"，这正体现了一种封建的生产关系："授土"确立了封建土地所有制和与此相应的剥削形态；而"授民"则构成了封建领主同农奴之间的阶级关系。作为以县邑土地为主要内容的王田，实际占有者也只是里社，耕种者被束缚在由里社分配的公田和份地上，此即所谓"悬而不离土地曰县"，足见其身份显然是农奴和其他依附农民。至于小私有土地，更是封建土地制度的产物。这是因为，马克思主义向来认为主要的生产资料——土地同直接生产者相结合的方式，是判明社会经济形态的重要标尺：在封建社会的分封制度下，直接生产者是被分予一块份地，并且有着私有经济的农奴或依附农民；而在奴隶社会的分封制下，

① 束世澂．论西周时代领主制的形成［J］．光明日报，1961-04-26.

直接生产者或是被剥夺了任何生产资料的奴隶，或是“单个人只是占有者，决不存在土地的私有制”[①]的里社成员。总之，封建生产方式或者说封建制经济，就是封建领主完全占有最主要的生产资料和不完全占有生产工作者，正是由于这个生产工作者最主要的生产资料——土地必须从领主那里获得——这是农奴获得土地的唯一来源，因而农奴才不得不以服劳役、纳贡赋等对等义务来换取，从而通过这样一种土地授受关系，产生了人身依附关系和一定形式的剥削关系，把这些关系概括起来就是所谓的封建关系。不言而喻，没有这种特殊的土地授受关系，就不会产生人身依附关系，从而也就无所谓封建关系了。[②]这说明，楚国的封建制度，是建立在一定的土地制度之上的。

一定的赋税制度是受一定的土地制度制约的。楚国土地所有制的封建性质，在某种程度上决定了楚国赋税制度的封建性质。从本书第二章的论述可知，楚国赋税包括军赋、田税、地租（悼王前已开始出现）、户口税、关市税和贡纳等，这是楚国国家财政收入的最主要来源。从世界上绝大多数国家的情况来看，上述赋税大多属农奴制社会形态的赋税项目。这是因为封建领主为了保证赋税来源，势必把农民束缚在事实上属自己所有的土地上进行超经济的剥削，而这种超经济剥削又是通过名目繁多的赋税来实现的。这种封建领主对农民的超经济的剥削，就是封建社会的本质。

宗法制度和封建制度有着密切的关系。楚国封建社会最重要的上层建筑就是宗法制度，而宗法制度的基本精神就是以宗子为中心，按血缘关系的远近来区别亲疏贵贱，从而规定出无可改变的等级制度。楚国实行的以嫡长子继承制为标志的王权世袭制度，是楚国宗法制度的重要内容，它充分显示了封建社会的特征。再从武王至悼王之世楚国的等级构成来看，王、公、大夫属于统治阶级的上层，士则属于统治阶级的下层，

① 马克思．资本主义生产以前的各种形式［M］// 马克思恩格斯全集·第46卷．北京：人民出版社，1980：484.

② 傅筑夫．中国古代经济史概论［M］．北京：中国社会科学出版社，1981：4.

皂、舆与隶、僚分别为役徒之尊、卑者，只有仆、台是家内奴隶。也就是说，在这段历史时期，楚国只有家内奴隶这种奴隶制成分。而“严格按照马克思的意见来说，只有家内奴隶的社会，是不成其为奴隶社会的。家内奴隶在解放前的汉族和某些少数民族中都还存在”。①

农业是古代世界的决定性的生产部门，正确认识武王至悼王之世楚国农业生产主要承担者或曰直接生产者的身份地位，是鉴别楚国这一历史阶段社会性质的一个重要标尺。通过前文对楚国直接生产者身份地位的考察，可知楚国此阶段直接生产者的身份是农奴或其他依附农民。这无疑表明楚国的社会性质属封建社会。因为一般来讲，“在封建社会的分封制度下，直接生产者是被分与一块份地的、并且有着私有经济的农奴或依附农民”。②

通过上面的论述，似乎可以得出这么一个合乎史实与逻辑的结论：武王至悼王之世楚国处于农奴制社会形态。

马克思认为：“现代家庭在胚胎时期就不仅含有奴隶制，而且也含有农奴制，因为它从最初起，就和土地的赋役有关。它含有后来在社会和国家中广泛发展起来的一切对抗性的缩影。”③楚族在度过了这样的胚胎时期之后，奴隶制成分得以在宫廷中和在贵族的家庭中延续下去，农奴制成分则在县邑的里社中发展起来。贵族的家室受到来自宫廷的强有力的制约，以至奴隶制成分始终没有长足发展的条件。而在楚国迅猛的扩张进程中，农奴制却随着赋税制的普及，布满了作为楚国主要行政区的县邑。这就等于说，楚国有奴隶制这种经济成分，而不曾有过奴隶制这个社会阶段。④

然而，楚国为何能超越奴隶制社会阶段而径自由原始社会跃入农奴

① 郭沫若．关于中国古史研究中的两个问题［J］．历史研究，1959（6）．
② 林甘泉．封建社会一定要从领主制开始吗？［J］．历史研究，1962（2）．
③ 马克思．摩尔根《古代社会》一书摘要［M］．北京：人民出版社，1965：38.
④ 张正明．楚国社会性质管窥［M］//楚史论丛·初集．武汉：湖北人民出版社，1984：57.

制社会?

马克思和恩格斯在谈到欧洲封建制度形成时说:“封建主义决不是现成的从德国搬去的，它起源于野蛮人在进行侵略时的军事组织中。而这种组织只是在征服之后，由于被征服国家内遇到的生产力的影响才发展为现在的封建主义的。”[①] 楚族在武王以前正处于原始社会末期，他们在征服周室同姓和异姓诸侯或曰诸夏的基础上建立起农奴制社会，这与日耳曼人征服罗马帝国而过渡到封建社会有相似之处。但是，按照上述马克思主义的观点，日耳曼人建立封建主义制度取决于两个重要条件：一是他们“在进行侵略时的军事组织中”是否产生封建制因素。二是“被征服国家内”的生产力发展水平如何，亦即是否具备封建制因素。因此，我们在探讨楚国超越奴隶制阶段而直接由原始社会进入封建社会的原因时，也必须从征服者和被征服者两方面的因素及其交互作用来加以说明。

楚武王之世，正值春秋初年。尽管学术界长期以来对周代社会性质的认识不尽相同：即或谓西周初年已进入封建社会，[②] 或谓春秋初年进入封建社会，[③] 或谓战国初年进入封建社会。[④] 但是，即使是战国封建论者，也并不否认春秋时期诸夏已出现封建制因素，也就是说，对当时的楚国来讲，被其征服者无论进入封建社会与否，具备封建制因素则是它们最低限度的共同点。而当时楚已具备封建因素则是上文业经论证的事实。因此，当征服诸夏的楚族在那里发现了封建制关系或至少是其胚芽时，其情形正如恩格斯所说的：“它们既不能把大量的罗马人吸收到氏族团体里来，又不能通过氏族团体去统治他们。必须设置一种代替物来代替罗马国家，以领导起初大部分还继续存在的罗马地方行政机关，

① 马克思恩格斯选集·第1卷[M].北京：人民出版社，1972：81.
② 范文澜.初期封建社会开始于西周[M]//中国通史简编·修订本“绪言”.北京：人民出版社，1949.
③ 李亚农.中国的奴隶制与封建制[M].上海：华东人民出版社，1954.
④ 郭沫若.奴隶制时代[M].北京：中国人民大学出版社，2005：189.

而这只有另一种国家才能胜任。”[①] 日耳曼人的军事组织，便于他们掌握过去罗马帝国领土发展起来的封建关系。所以，马克思、恩格斯说：“在日耳曼人的军事制度的影响下，现存关系以及受其制约的实现征服的方式发展了封建所有制。”[②] 武王时楚灭诸夏的情形与此正相类似。当时诸夏内部至少已具备封建关系的因素，楚族既不能把它们纳入自己的氏族，又不能用氏族组织统治它们，于是采取了灭国设县的方式，将被灭国的大部分国人和全部野人束缚在县邑的土地之上从事农业生产，而将被灭国的王室迁入楚国内地或都城。楚人正是这样运用他们的军事组织和正在发展中的宗法制度以及其他封建制因素，从而超常过渡到封建社会的。一个超越奴隶制社会而径自由原始社会跃入封建社会的楚国就这样诞生了。

关于人类社会经济形态的演进规律，经典作家曾有过精辟论述。1857 年，马克思在《〈政治经济学批判〉导言》中写道：“资产阶级经济只有在资产阶级社会的自我批判已经开始时，才能理解封建社会、古代社会和东方社会。”[③] 一年以后，他在《〈政治经济学批判〉序言》中又说：“大体说来，亚细亚的、古代的、封建的和现代资产阶级的生产方式可以看作社会经济形态演进的几个时代。”[④] 斯大林在 1938 年 9 月发表的《辩证唯物主义和历史唯物主义》中，进一步肯定了历史上有五种类型的生产关系，即原始公社制、奴隶占有制、封建制、资本主义、社会主义。马克思主义的社会经济形态理论揭示了人类历史发展的共同规律，不过它并不排斥不同国家或民族在发展的形式或顺序上表现出的各自的特殊性。但是，理论界仍有不少学者对某些国家超越奴隶制发展阶段而直接由原始社会过渡到封建社会提出怀疑乃至否定。如有的学者认为，在一个社会形态走向另一个社会形态的转变时期，可能存在着

① 马克思恩格斯选集·第 4 卷［M］. 北京：人民出版社，1972：148.
② 马克思恩格斯全集·第 3 卷［M］. 北京：人民出版社，1960：27.
③ 马克思恩格斯选集·第 2 卷［M］. 北京：人民出版社，1972：109.
④ 马克思恩格斯选集·第 2 卷［M］. 北京：人民出版社，1972：83.

新旧各种因素，但不能由此得出社会发展“二元论”的结论，因为原始社会的自发倾向是奴隶社会。[①] 在对楚国社会经济形态演进阶段的探讨中，否认楚国超越奴隶社会经济形态而径自跃入封建社会经济形态的观点，更是所在多有。看来，这的确是一个需要认真加以探讨的问题。

马克思主义的社会经济形态理论只是为我们描述了一个人类历史发展的大体轮廓，这个轮廓在不同的国家和民族那里，可能在现象上表现出千差万别来。要透过不同的个性去发现共性或通过共性发现不同的个性，并不是一件容易的事。马克思曾经说过：“在历史科学中，专靠一些公式是办不了什么事的。”[②] 恩格斯也指出：“如果不把唯物主义方法当作研究历史的指南，而把它当作现成的公式，按照它来剪裁各种历史事实，那么它就会转变为自己的对立物。”[③] 列宁也主张：“世界历史发展的一般规律，不仅丝毫不排除个别发展阶段在发展形式或顺序上表现出的特殊性，反而是以此为前提的。”[④] 可见，马克思、恩格斯和列宁都反对在研究错综复杂的历史问题时，把他们的理论当作现成的公式。因此，对于马克思、恩格斯、列宁、斯大林的著作，我们应该善于区别哪些属于普遍原理，哪些论述是对具体问题所得出的具体结论，不应当把他们的所有论述都当成“原理”“规律”来看待。但是，在楚史乃至中国古代史的研究中，却往往存在着公式化和简单化的倾向。例如，在讨论奴隶制和封建制的区别时，有的学者把斯大林在《辩证唯物主义和历史唯物主义》中所概括的奴隶社会和封建社会生产力与生产关系的特征，作为衡量楚国乃至中国奴隶社会和封建社会的唯一标准。还有的学者在谈到楚国乃至中国封建社会的形成时，把马克思在《〈政治经济学

---

① 田昌五. 马克思恩格斯论亚洲古代社会问题［M］// 中国科学院历史研究所. 历史论丛·第一辑. 北京：中华书局，1964.

② 马克思. 哲学的贫困［M］// 马克思恩格斯选集·第 1 卷. 北京：人民出版社，1972：130.

③ 恩格斯. 恩格斯致保·恩斯特（1890 年 6 月 5 日）［M］// 马克思恩格斯选集·第 4 卷. 北京：人民出版社，1972：472.

④ 列宁选集·第 4 卷［M］. 北京：人民出版社，1972：690.

批判〉序言》中列举的社会形态演进的几个时代作为各个民族和国家都必须遵循的途径。诸如此类的研究方法，是很难揭示楚国乃至中国历史发展的本来面目的。

研究楚国乃至中国古代社会经济形态，无疑应该认真钻研马克思主义关于社会经济形态的理论。但是我们应该看到，从马克思主义的奠基人形成他们的社会经济形态的理论到现在，已经过去了一百多年。在这一百多年中，从整个世界来看，历史学、考古学、民族学和社会学的新材料层出不穷。这些大量的新材料，有的进一步证实了马克思和恩格斯当年对一些问题的论断，有的则可能补充以至纠正了他们对某些问题的看法。就依恩格斯的《家庭、私有制和国家的起源》这部被列宁称为“其中每一句话都是可以相信的，每一句话都不是凭空说出，而都是根据大量的历史和政治材料写成的”经典著作来说，当时列宁这样说，是完全正确的。但是，后来由于大量新材料的出现，书中的个别观点已不适用，这也是事实。所以，如果我们把马克思和恩格斯著作中的一些论述，都当作一般的原理来对待，就不可能指导我们得出符合历史实际的结论。这里，特别应该指出的是，无论是马克思、恩格斯还是列宁、斯大林，他们对中国的情况了解并不多。他们关于奴隶社会和封建社会的论述，主要是从欧洲的历史情况中得出的认识。有些论述，即使对欧洲历史来说仍然是正确的，我们也不能把它们当作现成的公式，以此来剪裁中国的历史。[①] 也同样不能以此来剪裁楚国的历史。

对世界历史发展的统一性和多样性的正确理解，必然会得出这样的一个结论：无论是奴隶社会，还是封建社会的形成，决不会只有一种模式，一种途径。不仅东方和西方有所不同，即使是东方各国也不会完全一样。抹杀各国历史发展的多样性，结果就会导致否认不同的国家历史发展的统一性。因为按照一种模式来要求不同国家的历史，如果不是硬要抹杀不同国家的历史特点，就一定会在这种客观存在的历史特殊性面

① 林甘泉，田人隆，李祖德．中国古代史分期讨论五十年［M］．上海：上海人民出版社，1982：431.

前感到困惑，以至怀疑它们之间究竟是否有着共同规律。通过对楚国社会经济形态的探讨，我们似乎会获得这样的认识。

三、怀王至顷襄王之世社会性质的量变

春秋战国之际是古代中国社会变动异常剧烈的时期。在经济上，铁器的使用和逐渐推广，大大促进了生产力的发展；“普天之下，莫非王土”，“田里不鬻”的土地关系发生了变化，开始出现了土地买卖；“工商食官”的传统被打破，商品货币关系发达，城市日趋繁荣。在政治上，公室衰微，政在私门，“民闻公命，如逃寇仇”；大国争霸和兼并战争改变了周初的分封局面，由诸侯割据称雄而酝酿着大一统；各种制度和等级秩序崩坏，出现了社会改革和变法运动的浪潮。在意识形态领域里，各种思想和学派相互辩诘，百家争鸣。所有这一切，无不显示了春秋战国之际的社会制度和阶级关系正经历着一场深刻的变革。在楚国，这场深刻的变革以封建领主制向封建地主制的转变为其主要表征。虽然这一转变至战国中期才基本完成。

楚国封建领主制向封建地主制的转变，可追溯至春秋末叶的昭王之世。据《左传·定公六年》记载，吴师入郢后，楚昭王“迁郢于都，而改纪其政，以定楚国”。由于史载阙略，昭王“改纪其政”的主要内容未能详知，但是，从昭王封有功之臣蒙谷以“执珪”的爵位和“田六百畛”来看，昭王“改纪其政”不会不涉及经济制度方面的内容。因为“执珪”意味着楚开始实行彻侯制，而封地以“畛”计则标志着授土与授民已渐趋分离。

如果说，昭王时楚国经济制度的变化尚不易察觉的话，那么，至继昭王而立的惠王之世，这方面的变化则日渐明显了。这种变化主要反映在以下两个事件上，一是自惠王始，不再有将灭国改置县邑的记载。二是《淮南子·人间训》中载白公胜“大斗斛以出，轻斤两以内”。前者暗示着楚国的行政组织和与之相关的土地制度发生了变化，后者则透露出新的土地经营方式可能已经产生的信息。

然而，楚国封建领主制向地主制转化至悼王之时才明朗化，而转化的真正完成则在怀、襄之世，也就是说，这一转化的时间恰值战国中晚期。

战国中晚期楚国封建领主制向地主制转化，同样突出体现在土地制度、赋税制度、宗法与等级构成、直接生产者的身份等变化上。

土地制度的变化是这一变化的基础。战国中期，楚悼王任用吴起实行变法，打击旧贵族领主，“废公族疏远者”①，“令贵人往实广虚之地”②，剥夺他们的政治特权。旋踵间又借旧贵族领主射杀吴起箭“加于王尸”事件为由进行镇压，“夷宗死者七十余家”③。随着大量旧贵族的死亡或出逃，其食邑或室田的废除，封建领主制下的贵族土地占有制便空前削弱了。至迟在怀王或许更早时，楚国设立了郡，④使原来直辖于中央的旧县改为直隶于郡而间接隶于中央，这表明旧县的土地因里社土地的私有化而发生了松动。伴随着郡县制建立的是“授土”与“授民”的分离。如前所言，春秋末叶以前，楚国封给贵族的食邑以“户”或“里社”计，这表明授土与授民是联系在一起的。从昭王开始的授田以“畛”计，到惠王时已发展到以“顷”计了，⑤这象征着授土与授民的分离进一步加剧，而土地的分封规模亦愈来愈大了，这种土地分封上的失控，也是导致土地私有的渊薮之一。此外，随着战争的频繁和工商业的发展，因军功获得土地和因资财获得土地的人也与日俱增。凡此，不仅为楚国土地私有制的进一步发展创造了必要条件，而且标志着楚国地主土地所有制取代领主土地所有制已成为必然。

同土地制度密切相关的赋税制度，至战国中、晚期也发生了重大变化。这一变化的突出特征是地租制度由出现到盛行。虽然我们迄今尚未发现楚国实行实物地租的确凿材料，但既然私有土地的发展已成事实，

①③ 史记·卷六十五［M］. 北京：中华书局，1959.
② 陈奇猷. 吕氏春秋校注·贵卒［M］. 上海：学林出版社，1984.
④ 史记·卷四十［M］. 北京：中华书局，1959.
⑤ 刘文典. 淮南鸿烈集解·道应训［M］. 北京：中华书局，1989.

地租制度的实施也就势在必行了。况且种种迹象表明，至迟战国中期楚人已实施了地租制度。对此，前文有关章节已有所论述。总之，正如马克思在《资本论》中所指出的：“每个历史时期都有它自己的规律。一旦生活经过了一定的发展时期，由一定阶段进入另一阶段时，就开始受另外的规律支配。”[①] 当领主制转化为地主制后，由于受着不同的经济规律的支配，剥削的方式也就会相应发生变化了，楚国的地租制度就是这一变化的产物。

土地制度与赋税制度的变化，改变了楚国固有的等级构成。对贵族政治上和经济上的一系列打击，致使贵族集团上层中部分人分化为地主，这些人有的是见疏失宠者，有的是达于时变者。前者如《淮南子·人间训》中“卑身下士”，以求一逞的白公胜，后者如《说苑·贵德》中所言的“君子”。属于贵族集团下层而又居于“士”之上层者中，不少人因军功获得土地而成为新兴地主，攻蔡有功的子发即是其中的代表性人物。而原属于皂、舆之类的“士”之下层者中，也不乏因战争而变为小地主者。由于工商业的发展，一些豪商巨贾尤其是类似于鄂君启但地位较之略低的官商，当会凭借资金和权力的结合兼并土地。而属平民阶层中的中小工商业者也会出现一些转营或兼营土地者。此外，少部分自耕者也可能跻身小地主的行列。至于原来属于役徒身份的隶、僚，其身份无大的改变；原属家内奴隶之类的仆、台等，则大多由领主的家奴变成地主的家奴了，但仍然有一部分保持其原来的身份，继续供役于王室和少数贵族。由此可知，战国中、晚期，楚国社会的等级构成已发生了较大的变化。

由于土地、赋税制度和等级构成等的一系列变动，原来属于“族有”性质的农奴逐渐脱离领主的束缚，其中一部分人占有了他们所使用的土地，变成了“自耕农”；另一部分人则成为耕种新兴地主土地的佃农。而原来束缚于县邑的属于“国有”性质的农奴，随着里社组织的逐

① 马克思恩格斯全集·第23卷［M］. 北京：人民出版社，1965：23.

步松弛，也逐渐变成了农民。过去业已存在的依附农民，除少数上升为小地主外，大多数则依然保持着小生产者的身份地位。总之，春秋至战国早期的农奴阶级至此变成了农民阶级。原来领主阶级与农奴阶级的对立，被地主阶级与农民阶级的对立所替代。战国中、晚期楚国直接生产者身份的变化，从楚墓葬制的变更中也得到了体现。从考古发掘情况来看，各地已发掘的楚墓中单棺或无棺墓所占数量最多，这类墓就是楚国直接生产者主体——庶民的墓。战国中期以前，庶民墓的随葬品一般是实用陶器。而战国中期以后，此类墓的随葬品中大多有了仿铜陶礼器（按：据当前考古界通行的楚墓分类法）。地下葬制是死者生前身份的写照，故庶人墓葬制的变更表明了庶民身份的变化。[①]

战国中、晚期楚国社会经济形态的量变，也可从郡县制的设立与彻侯制的盛行得到反映。楚郡正式见于文献记载是在怀王十七年。《史记·楚世家》记："是年（秦）遂取（楚）汉中之郡。"同书又载齐湣王告楚怀王曰：若楚韩等国事秦，"则楚为郡县矣"，可知郡县制至少此时已经确立。同书所载这一时期的楚郡还有巫郡、黔中郡等。楚郡县制的设立，意味着旧县已开始转变职能。郡县制的设立与彻侯制的施行是互为表里的。楚国彻侯制始于战国中期，宣王时已有"州侯相楚"[②]的记载。到怀、襄年间，彻侯已在楚国十分盛行了，仅怀王十七年秦楚丹阳一战，楚"通侯执圭死者七十余人"[③]。而从楚"公""侯"之封号不是与地名而是与姓氏相联的现象分析，他们不是就县尹加封的，故并无封地。从这个角度来看，与他们并行且凌驾其上的"封君"之号则大多与地名相联，说明大多数封君是有辖地的，但这种辖地已远非昔日贵族的食邑了，他们只能在封地内食其户税，而不能收其田税了。[④]况且还有少数类似安陵君的封君，只有封君之名而无封地之实。[⑤]封君的出现与郡的设立也不无关联。《资治通鉴》记周赧王三年即楚怀王十七

① 张正明．楚文化志［M］．武汉：湖北人民出版社，1988：427.
②③⑤ 战国策·楚策［M］．上海：上海古籍出版社，1985.
④ 郭仁成．楚国经济史新论［M］．长沙：湖南教育出版社，1990：149–152.

年（公元前 312 年），秦取楚“汉中郡”下注引黄义仲《十三州记》云：“郡之言君也，改公侯之封而言君者，至尊也。今郡字，‘君’在其左，‘邑’在其右，君为元首，邑以载民，故取名于君，谓之郡。”这里明言郡守称君，而且是改公、侯之封而言君的，正好反映了改县为郡后其长官封号的变化。[1] 凡此，都说明战国中、晚期楚国经济体制的变化同政治体制的变革是大致同步的。

① 郭仁成 . 楚国经济史新论［M］. 长沙：湖南教育出版社，1990：149.

第六章　楚国的农业

第一节　生产工具与耕作方式

一、生产工具

西周时期楚人使用什么生产工具，不仅文献缺乏记载，地下出土的实物也极少。1960年，中国科学院考古研究所在被认为是楚国早期遗址的今鄂西地区的秭归鲢鱼山遗址进行试掘，[①] 发现了时代为西周或略早的5件石质生产工具，其中包括有打制石斧2件和砍砸器3件。[②] 近年来，考古工作者在今鄂西和洞庭湖沿岸的一些地方发现了被视为是西周早、中、晚各期的楚文化遗存，[③] 却未见有关生产工具出土的报道。迄今为止，属于西周早、中期的楚国铜器尚且十分少见，因而更谈不上有当时的青铜生产工具面世了。西周晚期，楚国的青铜礼器、兵器、乐器均有出土，但仍未见有青铜生产工具。这无异于表明，当时的楚国虽说已有了青铜冶铸业，但很可能尚未将青铜应用于农业生产领域。

春秋时期，楚国农业有较大的发展。早在西周晚期，楚就趁周王室衰微之机，发展自己在江汉地区的势力。周夷王之时的楚熊渠“兴兵伐庸、扬越，至于鄂”，就是为了掠夺东鄂的红铜资源。当然，那时的楚人掠夺红铜主要是出于军事上的考虑，但青铜兵器和礼器的使用同青铜

---

① 文必贵 . 秭归鲢鱼山与楚都丹阳［J］. 江汉论坛，1982（3）.

② 中国科学院考古研究所长江队三峡工作组 . 长江西陵峡考古调查与试掘［J］. 考古，1961，（5）.

③ 俞伟超 . 寻找“楚文化”渊源的新线索［J］. 江汉考古，1982（2）；何介钧 . 从考古发现看先秦湖南境内的民族分布［J］. 求索，1983（4）.

工具的产生只有一步之遥。从楚武王开始，楚人整军经武，不断对周边各国用兵，疆土日广，民人日众。到春秋中期的楚庄王时，楚就成了春秋五霸之一了。被楚人渐次占领的地区，大部分自新石器时代以来就有着比较发达的农业，当地的农业生产工具自然连同生产技术随着疆土的易手一并为楚人所继承。这无疑为楚国的农业发展奠定了良好的基础。尤其是楚人在春秋中期控制了原东鄂故地的大冶铜绿山古铜矿之后，[①]制造性能远较木器和石器优越的青铜生产工具已由昔日的渴望变为现实了。迄今考古发现的春秋时代的楚国青铜生产工具主要有两批：一批出自河南淅川下寺 2 号楚墓，[②]计有馒、锛、镰、削等 26 件；一批出自湖北襄阳山湾 4 座楚墓，[③]计有斧、锛、镰、削、锥等 10 件。在上述工具中，馒为破土、起土工具，镰为收割工具，都应用于农业生产。斧是砍伐工具，为砍伐树木以使山林变为农田不可缺少之工具，也可包括在农业生产工具之内。从楚国的青铜资源来看，当年青铜农具的使用应该说还是相当普遍的，但由于古代出于节约资源的考虑，惯于将不堪继续使用的生产工具予以回炉处理，加之依礼制通常不以工具随葬，故能保存下来的生产工具特别是农业生产工具自然不会太多，这也是楚国春秋时期青铜农业生产工具未能获得更多发现的主要原因。

战国时期，楚国农业生产工具发生了重大变化，这一变化以铁制生产工具的出现为标志。根据目前所掌握的资料分析，楚国开始使用铁器不会迟于春秋晚期。但是，楚人将铁用于农业生产领域则在战国早期，而铁农具在农业生产中的广泛使用更是战国中晚期的事了。我国早期的铁器，以楚地出土最多。现已出土的楚国铁器，又以生产工具为大宗。湖南长沙战国楚墓出土的 241 件铁器中，生产工具就有 124 件，

① 张正明，刘玉堂．大冶铜绿山古铜矿的国属——兼论上古产铜中心的变迁［M］// 楚史论丛・初集．武汉：湖北人民出版社，1984：65-66.

② 河南省丹江库区文物发掘队．河南省淅川县下寺春秋楚墓［J］．文物，1980（10）.

③ 湖北省博物馆．襄阳山湾东周墓葬发掘报告［J］．江汉考古，1983（2）.

占 51.5%；[①] 楚故都纪南城出土的 33 件铁器中，有铁农具 19 件，约占 58%；[②] 广西平乐银山岭战国墓出土的 181 件铁器中，生产工具 177 件，约占 98%。[③] 楚国铁农具不仅在铁器中所占比重较大，而且种类相当齐全，除有无犁尚难断定外，其他农具几乎都出现了。[④] 如掘土和锄草用的锄，取土用的臿，破土取土用的镢，刺土翻地用的耒、耜，收割用的镰，以及伐木垦田用的斧等。其中锄分两种，即凹形铁口锄和全铁制的六角形锄，以前者居多。臿也有两种：一为凹形铁口臿，一为长方形铁口臿。凹形铁口臿与凹形铁口锄十分相似，很难区别，好在两者都出土过装置木柄的全器，一为直柄，一为曲柄，如江陵天星观 1 号楚墓盗洞内就同时出土了这两种工具，[⑤] 说明二者虽铁口形制相近而用途则有别，是两种不同类型的农具。特别值得提出的是，在鄂东的大冶，发现了一件战国时期的楚国铁耨。此器作四棱长方柄，前段扁平并弯成锄板，全长 50 厘米、板长 12 厘米、刃宽 9.3 厘米、板厚 0.5—2 厘米。因其形似锄，故有学者称之为"曲柄小锄"。[⑥] 但核之以文献记载，并较之以出土的吴越铜耨，或许称为"曲柄耨"更为合适。《释名·释用器》云："耨，似锄，妪（伛）薅禾也。"《吕氏春秋·任地》曰："耨柄尺，此其度也；其耨六寸，所以间稼也。"上述楚国铁耨的规格与文献记载基本相合，而其形制也与考古发现的吴越铜耨大致相同。这当是楚国农业生产盛行"水耨"的实物见证。

《管子·轻重乙》记："一农之事，必有一耜、一铫、一镰、一鎒、一锥、一铚，然后成为农。"楚国铁农具的品种之全及其在楚国铁器中

①② 楚文化研究会编．楚文化考古大事记［M］．北京：文物出版社，1984.

③ 广西壮族自治区文物工作队．平乐银山岭战国墓［J］．考古学报，1978（2）.

④ 韩国磐在《牛耕早在赵过之前》（载《社会科学战线》1985 年第 4 期）一文中说："五十年代长沙楚墓发现战国铁犁铧，V 型，是显目的耕具。"但有关长沙楚墓的考古发掘报告则未见有铁犁铧出土的报道，很可能韩文所谓"铁犁铧"即考古报告所称"铁臿"。这说明学术界对早期犁铧形制的认定尚存在着分歧。

⑤ 湖北省荆州地区博物馆．江陵天星观 1 号楚墓［J］．考古学报，1982（1）.

⑥ 陈振裕．湖北农业考古概述［J］．农业考古，1983（1）.

所占比重之大，说明战国中晚期铁农具已在楚国农业生产中居于主导地位。而铁农具的普遍使用，必将促进楚国农业生产的迅速发展。

在出土的楚国铁农具中，几乎没有能够确认的V形铁口铧冠和铁犁铧，不少学者据此以为当时楚国尚未出现牛耕。[①]但是，也有的学者认为耜与犁名同实异。毕沅《吕氏春秋校正》引黄东发曰："耜者今之犁，广六尺，旋转以耕土，其块彼此相向，亦广六尺，而成一畴，此之谓亩……其博八寸，所以成甽者，犁头之刃逐块随刃而起，其长竟亩，其起而空之处与刃同其阔，此之谓甽。"说明耜本是一种古老的农具，春秋战国时逐渐演变成犁，但长期仍用旧名。杨宽认为，"博"系"镈"之讹，耜当是犁的代称。长六尺的犁可以用来耕垦成垄；刃宽八寸的镈（大锄）可以用来起土成沟。[②]郭仁成以为，不管从哪一说，耜即犁是一致的，而自从有了犁，牛耕便推广了。[③]然而，由于缺乏早期文献记载和出土实物，对楚国有无牛耕暂时似不宜断言。

需要说明的是，铁农具的盛行固然推动农业的长足发展，但并不一定就同封建制度的确立联系在一起，因为从世界历史的角度来看，有些国家在发达奴隶制阶段，冶铁业也很发达。不过，说战国中晚期楚国铁器的广泛使用推动了农业生产的进步和在一定程度上促进了私有土地的发展，则是不能否认的历史事实。

二、耕作方式

楚人最主要的耕作方式为火耕与水耨。

《史记·平准书》记："山东被河灾，及岁不登数年，人或相食，方一二千里。天子怜之，诏曰：'江南火耕水耨，令饥民得流就食江淮间。欲留，留处。'"同书《货殖列传》也记："楚越之地，地广人稀，饭稻羹鱼，或火耕而水耨。"《盐铁论·通有》和《汉书·武帝纪》也

① 后德俊．楚国科学技术史稿［M］．武汉：湖北科学技术出版社，1990：46.
② 杨宽．我国历史上铁农具的改革及其作用［J］．历史研究，1980（5）.
③ 郭仁成．楚国经济史新论［M］．长沙：湖南教育出版社，1990：81.

都说："荆扬之地"或"江南之地"盛行"火耕水耨"。长期以来，学术界大都将"火耕水耨"视为先秦时期楚越并行的农业耕作方式，并以此作为楚越经济生活历来有着共同特点的主要依据。这是需要重新认识的。

《史记·平准书》已明言所记为西汉元鼎年间的情况，同书《货殖列传》所述虽然不能排除汉代以前，但其主要指汉代则可断定。前者言"江南"，无疑指汉代的"江南"，后者言"楚越之地"，显然指故楚越之地。汉代，昔日的楚越之民已成为汉民族的重要组成部分，昔日的楚越之地已变成大体统一的经济区域，其耕作方式乃至经济生活基本相同。但是，如果我们从汉代楚越之地的"火耕水耨"出发作逆向考察，就不难发现这样一个事实："火耕"起先并非用于种稻，而主要用于种粟。楚人立国之初的荆睢山地，还是以种粟为主业。后来，随着楚人向江汉平原乃至洞庭湖平原纵深的推进，稻就取代粟而成为楚国的主要粮食作物，与此同时，兼有北粟南稻之利的楚人又从楚蛮和越人手中学来了种稻所用的"水耨"技术。[①] 也就是说"火耕"与"水耨"本来是两种不同的耕作方式，楚人对它们的使用经历了由单一使用前者到二者并用的历史过程。

然而，对于《史记》所记"火耕水耨"究竟是两种不同的耕作方式还是一种，古人其说不一，迄今学术界也尚存异议。主"一种"说最力者为东汉应劭，他说："烧草，下水种稻，草与稻并生，高七八寸，因悉芟去，复下水灌之，草死，稻独长，所谓火耕水耨也。"唐代张守节所言也大同小异："言风草下种，苗生大而草生小，以水灌之，则草死而苗无损也。"日本学者泷川资言对以上几种解释都不赞成，他推测，"火耕水耨"可能是"先以火焚草，然后植之以苗，灌之以水，则土肥而苗长，及杂草生，辄除去之"。[②] 郭仁成对上述解释逐一作了辨析。

① 刘玉堂 . 楚越经济关系的历史考察［J］. 民族研究，1988（4）.
② 泷川资言 . 史记会注考证［M］. 北京：新世界出版社，2009.

他认为，应劭的解释有望文生义之嫌，因为“与稻并生”于水田中的草，都是水草，它们与稻一样，都可以在芟去后再生，“草死，稻独长”的可能性很小。对于张守节的解释，他提出了这样的质疑：苗与草先生于旱地，灌水后可能有一些不适应水生的草会被淹死，但又有什么根据说“苗生大而草生小”呢？对泷川资言的解释，他认为是只强调了“火耕”，却把“水耨”忽略了。为此，他得出了如下结论：不管哪种说法，都有一个共同的弱点，即把“火耕”与“水耨”当成一回事。其实，“火耕”“水耨”是两种不同的耕作类型。[①] 郭氏的解释可谓一语中的，楚人耕作方式的发展历史便提供了事实的证明。不过，需要补充说明的是，这主要指先秦和汉代而言，乃至魏晋时期，“火耕”与“水耨”在南方水稻种植中已结合在一起了。对此，北魏贾思勰言之甚详。贾氏在其所著《齐民要术》卷二“水稻”条下云：“稻，无所缘，唯岁易为良。选地，欲近上流。三月种者，为上时；四月上旬为中时；中旬为下时。先放水，十日后，曳陆轴十遍。地既熟，净淘种子，渍经三宿，漉出，内草篅中裛之。复经三宿，芽生。长二分，一亩三升，掷。三日之中，令人驱鸟。苗长七八寸，陈草复起，以镰侵水芟之，草悉脓死。稻苗渐长，复须薅。薅讫，决去水，曝根令坚。量时水旱而溉之。将熟，又去水。霜降，获之。北土高原，本无陂泽，随逐隈曲而田者。二月，冰解地干，烧而耕之。仍即下水。十日，块既散液，持木斫平之。纳种如前法。既生七八寸，拔而栽之。溉灌、收刈，一如前法。畦畤大小无定，须量地宜，即取水均而已。”此处言种稻也须“烧而耕之”，即说明昔日用于种粟的“火耕”已作为种稻的辅助耕作方式而套用了。

楚人起先用于种粟的“火耕”，很可能即《礼记・月令》所谓“烧薙”，郑玄注：“欲稼莱地，先薙其草，草干烧之。”这种方式的渊源又可追溯到神农氏的“烈山泽而焚之”。据《国语・郑语》和《史记・楚

① 郭仁成．楚国经济史新论［M］．长沙：湖南教育出版社，1990：60.

世家》记载，传说楚人的祖先祝融曾任高辛氏火正，主持过放火烧山开辟耕地的仪式，即文献所谓“祝融亦能昭显天地之光明，以生柔嘉材者也”。后来祝融“八姓”的一支芈姓季连的后裔辗转流徙到南方，在开发山林时仍然保持了世代相传的“火耕”方法。《左传·昭公十二年》记楚灵王时右尹子革曰：“昔我先王熊绎，辟在荆山，筚路蓝缕，以处草莽。跋涉山林，以事天子”，就是指的熊绎率领部众用火耕的方式开发山林。“火耕”多用于山林，往往要与“刀耕”相结合，通常称为“刀耕火种”或“刀耕火耨”。不过，“刀耕火种”或“刀耕火耨”只是一种象征性的说法，对西周时期的楚人来说或更早的一些楚人先民来说，实为“斧”耕火种。楚人所用的斧，先前是石斧，大概到西周晚期至春秋早期才改用铜斧。遗憾的是迄今尚未见属于这一时期的楚国铜斧面世。西周末叶至春秋初年，楚人还在荆山与睢山之间操着“斧、耕火种”的生业，农作物当以粟为主。自楚武王徙郢始，楚人才开始同原江汉地区的楚蛮一道改种水稻。但是，“火耕”并未在楚人占领的南方消失，相反，这种耕作方式一方面作为“水耨”的辅助耕作方式被应用于水稻生产中；另一方面仍独自长期沿用于南方山地丘陵，这就是后世所谓“畲田”。杜甫诗就有“畲田费火耕”之句，刘禹锡亦有“长刀短笠去烧畲”的诗。宋范镇《东斋纪事》云：“沅湘多山，布种时，先伐木焚之，俟成灰布种，谓之刀耕火种，此火耕之遗意也。”所谓“火耕”之遗意，即指由过去的“火耕”演变而来。宋范成大的描述更为具体：“畲田，峡中刀耕火种之地也。春秋斫山，众木尽蹶。至当种时，伺有雨候，则前一夕火之，借其灰以粪。明日雨作，乘热土下种，即苗盛倍收。”显然，此时南方的“畲田”与北方早期的“烧薙”有别，它已经发展成为南方山地的一种特殊耕作方式，主要用于种植玉米、高粱等旱地作物。①

如果说，“火耕”是与种粟相联的话，那么，“水耨”则与种稻俱

① 郭仁成．楚国经济史新论［M］．长沙：湖南教育出版社，1990：62.

生。《周礼·地官·稻人》云："掌稼下地。以豬畜水，以防止水，以沟荡水，以遂均水，以列舍水，以浍写水，以涉扬其芟作田。"又说："凡稼泽，夏以水殄草而芟夷之。"郑玄注："将以泽地为稼者，必于夏六月之时，大雨时行，以水病绝草之后生者，至秋水涸，芟之，明年乃稼。"这种解释是比较恰当的。它指的是在水泽之地治稻田，必须用水灌灭新生的杂草。楚人在进入江汉平原后，就从当地楚蛮那里学会了"水耨"的耕作方式。"水耨"在南方水乡沿用的时间很长，而且魏晋以后常常以"火耕"辅之。这种演变后的"水耨"史籍往往称之为"流种""水种"。如《后汉书·杜笃传》云："火耕流种，功浅得深。"晋陆云《答车茂安书》则云："火耕水种，不烦人力。"这里的"流种""水种"，就是套用了原"火耕"耕作方式后的"水耨"。

若以近代农业或者现代农业的眼光审视，"火耕水耨"当然是落后的耕作方式。但若将其置于当时特定的历史背景和地理环境中考察，则仍不失为先进有效的耕作方式。上古之世，在犁耕尚未推广而荒地多、肥料少的条件下，火耕水耨却是因地制宜发展粟作和稻作农业的良策。[①]直到汉代，实行"火耕水耨"的江南还"无饥馑之患"，因此汉武帝才诏令山东的灾民前往就食，甚至准许他们在那里安家立业。有的学者之所以根据当时楚地盛行"火耕水耨"而得出楚国农业落后的结论，是因为未能充分考虑到当时特定的历史条件。

第二节　水利设施与建设

一、堤防工程

从气候史的角度看，楚国地处温带东亚季风区内，季风盛行，北方的冷气团与来自太平洋、印度洋的两个暖湿气团经常在这里交接，锋

① 黄崇岳．"火耕水耨"与楚国农业考［J］．中国农史，1985（3）．

面活动非常显著，气旋过往频繁。这势必导致楚地雨量充沛，不仅大部分地区年均降雨量在1000毫米以上，而且多集中在夏秋两季。① 因此，楚国的大部分地区尤其是江汉平原常常受到洪水的威胁。如刘向《列女传》记载，“楚昭王出游，留夫人渐台之上而去，王闻江水大至，使使者迎夫人……水大至，台崩，夫人流而死”②。这场洪水造成“台崩”，淹死的民人必定不会少，而被洪水摧毁的农田亦当不计其数。又楚宣王六年，楚国的郢都因连降暴雨造成严重水灾，③ 其损失之惨重不可言状。为了有效地防治洪水，尽可能减轻洪水对人们生命财产的威胁，发展农业，楚人不得不大力兴建堤防工程。

《管子·霸形篇》记：“楚人攻宋、郑，烧焫熯楚郑地，使城坏者不得复筑也，屋之浇者不得复葺也，令其人有丧雌雄，居室如鸟鼠处穴。要宋田，夹塞两川，使水不得东流。东山之西，水深火埦，四百里而后可田也……”所谓“夹塞两川，使水不得东流”，即指楚人在睢水中游拦河筑堤，使河的上游泛滥成灾，淹没了宋国数百里良田。④ 足见其堤之高大与坚固。虽说楚人此次筑堤的目的在于军事而非农业，但它毕竟反映了楚人的筑堤技术与经验。值得注意的是，在为解决上述筑堤毁田纠纷时，齐桓公对楚国提出了“毋曲堤”的要求。这与楚成王二十一年（公元前651年）葵丘之会订立盟约中“无曲防”的水利条款完全一致。都是为了禁止各国在修筑堤防时以邻为壑的恶劣行为。

楚人高超的筑堤技术和丰富的筑堤经验，在楚国的长城——方城的建筑中也得到了体现。始建于春秋早期的方城，其东段系沿河岸筑堤为城，称之为“连堤”，某些不宜“相沿”的地段甚至还要“相切”——

---

① 中国科学院《中国自然地理》编辑委员会．中国自然地理·历史自然地理［M］．北京：科学出版社，1982.

② 绎史·卷八十九［M］．北京：中华书局，2002.

③ 董说．七国考·灾异［M］．北京：中华书局，1956.

④ 武汉水利电力学院，水利水电科学研究院编写组．中国水利史稿［M］．北京：水利电力出版社，1979：49.

跨越河水。[①] 而实现这种跨越的最主要办法是堤身筑有大型涵洞。这种工程对技术的要求之高是不言自明的。

战国中期，楚国又在其北境兴建了大型堤防工程。《绎史・孙叔敖碑》记孙叔敖“堤防湖浦，以为池沼”[②]。及至战国，楚国的堤防建设方兴未艾。曾任楚兰陵令的荀子，在其著作中就特别强调“修堤梁”以兴利除害。这说明从春秋到战国，楚人都十分重视堤防工程的兴建。因此，楚国一定有着较为系统的堤防设施。

同其他水利工程相比，堤防重在防洪，次在灌溉。但无论是防洪或是灌溉，都直接服务于农业生产，为农业生产的发展提供了良好的条件。

堤防的兴建与应用标志着楚国的治河理论已达到较高水平。相传禹治水主“疏”，较之共工和鲧主“障”无疑前进了一大步。但从水利发展理论的角度来看，由“障”到“疏”，只能是发展的第一阶段。这是因为，第一，疏浚固然可以增加河道泄洪能力，减轻洪水的危害，但还不能有效地控制洪水，尤其是难以取得理想的远期效益。而堤防系统的修建则可以显著加大河床容纳的水量，防止洪水浸溢出槽，从而大大提高防洪标准，其远期效益十分明显。第二，疏浚只注重了防止水害，却忽略了变水害为水利。从农业生产的角度看，它只能在某种程度上保护农业生产，却不能给农业生产提供必需的水源。总之，由“疏”到“堤”，是水利发展理论的第二阶段，它体现了人们由消极治水到积极治水的飞跃，[③] 而楚人无疑为这一飞跃的产生做出了巨大的贡献。

---

① 高介华，刘玉堂．楚国的城市与建筑［M］．武汉：湖北教育出版社，1995：229.

② 碑文又见宋洪适《隶释》卷3。另万历《湖广总志》卷29《文苑》、乾隆《光州志》余卷之三也都收录有此碑文。

③ 武汉水利电力学院，水利水电科学研究院编写组．中国水利史稿［M］．北京：水利电力出版社，1979：55.

二、蓄水工程

楚国最主要的蓄水工程是“陂”。《方言》卷6说：“陈楚荆扬曰陂。”陂的本义，应是斜坡，也可指泽畔、塘边，如《诗经·陈风·泽陂》云：“彼泽之陂，有蒲与荷。”后来，又可指泽障和塘堰了。《尚书·泰誓上》疏云：“泽障之水，使不流溢，谓之陂。”《说文解字·阜部》：“陂，阪也，一曰沱也。”“阪，陂者曰阪，一曰泽障，一曰山肋也。”《周礼》“以潴畜水”句，郑众注“潴”曰：“畜流水之陂也。”王念孙《广雅疏证》卷九下云：“《说文》：‘陂，沱也。’沱与池同。《月令》注云：‘畜水曰陂，穿地通水曰池。’”可见，陂是一种以蓄水为主要功能的水利设施的通称。

陂的产生与稻作农业相联。上古种植水稻，必须相察地形的高下，便于蓄水或引水以灌田。这就是《周礼·地官·稻人》所谓“以潴畜水”。南方平原地区以水稻为主要粮食作物，而且盛行“水耨”，对农田水利的需求尤为迫切，早就有筑陂的技术与经验了。楚国境内的楚蛮、扬越和淮夷，都是擅长农田水利设施建设的。当然，他们所能修建的农田水利设施都是小型的，只能满足一家一户至多是一里一社的需要。严格地说来，还不是社会性工程，而只是家族性或邻里性的作业。春秋中期，楚人在广泛吸收和综合利用南北农业文化精华的基础上，创建了筑陂蓄水的水利工程。楚庄王时孙叔敖主持兴建的期思陂，就是我国历史上第一个社会性大型筑陂蓄水工程。[①]

孙叔敖兴建期思陂，最早见于《淮南子·人间训》所记：“孙叔敖决期思之水，而灌雩娄之野，庄王知其可以为令尹也。”此外，《七国考·楚食货》也称孙叔敖“截汝坟之水，作塘以溉田，民获其利”。《绎史·孙叔敖碑》则说他“宣导川谷，陂障源泉，灌溉沃泽”。雩娄，故城在今河南固始县东南。《汉书·地理志》记庐江郡属县有雩娄，原注：“决水北至蓼入淮，又有灌水，亦北至蓼入决。”按，决水今名史河，

① 刘玉堂.楚越经济关系的历史考察［J］.民族研究，1988（4）.

灌水今名灌河，二水北流，相会后今名史灌河，又北流入淮水。水名“决”“灌”，应是纪念孙叔敖决期思之水而灌雩娄之野。期思，原是蒋国都邑。楚国灭蒋，期思成为楚国县邑，是楚国在淮水中游的重镇。灌水过期思县境，“期思之水”应即灌水。决水过故沈国境，雩娄在决水流域，入楚后应属沈地，[①] 原与灌水无涉。由此可知，期思陂应在灌水的中游或上游，是截引灌水东向分流，以济决水之不足。《水经・决水》云：“决水，出庐江雩娄县南大别山，北过其县东。”可见，雩娄之野应在决水西。郦道元注：“灌水……导源庐江金兰县西北东陵乡大苏山，即注水也。”所谓“注水”，当因曾有期思陂这个分流工程而得名。[②]

孙叔敖主持兴建的期思陂，是在原楚蛮、扬越和淮夷所筑小陂的基础上改进和提高了的大陂，其特点是兼具截河蓄洪与分流的功能，而此前土著所筑的小陂则只具备积蓄雨水和导引沟水的功能。[③] 后来，楚人又进一步推广了截河蓄洪与分流的水利工程，甚至开凿了“人工湖”。《国语・吴语》记伍员说，楚灵王筑章华台，“阙为石郭，陂汉，以象帝舜”。韦昭注：“舜葬九疑，其山体水旋其丘，故雍汉水使旋石郭，以象之也。”这种类似于后世人工湖的陂，其工程的难度之大是不言而喻的。

期思陂收到了良好的效益，理由在于：第一，庄王满意，庄王正是从孙叔敖主持兴建期思陂工程中发现了他非凡的才能，才任命他为令尹；第二，后人怀念，《孙叔敖碑》谓期思陂等水利设施“钟天地之善，收九泽之利”，明嘉靖《固始县志》盛赞期思陂曰：“固始之富饶盖亦赖此。”后人因怀念而有不少增饰之词，这是难免的；但要让庄王这个精明的君主满意，则非有良好的效益不可。[④]

期思陂是我国亘古以来第一个社会性的农田水利工程，它比我国历史上几个早期的著名水利工程——魏国的西门渠、秦国的都江堰和郑国

① 刘玉堂．沈氏族属初探［J］．江汉论坛，1987（4）．
②④ 张正明．楚文化史［M］．上海：上海人民出版社，1987：51．
③ 刘玉堂．楚越经济关系的历史考察［J］．民族研究，1988（4）．

渠，分别要早约 200 多年、350 年和 360 年。[①] 堪称我国上古农田水利建设事业的丰碑。

据说，孙叔敖还在江汉地区主持兴建了另一项水利工程。曹魏时王象等撰《皇览》曰：“孙叔敖冢在南郡江陵故城中白土里……去故楚都郢城北三十里所。或曰孙叔敖激沮水作云梦大泽之池也。”不过，一个“或曰”，使人对孙叔敖究竟是否主持兴建过此项水利工程不敢妄下断言。

作为农业命脉的水利，因铁工具的使用而加快了发展的步伐。大约在战国晚期，楚人又修建了更大的水利工程——芍陂。芍陂之得名，据说是“以水迳芍亭，积而为湖，故谓芍陂”[②]。芍陂之名，始见于《汉书・地理志》，该书在“庐江郡・灊县”和“六安国・六县”条都说到沘水（又名渒水，今淠河）“至寿春入芍陂”。可见，欲知芍陂方位，必先考寿春地望。据《汉书・地理志》等文献记载，寿春在两汉属九江郡，历来为淮南军事重镇，故址在今安徽寿县西南。而芍陂就在今寿县南的城东湖、瓦埠湖中间，又名安丰塘。[③]

关于芍陂的始建年代，主要有两种观点。一种观点以为是春秋中期孙叔敖主持兴建。其中又分两说：一谓芍陂与期思陂是两个不同的水利工程，孙叔敖不仅主持兴建了期思陂，而且主持兴建了芍陂；一谓期思陂即芍陂，为孙叔敖所主持兴建。第二种观点以为是战国时期楚人子思所主持兴建。其中又分两说：一谓可能始建于楚顷襄王时；一谓始建于楚考烈王迁都寿春以后。迄今为止，尚未形成一种占主导地位的见解。

先看第一种观点。这种观点导源于南朝刘宋范晔。范晔在其所著《后汉书・循吏列传・王景传》中说王景于建初八年（公元 83 年）迁庐江太守，“郡界有楚相孙叔敖所起芍陂稻田。景乃驱率吏民，修起芜废”。此后不久，北魏郦道元在《水经注・肥水》中也说：“芍陂……上

①③ 何浩 . 古代楚国的两大水利工程期思陂与芍陂考略［M］// 楚文化新探 . 武汉：湖北人民出版社，1981：121、123.

② 凤阳府部［M］// 古今图书集成 . 中华书局影印本 .

承淠水于五门亭南，别为断神水……又北谓之豪水……又东北迳白芍亭东，积而为湖，谓之芍陂。陂周一百二十许里，在寿春县南八十里，言楚相孙叔敖所造……陂有五门，吐纳川流。西北有香门陂水，北迳孙叔敖祠下，谓之芍陂渎。”在这里，芍陂“言楚相孙叔敖所造”的“言”，即“相传”的意思，说明郦道元虽然对范晔的说法表现出一定的倾向性，但同时又持明显的保留态度。当今学者中也有不少人持芍陂系春秋中期孙叔敖所建的看法。[①]然而，若细加辨析，始觉此说可商。据徐旭生考证：“当日淮水南、大江北，如今霍丘、寿县、六安、霍山、合肥、舒城、庐江、桐城、怀宁等县，西不过霍山山脉，东不过巢湖，这一带平坦的地带，除了六、蓼、钟离各国以外，全属群舒散处的地域。”[②]由此可获得两点启示：第一，寿县及寿县南的芍陂一带，当时是在群舒散处的范围内；第二，巢国的地望不是在今安徽巢湖东岸的巢县，而是在今安徽六安县东北、芍陂地区的南面。[③]也就是说，考察群舒尤其是处于其北部的巢国隶于楚境的时间，是判断芍陂兴建年代的关键。[④]文献记载表明，楚国在经营淮南的过程中，自公元前622年灭六、蓼之后，由于受到群舒及吴国的抗阻，较长时间内在东境无大的进展。《左传・文公十二年》记载，至公元前615年，“群舒叛楚。夏，子孔执舒子平及宗子，遂围巢”。可见此时群舒中的舒、宗、巢等国尚未灭于楚。《左传・文公十四年》记：“楚庄王立，子孔、潘崇将袭群舒，使公子燮与子仪守而伐舒蓼……不克而还。”群舒未克，后方惊变。据《左传・文公十六年》记载：公元前611年，“楚大饥，戎伐其西南”，“又伐其东南”；“庸人帅群蛮以叛楚。麇人率百濮聚于选，将伐楚”。楚人无暇东顾，转而在西线镇压群蛮、百濮和庸、麇。随后又在北线伐

---

① 刘和惠．孙叔敖始创芍陂考［J］．社会科学战线，1982（2）.

② 徐旭生．中国古史的传说时代［M］．北京：文物出版社，1985：181.

③ 何浩．古代楚国的两大水利工程期思陂与芍陂考略［M］// 楚文化新探．武汉：湖北人民出版社，1981：124.

④ 对徐旭生的考证，学术界尚存异议，其代表作可参见程涛平．楚水利工程芍陂考辨［J］．中国史研究，1988（2）。可备一说。

陆浑之戎，并连续侵郑。直到公元前601年，才又回兵灭掉处于群舒南部的舒蓼，但未遑控制整个群舒，遽全力北上与晋逐鹿中原。至于地处群舒北部芍陂之南的巢国，至公元前584年（楚共王七年）仍只是“楚属国”，并未隶于楚疆。据《左传·成公十七年》杜注，公元前574年（楚共王十七年）巢地已是楚邑。这等于说，巢国为楚所灭的时间为公元前584年至公元前574年之间。而据何浩考证，孙叔敖在公元前597年邲之战后，未再见于《左传》。参照《史记·滑稽列传》：“楚相孙叔敖……病且死……庄王谢优孟，乃召孙叔敖子，封之寝丘。”则孙叔敖死于楚庄王之前，而史载楚庄王卒于公元前591年。显然，孙叔敖死于公元前597年至公元前591年之间。这就是说，当巢地沦为楚境时，孙叔敖已死去十多年了。①人尚且逝去，更何谈主持兴建芍陂？

将芍陂与期思陂混为一体，唐人杜佑为始作俑者。杜佑在其所著《通典》卷181“寿春郡”条下云：“安丰有芍陂，楚相孙叔敖所起。崔寔《月令》曰：‘叔敖作期思陂。’即此。”此说一出，和者甚众。如清初编撰的《古今图书集成》卷八二九“凤阳府部”记：“芍陂，在安丰州南……旧属期思县，又谓之期思陂，与杨泉、大业陂并楚相孙叔敖所作。”这就进一步将芍陂—安丰县—旧期思县—期思陂串搅在一起了。其用意，是想以芍陂所在的安丰“旧属期思县”来论证芍陂就是期思陂，以解决“期思陂在期思县”与“芍陂在安丰县”之间的矛盾。这种推论看上去似乎很有道理，但由于它同样是将南北朝以来的淠河东的安丰，误作曹魏以前的史河西的安丰，其前提是牵强附会，结论也就当然不会正确了。②不过，由于杜佑《通典》的首发其端，《古今图书集成》的推波助澜，芍陂即期思陂的说法已有着相当大的影响了。如臧励和等编著的《中国古今地名大辞典》以及清道光《安徽通志》和清光绪

①② 何浩．古代楚国的两大水利工程期思陂与芍陂考略［M］// 楚文化新探．武汉：湖北人民出版社，1981：124、131.

《寿州志》等，或径将芍陂通称为期思陂、安丰塘；或直言芍陂为楚相孙叔敖所造。甚至连某些研究中国水利史的专著也认为“芍陂始于……楚令尹孙叔敖……期思陂即芍陂也，陂在寿县、安丰城南，亦曰安丰塘”。① 事实上，不仅春秋中期孙叔敖主持兴建芍陂不可能，而且终春秋之世楚人也不可能建造芍陂。据《左传·成公七年》记载，公元前584年，“吴始伐楚，伐巢，伐徐”，“吴入州来”，“蛮夷属于楚者，吴尽取之”。也正是这一年开始，吴楚两国在今皖西淮河中游地区展开了长期的拉锯式战争。此后六七十年，虽然楚国先后灭了群舒南部的舒庸和舒鸠，但群舒北部地区始终未能牢固控制于楚人股掌之中。淮南之巢和淮北的州来（今安徽凤台，南距今寿县不过三十里）一直是吴楚两国反复争夺的要地，双方都一再得而复失，楚军因此疲于奔命。《左传》记载，经过公元前529年“吴灭州来”②，前518年“吴灭巢”③，至前508年吴师又“围巢，克之，获楚公子繁”④之后，皖西淮南地区大部被吴国占领。直到战国初年即公元前473年越灭吴后，楚国才又向东有所扩展。显而易见，整个春秋时期，楚国都不具备在群舒北境的巢国之北、寿县之南兴建大型水利工程的最基本的条件。⑤

相形之下，第二种观点的说服力似乎要强一些。最早明确提出兴建芍陂的主持人不是孙叔敖，是曹魏时王象等人。王象等在所撰《皇览》中云：“楚大夫子思冢，在今当涂县东山乡，西去县四十里。子思造芍陂。”惜《皇览》已佚，唯晋司马彪《续汉书·郡国志》“九江郡当涂县”条下刘昭补注引了这段记载。何浩以为，子思应是兴建芍陂工程的真正主持者，其主持兴建芍陂的时间在战国时期。综述何浩的论证，其

① 郑肇经．中国水利史［M］．上海：商务印书馆，1939：251.
② 左传·昭公十三年［M］．北京：中华书局，1990.
③ 左传·昭公二十四年［M］．北京：中华书局，1990.
④ 左传·定公二年［M］．北京：中华书局，1990.
⑤ 何浩．古代楚国的两大水利工程期思陂与芍陂考略［M］// 楚文化新探．武汉：湖北人民出版社，1981：125.

证据主要有以下几条：[①] 一是根据文献记载分析，春秋早中期芍陂所在地未入楚境，而春秋晚期芍陂所在地又处于吴楚反复争夺之中，故终春秋之世楚国不可能兴建芍陂。二是《皇览》成书早于《后汉书》两百年，且系“集五经群书”编纂而成，其可信程度比范晔所记要大。三是《淮南子》作者刘安“都寿春”，对就近的芍陂当不会毫无所闻。但他在其著作中明确提出孙叔敖建期思陂，却只字未提其曾建芍陂，这绝非偶然。四是据《汉书·地理志》和《后汉书·郡国志》，寿春汉代属九江郡。据《水经注·沘水》和同书《肥水》，曹魏时芍陂也在九江郡内，而《后汉书·循吏列传》却说东汉王景所修整的芍陂在庐江郡界，这说明范晔混淆了两汉九江郡和庐江郡的郡界，从而将东晋以后的扬州淮南郡当作了汉代的庐江郡，而导致范氏产生这种混淆的原因是他将南朝刘宋时的安丰，误作汉代庐江郡的安丰，其根源则在于范氏不明安丰在汉代、东晋、南朝梁曾屡次迁徙所致，事实上这些迁徙在《水经注》中已有所反映。[②] 五是《皇览》说子思冢在古当涂。据《水经注》和《读史方舆纪要》记载，[③] 其地在今安徽怀远县东南的淮水南岸，西南距寿春一百多里，春秋时恰在群舒东北。子思葬于此处，当然只有在战国时期楚国控制了寿春至当涂一线之后才有可能。而寿春至当涂一线成为楚国疆土，理应在公元前 447 年楚灭蔡之后。综上所论，可谓不无道理，但仍有一些疑点有待冰释，如郦道元在《水经注·肥水》中不仅对芍陂作了比较详尽的描述，而且提到芍陂北有“孙叔敖祠”，这似乎说明在此之前，当地人们对孙叔敖造芍陂之事已深信不疑，如果在尚无实证的情况下一味肯定此“孙叔敖祠”为伪托，那么，又如何理解期思陂之“孙叔敖碑”这一类似现象呢？

不过，总的来说，我们比较倾向芍陂为战国楚人子思所主持兴建

① 何浩．古代楚国的两大水利工程期思陂与芍陂考略［M］// 楚文化新探．武汉：湖北人民出版社，1981：118–132.

② 见《水经注·决水》《水经注·渒水》。

③ 《水经注·卷三十》“淮水篇”；《读史方舆纪要·卷二十一》“当涂城”条。

的观点。但也不敢下此断言，因为某些持不同看法的学者的近期研究成果，一时尚难以辩驳。[①] 看来要从根本上弄清芍陂兴建的时代和主持者，尚须仰仗新的考古发现和学术界同仁的不懈探索。

前文曾提及，在同持芍陂为战国时期楚人子思主持兴建的前提下，对芍陂始建的具体时间仍存在分歧。一种看法认为，子思建芍陂是楚考烈王迁都寿春亦即公元前 241 年以后的事。[②] 对此，已有学者提出质疑：按楚迁都寿春不过四年考烈王就死去了，自此至公元前 223 年被秦所灭的十几年中，楚国处于内外交困的窘境，显然无法顾及兴修水利。于是质疑者又提出另一种看法：芍陂的兴建，在秦将白起拔郢、楚迁都于陈前后的楚顷襄王时期，即公元前 298 年至前 263 年的可能性要大些。其理由是：一方面，寿春在楚灭蔡后成为楚地，长时间较稳定的社会环境和当地原有的农田水利基础，使这一带具备了兴建大型水利工程的条件；另一方面，随着楚国政治中心的东移，楚人及其军队的大批东迁，粮食需要量势必相应提高，兴修水利以扩大旱涝保收的农田面积，自然成为一项紧迫任务。[③] 我们以为，子思主持兴建芍陂很可能在楚考烈王以钜阳为别都期间。《史记·六国年表》记：“（楚考烈王十年）徙于钜阳……（楚考烈王二十二年）王东徙寿春，命曰郢。”清人梁玉绳极力否认楚曾都钜阳，他说“其后十二年迁寿春，故《汉书·地理志》于九江寿春下注云：‘楚考烈王自陈徙此’，不云自钜阳也”。[④] 其实，《史

① 新近读到程涛平先生的博士论文《楚史稿·农业社会经济分册》，更使我觉得有关芍陂兴建的时代与主持者的问题尚须进一步探讨。程文将文献记载与实地踏勘所获资料相互参验，力主芍陂为春秋时期孙叔敖所主持兴建。其史料之翔实、论证之严密，使人不得不认为对这一问题似有继续审视的必要，参见程涛平．楚国农业及社会研究［M］．武汉：湖北教育出版社，2017.

② 武汉水利电力学院、水利水电科学研究院编写组．中国水利史稿（上册）［M］．北京：水利电力出版社，1979：75.

③ 何浩．古代楚国的两大水利工程期思陂与芍陂考略［M］// 楚文化新探．武汉：湖北人民出版社，1981：126.

④ 梁玉绳．史记志疑·卷四［M］．北京：中华书局，1981.

记·六国年表》和《汉书·地理志》的记载并无根本矛盾，对此，胡三省做出了合理的解释。《资治通鉴·秦纪》："楚迁于钜阳。"胡注："(周)赧王三十七年，楚自郢东北徙于陈；今自陈徙钜阳；至始皇六年，春申君以朱英之言，自陈徙寿春；则此时虽徙钜阳，未离陈地也。"所谓"虽徙钜阳，未离陈地"，即指以钜阳为楚国别都，正式国都仍在陈，故《汉书·地理志》径言楚考烈王自陈徙寿春。依《史记·六国年表》和《资治通鉴·秦纪》胡注，楚以钜阳为别都始于考烈王十年，即公元前253年，止于考烈王二十二年，即公元前241年。而子思主持兴建芍陂或许就在公元前253年至前241年之间。这是因为：其一，楚考烈王以钜阳为都又不离陈，说明钜阳的经济意义大于政治意义。也就是说，楚人的目的在于将别都钜阳建成经济中心，以备日后东徙。而既然别都是楚的经济中心，不可能不优先发展农田水利事业。《史记·春申君列传》记载春申君封于"江东"之后，曾于江东之地大肆修建以灌溉为主要功能的河渠水利工程，也正是在上述时间之内。其二，无论钜阳的地望是在今安徽阜阳北，[①]还是在今安徽太和东，[②]都与芍陂毗邻，这无疑为楚人兴建芍陂提供了后勤方面的保障。其三，楚人徙陈前后，主要精力集中在陈郢的建设和军事防御上，很难分出人力和物力从事大型水利工程建设；楚人迁寿春后，国势已呈江河日下之势，自保尚且不及，根本无心也无力大规模开展水利建设。需要强调的是，对芍陂具体兴建时间的推论，是建立于战国时期这一假说的基础之上的。[③]因此，它同样有进一步探讨的必要。

芍陂的兴建不仅给战国晚期处于衰退之中的楚国经济带来了些许活力，而且为此后当地农业经济的发展奠定了良好的基础。后世称誉芍陂

① 冯永轩．说楚都［J］．江汉考古，1980（2）．
② 马世之．关于楚之别都［J］．江汉考古，1985（2）．
③ 1988年4月，中国水利学会组织召开了"芍陂水利史学术讨论会"，会后出版了论文集《芍陂水利史论文集》，其中不少文章值得重视，故暂称"芍陂系战国时子思主持兴建"为假说。

水旱所不害，[1]使“官民有蓄”[2]和“军国饶给”，实乃淮南田赋之本。[3]芍陂在淮南地区历朝历代所产生的经济效益，于此不难想见。

三、排灌工程

大体说来，堤防工程和蓄水工程也兼有灌溉功能。但是，从某种程度上说，它们只是排灌工程的基础，其主要功能则是防洪和蓄水。下文将要探讨的排灌工程，正是从其主要功能着眼的。

排灌是农业生产中的重要环节。春秋战国时期，楚国由江汉平原逐步扩展到长江中、下游平原。楚地多平原湖区这个特点，决定了它有着不少地势低洼地区。这类地区每遇暴雨或因雨期过长而造成的雨量过多，容易使水流不畅，往往造成滞水和游水，轻则影响农作物的正常生长，重则造成人畜伤亡。而另一方面，楚国农作物以水稻为主，这就决定了它对水的需求量远远大于旱地作物，稍遇雨水不适，极易导致干旱。这种特殊的地理条件，使得楚人对排灌工程的兴建格外重视，从而促进了楚国排灌水利事业的发展。

排灌系统的主要设施是沟、渠和浦（即人工河）。据文献记载，楚国的沟、渠设施至迟在春秋中期已经出现。《说苑·辨物》记：“昔者庄王伐陈，舍于有萧氏，谓路室之人曰：‘巷其不善乎？何沟之不浚也？’”这则记载，至少可以使我们获得两点启示：一是楚国一定有着比较完善的沟、渠水利系统设施，否则庄王不会一见积水马上联想到“沟之不浚”；二是庄王不仅具备水利方面的知识，而且非常重视沟、渠的开挖和疏浚，这当是楚国排灌工程获得较大发展的重要因素之一。

楚庄王在此所关心的“沟”，便是《周礼·地官·稻人》中所记的“以沟荡水，以遂均水，以列舍水，以浍写水”的沟渠排灌系统。这种排灌系统，在《周礼·地官·遂人》中又记为：“凡治野，夫间有遂，

① 晋书·伏滔列传［M］. 北京：中华书局，1974.
② 三国志·魏志·刘馥传［M］. 北京：中华书局，1959.
③ 读史方舆纪要［M］. 北京：中华书局，2005.

遂上有径；十夫有沟，沟上有畛；百夫有洫，洫上有涂；千夫有浍，浍上有道；万夫有川。”《周礼·考工记·匠人》的记载更为具体：“匠人为沟洫，耜广五寸，二耜为耦；一耦之伐，广尺、深尺，谓之畎。田首倍之，广二尺、深二尺，谓之遂。九夫为井，井间广四尺、深四尺，谓之沟。方十里为成，成间广八尺、深八尺，谓之洫。方百里为同，同间广二寻、深二仞，谓之浍。专达于川。”据水利史专家研究，《周礼》所记载的浍、洫、沟、遂等都是不同规格等级的渠道系统，和我们今天将渠道分为干渠、支渠、斗渠、农渠、毛渠相类似。其中，“沟”的作用便是引水、输水，即所谓“荡”；“遂”的作用是分配灌溉水到田间，即所谓“舍”；“列”则是停蓄灌溉水的田间垄沟，即所谓“舍”，也就是“施舍”“施灌”的意思；“浍”则是起排泄余水的作用，无疑是排水沟。而“专达于川”，则是渠道与河道相接，从河中取水或排水入河。《周礼》所记叙的这些，实际上只是一种有灌有排的初级农田排灌系统的原则部署。至于渠道系统的具体安排，当然还得视地理条件而定。楚地多平原湖区，不可能完全照搬周制，应有自己因地制宜的安排。

虽然春秋时期楚国的大型排灌工程文献无明确记载，但既然楚庄王孙叔敖修建了大型蓄水工程——期思陂，一定有与之配套的排灌工程。这种推理想必是可以成立的。

不过，文献也并非全无这方面的信息。《汉书·沟洫志》在讲到东周各国的沟渠建设时说：“于楚，西方则通渠汉川、云梦之际，东方则通沟江淮之间。……此渠皆可行舟，有余则用溉，百姓飨其利。”这里所说的主要指战国时期的情况，但也包括春秋时期在内。这说明春秋时期楚国是不乏大型排灌工程设施的。

战国时期，楚国不仅进一步完善了沟、渠设施，而且大力开凿人工河，尤其是战国中晚期楚灭越而拥有吴越故地后，这类工程的建设更是盛况空前。《越绝书·越绝外传记吴地传》记：“无锡湖者，春申君治以为陂，凿语昭渎以东到大田。田名胥卑。凿胥卑下以南注大湖，以泻西野。”春申君主持兴建的是综合配套水利工程，即既有将无锡湖“治以为陂”的大型蓄水设施，又有无锡湖“陂”的排灌工程——人工运河“语昭渎”。语昭渎将无锡湖“陂”所蓄之水引往大田胥卑，然后再由胥卑开凿排水渠至太湖，太湖水则通过泄洪渠将水“以泻西野”，以保太湖及其周围地区的农业不受损失和人畜安全。由此可见，楚人的水利建设已达到综合治理、统筹兼顾的水平。

楚人开凿的人工运河，通常被称作“浦”。《七国考》卷二引《一统志》云：“南直常州申浦在江阴县西三十里，昔春申君开置田为上下屯，自大江南导，分而为二：东入无锡，西入武进、戚墅，俱达于运河。”这条申浦能沟通“大江”和“运河”，足见其工程之巨大和规模之宏伟。

今上海市境内的黄浦江，又称黄歇浦、春申江，简称申江。凡此数称，皆因楚国令尹黄歇号春申君而故名。故老相传，今上海市境内的黄浦江为战国晚期楚国令尹春申君所主持开凿，宋代以后的文献也有类似记载。然而，因此说不见于唐以前的历史、地理文献，故长期以来对此说持异议者甚众。事实上，如果把今上海市境内的黄浦江说成是楚人春申君所主持开掘，的确有附会之嫌。但是，如果说今上海市境内黄浦江西南段最早系春申君所主持开掘，却并非绝无可能。兹申述理由如次：一是据《史记·春申君列传》记载，今上海西南部地区战国晚期属于春申君的封地，考古发现也证明此地战国晚期已纳入楚境。[①]二是如前文所述，春申君具有主持兴建大型水利工程的经验与才能。三是上古时期今上海西部与今江浙东部自然环境并无大异，春申君既然能在北至江阴、南至吴兴都修有大型人工运河，也很可能在今上海西南部地区兴建大型水利工程。不过，楚人开掘的黄歇浦与今日的黄浦江并不能完全等同，后者是在上海东部地区成陆之后，由后人在原黄歇浦的基础上，由西南向东北逐步延伸拓展而成的。诚然，岁月奄忽，我们不能想象今黄浦江西南段的深度、宽度和长度与始掘时相同，同样不能排除今黄浦江

① 黄宣佩．上海市嘉定县外冈古墓清理［J］．考古，1959（12）；上海市文物保管委员会．上海青浦县重固战国墓，［J］．考古，1988（8）．

西南段在某些路段改变了原楚人始掘的故道的可能。①

据有关文献记载，战国时期，楚人曾在其鄢、郡故地的今湖北宜城一带开掘了大型排灌工程——木渠。②

四、井灌工程

东周时期楚国已经普遍使用水井。据贾兵强统计，迄今已发现楚国水井遗迹（含有水井）38 处，分布在今天的湖北、湖南、河南和安徽。其中，湖北有 27 处，占楚国水井遗迹总数的 71.05%；湖南有 8 处，占楚国水井遗迹总数的 21.05%；河南有 2 处，占楚国水井遗迹总数的 5.26%；安徽有 1 处，占楚国水井遗迹总数的 2.64%（见下图表）。③无论是水井遗迹的数量还是水井数量，湖北地区均占有绝对的优势，具体情况见下表：

楚国出土水井相关信息表

时代	出土地点	深度 / 米	出土位置	数量 / 口	类型
东周	湖北宜都巷子	13.5、10	不详	2	排水沟
东周	湖北襄阳欧庙	不详	不详	不详	陶井圈
东周	湖北襄阳李家岗	不详	不详	不详	不详
东周	湖北楚都纪南城	不详	不详	不详	陶井圈
战国	湖北楚都纪南城	不详	龙桥河南	22	陶竹混合
春秋晚期至战国初期	湖北楚都纪南城	不详	龙桥河西	71	土井
春秋晚期至战国初期	湖北楚都纪南城	不详	龙桥河西	176	陶井
春秋晚期至战国初期	湖北楚都纪南城	不详	龙桥河西	5	竹井圈
春秋晚期至战国初期	湖北楚都纪南城	＞ 1.8	龙桥河西	3	木井
东周	湖北潜江龙湾	7	不详	不详	不详
战国	安徽寿县邱家花园	1.2—2.3	不详	2	陶井圈

① 高介华，刘玉堂．楚国的城市与建筑［M］．武汉：湖北教育出版社，1995：439.
② 水经注・卷二十八［M］．北京：中华书局，1991.
③ 贾兵强．楚国农业科技与社会发展研究［M］．北京：科学出版社，2012：72–74.

续表

时代	出土地点	深度／米	出土位置	数量／口	类型
东周	湖北江陵九店	不详	不详	不详	不详
战国	湖南长沙五一广场	不详	生活区	4	不详
战国	湖北大悟吕王城	不详	不详	不详	灰陶井圈
东周	湖北荆门响岭岗	约 7	不详	不详	不详
战国	湖北楚都纪南城	不详	制陶作坊	6	陶井圈
战国	湖南长沙五一广场	7—9	作坊	不详	古井群
战国	湖南岳阳平江	7—9	墓葬区	3	不详
东周	湖北云梦龙岗	不详	不详	1	不详
战国	湖北楚都纪南城	不详	制陶作坊	7	不详
东周	湖南澧县双堰	8.2、7.7、7.9、8.35	不详	6	陶井圈
东周	湖北宜城郭家岗	2—6	房基附近	11	无脚窝
战国	河南上蔡武津	不详	不详	不详	陶井圈
战国	湖南桑植朱家台	5.35	瓦窑附近	1	土井
战国	湖北楚都纪南城	不详	新桥河	29	陶井土井
东周	湖北襄阳真武山	不详	生活区	6	不详
东周	湖北宜城郭家岗	约 5.1	不详	7	有井台
春秋晚期至战国初期	湖北黄陂郑家嘴	不详	不详	1	不详
战国	湖北潜江黄罗岗	不详	不详	不详	陶井圈
东周	湖北江夏郑店	7.4	不详	1	土井
战国	湖南长沙蔡锷北路	不详	不详	不详	古井群
战国	湖北襄阳韩岗	不详	制陶作坊	3	不详
战国	湖南龙山里耶	14.28	生活区	1	土井
春秋	湖北老河口杨营	2.2—5.5	不详	6	土井
战国	湖南长沙旧城区	不详	不详	＞14	不详
东周	湖北秭归官庄坪	不详	墓葬区	1	不详
东周	河南上蔡郭庄	不详	生活区	不详	不详
东周	湖北枣阳段家湾	不详	不详	1	不详

楚国出土水井地域分布图表

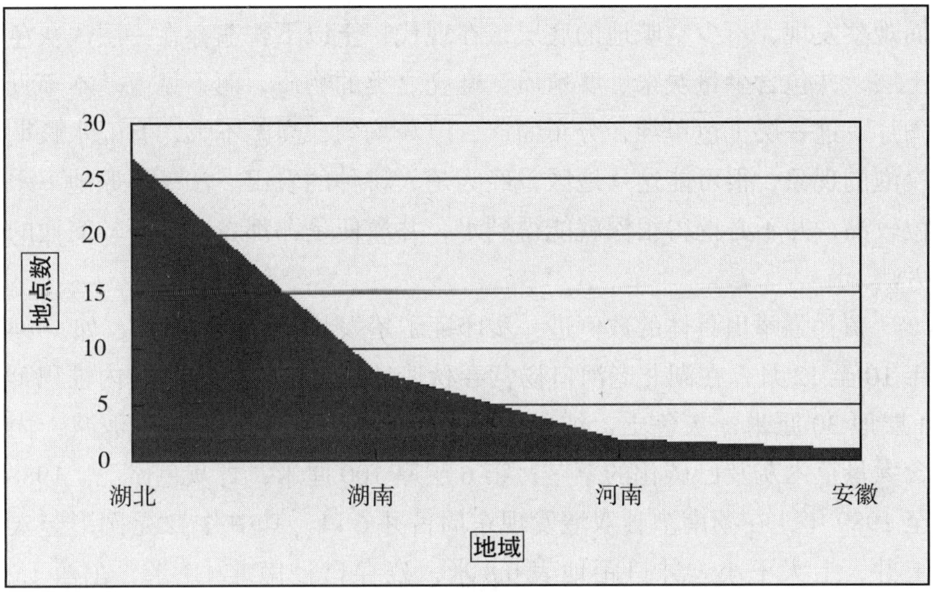

其中湖北省楚都纪南城的水井最为密集。考古发掘表明，纪南城广宗寺、周家湾、余家垱、东岳庙等地都发现了水井密集区，而龙桥河西段长约 1000 米、宽 60 米的范围内，一次动土暴露出水井 256 座以上。水井分土炕井、竹圈井、木圈井和陶圈井四种。木圈井的设置是用两根大整木分别开凿成木槽，然后将两木槽互相套合成井圈，竖立并固定于井圈中。陶圈井的数量最多，大致有两种井圈构成，其中一种为直壁井圈，口径和高度一般都为 80 厘米左右，圈壁有 2 个对称的圆孔；另一种为斜壁井圈，数量较少，口径下小上大，壁外有附加堆纹，圈壁有 4 个以上的圆孔。其设置法为用直壁井圈上下叠砌，其下置斜壁井圈，在最下节井圈底部，有固定于井壁的呈“一”“十”“井”字形的木架承托。[①] 水井中出土耒耜之类的农具数量较多，当为耕者所遗。杨权喜认为：纪南城西北的徐岗村、城西南的新桥村、城东南的松柏村东部（宫

① 杨权喜．楚文化［M］．北京：文物出版社，2000：41.

殿区之东）和城东北的纪南城村西部等地都有大面积空阔地，钻探和断面观察发现，不少空旷地的底层，在现代耕土以下普遍存在一层浅灰色土层，并包含少量炭末、腐殖质、螺壳之类的物质，而不见或基本不见陶片。这一层土色单纯，分布面广，厚薄均匀，高差不大，有经水长期浸泡的现象，很可能这片地区曾经为楚人耕种的农田。江汉平原地下水位较高，井不必挖得很深就能得到水，井灌便是郢都农业灌溉较简便的方法。①

贾兵强举出具体的数例进一步印证了楚人井灌发达的事实：如 1994 年 10 至 12 月，在湖北老河口杨营春秋遗址发现的水井 J1，井内堆积第 4 层厚 30 厘米，灰色土，纯净；第 5 层厚 180 厘米，黑灰色泥浆，内含大量草木灰及已碳化的草茎；第 6 层厚 100 厘米，青灰色淤泥。1988 至 1989 年，在湖南澧县双堰发现东周古井 6 口。其中井 J2 是圆形竖穴土井，上大下小。井口距地表 0.8 米，残存口径南北 1.1 米，东西 1.2 米，井残深 5.5 米，加上残存井口距文化层的 2.2 米，井总深 7.7 米，井体直接打入生土，挖尽沙砾层。井壁光滑，无脚窝。井中出土大量残存竹竿，以及陶片、豆、鬲等器物和陶纺轮、石器等生产工具，此外还有螺、蚌等水族遗存以及许多农作物如稻、桃、杏、梨、梅、枣和瓜等。纪南城井 J2 出土有木扁担、铁镰、铜天平盘等。湖北荆门响岭岗东周遗址与墓地中发现的春秋时期 3 口水井，深度均在 6 米左右，井内出土了打水用的陶器等遗物。安徽寿县邱家花园遗址中发掘的 2 口陶井位于水渠岸边，相距仅 1.2 米。②

楚人为了便利地获得水源，开始穿井取水。除了饮用水外，生产用水也是重要的消耗，尤其手工业作坊也是极为耗水的。在其他水利不甚完善的地区，井灌还可以对遭遇长时间干旱导致雨水不足的农田进行补充灌溉，以保证农作物收获。同时，临近居民点的菜圃用水更需要随时

① 杨权喜．楚纪南城水井［N］．中国文物报，1994-10-16；杨权喜．东周时代楚郢都的农业生产考略［J］．农业考古，1990（2）．

② 贾兵强．楚国农业科技与社会发展研究［M］．北京：科学出版社，2012：78-79.

灌溉，故水井的发达再正常不过了。

楚国的灌溉设施除排灌外，还有起灌。所谓起灌，即指利用较低水位的水（河水、池沼、水井）灌溉较高地面的土地，这同排灌利用较高水位的水向较低地面自然流动的原理实现灌溉恰好相反。因此，起灌必须借助于一定的起水工具。

文献关于楚地施行起灌的记载，仅《庄子·天地篇》讲到子贡游楚返晋所见汉阴丈人“凿隧而入井，抱瓮而出灌”一例。据载，当子贡问汉阴丈人为何不使用“桔槔”这种机具时，汉阴丈人回答说：“吾非不知，羞而不为也。”“吾非不知”说明楚地至迟在春秋晚期已使用桔槔为起水之具。只不过汉阴丈人起灌的是菜圃，而不是农田。又从今湖北大冶铜绿山古矿冶遗址中发现辘轳实物分析，至迟在战国早期楚人已使用辘轳这种提升工具了。[①] 因为既然楚人能利用辘轳提升矿物和积水，完全可能将其推广应用于水利灌溉之中。

从已发现的楚国水井来看，大多为生活用井，少数为工业用井和园圃用井，很难从现有考古发现乃至文献记载中直接找到楚国农田灌溉用井的实例，这大概与楚地多平原湖区和蓄水、排灌设施比较完善有关。当然，这并不意味着排除楚人在丘陵和山区施行起灌的可能。

第三节　农业生产水平

一、粮食生产

楚国自然资源丰赡，物产饶利。全盛之时“南有桂林之饶，内有江、湖之利，左陵阳之金，右蜀、汉之材，伐木而树谷，燔莱而播粟，

① 铜绿山考古发掘队．湖北铜绿山春秋战国古矿井遗址发掘简报［J］．考古，1975（2）；夏鼐，殷玮璋．湖北铜绿山古铜矿［J］．考古学报，1982（1）．

火耕而水耨，地广而饶财”[①]。东周早期以前，楚国的粮食生产情况实难详叙，唯《周礼·职方氏》称荆州“谷宜稻”，当以稻作农业为主。春秋早期以降，文献所记楚人粮食生产、消费等史事渐增。楚庄王初年，遭遇了一次重大粮食危机，周边族群起而攻之，最终楚军以“振廪同食”告归。《左传·文公十六年》详叙了当时的紧迫情形：“楚大饥，戎伐其西南，至于阜山，师于大林。又伐其东南，至于阳丘，以侵訾枝。庸人帅群蛮以叛楚，麇人率百濮聚于选，将伐楚。于是申、息之北门不启。楚人谋徙于阪高。蒍贾曰：‘不可。我能往，寇亦能往，不如伐庸。夫麇与百濮，谓我饥不能师，故伐我也。若我出师，必惧而归。百濮离居，将各走其邑，谁暇谋人？’乃出师。旬有五日，百濮乃罢。自庐以往，振廪同食。”此次饥荒的具体情况不能详悉，但根据《左传》所记，同一年宋国“宋公子鲍礼于国人，宋饥，竭其粟而贷之”的故事，以及周边族群对楚国剽掠后秦人和巴人也参与战斗推测，各国可能遭遇了普遍性的自然灾害，以致五谷歉收。而楚军居然能“振廪同食”，说明已有一定的粮食储备。

当时各国的重大政治、军事活动，无一不建立在粮食保障的基础之上。《左传·宣公十一年》记述了楚庄王在位时一次“城沂”活动前所做的保障工作：“令尹蒍艾猎城沂，使封人虑事，以授司徒。量功命日，分财用，平板干，称畚筑，程土物，议远迩，略基趾，具糇粮，度有司。事三旬而成，不愆于素。”令尹蒍艾猎下令“具糇粮”，实为准备相关人员的“干食”。但此时楚国在经济实力上仍不足以压倒中原诸国。正如《左传·宣公十五年》所记：“夏五月，楚师将去宋……申叔时仆，曰：‘筑室，反耕者，宋必听命。’从之。宋人惧。使华元夜入楚师，登子反之床，起之，曰：寡君使元以病告，曰：‘敝邑易子而食，析骸以爨。虽然，城下之盟，有以国毙，不能从也。去我三十里，唯命

① 桓宽．盐铁论·卷第一［M］．四部丛刊景明嘉靖本．司马迁《史记·货殖列传》中也记载：“总之，楚越之地，地广人希，饭稻羹鱼，或火耕而水耨……不待贾而足，地势饶食，无饥馑之患……是故江淮以南，无冻饿之人。”《史记》卷一百二十九。

是听。’子反惧，与之盟，而告王。”为了坚持战争，楚人甚至提出“筑室反耕”，即筑室于宋国，分兵归田。宋国恐惧，派华元向司马子反诉说，其城内已“易子而食之，析骸而炊之”，司马子反也以“军有七日之粮”的实情相告，最后楚人也只好退兵还国。在生产力较低的情况下，粮食不足，势难支持长期战争。《左传·襄公八年》又有类似记载：冬，楚子囊伐郑，讨其侵蔡也……子展曰：“……楚师辽远，粮食将尽，必将速归，何患焉？”以实际的空间距离来看，蔡国与楚国不能以“辽远”形容，关键的问题是“粮食将尽”的后顾之忧，可见粮食生产与供给能力已成为当时楚国争霸的重要瓶颈。而粮食产量普遍较低，也为当时各国的实际情况。

大约在楚灵王时，楚国的粮食产量有了显著提高。楚灵王曾说：“今吾城三国（即陈、蔡、不羹），赋皆千乘……诸侯其来乎！”于是大造章华之台。据《国语·楚语上》卷十七记载，大夫伍举曾讽谏：“今君为此台也……年谷败焉……故先王之为台榭也……其所不夺穑地，其为不匮财用。”意即尽管当时“赋皆千乘”，一旦挥霍用于修建大型宫室园林，楚国财政将捉襟见肘；而不恤民力，不顾农时，侵占良田，粮食产量也将锐减。伍举之言可谓切中时弊，但从楚“赋皆千乘”看，已知其粮食之丰。其后，仅楚平王通缉伍子胥的赏金就高达五万石。楚昭王时郢都的高府存储有大量粮食。[①] 子路曾回忆其在楚国受到的待遇：“……南游于楚。从车百乘，积粟万钟，累茵而坐，列鼎而食。”[②] 曾子为了养亲而入仕，曾经“仕于莒，得粟三秉”，而“亲没之后……楚迎以令尹”。[③] 昭王要给予其“转毂百乘”的待遇。而孔子至楚更有奇事，其见“长沮、桀溺耦而耕”，而农人与圣人问答之间仍然“耰而不辍”。又

① 淮南鸿烈解·卷第二十［M］．四部丛刊景钞北宋本．
② 说苑·卷三［M］．四部丛刊景明钞本．
③ 韩诗外传·卷一［M］．四部丛刊景明沈氏野竹斋本．

有一次孔子“行道而息，马逸，食人之稼”[①]。可见楚国乡野田地遍布，稍不小心，车马即入稼中。人们的活动范围也随生产力的提高而扩大，“南荣趎赢粮，七日七夜至老子之所。老子曰：‘子自楚之所来乎？’南荣趎曰：‘唯’”。[②]

进入战国，兼并战争加剧，军队调动规模空前。《史记·越王句践世家》卷四十一记载楚威王时“楚三大夫张九军，北围曲沃、於中，以至无假之关者三千七百里，景翠之军北聚鲁、齐、南阳”。当时曲沃地属魏国，於中地属秦国，二地相近，楚国以兵包围。而无假之关在长沙西北方，则知楚人战线从曲沃、於中西至汉中、巴、巫、黔中有千余里。如此之长的战线，必须依赖于充足的粮食供应。为应对更趋频繁的战争，楚国也需进口部分粮食，“穰侯魏冉为相，予楚粟五万石”。这是因为战争频仍，一方面导致粮食需求激增，另一方面造成田园荒芜，粮产锐减。同时，新获得的大量土地上的农业生产还不能及时恢复并产生收益，故墨子称“楚四竟（境）之田，旷芜而不可胜辟”[③]。

尽管如此，楚国毕竟是个粮食生产大国，并且已建成许多粮食高产区，如东南方的三个邑——“雟、庞、长沙，楚之粟也”。[④]陈轸曾谓楚：“带甲百万，车千乘，骑万匹，粟支十年，此霸王之资也”[⑤]，这未必是战国辩士之夸张。《淮南子·兵略训》曾描述楚国全盛之况：“昔者楚人地，南卷沅、湘，北绕颍、泗，西包巴、蜀，东裹郯、邳，颍、汝以为洫，江、汉以为池，垣之以邓林，绵之以方城，山高寻云，溪肆无景，地利形便，卒民勇敢，蛟革犀兕，以为甲胄，修铩短鏦，齐为前行，积弩陪后，错车卫旁，疾如锥矢，合如雷电，解如风雨。然而兵殆于垂沙，众破于柏举。楚国之强，大地计众，中分天下。”这一记

① 吕氏春秋·卷第十五［M］. 四部丛刊景明刊本 . 又《淮南子·人间训》引作：“孔子行游，马失，食农夫之稼，野人怒，取马而系之”。

② 南华真经·卷第八［M］. 四部丛刊景明世德堂刊本 .

③④ 孙诒让 . 墨子间诂·卷十一［M］. 清光绪三十三年刻本 .

⑤ 战国策·卷第十四［M］. 士礼居丛书景宋本 .

载，显示出楚国不仅具有雄厚的经济基础，而且十分重视农业安全。只有确保了农业安全，才可以保障城池坚固，军事力量强劲。从另一方面来说，楚国辟地愈多，则收利愈广，获得的劳动力、耕地和相互补充的经济区也愈多，从而有力地支持了国内手工业和商品经济的发展，在整体上增强了国力。墨子说："是故凡大国之所以不攻小国者，积委多，城郭修，上下调和，是故大国不耆攻之；无积委，城郭不修，上下不调和，是故大国耆攻之。"[①] 楚国之所以能够在战国时代继续保持大国地位，"积委多"，即有粮食储备保障是最重要的原因之一。

当然，正如有的学者所言，楚国自东周以来数百年的战争扩张，很大程度在于掳掠人口，而这些人口的价值在于能够垦辟草莱："北部江淮地区的土地大多早已开发，人口稠密，经济文化发达，生产技术先进；但东方的浙南和长江以南的广大地区……西南黔、滇一带则是落后的多部族、多民族分布的地区……这里原始森林茂密，绝大部分土地还没有垦辟。所以楚国每灭亡北方的一个小国，便把灭国遗民从经济发达的地区迁到南方和东方经济落后地区从事开发工作……因开发江南需要，被辗转迁至湖南的被灭国遗民，有罗、郧、贰、轸、西申、杞、六、蓼、麋、庸、蒋、唐、顿诸国。"[②] 这些移民为楚国的农业经济发展做出了重大贡献。

关于楚国的粮食亩产量，文献无明确记载，但我们可以通过相关文献的综合分析、农业科技工作者的估算以及农业考古实例三者有机的结合，来探究楚国具体的粮食亩产量，以期得出较为客观的结论。农史学家认为从西周到战国，随着生产力的发展，人们使用土地的能力不断提高，农田的面积逐渐扩大到 240 平方步。[③] 战国 1 亩面积约为 0.31 市亩，1 石约等于 0.2 市石，[④] 当时东方六国一个劳动力的耕作能力大约

① 孙诒让 . 墨子间诂・卷六［M］. 清光绪三十三年刻本 .
② 程涛平 . 楚国野地居民社会形态研究［J］. 历史研究，1990（1）.
③ 李修松 . 春秋战国时期亩积的扩大——兼谈田的形制的变化［J］. 中国农史，1987（1）.
④ 钟立飞 . 战国农业发展评估［J］. 农业考古，1990（2）.

为28.57亩，即11.9大亩（折合今15.525市亩）。[①] 晁福林通过对《九店楚简》的研究，指出楚国田亩“畦”的单位为“秷”（里），每1“秷”的产量估算为2市担（200斤）。[②] 贾兵强进一步推算出战国时1亩的面积大概相当于今0.067公顷，而1石重约等于60千克；并指出每“秷”1.0875—1.1625市亩，折合计算，楚国当时粮食产量为173.043—183.908市斤/市亩，合1295.323—1379.310千克/公顷。同时他又根据杨贵推测夏代粮食产量为每亩40市斤的基础数据，以及夏商周时期粮食亩产量的年平均增长率（环比增长速度）为0.77‰等，对楚国粮食产量进行测算。其数据设定以夏取公元前1850年，楚国取公元前535年（公元前847—前223年的接近中间数），又经过二次加权平均求值，结果估算为1065.386—1102.380千克/公顷。这两个数据都比较接近，应能反映出楚国粮食产量的基本情况。[③]《汉书·食货志》记载：“李悝为魏文侯作尽地力之教……今一夫狭五口，治田百亩，岁收亩一石半，为粟百五十石……”《管子·治国》亦曰：“中年亩二石，一夫为粟二百石。”贾兵强根据以上记载，为方便计算，把齐、魏容量制看作是统一的，且选取一亩产粮一石半，推算出战国时期粮食平均亩产为725.850—775.875千克/公顷。若按上述数据，楚国的粮食平均亩产超出了当时秦、齐、魏等国的粮食生产水平。[④]

在湖北江陵纪南城凤凰山167号墓中，发现了至今为止世界上最早、保存最完整的四束稻穗。考古报告指出该稻穗长芒，属于中、晚粳稻，亩产可达500斤左右。[⑤] 虽然此墓的时间大约为西汉初年，但因其距离战国晚期的年差值不超过百年，故通过对出土稻穗实物的研究，能帮助我们了解战国时代楚国稻作的发展水平。据农业专家推算，江陵出

① 中国农业遗产研究室．中国农学史·上册，转引自贾兵强．楚国粮食产量测算［J］．安徽农业科学，2012（12）．

② 晁福林．《九店楚简》补释——小议战国时期楚国田亩制度［J］．中原文物，2002（5）．

③④ 贾兵强．楚国粮食产量测算［J］．安徽农业科学，2012（12）．

⑤ 凤凰山一六七号汉墓发掘整理小组．江陵凤凰山一六七号汉墓发掘简报［J］．文物，1976（10）．

土的稻穗每千粒重 28—32 克，与现代该地区一般中稻的穗长、千粒重及生育期不相上下。[①] 这一发现也有力地证明，楚地稻作农业技术已具有相当高的水准。

二、贷金与籴种

先秦时期，为了应对自然和社会等因素带来的风险，各国已开始建立农业信贷制度。《左传・僖公九年》记载齐桓公在葵丘之会上与诸侯盟誓，其"五命"之一即为："无遏籴。"这说明在东周时，邻国如有凶荒，各诸侯国在道义上都不得闭籴，以保证粮食的救济和自由流通，已成为一种共识。即使是敌对国也不例外，如《越绝书・请籴内传》就记载了当时越国"以请籴于吴"[②] 的故事。

向邻国告籴只能是特殊情形下的偶然为之，决不可成为一种依赖或习惯，这是治国的原则之一。鲁庄公二十八年，鲁麦、禾无收，仍然大兴土木，执政臧孙辰以"鬯圭与玉磬如齐告籴"[③]，遭到孔子的严厉批评。庄公已经在位二十八年，却连一年的粮食积蓄都拿不出来，可见国家危亡切近。所以孔子提出："君子之为国也，必有三年之委。"[④] 如果有一年收成不好，就需要向邻国请籴，这是没有履行好执政者的应有职责，因为国家的粮食应该至少保证有三年的储蓄。历史经验更是证明，粮食生产的保障权决不能依赖他人，《管子・轻重戊》中就记载了齐人通过对楚人籴粮以进行战略控制的事："……桓公即为百里之城，使人之楚买生鹿。楚生鹿当一而八万。管子即令桓公与民通轻重，藏谷什之六。令左司马伯公将白徒而铸钱于庄山。令中大夫王邑载钱二千万，求生鹿于楚。楚王闻之，告其相曰：'彼金钱，人之所重也，国之所以

① 游修龄．西汉古稻小析［J］．农业考古，1981（2）；贾兵强．楚国农业科技与社会发展研究［M］．北京：科学出版社，2012：155.

② 战争时，各国也会相互支援。如《谷梁传・定公五年》记楚昭王时蔡为楚所围，诸侯归粟于蔡。春秋谷梁传注疏・卷十九［M］．清嘉庆二十年南昌府学重刊宋本十三经注疏本．

③ 国语［M］．上海：上海古籍出版社，1978.

④ 春秋公羊传注疏・卷九［M］．清嘉庆二十年南昌府学重刊宋本十三经注疏本．

存，明王之所以赏有功。禽兽者，群害也，明王之所弃逐也。今齐以其重宝贵买吾群害，则是楚之福也。天且以齐私楚也。子告吾民，急求生鹿，以尽齐之宝’。楚民即释其耕农而田鹿。管子告楚之贾人曰：‘子为我至生鹿二十，赐子金百斤。什至而金千斤也。则是楚不赋于民而财用足也。’楚之男子居外，女子居涂，隰朋教民藏粟五倍。楚以生鹿藏钱五倍。管子曰：‘楚可下矣。’公曰：‘奈何？’管子对曰：‘楚钱五倍，其君且自得而修谷。钱五倍，是楚强也。’桓公曰：‘诺。’因令人闭关，不与楚通使。楚王果自得而修谷。谷不可三月而得也，楚籴四百，齐因令人载粟处芊之南，楚人降齐者十分之四。三年而楚服。”管仲图谋通过囤积谷粟、滥发钱币和炒作虚高的鹿价，来破坏楚人的正常农业生产和市场交易，从而达到“载粟处芊之南”，最终使楚人屈服。虽然这则故事略显离奇，但也从某一个侧面反映了农业安全对于国家的重要性。至于《左传·文公十六年》所记：“楚大饥。戎伐其西南，至于阜山，师于大林……于是申、息之北门不启，楚人徙谋于阪高”的教训，更是成为楚人的切肤之痛。

司马迁在《史记·货殖列传》中曾引用古老的谚语“百里不贩樵，千里不贩籴”告诫大家，与其在国家粮食匮乏时至别国求籴，不如国家建立起完善的农业经济保障制度。我们在《周礼》中可以看到，东周各国已存在由官方发起并出资成立的经济调控机构。这些机构提供短期借贷，服务于民众的生产和生活，也可以配合国家特定的政治经济活动和意图，开展信用活动。如《周礼·泉府》所记：“泉府……货之滞于民用者，以其贾买之，物楬而书之，以待不时而买者。买者各从其抵，都鄙从其主，国人郊人从其有司，然后予之。凡赊者，祭祀无过旬日，丧纪无过三月。凡民之贷者，与其有司辨而授之，以国服为之息。凡国事之财用取具焉，岁终，则会其出入而纳其余。”“泉”指钱，“府”指国库。“泉府”算得上是一种小型政策性银行，为民众提供赊欠与贷款，其中赊欠只对祭祀和丧葬困难这两种情况开放。根据“凡民之贷者，与其有司辨而授之”的规定，当时无论是赊欠还是贷款，“泉府”必须根据各地方官经过调查提供的包括需要借贷的具体因由、审核数据、估算金额等内容的详细申请报告，才准许借贷。只有这样，才能确保借贷的款项是专款专用——用于生产，而不是用于扩大消费。这项制度的设定，一方面有助于防止资本势力的崛起，以私贷谋取私人利益；另一方面则可以在不损害政府收入的前提下减少民众的生产风险。

东周时代还存在直接农业救济的制度，如《周礼・旅师》中记载："掌聚野之耡粟、屋粟、间粟而用之，以质剂致民，平颁其兴积，施其惠，散其利，而均其政令。凡用粟，春颁而秋敛之。"[①] 所谓"春颁而秋敛之"，是指一种恤贫之法。对此，孟子说得最详细："春省耕而补不足，秋省敛而助不给。"[②] 即春季施贷不足的种子、耕牛等，待民众秋收后，再以新谷纳交还官。秋季减少谷物税收，助其力不给。这应属春秋时的史实。《左传・襄公九年》的记载亦可为证："晋侯归，谋所以息民。魏绛请施舍，输积聚以贷。自公以下，苟有积者，尽出之。国无滞积，亦无困人，公无禁利，亦无贪民……行之期年，国乃有节。三驾而楚不能与争。"当时通过魏绛的施贷方法，晋国得到了休养生息，在度过风险以后，晋国在晋楚争霸中曾一度取得优势地位。

其实，早期的施贷并无生利的目的，主要是为了确保农业生产安全，保障社会的稳定发展，《左传・襄公二十九年》记载："郑子展卒，子皮即位。于是郑饥，而未及麦。民病。子皮以子展之命饩国人粟，户一钟，是以得郑国之民……宋司城子罕闻之，曰：'邻于善，民之望也'。宋亦饥，请于平公，出公粟以贷；使大夫皆贷。司城氏贷而不书，为大夫之无者贷。宋无饥人。"这不同于《管子・治国》中所记战国时某些统治者以出贷盘剥民众："凡农者，月不足而岁有余者也。而上征暴急无时，则民倍贷以给上之征矣。耕耨者有时，而泽不必足，则民倍贷以取庸矣。"《周礼》《左传》等记述的制度与相关史实，多属诸侯国

① 周礼注疏・卷第十六［M］. 嘉庆二十年南昌府学重刊宋本十三经注疏本.
② 孟子・卷二［M］. 四部丛刊景宋大字本.

所设机构或其主政者直接出贷的情况（也包括一些贵族和官员的自发行为），而出贷的物资既可以是成熟的粮食，也可以是优质粮食种子。

至于这些相关的制度在东周各国是否落实、施行的具体方式和实施效果又有何差异、春秋和战国不同时期又有何变化等情况，长期以来因为传世文献相关记录的缺乏，我们均不得详知。而有关楚国的情况，有准确记载的只有楚昭王八年“出仓之粟，以振饥者”[①]之事，这显然属于出贷成熟粮食。幸运的是，在今湖北荆门包山2号楚墓即战国时楚国左尹卲佗的墓葬中，出土了一组关于“贷金粊种”的竹简，[②]这是目前我国发现最早有关粊种振贷的直接记载，今天能够看到的这组竹简约有17枚（简103—简119），是非常珍贵的历史材料。简文表明楚国在农业生产困难时，“粊种”政策是通过在越异贷黄金，然后再以粊种施贷的方式实现的，与传世文献记载的多数直接施贷有所差异。越异，在包山简46、52、55均有记载，似为当时楚国官府所设的一种府库；[③]而在简文中同时提到的“采金”，可能就是税金。[④]

这组简文大体上可分为两个部分：第一部分是从简103至简114，主要内容为某官员在某时某地为另一地计划贷金的数量和用途；第二部分从简115至简119，主要内容记载了某时某地的某官为某地实际贷到黄金的数量。这两部分记载所涉地域和官员官职、姓名以及所贷黄金数量等内容基本能够一一对照，相互吻合。现按竹简顺序可列表对照如下：

① 贾谊．新书·卷七［M］．四部丛刊景明正德十年吉藩本．
② 陈伟．楚地出土战国简册（十四种）［M］．北京：经济科学出版社2009：2.
③ 陈伟．楚地出土战国简册（十四种）［M］．北京：经济科学出版社2009：49. 另外，晏昌贵认为越异是“丽”的急读，指为丽水，似可进一步斟酌。见晏昌贵．包山楚简“越异”小考［A］．楚简楚文化与先秦历史文化国际学术研讨会论文集［C］．武汉：湖北教育出版社，2013.
④ 夏渌．读包山楚简偶记“受贿”“国帑”“茅门有败”等字词新义［J］．江汉考古，1993（2）．

<table>
<tr><th>原编号</th><th>第一部分</th><th>原编号</th><th>第二部分</th></tr>
<tr><td>103</td><td>大司马昭阳败晋师于襄陵之岁。享月</td><td rowspan="2">115</td><td rowspan="2">大司马昭阳败晋师于襄陵之岁。夏□之月庚午之日。令尹子士、大师子带命䔀陵公重为鄗间貣越异之采金一百益三益四两</td></tr>
<tr><td>104</td><td>子司马以王命命䔀陵公重、宜阳司马强貣越异之黄金，以貣鄗间以籴种……</td></tr>
<tr><td>105</td><td>蓼莫敖步、左司马医……为蓼貣越异之黄金七益以籴种……</td><td>116
上半部分</td><td>蓼莫敖步、左司马医为蓼貣越异之金七益</td></tr>
<tr><td>106</td><td>郘陵攻尹产……为郘陵貣越异之黄金七益以籴种</td><td>116
下半部分</td><td>郘陵攻尹产……为郘陵貣越异之黄金三刖益</td></tr>
<tr><td>107</td><td>羕陵攻尹司、与乔黄尹鷉为羕陵貣越异之黄金三十益二益以籴种……</td><td>117
上半部分</td><td>羕陵攻尹司、乔尹鷉为羕陵貣越异之黄金三十益二益</td></tr>
<tr><td>108</td><td>株阳莫敖吕寿君……为株阳貣越异之黄金七益以籴种</td><td>117
下半部分</td><td>株阳莫敖寿君……为株阳貣越异之金五益</td></tr>
<tr><td>109</td><td>夷阳司马寅……为夷阳貣越异之黄金七益以籴种……</td><td>118
上半部分</td><td>夷阳司马寅……为夷阳貣越异之金七益</td></tr>
<tr><td>110</td><td>鄗连敖竞将、攻尹鎰……为鄗貣越异之黄金七益以籴种</td><td>118
下半部分</td><td>鄗连敖竞将、攻尹余鎰为鄗貣越异之金六益</td></tr>
<tr><td>111</td><td>正阳莫敖……为正阳貣越异之黄金十益一益四两以籴种……</td><td>119
上半部分</td><td>正阳司马……为正阳貣越异之金十益一益四两</td></tr>
<tr><td>112</td><td>阳陵连敖……为阳陵貣越异之黄金四益以籴种</td><td>119
下半部分</td><td>阳陵司马……为正阳貣越异之金十益一益四两</td></tr>
<tr><td>113</td><td>新都莫敖……为新都貣越异之黄金五益一籴种</td><td></td><td></td></tr>
<tr><td>114</td><td>州莫敖……为州貣越异之黄金七益以籴种</td><td></td><td></td></tr>
</table>

资料来源：后德俊．“籴种”考［J］．中国农史，1995（4）．

简文中记载的第一笔贷金和籴种时间在“大司马昭阳败晋师于襄陵之岁”。根据史实的推算，可能是楚怀王七年（公元前 322 年）楚历七月六日。[①] 后德俊根据简文研究推算出其他 10 笔计划用于籴种的贷款，已贷到的时间应在楚怀王七年（公元前 322 年）楚历六月至七月六日之

① 湖北省荆沙铁路考古队．包山楚墓［M］．北京：文物出版社，1991：24-25.

间；而其他 8 笔实际用于籴种的贷款已完贷的时间也应在楚怀王七年（公元前 322 年）楚历七月六日或稍后。简文涉及贷金业务的地点有 11 个，按先后顺序为：鄗间、蓼、郎陵、羕陵、株阳、夷阳、鄗、正阳、阳陵、新都、州，大部分分布在淮河流域和汉水流域的今豫中南及皖北和鄂西北地区。有学者推测出其中部分地点，可供参考：①

鄗间——今河南荥阳县西北一带。②
蓼——今河南固始县或固始与安徽霍邱县之间。
郎陵——或在今河南永城县西，或在今湖北随州市西北。③
羕陵——今河南沈丘县与安徽界首县之间。
株阳——其地不详，待考。
夷阳——今湖北襄阳市的宜城、南漳、襄州一带。
鄗——今河南禹县一带。④
正阳——今河南正阳县北。⑤
阳陵——今安徽淮北之地。⑥
新都——今河南新野县东。
州——今河南沁阳县境内。⑦

第一笔贷款见于简 103、104 所记："大司马昭阳败晋师于襄陵之

① 黄德馨 . 楚爰金研究［M］. 北京：光明日报出版社，1991：76. 后德俊 . "籴种"考［J］. 中国农史，1995（4）.
② 其他学者也有不同看法，如李零认为是包括许多楚县在内的地区名，今淮水和淮水支流一带；刘信芳认为是楚王陵管理区；李学勤认为应读为"郊间"，指农民。见陈伟 . 楚地出土战国简册（十四种）［M］. 北京：经济科学出版社，2009：49.
③ 见颜世铉说，同上，第 50 页。
④ 其他学者也有不同看法，如何琳仪认为在今河南南阳北；蔡运章认为在今安徽和县西三十里；黄锡全认为在河南永城县南；颜世铉认为可能在河南新蔡西北。同上。
⑤ 见徐少华说。又，刘彬徽认为在今湖南常德、长沙附近。同上，第 51 页。
⑥ 另外，徐少华以为在今河南确山西南。同上，第 51 页。
⑦ 沁阳在黄河之北，远离楚地，疑非简文所指。颜世铉引杨伯峻说，以为在今湖北监利县东之州陵城。同上，第 51 页。

岁。享月，子司马以王命命蘘陵公重、宜阳司马强貣越异之黄金，以貣鄗间以糴种……”大意为蘘陵公重、宜阳司马强通过子司马受楚王命向越异借贷黄金，然后用于鄗间糴粮。通过与相关的简 115 对照，蘘陵公又按照令尹和太师的命令从越异贷出一百镒二镒四两。黄锡全曾指出：“根据长沙出土的一套十枚完整砝码，重八两，契刻‘间益’的一枚正好是半斤，按这套砝码，一铢折重 0.69 克，一两为 15.5 克，一镒为 251.3 克。”[①] 那么这条简所记的黄金一百镒二镒四两约为 25758.25 克，接近今天的 52 斤。其他 9 笔贷款（包括未贷到的 2 笔在内）都是由各地官员如莫敖、连敖、司马、攻尹等人计划并具体办理的。而仅一个多月时间里，涉及糴种的金额竟高达 180 镒，约合今 90 多斤黄金。这不可不谓是一笔很大的数目。

包山简所见楚国“贷金糴种”制度，彰显出楚人的智慧。有学者指出：“楚王、令尹重视的糴种，其实是由国家贷款在相当于现今农历六月收购即将新收获的一年期水稻良种。当时的选种的情形，恐怕和江陵纪南城附近的凤凰山 167 号西汉早期墓中出土的四束稻穗实物（品种纯正，颗粒饱满）类似，都是收割水稻时，作为种子的稻穗单独收割、收藏，然后进行培育推广。”[②]

简文中贷金糴种后，还有赛金、不赛金两种情况。提到赛金的有 1 例，是指应当归还出贷机构黄金，可能有息。提到不赛金的有 10 例，是指可不归还出贷机构黄金。从传世文献《周礼》所记以及贷金简所反映的内容看，要保持这项措施的持续实施，绝对不可能让政府一直亏本，或许某种情况下至少是需要偿还本金的。但在这份记录中绝大多数不需要偿还本金，说明有可能贷金的性质是以直接救济为主，这体现出楚国执政者不以利为利而以义为利的亲民思想。

在包山楚简出现以前，学界都认为北宋王安石实施的青苗法是仿效

① 陈伟 . 楚地出土战国简册（十四种）［M］. 北京：经济科学出版社，2009：50.

② 后德俊 .“糴种”考［J］. 中国农史，1995（4）.

《周礼》，较为系统地实践了农业贷金活动。青苗法是在收获季之前，农民以青苗作抵押向政府借贷现金（也贷给市民），民众交税时偿还谷物折合所贷的金额，在粮价居高时允许兑换。政府贷出和民众还贷都用现金，年利率达 20%。同时，青苗法带有国家强制措施，地方官员以利为利，甚至强行摊派。这实际上是为国家敛财，而不是出于救济，所以青苗法以失败告终。现在看来，楚国建立起来的有效贷金管理机制，既遵循了《周礼》的设计原则，又灵活地根据实际情况进行操作。其主要目的不是出于为国家放债获利，而是为稳定社会经济。其措施能对粮食风险进行预防和规避，筛选良种，以保证农业生产稳定发展。

三、农业经济作物

楚国土地肥美，农业经济作物种类繁多，其中农作物的品种丰富。在《楚辞·大招》中记载了当时的几种主要农作物："五谷六仞，设菰粱只。"楚人所说五谷主要指稻、稷、麦、豆、麻，还有粱米和菰米。《楚辞·招魂》曰"稻粢穱麦，挐黄粱些"注云："《本草》所谓稻米者，今之稉米耳……《本草》云稷，即穄也。今楚人谓之稷。穱，音捉，稻处种麦也……黄粱出蜀、汉，商浙间亦种之，香美逾于诸粱，号为竹根黄。"我们得知楚人说的稻，是指软糯米。稷为穄，是一种不太黏的黍。粱，是黄粱，味道香美。从中可以看出楚国有稻麦混种的情况，作物的品质也很高。而最后提到的菰米，是一种生长在水泽边的天然禾本科菰属植物的果实。菰在古籍中也被称作雕胡（胡与菰音同，常为鸟所啄食故名雕胡）。游修龄指出秋天菰米成熟时正是北雁南飞到长江流域一带湖泊沼泽沮洳越冬的时候，这时菰米正好成了南雁的膳食，故称雁膳。[①] 他进而简要介绍说："菰的嫩茎基部如果被一种叫菰黑粉菌的真菌感染后，将刺激茎部生长，不再结果实，膨大成为可以食用的蔬菜茭白，有的地方叫茭瓜或茭笋。世界上一共有三种菰，两种产于美洲，一

① 《管子·地员》篇："弘土之次曰五殖……其种雁膳，黑实"。见《管子》卷第十九；又游修龄．农史研究文集［M］．北京：中国农业出版社，1999.

种产于东亚。菰米营养丰富，其蛋白质含量达到15%以上，远超过稻米和粟米。我国由于历史上围湖垦田以及宋代后种植茭白的专门化，天然菰虽然尚未灭绝，但已难见到了。现在美洲仍然生长的野生菰株高2—3米，花序散穗状，籽实瘦长，果皮黑色，淀粉白色，有些像燕麦。”[①] 幸好，我们还可以通过观察美洲印第安人收获菰米的习俗，想见楚人当时采集、加工菰米的过程。当地印第安人在秋天菰结实时，划着独木舟去采集菰米。因菰米的成熟期不一致，成熟了又容易掉落，所以通常是分两三次进行收获，事前先把处于乳熟期的几个菰穗捆扎成把。到成熟期好收获时，由两个妇女共乘坐一条独木舟，携带用树皮做的圆袋子，驶进水道里，一个人把穗头弯下来，另一个人用木棒轻轻敲打穗把，让菰米掉入袋里，或者直接掉进独木舟里。当船头装满时，便调转船头，再装船尾，装好满满一船才回住地，交由男子负责菰实的加工。方法是先把穗头在太阳下晒干或用火烘干，再在地面挖一个坑，将装满菰实的树皮袋放进坑里，用脚踩蹈，使之脱粒。然后拿出来，利用风力将颖壳、枝梗等和米粒分开，把干净的米粒贮藏在袋里，随时取出，炒焦了食用。[②] 楚人当初采集、加工菰米的步骤想必也大致如此，不过在制作食物的方法上有所区别。与美洲的印第安人不同，楚人不是将菰米炒焦食用，而是与稻米一起煮饭，或者与稻米、粟米掺和煮粥食用。宋玉在《讽赋》中说："为臣炊雕胡之饭，烹露葵之羹，来劝臣食。”可见菰米饭芳香且柔滑。另外，除了以上六种粮食，在丹阳附近毛坪楚墓中还发现有小米[③]。

《庄子·逍遥游》说“适莽苍者三餐而反，腹犹果然；适百里者宿舂粮；适千里者三月聚粮”，说明粮食是出行的必备之物。《韩非子·外储上》记载有令尹孙叔敖食“粝饼”[④]一事，可见楚国在主食的加工、保存技术上已有相当经验。楚人对主食的加工方法灵活多样，《楚

①② 游修龄．野菰的误称与雕胡的失落［J］．植物杂志，2001（6）．

③ 淅川县博物馆，南阳地区文物队．淅川县毛坪楚墓发掘简报［J］．中原文物，1982（1）．

④ “孙叔敖相楚，栈车牝马，粝饼菜羹，枯鱼之膳，冬羔裘，夏葛衣，面有饥色，则良大夫也，其俭偪下”。见韩非子·卷十二［M］．四部丛刊景清景宋钞校本．

辞·离骚》记载："怀椒糈而要之""精琼靡以为粻"，意思是严格选料、精致制作。又《方言》中记载楚语："飺、飵，食也。陈楚之内相谒而食麦饘谓之飺，楚曰飵。凡陈楚之郊、南楚之外相谒而飧。或曰飵，或曰鲇"。[①]"麦饘"，楚语名"飵"，就是将麦煮得糜烂，作为陈楚境内的人招待客人的主食。"飧"，是泡水饭，在低温时候会结成板块的粥样，需要用刀划开分食，这是当时陈楚之郊、南楚之外人们待客的主食。

楚国的经济作物也很多，其中最具特色者有茅，也称苞茅。茅是一种高秆且具粗壮的长根状茎的禾本科植物，主要作为铺垫物（席子之类）或建筑、包装材料，其中特具芳香气味和品质较高的还可以用于缩酒。楚宣王时"有烧仓廥窌者，而不知其人，昭奚恤令吏执贩茅者而问之，果烧也"。[②]粮仓常常铺垫茅草以防止潮湿。我们推测，当时应该出现了采集、加工、贩卖茅的一条龙产业。

楚人在自己的居住地周围应该还有一些菜圃和果园以种植蔬菜和水果。楚公子弃疾（即楚平王）曾与郑国约定互相"禁刍牧采樵，不入田，不樵树，不采蓺"。[③]其中"不樵树"就是不伐树以为樵，"不采蓺"即不采所种之果蔬。又《庄子·天地》中记载子贡南游楚国，在汉阴见"一丈人方将为圃畦"。而据《韩诗外传·卷十》记载，差不多同一时期，"楚有士曰申鸣，治园以养父母"。可见，当时楚国果树、蔬菜种植面积已经相当大。其实到战国之世，楚国已出现果蔬的商业化种植，以供应大城市新兴贵族消费，《史记·货殖列传》中有大量实例，如"蜀、汉、江南千树橘……千畦姜韭"等等。考古发现证明，尽管楚墓中出土的许多食物成熟期并不相同，但出土时仍然可以观察到入葬时属于新鲜的果实。[④]如果联想到早在春秋时，孔子即主张"果食不时，不粥（鬻）

① 扬雄 . 輶轩使者绝代语释别国方言·第二［M］. 四部丛刊景宋本 .
② 韩非子·卷十，四部丛刊景清景宋钞校本 .
③ 杨伯峻 . 春秋左传注·卷第四十三［M］. 北京：中华书局，1990.
④ 林奇 . 楚墓中出土的植物果实小议［J］. 江汉考古，1988（2）.

于市”[①]，《楚辞·招魂》记载楚国有“冬有突夏”之类的暖室，而且此前人们已经掌握蓄火密闭提高温度养蚕的技术，以及西汉初皇室已普遍食用反季节蔬果，如《汉书·循吏传》记载：“太官园种冬生葱韭菜茹，覆以屋庑，昼夜然蕴火，待温气乃生。”凡此种种迹象表明，可能在东周时代楚人已掌握了温室种植技术，可以生产反季节蔬果以供应奢靡的上层社会消费。

江汉地区楚郢都附近农业经济作物出土信息表

时间	地点	农作物品种	资料来源
战国中期	望山1号楚墓	小茴香、樱桃、梅的果核、竹器	《文物》1966年第5期
战国中期	望山2号楚墓	枣、葱、芸豆、李、南瓜子、樱桃、梅的果核、板栗、生姜、小茴香等	《文物》1966年第5期
战国中期	太晖观50号楚墓	花椒籽小半箱、麻织物、芦席、竹器	《文物》1977年第1期
东周	雨台山楚墓	麻线、麻鞋、竹器	《文物》1980年第5期
战国时期	纪南城龙桥河II段水井	桃核、稻草鞋、竹井圈、竹器	《文物》1980年第10期
春秋晚期至战国中期	纪南城南垣水门	桃核、杏核、李核、瓜子、菱角、莲叶、棕绳、麻鞋、竹子	《楚都纪南城考古资料汇编》1980年
战国早、中期	纪南城30号台基	竹子	《楚都纪南城考古资料汇编》1980年
战国时期	纪南城龙桥河I段138号水井	桃核	《楚都纪南城考古资料汇编》1980年
战国时期	纪南城余家湾水井	竹子	《楚都纪南城考古资料汇编》1980年
战国时期	纪南城陈家台	炭化稻米	《考古学报》1982年第4期
东周	纪南城龙桥河西段水井	竹子、芦苇	《考古学报》1982年第4期
东周	溪峨山3号楚墓	植物种子（小茴香）	《考古》1984年第6期

① 孔子家语·卷七［M］. 四部丛刊景明翻宋本. 而《礼记·王制》引作：“五谷不时，果实未熟，不粥于市。”不按季节生产，即可能未完全成熟就食用，为周礼制度之不许。因为未成熟食用即是奢侈，又对身体不利。

续表

时间	地点	农作物品种	资料来源
战国中期	马山1号楚墓	粮食类食品、茅草、花椒籽、麻鞋、竹器等	《江陵马山1号楚墓》1985年
东周	秦家咀楚墓	桃核、李核、花椒、莲蓬等植物果核	《江汉考古》1988年第2期
战国中期	纪南城包山楚墓	蜂蜜、葱、菹、苽、梅、凫茈、芰、梨、枸、板栗、菱角、生姜、枣、柿核、荸荠、藕、杏、梨、花椒等，笋叶袋、草席	《包山楚墓》1991年、《楚地出土战国简册（十四种）》

资料来源：贾兵强 . 楚国农业科技与社会发展研究［M］. 北京：科学出版社，2012：147. 作者又根据考古发掘报告中相关资料予以补充 .

除上表中所示郢都附近的材料，其他地区如随州曾侯乙墓曾出土了杏、山茶、苍耳；大冶铜绿山出土有藤篓和葫芦瓢；① 信阳长台观1号墓出土了大量花椒、杏核、松塔、柿核、栗子，2号墓出土了枣核、葫芦籽、花椒、栗子、梅核；江陵雨台山楚墓出土有菱角、莲子等。②

考古遗存发现多属偶然，未必能全面展示楚人的农业经济作物及食物，故需要以文献资料互证。为此，现将《国语·楚语》《山海经》《庄子·内篇》及其他部分早期文献中提到的与楚地相关的农业经济作物统计如下（种类重复者不计）：

传世文献所见与楚地相关的农业经济作物信息表

农作物、经济作物或可食用植物	相关解释	文献记载	出处
芰	即菱角	屈到嗜芰，有疾，召其宗老而属之，曰：祭我必以芰	《国语·楚语》
蒭	以草养殖（牛、羊等）为刍，以谷养殖（犬、豕、鸡等）为豢	王曰：刍豢几何？对曰：远不过三月，近不过浃日	《国语·楚语》

① 杨权喜 . 楚文化［M］. 北京：文物出版社，2000：216.

② 林奇 . 楚墓中出土的植物果实小议［J］. 江汉考古，1988（2）.

续表

农作物、经济作物或可食用植物	相关解释	文献记载	出处
粻	《说文》：熬米麦也。又干饭屑也	成王闻子文之朝不及夕也，于是乎每朝设脯一束、粻一筐，以羞子文	《国语·楚语》
杼、檀	毕沅指为今湖北房县西南二百里马寨山	荆山之首，曰景山……其木多杼檀	《山海经·中山八经》
橘、櫾（柚）	毕沅指为今湖北南漳县西	东北百里，曰荆山……其木多松柏，其草多竹，多橘櫾	《山海经·中山八经》
桃	地在睢水、漳水合流后沿线，位于今沮漳河下游湖北省荆州市荆州区西	又东北百五十里，曰骄山……其木多松柏，多桃枝钩端	《山海经·中山八经》
茅	菅之不滑泽有毛者，可缩酒，又以为藉[①]	昭奚恤令吏执贩茅者而问之，果烧也	《韩非子·内储说下》
秕、糠	谷不熟为秕，谷皮为糠	是其尘垢秕糠	《庄子·逍遥游》
菌	生长于幽暗朽木上，可食用的菌类	朝菌不知晦朔。蒸成菌	《庄子·逍遥游》《庄子·齐物论》
椿	香椿树，香椿营养丰富，并具有食疗作用，主治外感风寒、风湿痹痛、胃痛、痢疾等	上古有大椿者	《庄子·逍遥游》
瓠	一年生草本植物，茎蔓生，夏天开白花，果实长圆形，嫩时可食，老熟可做盛器	惠子谓庄子曰：魏王贻我大瓠之种，我树之成而实五石，以盛水浆，其坚不能自举也。剖之以为瓢，则瓠落无所容	《庄子·逍遥游》
樗	臭椿，树皮灰色至灰黑色。叶可饲椿蚕（天蚕）；树皮、根皮、果实均可入药，有清热利湿、收敛止痢等效；种子含油 35%	惠子谓庄子曰：吾有大树，人谓之樗	《庄子·逍遥游》

① 朱骏声．说文通训定声·孚部第六［M］．清道光二十八年刻本．

续表

农作物、经济作物或可食用植物	相关解释	文献记载	出处
竹	多年生禾本科竹亚科植物，茎为木质。竹笋（芽、嫩茎）食用鲜美，叶、根、实均可入药，成熟后可用制作器具、乐器、建筑等	子游曰：地籁则众窍是已，人籁则比竹是已	《庄子·齐物论》
芧、栎	橡实，或称栎子。麻栎的种子，含淀粉50.4%，脂肪油5%—20%，叶含鞣质。《周礼·职方氏》："山林宜皂物，柞、栗之属。"其嫩叶可煎饮代茶	狙公赋芧，曰：朝三而莫四／匠石之齐，至乎曲辕，见栎社树	《庄子·齐物论》《庄子·人间世》
蓬、艾	可作野菜。如茼蒿、艾蒿等	舜曰：夫三子者，犹存乎蓬艾之间	《庄子·齐物论》
梧	梧桐树，落叶乔木。鲜梧桐子可直接食用，味美。可榨油食用。梧桐叶、花、根、种子均可入药	惠子之据梧也	《庄子·齐物论》
柤、梨、橘、柚	瓜果泛称，木实曰果，草实曰蓏	夫柤、梨、橘、柚、果蓏之属，实熟则剥，剥则辱，大枝折，小枝泄	《庄子·人间世》
精	用筛子拣选过的精米	鼓荚播精，足以食十人	《庄子·人间世》
粟	《尔雅·释草》注：秫谓黏粟，与谷相似，米黏。北人用之酿酒，其茎秆似禾而粗大	上与病者粟，则受三钟与十束薪	《庄子·人间世》
桂	《说文》：桂，江南木，百药之长。《神农本草经》中记载：味辛，温。无毒，主百病，养精神，和颜色，为诸药先聘通使。久服轻身不老，面生光华，媚好常如童子	桂可食，故伐之	《庄子·人间世》
漆	籽可榨油，木材坚实，为天然涂料、油料和木材兼用树种	漆可用，故割之	《庄子·人间世》

续表

农作物、经济作物或可食用植物	相关解释	文献记载	出处
松、柏	松，松科松属植物统称，常绿针叶乔木。松子仁、松花、松节、松香均可药食两用。柏树子，亦可食用，能榨油	受命于地，唯松柏独也在，冬夏青青	《庄子·德充符》
蒲	多年生草本植物，生池沼中。根茎可食。叶长而尖，可编席，夏天开黄色花，蒲黄（花粉）可入药	啮缺因跃而大喜，行以告蒲衣子	《庄子·应帝王》
芹	《说文》：楚葵也。《埤雅》：芹，洁白而有节，其气芬芳	云梦之芹	《吕氏春秋·本味》
菜	即蔬菜	楚文王伐邓，使王子革王子灵共捃菜	《说苑·至公》
萍实	未知	楚昭王渡江，有物大如斗，直触王舟，止于舟中；昭王大怪之，使聘问孔子。孔子曰：此名萍实	《说苑·辨物》
姜、桂	生姜、肉桂	宋玉因其友见楚襄王……友曰：夫姜桂因地而生，不因地而辛	《韩诗外传》
瓜	蔓生植物所结的球形或椭圆形子实，有蔬瓜、果瓜	梁之边亭，与楚之边亭，皆种瓜，各有数	《新序·杂事四》
菹	生冷腌制的酸菜	楚惠王食寒菹而得蛭，因遂吞之，腹有疾而不能食	《新书·春秋》《新序·杂事四》
菽	大豆	士卒并分菽粒而食之	《列女传·母仪》

将考古发现与传世文献相互印证，不难发现春秋战国时楚地农业经济作物品类之丰，它从一个侧面反映了楚国农业生产的发展水平。

四、农业与天文历法

楚人的先祖很早就掌握了天文历法方面的某些知识。司马迁曾论及“南正重司天”和“火正黎司地”之职事演变历史：“少皞氏之衰也，九黎乱德，民神杂扰，不可放物，祸菑荐至，莫尽其气。颛顼受之，乃命南正重司天以属神，命火正黎司地以属民，使复旧常，无相侵渎。其后三苗服九黎之德，故二官咸废所职，而闰余乖次，孟陬殄灭，摄提无纪，历数失序。尧复遂重黎之后，不忘旧者，使复典之，而立羲和之官。明时正度，则阴阳调，风雨节，茂气至，民无夭疫。年耆禅舜，申戒文祖，云‘天之历数在尔躬’。舜亦以命禹。由是观之，王者所重也。”①又：“……重黎为帝喾高辛居火正，甚有功，能光融天下，帝喾命曰祝融。共工氏作乱，帝喾使重黎诛之而不尽。帝乃以庚寅日诛重黎，而以其弟吴回为重黎后，复居火正，为祝融。吴回生陆终。陆终生子六人……六曰季连，芈姓，楚其后也。”②根据上述文献记载，我们知道少皞氏末年“九黎乱德，民神杂扰，不可放物”，人们使用的历法与祭典都混乱不堪，直到后来帝颛顼拨乱反正，重新设定了南正重（观测星宿的南中天以纪时）、火正黎（观测大火星方位以纪时）两个官职，分别司天（或以观测星占为主）和司地（或以指导农事为主），这一时期的天文历法官似乎还不是帝颛顼的后代。等到了帝喾高辛氏时代，作为帝颛顼之后的重黎（《左传·昭公》少昊之后有重氏，与此异）被任命为火正，号称祝融。其后人或称陆终，均为一时之官名，职在天文，长时间传承世系。③虽然中间遭遇共工之乱，但此世系不绝。不过，在帝喾之后某一任陆终（祝融）其六个儿子当时可能并没有继承到世职，

① 史记·卷二十六［M］.北京：中华书局，1959.

② 史记·卷四十［M］.北京：中华书局，1959.

③ 廖海庭：“竈，《说文》：炊竈也。周礼《月令》曰：孟夏祀竈。《淮南子·时则训》曰：孟夏之月，其祀竈。高诱注：祝融、吴回，为高辛氏火正，死为火神，托祀于竈。是月火旺，故祀竈。”竈从鼀声，从宍声。宍孳乳陆字。音六。竈、陆一声耳。陆即为火神。《左传·昭公十八年》：郑灾，禳火于回禄。回禄即吴回与陆终。祝融、陆终亦一声之转。”见廖海廷.转语［M］.广西：广西人民出版社，1991.

虽然仍传承天文历法知识，但不再以官为氏，均被直接赐姓，其中芈姓季连就是楚人的直系祖先。

有学者指出，早在五帝时代中国就建立起了以赤道体系为准的天文学。要在天球上建立赤道坐标系，首先就是寻找北极（赤极），连接北极与天穹方向指向正南北方向，就是子午向（实际通过晷影在地平面上确定正南北方向，再引上天空，建立天球子午圈）。天球上的天极围绕黄极每25800年旋转一周，当北极运行到与某颗恒星相重合或极其靠近某颗恒星时，人们就把这颗星叫做所处时代的北极星。大约公元前2750年，这颗北极星为紫薇垣右枢星。正是这个重大发现，促进了独特的、具有赤道体系特征的重黎氏天文学的创立。①《诗经·绸缪》记载“绸缪束刍，三星在隅”，即夜半时心宿三星出现在东南隅的地平线上。心宿三星中间的心宿二就是著名的大火星，为火正重黎主要观测对象，也是上古时代用来观象授时的标准星。而《诗经·七月》记载的“七月流火，九月授衣”，就是指农历七月时，大火星初昏时开始从南中天向西南方向下沉，天气开始变冷，到九月就应该授衣以御寒了。诗中对三星和大火星的描述，很大程度上反映了重黎氏火历的成就。②“尧复育重黎之后不忘旧者，使复典教之”，说明唐尧时代的羲和之官就是重黎氏之后。重黎氏后代羲和之官除了观测中星，还负责晷影测量，以求季节时令，制定历法。今山东莒县陵阳河遗址出土大汶口文化灰陶尊，其上的火日图案圆圈为太阳，日下为火纹，火纹下表示五峰山，整个图像表示太阳带火出（入）山谷之意。有学者认为这种图案可能反映的是羲和在春分日、秋分日举行“出日”“纳日”典礼。而要确定二分日，只能通过观测日影，这项工作最初由火正来完成。③

司马迁在《史记·太史公自序》中说：“唐虞之际，绍重黎之后，使复典之，至于夏商，故重黎氏世序天地……其在周，程伯休甫其后

① 武家璧．观象授时——楚国的天文历法［M］．武汉：湖北教育出版社，2001：16–17.

②③ 武家璧．观象授时——楚国的天文历法［M］．武汉：湖北教育出版社，2001：12.

也。当周宣王时，失其守而为司马氏。”[①]可见帝喾末年到唐尧之初，似乎这个世职出现断裂，直到尧末舜初时，才又重新接续，乃至后来的夏朝和商朝，重黎氏仍世掌历数，最后在周宣王时代失去官守。对此，《史记·天官书》有具体记载，“昔之传天数者……有夏，昆吾；殷商，巫咸”。其中昆吾氏是楚人的先祖，[②]可见唐虞之际的羲和官正是祝融后代昆吾氏，继承和发展了重黎氏天文学。而另一传天数者巫咸同样与楚有着不解之缘，这一点往往被人们所忽略，有必要详加论述。

巫咸最初在上古为官名，[③]三代以前就以官传世。传说神农时代就设定了巫咸之官主筮。[④]巫咸之官的职能还包括主医药[⑤]，主医药的巫咸官有可能来自南方，后代曾以“鸿术”（疑帝鸿术，即黄帝医学）为尧医疗，并以祝由术闻名于世。[⑥]孔子就曾说过：“南人有言曰：‘人而无恒，不可以作巫医。’”[⑦]《论衡·言毒》更是直接指出：“故楚、越之人促急捷疾，与人谈言，口唾射人，则人脤胎，肿而为创……巫咸能以祝延人之疾、愈人之祸者，生于江南，含烈气也。”[⑧]周策纵进一步推测医官巫咸为针（鍼）医之祖。[⑨]这与《黄帝内经·异法方宜论篇》的记载相符：“南方者，天地之所长养，阳之所盛处也。其地下，水土弱，

① 史记·卷一百三十［M］. 北京：中华书局，1959.

② 《史记·楚世家》：“陆终生子六人，坼剖而产焉。其长一曰昆吾……昆吾氏，夏之时尝为侯伯，桀之时汤灭之。”

③ 《吕氏春秋·勿躬》：“……巫咸作筮，此二十官者，圣人之所以治天下也。圣王不能二十官之事，然而使二十官尽其巧、毕其能，圣王在上故也。”见《吕氏春秋》第十七卷。

④ “巫咸、巫阳主筮”。见罗泌 . 路史·卷十二［M］. 清文渊阁四库全书本 .

⑤ 郭璞记载：“盖巫咸者，实以鸿术为帝尧医。”张溥 . 汉魏六朝一百三家集·卷五十六［M］. 清文渊阁四库全书本 .

⑥ 《韩非子·说林下》：“故谚曰巫咸虽善祝，不能自拔也。”见《韩非子》卷八。

⑦ 论语注疏·卷第十三［M］. 清嘉庆二十年南昌府学重刊宋本十三经注疏本 . 又郭店楚简《缁衣》篇引为“子曰：宋人有言曰：‘人而无恒，不可以为卜筮也。’”见陈伟 . 楚地出土战国简册（十四种）［M］. 北京：经济科学出版社，2009.

⑧ 论衡·卷第二十三［M］. 四部丛刊景通津草堂本 .

⑨ 详见周策纵 . 古巫医与“六诗”考——中国浪漫文学探源［M］. 台北：联经出版事业公司，1986.

雾露之所聚也。其民嗜酸而食胕，故其民皆致理而赤色，其病挛痺，其治宜微针。故九针者，亦从南方来。”[①] 南方正是用针医疗的发明地，与巫咸来自南方的传说若合符契。这个“南方”究竟在何处呢？从《诗经·殷武》“维女荆楚，居国南乡”，到周人的“南土”观念来看，三代所称的南方都应该在汉水流域中下游一带。近年清华简《楚居》中记载一位医者“晋戋”，有人隶定为“巫咸”二字，[②] 看来商末时，楚地的医官命名为巫咸也不无可能。其实《山海经·大荒西经》所记“从此升降，百药爰在”的灵山十巫传说和《山海经·海外西经》“在登葆山，群巫所从上下也”的记载，都是相同史迹的反映。[③] 证据就在曾居于汉代建平郡（郡治今巫山）的郭璞《巫咸山赋序》所写：“盖巫咸者，实以鸿术为帝尧医。生为上公，死为贵神。岂封斯山而因以名之乎。”可见，至少尧时神医巫咸死后，已经成为人格之神。但需要特别说明的是，在三代以前巫咸官不仅是筮官、医官，且早就与南方的天文历法有密切的关系了。探究巫咸形象的生成与演变，对于了解楚国的天文历法和农业的关系有着十分重要的意义。

《山海经》《淮南子》都有关于巫咸国、巫咸、巫山的记载，后世《水经注·涑水》还有貌似坐实的地点，如“谷口岭上，有巫咸祠”[④]（《太平寰宇记》记在巫咸山下）。为叙述方便，且将上述文献中有关

---

① 王冰．重广补注黄帝内经素问·卷第四［M］．四部丛刊景明翻宋本．

② 复旦大学出土文献与古文字研究中心研究生读书会．清华简《楚居》研读札记［J/OL］．复旦大学出土文献与古文字研究中心网站论文，2011-01-05.

③《大荒西经》云：“大荒之中，有灵山，巫咸、巫即、巫朌、巫彭、巫姑、巫真、巫礼、巫抵、巫谢、巫罗十巫，从此升降，百药爰在。”见《山海经》，四部丛刊景明成化本庚寅刊本。如有论巫咸所在“登葆山”之“葆”即相风器，如后世风向仪，见刘宗迪．太阳神话、《山海经》与上古历法——《山海经》研究之三［J］．民族艺术，2002（4）．实际上李淳风记载的“葆”是用于风角占术的工具，与此相关的“羽葆”乃是仪仗用品，都不是科学意义上的气象观测。另外，这种风角占术成熟于战国之后，主要用于宫室内以及战阵上，并不能用于山区。见李淳风《观象玩占》引《黄帝占》云：“凡风之动，皆不安之象，若在山川海滨，空穴之间，风所出处，皆不可占之，以为常式。若在宫宅城营之内，战阵之所，风势异常，扬沙走石，日光昏浊，则必占之。”见李淳风：《观象玩占》卷四十三，明钞本。

④“谷口岭上，有巫咸祠”。见郦道元．水经注·卷六［M］．清武英殿聚珍版丛书本．

巫咸的记述胪列如次：

《山海经·海外西经》：巫咸国在女丑北，右手操青蛇，左手操赤蛇，在登葆山，群巫所从上下也。并封在巫咸东，其状如彘，前后皆有首，黑。

《山海经·大荒西经》：大荒之中有山，名曰丰沮玉门，日月所入。有灵山，巫咸、巫即、巫肦、巫彭、巫姑、巫真、巫礼、巫抵、巫谢、巫罗十巫，从此升降，百药爰在……有兽，左右有首，名曰屏蓬。有巫山者，有壑山者，有金门之山。

《山海经·大荒南经》：有巫山者，西有黄鸟，帝药八斋。黄鸟于巫山，司此玄蛇。

《淮南子·坠形训》：巫咸在其北方，立登保之山。

《水经注·涑水》：涑水西南迳监盐县故城，城南有盐池，上承盐水。水出东南薄山，西北流迳巫咸山北……

《海外西经》：巫咸国在女丑北，右手操青蛇，左手操赤蛇，在登葆山，群巫所从上下也。

《大荒西经》：大荒之中有灵山，巫咸、巫即、巫肦、巫彭、巫姑、巫真、巫礼、巫抵、巫谢、巫罗十巫，从此升降，百药爰在。郭景纯曰：言群巫上下灵山，采药往来也。盖神巫所游，故山得其名矣。谷口岭上，有巫咸祠。其水又迳安邑故城南，又西流注于盐池。

这些文献的来源几乎都能追溯到《山海经·海外经》与《山海经·大荒经》，尤其是《淮南子·坠形训》所记，应是直接本之《海外西经》，但“在其北方”的“其”已无考。先秦所言“海”并非指海水，所谓“海者，晦也。地险，言其去中国险远，禀政教昏昧也”[①]，即中原以外的蛮荒之地均可称海（晦）。《水经注·涑水》中提到巫咸，完全

① 毛诗注疏·卷第十［M］. 清嘉庆二十年南昌府学重刊宋本十三经注疏本.

是因为涑水流经一座传说的巫咸山，于是郦道元联系《山海经》所言进行猜测，而郝懿行已辨其非。[①] 咸，《说文》：“从口从戌”，甲骨文写作，金文写作，均像人持兵器战斗。而这个巫咸山所在的安邑夏县，正是传说黄帝时巫咸之官随军征伐之处。当时巫咸官的占筮结果对战胜号称炎帝的蚩尤有功，于是蚩尤的原封域内地点、河流也以巫咸为名，[②] 其实是反映了大规模战争的血流漂橹。[③] 虽然《太平御览》引《外国图》说：“昔殷帝太戊使巫咸祷于山河，巫咸居此，是为咸氏，去南海万千里。”[④] 把当地巫咸传说追溯到商代，但当地的咸氏也有可能是春秋晋国减氏之后，亦冒其名。[⑤] 显然这些记述均未超出地理范畴。

清人陈逢衡慧眼独具，在《山海经多记日月行次》一文中曾敏锐地指出《海外经》和《大荒经》的内容绝非简单的地理记载，而是与天文历法相关，《大荒经》东经和西经各有七座日月所出之山和日月所入之山。[⑥] 为便于论述，现将《大荒东经》和《大荒西经》的相关记载悉引如次。

> 东海之外，大荒之中有山，名曰大言，日月所出。
> 大荒之中有山，名曰合虚，日月所出。
> 大荒中有山，名曰明星，日月所出。
> 大荒之中有山，名曰孽摇頵羝……汤谷上有扶木，一日方至，

① 郝懿行 . 山海经笺疏 · 第七［M］. 清嘉庆十四年阮氏琅嬛仙馆刻本 .
② 《太平御览》引《归藏》：“昔黄神与炎神争斗涿鹿之野，将战，筮于巫咸，曰：‘果哉而有咎。’”见《太平御览》卷七十九，四部丛刊三编景宋本。王家台出土秦简《归藏》中也有相关记载。又《路史》曰：王冰黄帝经序云其血化为卤。蚩尤之封域有塩池之利，故绛之塩也。……方百二十里，卤色正赤，故俗呼解池为蚩尤血。其中有一甘泉得之卤乃成，泉北一水曰巫咸河，其水入泽则卤不复结。见罗泌 . 路史 · 卷十三［M］. 清文渊阁四库全书本。
③ 有学者认为杀戮造成的血液味道与盐卤相关，晋南正是三代以前重要的产盐地区。见阿波 . 上古巫咸国考析——中国盐文化探源［J］. 盐业史研究，1991（1）.
④ 李昉 . 太平御览 · 卷第七百九十四［M］. 四部丛刊三编景宋本 .
⑤ 颜师古《急就章》注云：“减氏之先为晋公族大夫，骊姬之难，晋废公族。因谓其人为减氏。减者，省也。汉有减宣。”见《急就篇》，四部丛刊续编景明钞本。
⑥ 陈逢衡 . 山海经汇说 · 卷二［M］. 道光二十五年刻本 .

一日方出，皆载于乌。

大荒之中有山，名曰猗天苏门，日月所生。

东荒之中有山，名曰壑明俊疾，日月所出。

——引自《大荒东经》

西海之外，大荒之中，有方山者，上有青树，名曰柜格之松，日月所出入也。[①]

大荒之中有山，名曰丰沮玉门，日月所入。

大荒之中，有龙山，日月所入。

大荒之中有山，名曰日月山，天枢也。吴姖天门，日月所入。

大荒之中有山，名曰鏖鏊钜，日月所入者。

大荒之中有山，名曰常阳之山，日月所入。

大荒之中有山，名曰大荒之山，日月所入。

——引自《大荒西经》

上述记载，吕子方认为应是一套古老的山区观测历法，他说："上面记载了日月出入的山，大荒东、西经各七条，并谈到东极和西极。我认为，远古农人，每天观察太阳出入何处，用来定季节以便农耕的资料，这是历法的前身。"他继而进一步分析说："远古时代的人，只知道日出而作，日入而息，把太阳的出入当作生活作息的标准。多山地带的人，自然就以山为日月出入的表尺。他们一天之间看见太阳从某山出来，从某山下去。一段时间，他们觉得白昼的时间慢慢儿长了或短了，天气就慢慢儿热起来或冷了，或者不冷不热，或极冷极热。如此这般，积长时间的观察体验，就用来定季节的早晚，排定耕作的日程，这是生产和生活的需要，是很自然的事。"最后，他直接将上述文献记载与远古农业历法联系起来："从社会发展来说，这是由狩猎时代进而到农业定居时代的产物，故我以为是历法的前身，是远古的人用以定季节的资

① "出"字疑系衍文。

料。”① 吕子方的分析极有见地，为论证巫咸与楚地农业及天文历法的关系提供了重要信息。

《海外经》所引“巫咸”的内容与《大荒经》极其相似，这类文献中包含了先民观测天文和一些传说的风俗故事。有学者指出：“诸如《大荒经》那种望山观日的原始天文学只能通行于一个地域狭仄的部落社会，与之相应，在这样一个蕞尔小邦中，既不必也无缘形成一种宏大的地理观和地理学，有的只能是一种描述家园江山的地方风土志，《大荒经》所呈现的就是这样一种地方性地理景观。”② 那么，《山海经》中呈现的巫咸是何人，其狭仄地区又可能会在何处呢？我们发现，在《山海经·大荒西经》中几乎是密集描绘了以颛顼族属为中心的人物和故事，同时更有大量与楚文化相关的内容。为议论方便，特选取部分摘录如下：

> 有国名曰淑士，颛顼之子。
>
> 有榣山。其上有人，号曰太子长琴。颛项生老童，老童生祝融，祝融生太子长琴。是处榣山，始作乐风。有五彩鸟三名，一曰皇鸟，一曰鸾鸟，一曰凤鸟。
>
> 有灵山，巫咸、巫即、巫肦、巫彭、巫姑、巫真、巫礼、巫抵、巫谢、巫罗十巫，从此升降，百药爰在。
>
> 大荒之中，有龙山，日月所入。有三泽水，名曰三淖，昆吾之所食也。
>
> 颛顼生老童，老童生重及黎。帝令重献上天，令黎邛下地。下地是生噎，处于西极，以行日月星辰之行次。
>
> 有池，名孟翼之攻颛顼之池。
>
> 有人，名曰吴回，奇左，是无右臂。
>
> 有人焉，三面，是颛顼之子，三面一臂，三面之人不死，是谓

① 吕子方．中国科学技术史论文集·下册［M］．成都：四川科学技术出版社，1984：28.
② 刘宗迪．失落的天书——《山海经》与古代华夏世界观［M］．北京：商务印书馆，2006：371.

大荒之野。

（夏后）开上三嫔于天，得《九辩》与《九歌》以下……开焉得始歌《九招》。

有鱼偏枯，名曰鱼妇。颛顼死即复苏。

蛇乃化为鱼，是为鱼妇。颛顼死即复苏。

我们知道，《山海经·大荒西经》中许多奇幻的描绘，是人们对古代故事和风俗生动而夸张的描写。但如此具有相关性的密集描写，尽管显得非常杂糅，却仍然很难使人不去联想巫咸与颛顼等楚人先祖之间的关系。吕子方也以为："这些是远古由一个部族传入其他部族而被接受了的资料，应该说接受的部族当时还没有如此完整的东西，因而才予以记载并流传下来。"①

我们认为，要探索巫咸的来龙去脉，绕不开其早期居地。关于巫的早期居所，罗泌指出其实际地点之巫咸国就在西南的巫县："巫咸国，故巫县，今夔之巫山，汉巫咸，隋曰巫山。"②这地方也是西周时熊挚夔国所在地，汉代名巫咸山。楚人号巫为灵子，巫咸活动的灵山，其实就是巫山。我们还可以通过《水经注·江水》来加深了解："其间首尾百六十里，谓之巫峡。盖因山为名也。自三峡七百里中，两岸连山，略无阙处。重岩叠嶂，隐天蔽日。自非停午夜分，不见曦月……春冬之时，则素湍绿潭，回清倒影。绝巘多生怪柏，悬泉瀑布，飞漱其间。清荣峻茂，良多趣味。每至晴初霜旦，林寒涧肃。常有高猿长啸，属引凄异，空谷传响，哀转久绝。"值得注意的是，在这里，郦道元认为巫峡源于巫山。再看他写空泠峡："江水自建平至东界峡，盛弘之谓之空泠峡。峡甚高峻……其间远望，势交岭表。有五六峰参差互出，上有奇石如二人像，攘袂相对……江水历峡，东迳宜昌县之插灶下，江之左岸，绝岸壁立数百丈，飞鸟所不能栖。有一火烬，插在崖间，望见可长

① 吕子方 . 中国科学技术史论文集 · 下册［M］. 成都：四川科学技术出版社，1984：28.

② 罗泌 . 路史 · 卷二十九［M］. 清文渊阁四库全书本 .

数尺。父老传言，昔洪水之时，人薄舟崖侧，以余烬插之岩侧，至今犹存。故先后相承，谓之插灶也……人滩水至嵚峭，南岸有青石，夏没冬出，其石嵚崟，数十步中悉作人面形，或大或小，其分明者，须发皆具，因名曰人滩也。”与巫峡和空泠峡相比，西陵峡别有一番景致：“又东迳西陵峡。《宜都记》曰：自黄牛滩东入西陵界，至峡口百许里。山水纡曲，而两岸高山重障，非日中夜半，不见日月。绝壁或千许丈，其石彩色，形容多所像类，林木高茂，略尽冬春，猿鸣至清，山谷传响，泠泠不绝。所谓三峡，此其一也。山松言，常闻峡中水疾，书记及口传，悉以临惧相戒。曾无称有山水之美也。及余来践跻此境，既至欣然，始信耳闻之不如亲见矣。其叠崿秀峰，奇构异形，固难以辞叙。林木萧森，离离蔚蔚。乃在霞气之表，仰瞩俯映，弥习弥佳，流连信宿，不觉忘返，目所履历，未尝有也。既自欣得此奇观，山水有灵，亦当惊知己于千古矣。”[①] 在郦道元的笔下，三峡的自然风景令人心漾神摇。绝壁之高不容飞鸟，叠嶂重岩又树影扶疏，营造出一种萧森幽奇，又卓诡神秘的氛围。尤其是在正午和月夜，一丝丝光线从树隙和岩缝中婆娑漏下，而原本湿漉漉的世界突然从黝黑深碧中蒸腾出五光十色来。想必各种动物也开始了一天的活动，生活在这里的人们在性灵上也得到天真的释放。三峡这种奇特的环境很容易使人联想到“登葆山”，《山海经·海外西经》记录巫咸“在登葆山，[②] 群巫所从上下也”，与《大荒经》所记“从此升降，百药爰在”语义相关。“登葆”之“登”即是“五谷丰登”之“登”，取成熟义。葆应是“葆旅”之“葆”，晋灼曰：“葆，菜也。禾野生曰旅，今之饥民采旅也。”[③] 在上古，药食不分，登葆之山就是可供药食的植物资源丰厚的地方。巫山、三峡地区的动植物资源（利于医药发展）显然十分富足。《山海经·海内西经》所记：“开明东有巫

① 郦道元．水经注·卷三十四［M］．清武英殿聚珍版丛书本．

② 登葆在《淮南子·坠形训》中被记作登保。另外，在《山海经·大荒南经》中也有一座“登备之山”与此相关。

③ 见《史记·天官书》“小三星隅置，曰觜觿，为虎首，主葆旅事”条下《集解》引晋灼注。

彭、巫抵、巫阳、巫履（礼）、巫凡（盼）、巫相（谢），夹窫窳之尸，皆操不死之药以距之”，正是巫山境内人们开展医术活动的反映。另外，《山海经·中次九经》中记录的“葛山”大概在秭归、兴山、宜昌夷陵区交界处，[①]“其上多赤金，其下多瑊石”，瑊石，或许也有医用价值。不得不提的是，司马迁在《五帝本纪》中非常清楚的指明黄帝、颛顼与西陵的关系：“黄帝居于轩辕之丘，而娶于西陵之女，是为嫘祖为黄帝正妃，生二子，其后皆有天下……其二曰昌意，降居若水。昌意娶蜀山氏女，曰昌仆，生高阳，高阳有圣德焉。黄帝崩，葬桥山。其孙昌意之子高阳立，是为帝颛顼也。”[②]江水和若水都在今天的长江中上游，偏西南方。因为黄帝时代，中原与西南就有十分密切的联系。难怪颛顼发端于西南，虽然后来成为天下共主，但其后代也有可能留在南方继续生活。楚人屈原即自序家世“帝高阳之苗裔兮”。

需要说明的是，《大荒经》反映的天文观测法还相当简陋，尽管从技术水平上看，要早于距今约6500年前的河南濮阳西水坡M45蚌塑龙虎所反映的以北斗为中心的天文学体系，而西水坡墓葬反映当时已经可以认识了二分二至了。[③]当然，技术的发明与传播接受并不一定具有同步性，尤其在上古时代。不过能肯定的是，《大荒经》中所反映的山地观测历法是极其原始的资料，非常难得地被保存下来，有助于我们对巫咸的认识。

商代太戊时期有一位巫咸，与楚文化也有莫大的干系，曾替太戊禳桑榖之灾。史书记载殷商中宗太戊七年（说本《竹书纪年》）：“亳有祥桑、榖共生于朝，一暮大拱。”[④]亳都朝堂之上生长了桑树与榖树（楮树），并且一夜之间暴长（或如《尚书大传》等文献记载七日间）粗至双手合抱之状。这绝非神话，《南方草木状》也有类似记载：

---

① 刘不朽．三峡探奥之四十一《山海经》与三峡：试释《山海经》中有关三峡古地理之记载［J］．中国三峡建设，2004（2）．

② 史记·卷一［M］．北京：中华书局，1959.

③ 冯时．一位伟大的司天者［J］．濮阳教育学院学报，2001（4）．

④ 史记·卷三［M］．北京：中华书局，1959.

> 枫人，五岭之间多枫木，岁久则生瘤瘿，一夕遇暴雷骤雨，其树赘暗长三五尺，谓之枫人。越巫取之作术，有通神之验。取之不以法，则能化去。①

枫木遇暴雷骤雨，树赘暗长。桑树和穀树“一暮大拱”，其实也是树上的瘿瘤暴长。这种情况多是由于其根部受到病菌侵害或创伤后，形成大量愈伤组织，以致变成瘿瘤。这说明太戊时，气候的变化剧烈。当时巫咸治王家，②《尚书》《竹书纪年》均有详细记载。③其具体措施不外乎以星占敦促太戊修德明政教、代替太戊行祭祀山川以及用历法知识指导农业活动等。《史记·封禅书》记载：“伊陟赞巫咸，巫咸之兴自此始。”《礼记·祭法》云：“夫圣王之制祭祀也：法施于民则祀之，以死勤事则祀之，以劳定国则祀之，能御大菑则祀之，能捍大患则祀之。”④这位太戊时期懂得天文历法的巫咸死后，成为人格神“古神巫”作为人们纪念的偶像。宋代在陕西凤翔出土有秦人的《诅楚文》，曾针对楚人祀丕显大神巫咸，可见《封禅书》所记非虚。屈原在《离骚》中曾描述接应巫咸之神时，“巫咸将夕降兮，怀椒糈而要之”之盛况，并拟引巫咸之言：“曰：勉升降以上下兮，求矩矱之所同。汤禹严而求合兮，挚咎繇而能调。苟中情其好修兮，又何必用夫行媒。”从这些关于政教的议论看，知屈原所记之巫咸实为一政治人物。崔述就曾指出：“余按巫者氏也，其先世或尝为巫祝之官，或其采邑在巫。子孙因以为氏，皆未可知。要之，咸乃商之大臣，安社稷者，非巫也。”⑤

---

① 嵇含．南方草木状·卷中［M］．宋百川学海本．

② 近代以来，罗振玉先生首言甲骨卜辞中“咸戊”就是巫咸，影响颇大。不过最近有学者指出甲骨卜辞中所记并非为经典中记载的巫咸。见熊立章．从武丁时代的一版多子卜辞说“咸戊”并非“巫咸”［J/OL］．复旦大学出土文献与古文字研究中心网站论文，2009-02-13.

③ 《尚书·君奭》：“在太戊，时则有若伊陟、臣扈，格于上帝；巫咸乂王家。”又《竹书纪年》太戊条下：“十一年，命巫咸祷于山川。”

④ 礼记正义·卷第四十六［M］．北京：北京大学出版社，1999.

⑤ 崔述．考信录·卷二［M］．陈履和递刻本．

有关“彭”的解释，历代有分歧。或系古人征引文献有误，不然不会出现同一人持两种说法的现象。如《论语》：“窃比老彭”注中，《经典释文》引郑玄注云“彭，彭祖”，但《礼记疏》《文选注》也引郑玄注云：“彭，彭咸也。”屈原还数次提到过“彭咸”，如《楚辞》中的“虽不周于今之人兮，愿依彭咸之遗则”“既莫足与为美政兮，吾将从彭咸之所居”“独茕茕而南行兮，思彭咸之故也”等。从这些辞句中，可以看出屈原对“彭咸”十分仰慕，甚至表示要“从彭咸之所居”“思彭咸之故”。屈原还有一篇《卜居》，其情感基调和内心意愿与《离骚》中“欲从灵氛之吉占兮”相仿，意即要再次召巫咸之神帮助决疑自己的前途，从这点来看“彭咸”中的咸也就是巫咸。[①]对此，王闿运曾一语中的：“彭，老彭。咸，巫咸。殷臣传道德者，盖先居夔、巫。芈熊受其道，居其地。彭在酉秀之间，巫山在夔，皆楚旧都，故原屡称焉。”[②]他进一步发挥说：“《礼记》《祀典》祠出云雨之山。天子秩之，诸侯望焉。巫山自夏氏孟涂已来，传祀帝女瑶姬，未知何代帝也。有楚贞臣屈平，始亟言巫咸。其弟子宋玉乃赋。巫山，山之名，盖巫咸所典祀。殷人重巫，周人贵易。《记》曰：示不敢专以尊天也。巫、易于后世当谏官谋议之职，天子有事必进断焉，非复禳祝奉祠之流。楚之先为文王师，与隗同祖。隗即夔也。芈熊盖传巫咸之德言，故文王受业焉。”真正祀巫咸的地点正是巫山，我们以为这个解释是甚为通达的。湖北随州擂鼓墩2号墓出土的青铜编钟中，有四件的隧部纹饰为浮雕的一人双手操蛇图像，[③]正是被祭祀的巫咸神像。司马迁既然称“至于夏商，故重黎氏世序天地”，那么商代精通天文历法的巫咸也就自然是重黎氏之后，巫咸与楚文化关系之密切可见一斑。

顾炎武《日知录·卷二十五》就曾以“巫咸”在古代的各种传说为例，指出：“古之圣人或上而为君，或下而为相，其知周乎万物而道济

① 廖平．知圣篇·卷下［M］．清光绪刻本．

② 王闿运．楚词释·卷一［M］．清光绪刻本．

③ 湖北省博物馆，随州市博物馆．湖北随州擂鼓墩二号墓发掘简报［J］．文物，1985（1）．

天下，固非后人之所能测也。而传者猥以一节概之。……古贤之既为后人所假托者多矣。”这或许正是王官之学流落民间的写照，作为王官之学的许多职业下移民间后，某些杰出人物人格被神化，或成为行业之神得到纪念。《史记》指明在商代仍然是重黎氏世掌天数，那么在商王宫中的巫咸传重黎氏天数就理所当然了。

文献中也有说巫咸出于吴地的，如《越绝书·外传记吴地传》记载巫咸出于虞山，唐代张守节《史记正义》声称殷臣巫咸家（家为冢字之误）在苏州常熟县西海隅山上；又陆广微《吴地记》称有“殷臣申公巫咸”葬于平门东北三里，[①] 而宋代范成大《（绍定）吴郡志》记作“平门，一名巫门。巫咸所葬，巫平字画相近”，又说“巫臣，即申公巫臣也。《郡国志》云在匠门西南，亦曰巫门”[②]；《太平寰宇记》所引《郡国志》[③] 还有更早的叙述。[④] 另外，还有的记载认为娄县（娄门）也有巫咸故事，只是前人已驳其误。[⑤] 以上这些记叙虽十分芜杂，但只要抓住几个关键地点予以分析，就不难明辨。

首先，虞山与海隅山异名而同地，对此〔宝祐〕《重修琴川志》言之甚明：“虞山在县西北一里，一名海隅山，高一百六十丈，周回四十六里六十步。《山海经》注云：吴之乌目山也。陆澄《吴地记》云：本吴之虞乡，孙权置虞农都尉，于晋太康二年改为海嵎，孙以其东临沧海故也……若夫山之为名，《括地志》则曰海禺，《吴郡志》则曰海虞，

① 陆广微．吴地记［M］．清文渊阁四库全书本．

② 范成大．（绍定）吴郡志·卷第三［M］．择是居丛书景宋刻本．

③ 以上诸书所引《郡国志》已亡佚不可考，唯史源能够追溯到《太平寰宇记》那条记载有可能是《元和郡国志》。见高桥稔，葛蓬天．《元和郡国志》研究［J］．中国历史地理论丛，1988，（1）．

④ 《太平寰宇记·江南东道》吴县条下：“匠门……又《郡国志》云：申公巫臣，冢亦在西南。”见乐史．太平寰宇记·卷九十一江南东道三［M］．清文渊阁四库全书补配古逸丛书景宋本．

⑤ 《郡国志》载娄县山下有巫咸故宅。止言娄县，而不言何山。按娄县诸山今隶本县者止马鞍山。无巫咸故宅之迹，他如崑山之类分隶华亭者，恐故宅在其下，然考《云间志》亦不载此。不知志郡国者何所据而云。此《郡国志》未知何时撰。见谢公应．（咸淳）玉峰续志［M］．清宣统汇刻太仓旧志五种本．

《续志》则曰海巫，《祥符图经》则曰海禺，为名不一。”[①]其次，唐人所说苏州常熟县就是古吴县。《舆地广记》记载：“吴县本曰句吴……隋曰苏州，唐因之。常熟县本汉吴县地，分置海虞县属吴郡。梁分置南沙、常熟二县。隋平陈徙常熟于南沙，而省海虞入焉，属苏州，唐因之。”[②]同时，阖闾吴城的匠门和娄门都在城之东，齐门和平门（巫门）并在城之北。[③]而虞山巫咸传说（齐门）和申公巫臣冢（平门，一曰巫门）均在城北，且有记载称城东也有申公巫臣冢（匠门）和巫咸故事传说（娄门）。至此可见，《越绝书》《史记正义》《吴地记》《吴郡志》以及所引《郡国志》所记巫咸事均在较为相近的空间中，似与其他遗迹传说没有混淆之嫌。

《吴越春秋》多记吴地事，记载虞山时绝不提巫咸事，却只提虞山知名的齐景公女之冢：“齐子使女为质于吴，吴王因为太子波聘齐女。女少，思齐，日夜号泣，因乃为病。阖闾乃起北门，名曰望齐门，令女往游其上。女思不止，病日益甚，乃至殂落。女曰：‘令死者有知，必葬我于虞山之巅，以望齐国’。阖闾伤之，正如其言，乃葬虞山之巅。”[④]《越绝书·外传记吴地传》最早记载“虞山者，巫咸所出也”，并不是因为当地有巫咸的历史遗迹，而是因为“虞，故神出奇怪”，可见其附会。更不用说《外传记吴地传》系晚至东汉时才由人散辑各种材料而成，已不是《越绝》原书的内容。[⑤]在上古，“虞”是疑纽鱼部字、“巫”是明纽鱼部字，不唯韵同，连发声方式都是收浊。人读“虞”音近“巫”，心理投射虞山就是巫山，这也是后来方志有“吴县下有巫咸山”[⑥]记载的缘故。难怪民国时当地人对虞山进行实地考察，认为齐景

① 孙应时.（宝祐）重修琴川志·卷四［M］.清道光景元钞本.

② 欧阳忞.舆地广记·卷二十二［M］.士礼居丛书景宋本.

③ 许鸣磐.方舆考证·卷四十五［M］.清济宁潘氏华鉴阁本.

④ 赵晔.吴越春秋·阖闾内传第四［M］.明古今逸史本。又《越绝书》中记载相近，“齐女思其国死，葬虞西山”。

⑤ 晁岳佩.也谈《越绝书》的作者及成书年代［M］//经史散论.济南：山东大学出版社，2007：170.

⑥ 王象之.舆地纪胜·卷第五［M］.清影宋钞本.

公女之墓存在几个疑似地点待考，但要坐实巫咸冢所在位置则毫无线索。[①]

其实，吴人自有巫祝之神巫，本无须牵强说巫咸。如《外传记吴地传》也记载："近门外，楄溪椟中连乡大丘者，吴故神巫所葬也，去县十五里。""巫楄城者，阖庐所置诸侯远客离城也，去县十五里。"至于申公巫臣，《左传》记为屈巫字子灵，本楚国之臣，后叛逃至晋。又在吴王寿梦二年，"楚之亡大夫申公巫臣怨楚将子反而奔晋。自晋使吴，教吴用兵乘车，令其子为吴行人"[②]，其家族在吴国享受较高的待遇，"十七年，寿梦以巫臣子狐庸为相，任以国政"[③]。巫臣因为给吴人带来了先进的战术而受到重用。但史家对人物自有价值判断，所以叛国投敌的巫臣死后不为人所称道。这样一来，疑问涣然冰释：吴地关于巫咸的传说，既是申公巫臣冢、虞山大冢以及本地神巫传说（虞、巫音近相讹）杂糅后的以讹传讹，也是楚文化东渐的重要见证。宋明以来吴地人非常热切地对商代贤臣巫咸予以祭祀和进行相关文化宣传，从价值层面来说，完全可以理解。另外有所谓东海咸氏亦称巫咸之后，[④]而《潜夫论·志姓氏》已言此咸氏为帝舜虞妫姓之后裔，不容相混。[⑤]

至于明代传说宋代宁宗嘉定年间吴地还出土过五字八分书"商相巫咸冢"[⑥]，疑有因宋代以来金石学流行而出现的作赝邀名之嫌。幸好当

① 俞友清．齐女坟和巫咸墓的考证［J］．逸经，1936（17）．

② 史记·卷三十一［M］．北京：中华书局，1959.

③ 赵晔．吴越春秋·吴王寿梦传第二［M］．明古今逸史本．

④ 陈彭年．重修广韵·卷二［M］．四部丛刊景宋本．

⑤ "帝舜姓虞，又为姚，居妫。武王克殷，而封妫满于陈，是为胡公。陈哀氏、舀氏、咸氏、庆氏、夏氏、宗氏、来氏、仪氏、司徒氏、司城氏，皆妫姓也。"见王符．潜夫论·卷第九［M］．四部丛刊景述古堂景宋钞本．又，《元和姓纂》所记"巫咸，姬姓皋陶氏之后"应是前人抄书误引三代贤人皋陶、后稷、巫咸之名时，稷字脱误所致。见元和姓纂·卷二［M］．清文渊阁四库全书本．

⑥ 孙应时《商相巫公墓庙碑》记，传说宋代"嘉定中乡人掘地虞山西麓，名青龙山、辯山，有腹冈，得古碑八分书，刻商相巫咸冢凡五字"。无论是从碑刻形式本身，还是所谓八分书，都可以想见这是东汉以后人的附会。见钱谷．吴都文粹续集·卷十五［M］．清文渊阁四库全书补配清文津阁四库全书本．

地人钱谦益已辩之，认为根本就不存在此事："世传宋嘉定间，土人掘山西青龙冈，得古碑八分书商相巫咸冢五字。令王爚修墓立庙，孙应时为《记》。应时以庆元二年作令，至端平元年。阅十一令始及爚，记乃称前令王公。嘉定中掘地事在十三年后，安得悬记，其不足据如此。"[①]

战国以来，巫咸、甘公、石申三家论天数最为重要，司马迁当时写《史记·天官书》应该参考了巫咸关于天文历法方面的内容。黄钟骏为商臣巫咸作传时说："自古星象，巫咸《星经》始著座数，与石申、甘德并称三家。而常星（恒星）图象舍次悉备，后代言星象者咸宗之。或谓宣夜法即其所作。"[②]宣夜说是中国古代的一种宇宙学说，少有人提及。唐人孔颖达记载"宣夜，旧说云殷代之制"[③]，果如是，则"巫咸为之"[④]的可能性就很大。我们今天仅能从晋人虞喜的《安天论》略知其旨："宣，明也；夜，幽也。幽明之数，其术兼之，故云宣夜。"[⑤]《隋书·经籍志》中有《巫咸五星占》一卷，已佚。但在唐人李淳风的《观象玩占》和瞿昙悉达的《唐开元占经》中还可以看到保存的部分题为"巫咸星官"和"巫咸星占"的内容，现代天文史学家基本上认为是战国后人所撰。[⑥]有学者指出，天体被赋予了五行属性是今传巫咸星占术的标志，且已经从单纯的"占辞占"发展成一定之规的"五行占"，同时又保存了非常古老的"四象"观，如"日为朱鸟；月为玄武；房、心为青龙；参为白虎"[⑦]。尽管今天看到的有关巫咸天文历法学说的许多内容并不一定能追溯到商代，但以巫咸命名，实际上还是充分证明了巫咸这位天文历法学家的影响力。[⑧]

---

① 钱谦益 . 牧斋有学集 · 卷四十四［M］. 四部丛刊景清康熙本 .

② 黄钟骏 . 畴人传四编 · 卷一［M］. 清光绪留有余斋丛书本 .

③ 礼记正义 · 卷第十四［M］. 清嘉庆二十年南昌府学重刊宋本十三经注疏本 .

④ 金履祥 . 通鉴前编 · 卷四［M］. 清文渊阁四库全书本 .

⑤ 引自董斯张 . 广博物志［M］. 清文渊阁四库全书本 .

⑥ 潘鼐 . 中国恒星观测史［M］. 上海：学林出版社，2009.

⑦ 李勇 .《开元占经》中的巫咸占辞研究［J］. 自然科学史研究，1994（3）.

⑧ 葛洪《抱朴子》中巫咸、甘、石依旧并称。唐人徐坚《初学记》引《魏韦诞皇后亲蚕颂》："考时曰于巫咸，诏太卜以献贞"，见徐坚 . 初学记 · 卷十四［M］. 清光绪孔氏三十三万卷堂本 .

进入周代以来，楚灭古唐国，得到了一批优秀的天文学家。有学者指出，古唐国人的先祖早在夏商时代就学习和继承了重黎氏天文学。① 到战国之世，楚有著名的天文学家唐眛（或作唐蔑），应为唐人后裔。当时有还一位隐士，着鹖冠，人称鹖冠子，也是一位出色的天文历法学家。今天我们还可以在《鹖冠子·王鈇》中看到他理想中的用历制度："从本至末，第以甲乙。天始于元，地始于朔，四时始于历。故家里用提，扁长用旬，乡师用节，县啬夫用月，郡大夫用气分所至，柱国用六律。里五日报扁，扁十日报乡，乡十五日报县，县三十日报郡，郡四十五日报柱国，柱国六十日以闻天子，天子七十二日遣使，勉有功罚不如此所以与天地总。"所谓"从本至末，第以甲乙"就是指日期从春到冬，各有次第地推算。其大意为自天子至于庶人，都要尊重四时月令的规律。具体来说，里中之长官行政在提（月末零边之日）或言随时，② 扁长行政时间十日，乡师以每半个月节气为度，县啬夫用月，郡大夫用四季，柱国用六律。里长每五日上报扁长，扁长每十日报乡，乡师十五日报县，县啬夫三十日报郡，郡大夫四十五日报柱国，柱国每两个月上告天子，天子则每七十二日遣使者，对下属官员进行奖惩。这其实相当于楚人的一种理想月令模型。他又说："彼天地之以无极者，以守度量，而不可滥，日不逾辰，月宿其列，当名服事，星守弗去，弦望晦朔，终始相巡，逾年累岁，用不缦缦，此天之所柄以临斗者也。中参成位，四气为政，前张后极，左角右钺，九文循理，以省官众，小大毕举……人有分于处，处有分于地，地有分于天，天有分于时，时有分于数，数有分于度，度有分于一。"③ 鹖冠子认为，只有"以守度量，而不可滥"，才能天地长久。为此，务必"人有分于处，处有分于地，地有分于天，天有分于时，时有分于数，数有分于度，度有分于一"。具体而言，日

① 武家璧．观象授时——楚国的天文历法［M］．武汉：湖北教育出版社，2001：68.
② 按《周礼·大司马》："师帅执提"，郑司农曰：提，谓马上鼓，有曲木提持。近人有持此说者，见黄怀信．鹖冠子校注·卷中［M］．北京：中华书局，2004：189.
③ 鹖冠子·卷上［M］．四部丛刊景明翻宋本．

必定于辰与月交会；月必定止于星次，各恒星按其所居服从其事。月中分日、满月日、日月合离陟降所成之晦朔日，相互衔接，验算不忒，即使是逾累年岁也要使日历数据绝不漫灭。这样则参天地而得中，依照温热寒暑四气不同而施政。南方能观测到张星、北方能观测到极星、东方能观测到角星、西方能观测到钺星。同时鹖冠子还描述了其斗柄授时法："斗柄东指，天下皆春；斗柄南指，天下皆夏；斗柄西指，天下皆秋；斗柄北指，天下皆冬。斗柄运于上，事立于下，斗柄指一方，四塞俱成。"[①]即观测斗柄在冬至时指正北的子位，下一月又指向北偏东的丑位，以下依次转动，到冬至之月又回到重新指向正北。[②]人们以斗柄所在不同月份所指示的不同方位来命名12个月，这种纪月法叫"斗建"。我们今天看到楚人有一套独特的纪月月名，它们由九个术语月名（均与祭祀活动有关）和三个数字月名组成，即：冬夕、屈夕、援夕、刑尸、夏尸、享月、夏示、八月、九月、十月、爨月、献马，由此可以看出楚历的正月（冬夕）在冬季，是建亥。楚与秦、夏、周月名之比较见下表：

楚秦夏周月名比较表

楚历	屈夕	援夕	刑尸	夏尸	享月	夏示	八月	九月	十月	爨月	献马	冬夕
秦历	十一	十二	正	二	三	四	五	六	七	八	九	十
夏历	十一	十二	正	二	三	四	五	六	七	八	九	十
周历	一	二	三	四	五	六	七	八	九	十	十一	十二
地支	子	丑	寅	卯	辰	巳	午	未	申	酉	戌	亥
季节	冬	冬	春	春	春	夏	夏	夏	秋	秋	冬	冬

资料来源：刘信芳.战国楚历谱复原研究［J］.考古，1997（11）.

王胜利认为周正历的四时关系可以与夏尸、夏夕、冬夕三个月名中

① 鹖冠子·卷上［M］.四部丛刊景明翻宋本.

② 王胜利.试论楚国历法的创新工作［M］// 楚文化研究论集（第七集）.长沙：岳麓出版社，2007.

的“夏”“冬”时完全对应。即夏尸相当于周正夏四月，夏夕相当于周正夏六月，冬夕相当于周正冬十二月。由此看来，这些与祭祀术语有关的楚月名本应属于一种周正历法，它很可能是楚国早期尊奉周王正朔的产物。同时，王胜利通过分析《楚辞・思美人》“开春发岁兮”和《楚辞・怀沙》“滔滔孟夏兮，草木莽莽”后指出：“由于亥正历是以立冬节所在之月为正月，周正历是以冬至节所在之月为正月，两种历法都是以大气寒冷的季节作为一年的开始，这与农作物每年在天气转暖的季节开始萌发生长，到天气转凉的季节开始凋敝休眠的生长周期并不吻合。所以楚国官方在先后行用周正历和亥正历的过程中，民间却一直在使用与农作物生长周期吻合的夏正历法安排农业生产和日常生活。”① 此说可从。

《荀子・王制》有言：“春耕、夏耘、秋收、冬藏，四者不失时，故五谷不绝而百姓有余食也。”这是说明农作物的生长离不开时令和物候的规律。《逸周书》和《周髀算经》中已有完整的二十四节气记叙，而定稿于西汉初年的《淮南子》又根据历史经验和现实需要对其顺序有所调整。二十四节气的提出实际上是考虑到了农业的四个方面：首先，二分、二至、四立，对应了春耕、夏耘、秋收、冬藏的农作物种植、生长、收获以及休养的客观规律。其次，小暑、大暑、处暑、小寒、大寒等与气温关系密切，农事活动和种植作物可以根据气温的冷暖来调整。再次，雨水、谷雨、白露、寒露、霜降、小雪、大雪等与农业生产的用水有关。最后小满、芒种、惊蛰、清明等都与农事的物候关系密切，如芒种不仅表示麦类作物已经成熟，还表明是晚谷黍、粟类作物的播种时间。② 楚人当时已熟练使用二十四节气，并且有自己的月令传统，长沙子弹库出土的楚帛书中就记载了以肖形动物为标志的物候历月名。③

---

① 刘信芳．战国楚历谱复原研究［J］．考古，1997（11）．

② 俞为洁．中国食料史［M］．上海：上海古籍出版社，2011：49.

③ 刘信芳．中国最早的物候历月名楚帛书月名及神祇研究［J］．中华文史论丛，1994（53）．

楚国还有一位著名的天文历法学家甘公。《汉书·天文志》记载："六国时，楚有甘公"，唐人张守节《史记正义》引阮孝绪《七录》："（甘公）楚人，战国时作《天文星占》八卷。"虽然《史记·天官书》和《后汉书·天文志》也提到过一位齐国的甘公，但与此甘公可能并非同一人。王胜利认为长沙马王堆3号汉墓出土帛书《五星占》中不少行文用语与保存在今本《开元占经》中"甘公曰"的占文十分接近，而造成占星体系和内容相近的原因即马王堆所在地长沙本为楚国故地，故甘公应为楚人。如果甘公是齐鲁天文学家，其占星的体系应该不会与《五星占》体系如此相近。他还进一步指出，《汉书·天文志》在有关古代太岁纪年法的论述中，甘氏与石氏的二十八星宿选星绝大多数相同，而有异的几对中，除建星在天空中的位置较斗星稍微偏北几度以外，罚、狼、弧三星都较石氏系统中的东井、舆鬼、觜觿偏南，特别是狼、弧两星比东井、舆鬼两星偏南40°以上，这很可能与楚国的地理位置偏南有关。[①]《汉书·天文志》所记甘氏与石氏两套二十八星宿异同见下表：

甘氏、石氏二十八星宿比较表

甘氏	角	亢	氐	房	心	尾	箕	建星	牵牛	婺女	虚	危	营室	东壁	奎	娄	胃	毕	参	罚	狼	弧	注	张	七星	翼	轸
石氏	角	亢	氐	房	心	尾	箕	斗	牵牛	婺女	虚	危	营室	东壁	奎	娄	胃	毕	觜觿	参	东井	舆鬼	柳	土星	张	翼	轸

历代楚王都相信天文现象与现实灾异之间有十分密切的联系。楚庄王常说："灾异不见，寡人其亡。"[②]惧而思之，又喟然叹曰："天不下灾异，天其忘子乎！"[③]楚人对建筑高台的追求，未必不是考虑到方便天文的观测，如楚灵王即"作乾溪之台，五百仞之高，欲登浮云观天文"。[④]

① 王胜利．甘德系楚国天文学家证据两则［J］．中华文化论坛，1996（4）．
② 风俗通义·十卷第五［M］．明万历两京遗编本．
③ 论衡注释·卷第十四［M］．北京：中华书局，1979.
④ 陆贾．新语［M］// 艺文类聚·卷六十二引．清文渊阁四库全书本．

《上海博物藏楚竹书（四）》中有一篇编者题为《柬（简）大王泊旱》的文献，记载了楚简王时遭遇旱灾危及农业生产，从而引发一系列的问题，因此段出土文献叙述的是一个完整的事件，不宜分解，故录全文如次：

柬（简）大王泊旱，命龟尹罗贞于大夏，王自临卜。王向日而立，王汗至带。龟尹知王之炙于日而病疥，悉愈迟。釐尹知王之病，乘龟尹速卜高山深溪。王以问釐尹高："不穀瘙，甚病，骤梦高山深溪。吾所得地于莒中者，无有名山名溪欲祭于楚邦者乎？尚訬而卜之于大夏。如虞（乎），将祭之。"釐尹许诺。訬而卜之，虞（乎）。釐尹致命于君王："既訬而卜之，虞（乎）。"王曰："如虞（乎），速祭之。吾瘙，一病。"釐尹对曰："楚邦有常古，安敢杀祭？以君王之身杀祭未尝有。"

王入，以告安君与陵尹子高："向为将，为客告。"太宰迈而谓之："君皆楚邦之将军，作色而言于廷，王事可私便，人将笑君。"陵尹、釐尹皆辞其言以告太宰："君圣人且良[1]依子，将正于君。"太宰谓陵尹："君入而语仆之言于君王，君王之瘙从今日以瘥。"陵尹与釐尹："有故乎？愿闻之。"太宰言："君王元君，不以其身变釐尹之常古；釐尹为楚邦之鬼神主，不敢以君王之身变乱鬼神之常古。夫上帝鬼神高明甚，将必知之。君王之病将从今日以已。"令尹子林问于太宰子止："为人臣者亦有争乎？"太宰对曰："君王元君。君善，大夫何用争。"令尹谓太宰："唯。必三军有大事，邦家以杌陧，社稷以危与？邦家大旱，因资智于邦。"

王诺。将鼓而涉之。王梦三闰未启，王以告相徙与中舍："今夕不穀梦若此，何？"相徙中舍答："君王当以问太宰晋侯，彼圣人之子孙，将必鼓而涉之，此何？"太宰进答："此所谓之旱母，

① 疑即诸梁，亦即叶公子高，因其有功于楚，故有圣人之称。

> 帝将命之修诸侯之君不能治者，而刑之以旱。夫唯毋旱，而百姓移以去邦家，此为君者之刑。”王叫天，俯而泣，谓太宰：“一人不能治政，而百姓以绝。”侯太宰逊。返进太宰：“我何为，岁焉熟？”太宰答曰：“如君王修郢郊方若然里。君王毋敢戴盖𦋰，相徙、中舍与五连小子及宠臣皆属，毋敢执藻翣。”王许诺。修四郊。三日，王有野色，属者有暍人。三日，大雨，邦赖之。发驲跖四疆，四疆皆熟。[①]

从简文得知，当时遇到旱灾需要请龟尹罗进行贞卜，并准备选择名山大川祭祀。简王参与仪式时也是非常恭敬，即“向日而立，王汗至带”。陈伟指出：“全篇可分五章，第一章叙占卜祭祀对象时，简王欲祭莒中之山川，釐尹强烈反对。第二章太宰对釐尹表示赞同。第三章太宰指出大旱对邦家造成危害，臣下应当‘有争’。第四章太宰指出简王所梦为‘旱母’，提议‘修郢郊’。第五章记简王携宠臣‘修四郊’，迎来大雨。”[②]

上博简记载的这则史料至少反映了三个方面的问题。

首先，这是古老神道设教的传统，如“日变修德，月变省刑，星变结和”[③]。亦即荀子所谓“故君子以为文，而百姓以为神”[④]。

其次，这是人们的天文物候知识积累到了一定程度形成的共识。如《周语》中记载单襄公“聘于宋，遂假道于陈，以聘于楚”，回来时对天子说：“陈侯不有大咎，国必亡。”描述他在陈国所见，并提出批评：“夫辰角见而雨毕，天根见而水涸，本见而草木节解，驷见而陨霜，火见而清风戒寒。故先王之教曰：‘雨毕而除道，水涸而成梁，草

① 部分隶定释文参考了曹方向．上博简所见楚国故事类文献校释与研究［D］．武汉大学，2013.

② 陈伟．《简大王泊旱》新研［M］// 简帛·第二辑．上海：上海古籍出版社，2007：260.

③ 史记·卷二十七［M］．北京：中华书局，1959.

④ 荀子·卷十一［M］．北京：中华书局，1988.

木节解而备藏，陨霜而冬裘具，清风至而修城郭。’故夏令曰：‘九月除道，十月成梁。’其时儆曰：‘收而场功，待而畚梮，营室之中，土功其始，火之初见，期于司里。’此先王所以不用财贿而广施德于天下者也。”[①]“夫辰角见而雨毕，天根见而水涸，本见而草木节解，驷见而陨霜，火见而清风戒寒”，“雨毕而除道，水涸而成梁，草木节解而备藏，陨霜而冬裘具，清风至而修城郭”，以及“九月除道，十月成梁”等等，都是火历的运用，有着非常切实的根据，即大火星出现的季节和位置与人们的生产生活有密切关系。人们因此开始总结规律，按照时令进行生产、消费、分配。如楚人范蠡学于计然，传世的《范蠡计然》中说道：“故岁在金，穰；水，毁；木，饥；火，旱……六岁穰，六岁旱，十二岁一大饥。夫粜，二十病农，九十病末。末病则财不出，农病则草不辟矣。”[②]这显然认识到了自然灾害发生及其对农业生产影响的规律。

再次，也是时代使然。司马迁在《史记·天官书》中指出：“天子微，诸侯力政，五伯代兴，更为主命。自是之后，众暴寡，大并小。秦、楚、吴、越，夷狄也，为强伯。田氏篡齐，三家分晋，并为战国。争于攻取，兵革更起，城邑数屠，因以饥馑疾疫焦苦，臣主共忧患，其察禨祥候星气尤急。近世十二诸侯七国相王，言从衡者继踵，而皋、唐、甘、石因时务论其书传，故其占验凌杂米盐。”[③]东周以来社会的剧烈动荡以及社会现象的日渐复杂，促使人们去思考占验之学，并且在实践中运用。尤其战国以来，处士横议，纵横策士不能总是只凭簧舌，需要借助谈资，这也是占验学迅速发展的缘由。

今本《开元占经》中还保留了部分甘公天文占的内容。如“日无光”条：“甘氏曰：人君宰相不从四时行令，刑罚不明，大臣奸谋，离贤蔽能，则日月无光。见瑕适不改其行，其国五谷不成，六畜不生，人

① 徐元诰.国语集解·卷二［M］.北京：中华书局，2002.
② 史记·卷一百二十九［M］.北京：中华书局，1959.
③ 史记·卷二十七［M］.北京：中华书局，1959.

民上下纵横，贼盗并起。”又“月无光”条：“甘氏曰：人君宰相不从四时行令，刑罚不时，大臣奸谋，离贤蔽能，即日月无光，见瑕谪不救，其国五谷不成，六畜不生，人民上下不从，盗贼并起。”以日月无光劝诫人从四时行令，才能五谷丰殖、六畜繁息，减少贼盗。又“甘氏曰：日无故昼昏到暮不出，一年大水”“甘氏曰：日在角亢而蚀，戒之在于耕田之臣”“甘氏曰：月在参而蚀，贵臣诛，大饥，人相食”[①]等，都在某种程度上反映出当时的农业经济状况，并说明占验与现实的结合是十分紧密的。又“候日蚀”下：“甘氏曰：日薄色赤黄，其月旱”；“月晕鬼”下：“甘氏曰：月夏三晕鬼，大雨，五谷不成”；“月行五星晕而蚀”下：“甘氏曰：月行宿岁星而蚀，民相食，粟石千文，司农忧……甘氏曰：月行宿填星而蚀，其国以伐饥亡。”等等，看来都是有一些实际的观测经验。同时甘氏认为五星占与农业生产有密切关系，他说：“五星主谷，岁星为主。五星主旱，荧惑为主。五星主土，填星为主。五星主水，辰星为主”，“凡五星同色，天下偃兵，百姓安宁，歌舞以行，不见疾病，五谷大昌”。岁星和五星之间发生干、犯，则与农业和气象灾害有关。甘氏还特别注意木星的观测：

> 甘氏曰：岁星干荧惑，为地动，荧惑干木星，蛰虫冬出，动雷，旱行，禾不成。
>
> 甘氏曰：荧惑干太白，草木伤华。
>
> 甘氏曰：太白与岁星并，太白在南，岁星在北，名曰牝牡相承。五谷成熟。太白在北，岁星在南，年或有或无，岁不熟，饥。
>
> 甘氏曰：免星干火星，雨雹。
>
> 甘氏曰：水干土，夏寒而雨雪。
>
> 甘氏曰：岁星犯守心内，礼臣欲谋主，若旱，有土功，春夏籴贵，秋冬籴贱。

---

① 瞿昙悉达 . 开元占经 · 卷六［M］. 清文渊阁四库全书本 .

甘氏曰：岁星守箕，多恶风，有旱灾，其国大饥，人相食。

甘氏曰：岁星守张，其国大丰。守之一年，七年升平，君臣同心。又曰岁星处张南，地必动，若六畜贵。处张西，其岁水。

甘氏曰：荧惑犯守积薪，天下大旱，五谷不登，民饥亡。

甘氏曰：岁星入守天廪，天下有兵，岁大饥，仓粟散出，不出其年。

甘氏曰：荧惑之相也，从立春至春之尽，其色则当精明，无角芒。光而内实。仲春时，有芒角，岁星之休也。从立夏至仲夏，无光明而赤黄。岁星之囚也。从仲夏至夏之尽，及四季王时其色当青黑，止而不行，岁星之死也。从立秋至秋之尽，其色黑而细小，不明此岁星之常也……当其王而有相色，主弱臣强有休色……草木伤有死色。禾豆不入，稻芋半伤，当其囚也……有相色，臣下专政，六月下霜……而有王色，则秋荣华，有相色，枯木复生，有休色，有土功，有囚色，有大丧。

甘氏曰：当其相也而有王色，所居之国受殃。有休色，谗臣诛，国相免。有囚色，国有捕囚，及于将相。有死色，大臣诛，伤其留守也，其国兵起。其进舍也，有虫蝗，五谷伤。其退守也，赤地千里。

甘氏曰：荧惑守亢……又占曰：荧惑守亢，五谷不熟，民死之。

甘氏曰：荧惑贯心，天下民饥。

甘氏曰：荧惑舍南斗之西，木果不实。[1]

甘氏曰：荧惑守须女，国饥，粂贵，民有自卖者。

甘氏曰：荧惑入胃，二十日，天下有兵乱，仓粟出。

甘氏曰：荧惑守胃，有水殃。

甘氏曰：荧惑守毕，边兵大惊，侵凌中国，仓谷出。

---

① 同瞿昙悉达．开元占经·卷三十二［M］．清文渊阁四库全书本．

楚人及其先祖通过观察、探索和运用天文与历法知识来调和阴阳、预测灾害、认识物候规律，以提高农业生产水平，并力求用当时最先进的理论对社会政治经济现象给出合理解释，尽管其中夹杂着许多先验的色彩，但总的看来，毕竟为中华农业文明的发展做出了重大的贡献。

五、饮料生产与消费

《淮南子·修务训》说："古者，民茹草饮水"，《礼记·礼运》也记载先民的饮料："饮其血。"此处所谓"饮其血"，显然不能理解为古人在日常生活中专门饮用鸟兽的鲜血。《管子·四时》："寒生水与血。"注云："血亦水之类。"可见，这里的"血"应当泛指人类所有能够直接获取饮用的主要原料，包括大自然中的水、部分植物汁浆（液）以及动物的乳血等。

除此之外，古人在采集过程中，偶尔有幸在微生物的作用下，使获得的食物原料酿成了珍贵的饮品——含有低度酒精的酒。这必然要在复杂的化学过程中把握好其中的"度"，否则一定不会带来或甘或酸，使人醺酣的奇妙感受。从偶尔的获得，到通过仔细观察学习而发明酒的酿造，用于饮用和宗教政治活动，也是中国文化中"礼"产生的一个重要节点。所以《礼记·礼器》中说："礼也者，反本修古，不忘其初者也……醴酒之用，玄酒之尚。"说的就是以"玄酒"（水）纪念酿酒之前的时代。

自然界适合发酵成为酒精饮料的植物原料大致可以分为四类：水果类、谷物类、根茎类和花类。[①]《淮南子·说林训》说："清醠之美，始于耒耜"，可见酿酒业其实是伴随着农业的发展诞生的。植物考古学者指出："中国史前居民已会酿酒，但与西方的葡萄酒系统不同，中国人

① 俞为洁．中国史前植物考古——史前人文植物散论［M］．北京：社会科学文献出版社，2010：230.

发明的是谷物酿酒。[①] 主要用粟、黍、稻等谷物酿酒，最初也可能会混入野葡萄等一些其他原料酿制混合酒。由于谷芽和大多数采集到的野生水果含糖量太低，如果利用蜂蜜来帮助酿酒，则可以提高效率，这是因为蜂蜜含有天然嗜渗酵母，在 70% 含水量时，发酵生物会活跃起来，产生出蜜酒。这种使用富含糖分的自然原料获取天然酵母，使稻米发酵以得到米酒的做法，应早于以稻米和粟米作物为原料产生米酒的淀粉分解发酵技术。”[②] 等到酿酒技术比较成熟的时候，才可以直接利用曲蘖来发酵谷米，酿制出比较纯正的米酒。

从新石器时代以来，中国人的饮料制造工艺不断提升。先秦时期的饮料大致可以分成“酒”和“浆”两大类。具体而言，周公制礼后形成了“三酒六清”的基本形态，而按照饮料的酒精浓度高低，又在不同饮用场合上严格分别“礼饮”（非为饮食而设，有献酬等仪）和“食饮”（仅为饮食而设）两类。楚人虽然地处南方，但其饮料生产工艺、饮料类别以及饮料礼仪与文化都和中原诸夏具有相当的内在一致性，可以说深受周礼的影响。当时所谓的“三酒”，都属于黄酒类型，即《周礼·酒正》中提到的：“一曰事酒，二曰昔酒，三曰清酒。”孙诒让指出：“三酒之中，事酒较浊，亦随时酿之……昔酒较清，则冬酿春孰（熟）。清酒尤清，则冬酿夏孰（熟）。”[③] 这三种酒的区别正在于酿造的工艺和需要的时间不同。

“事酒”即有事而酿之酒，用于公事，随时酿造。根据《礼记·聘礼》注：“凡酒，稻为上，黍次之，粱次之是也。”当时用的原料有稻、黍、粱等。周人的“事”，很大部分属于各种礼典。《礼记·郊特牲》说：“周人尚臭……臭，阴达于渊泉……萧合黍稷，臭，阳达于墙屋。”在周人的心目中，嗅味可以阴达渊泉，阳达墙屋，尤其具有神

① 考古证据显示中国人在 5000 年前就会酿啤酒［N］. 新华网，2016-05-24.

② 麦戈文等 . 山东日照市两城镇遗址龙山文化酒遗存的化学分析——兼谈酒在史前时期的文化意义［J］. 考古，2005（3）.

③ 孙诒让 . 周礼正义 · 卷九［M］. 民国二十年湖北篴湖精舍递刻本 .

圣性。《周礼·甸师》中说“祭祀，共萧茅”，郑大夫云：“萧字或为莤，莤读为缩。束茅立之祭前，沃酒其上，酒渗下去，若神饮之，故谓之缩。缩，浚也。故齐桓公责楚不贡包茅，王祭不共，无以缩酒。”《尚书·禹贡》记载：“荆及衡阳惟荆州，江、汉朝宗于海……包匦菁。”茅一直是古荆州的特产。根据《士虞礼》的记载：“束茅立几东”，时人用于祭祀的醴酒较浑浊，故需要泲酒（使酒滤清），而茅则是泲酒的最好原料，同时周人相信经过束茅缩酒，尤其能为神所感知。因此对南方高大的香草有特别的需求，而楚人也长期向周室进贡包茅。通过民俗学者的调查，在今湖北南漳、保康、谷城一带民间流行的“端公舞”和两湖西部苗寨中，仍可见“苞茅缩酒”的类似仪节。[①]另外，同属于华夏文化影响地区的韩国的江陵端午节祭巫节目中仍然有“缩酒”仪式，其内容大概为以下几个环节：先以菁茅与曲、米搅拌，发酵以成粗酒，然后以菁茅过滤酒糟，得到酒液后分装于小土陶瓶，瓶口再系上茅草，待祭奠山神、城隍等仪式时取用。[②]“礼失求诸野”，这些都属于难能可贵的文化活化石。

“昔酒”是冬酿春成之酒，因为是冻时所酿，故《毛传》也称其为“冻醪”。《月令》说“乃命大酋，秫稻必齐，曲蘖必时，湛饎必絜，水泉必香，陶器必良，火齐必得”。郑玄注：“古者获稻而渍米曲至春而为酒”，可见这种酒的原料和工艺颇为讲究。不仅如此，昔酒的度数较高，有保健的效果，楚昭王就曾饮此酒以驱寒。[③]

“清酒”是冬酿夏成，时间较昔酒长。《月令》：“孟夏，天子饮酎，用礼乐。”郑玄注：“酎之言醇也，谓重酿之酒也，春酒至此始成。”[④]根据《史记·文帝本纪》“高庙酎”，张晏注：“正月旦作酒，八月成，名曰酎，酎之言纯也。”可知这种酒是冬天开始生产，夏天成酒。楚人

① 刘玉堂，肖洋．楚文化与酒［J］．武汉文博，2011（3）．

② 杨万娟．韩国祭祀习俗与古代楚俗比较研究［J］．湖北社会科学，2005（8）．

③ “楚昭王当房而立，愀然有寒色，曰：‘寡人朝饥时酒二觛，重裘而立，犹憯然有寒气，将奈我元元之百姓何’？是日也，出府之裘，以衣寒者；出仓之粟，以振饥者。”见贾谊．新书·卷七。

④ 礼记正义·卷第十五［M］．北京：北京大学出版社，1999.

更是将其技术进一步发展，生产出四次酿的清酒，并且命名为“楚沥”。《楚辞·大招》中描绘楚沥云：“四酎并孰（熟），不涩嗌只；清馨冻歓（饮），不歠役只；吴醴白蘖，和楚沥只。”其中提到的“四酎”，就是重酿四次之多。清酒在原料上也极为讲究，“吴醴白蘖”，即指使用了来自吴地上好的蘖米曲和白曲。古人记录这种酒的颜色：“酒尽出时……酒色似麻油，甚酽”[①]，可见经过反复发酵或兑入调配后的酒液形态丰满，色泽清亮，醇厚异常。“不涩嗌”，是指滑口而入，一点都不苦涩，分外甘美。《楚辞·招魂》云：“酎饮尽欢，乐先故些。”饮用酎酒的欢愉之情溢于言表。

当时酿造的黄酒实际度数并不很高，故须模拟冬天的气温饮酒。因为一旦盛夏高温，酒味可能变酸且失去原有的酒香。所以《礼记·内则》说“饮齐视冬时”，而当时又有“日昃不饮酒，酒必酸”[②]的俗语。“清馨冻歓（饮）”，就是指利用冰鉴中的冰以保持酒的新鲜。在《楚辞·招魂》中也有同样的描写：“挫糟冻饮，酎清凉些。”《周礼·凌人》则记载了当时供应冰镇饮品的制度：“凌人掌冰政，正岁十有二月，令斩冰，三其凌……春始治鉴……凡酒浆之酒醴亦如之。”2002年湖北枣阳九连墩1号墓出土的蟠螭纹、勾连云纹青铜方鉴壶，就作为实物还原了楚人“冻歓（饮）”的细节：这件青铜鉴壶是楚国铜器中比较独特的器物，分壶、鉴两个部分，皆为方形，出土时壶置于鉴中……鉴、壶套用，壶内注酒，于鉴内置冰块。[③]此器是楚人冻饮的实证。无论其实用性，还是艺术性，都令人赞叹。

楚人精心四酿既作为食饮之酒，也在招复的仪式中恭敬地使用。《楚辞·大招》“不歠役只”[④]句，注云：“不以饮贱役之人，言酒醇美使

① 贾思勰．齐民要术·卷七［M］．北京：中华书局，2009.

② 扬雄．扬子法言·卷三［M］．四部丛刊景宋本．

③ 国家博物馆、湖北省博物馆．江汉汤汤——湖北出土商周文物［M］．北京：北京时代华文书局，2015：202.

④ 当时所酿酒入口均不烈，不属于蒸馏酒。于省吾曾言“役读为烈，烈谓酒之醲厚酷烈者”，似不可从。见于省吾．甲骨文字释林［M］．北京：中华书局，1983.

人饮之易醉仆失礼，故不以饮之也。”此解释非常准确。这是因为重酿酒如不能节制，会有酗酒失德的危险。《韩非子·外储说左上》就记载西周时楚厉王饮酒致醉，差点失去民众信任：“楚厉王有警，为鼓以与百姓为戍，饮酒醉，过而击之也，民大惊，使人止之。曰：‘吾醉而与左右戏，过击之也。’民皆罢。居数月，有警，击鼓而民不赴，乃更令明号而民信之。”[①]《左传·成公十六年》也记载有楚共王时司马子反酗酒贻误军机之事：“……王闻之，召子反谋。榖阳竖献饮于子反，子反醉而不能见。王曰：‘天败楚也夫！余不可以待。’乃宵遁……楚师还，及瑕，王使谓子反曰：‘先大夫之覆师徒者，君不在，子无以为过，不榖之罪也。’子反再拜稽首曰：‘君赐臣死，死且不朽，臣之卒实奔，臣之罪也。’子重使谓子反曰：‘初陨师徒者，而亦闻之矣，盍图之。’对曰：‘虽微先大夫有之，大夫命侧，侧敢不义，侧亡君师，敢忘其死。’王使止之，弗及而卒。”[②]后来左史倚相曾为此大发感慨道：“榖阳竖爱子反之劳也，而献饮焉，以毙于鄢。”[③]适当的饮酒可以舒缓疲劳，故榖阳竖在大战一触即发前出于好意献饮子反。子反作为军中之帅，未必不知饮酒需节制，其烂醉如泥，恐怕还是酎酒的酒精度太高的缘故。[④]战国时，楚人又以此酒“祠祭”，约定“数人饮之，不足；一人饮之，有余”，留下“画蛇添足”的典故：“楚有祠者，赐其舍人卮酒。舍人相谓曰：数人饮之，不足；一人饮之，有余。请画地为蛇，先成者饮酒。一人蛇先成，引酒且饮之，乃左手持卮，右手画蛇曰：吾能为之足。未成，一人之蛇成，夺其卮曰：蛇固无足，子安能为之足？遂饮其

① 王先慎．韩非子集解·卷十一［M］．清光绪二十二年刻本．

② 《史记·楚世家》记载稍有不同：“共王十六年，晋伐郑。郑告急，共王救郑。与晋兵战鄢陵，晋败楚，射中共王目。共王召将军子反。子反嗜酒，从者竖阳榖进酒，醉。王怒，射杀子反，遂罢兵归。”

③ 国语·卷十八［M］．上海：上海古籍出版社，1978.

④ 《淮南子·人间训》所记不同，曰：“……司马子反渴而求饮，竖阳榖奉酒而进之。子反之为人也，嗜酒而甘之，不能绝于口，遂醉而卧。”《韩非子》卷三、卷五所记略同。传说略异，但饮酒误事则必矣。

酒。为蛇足者终亡其酒。"[①]古人曾言及饮用这种酎酒过量的严重后果："先能饮好酒一斗者，唯禁得升半。饮三升，大醉。三升不浇，必死。凡人大醉，酩酊无知，身体壮热如火者，作热汤，以冷水解——名曰生熟汤，汤令均均小热，得通人手，一一以浇醉人。汤淋处即冷，不过数斛汤，回转翻覆，通头面痛淋，须臾起坐。与人此酒，先问饮多少，裁量与之。若不语其法，酒美不能自节，无不死矣。一斗酒，醉二十人。"[②]

有学者指出，自周公《酒诰》颁布后，周礼对于酒和饮品有着严格界定。不仅对酒使用场合有限定，而且制定"献、酢、酬"之仪节来限制饮酒量，更设置司正监察失仪行为，甚至在酒器制作上也极尽限节之能事。周公如此制作，正是本其理性精神，欲以维持周人德性于不坠。[③]即使是礼崩乐坏后，楚人依然继承周礼的精髓，发扬这种文明理性的饮酒礼仪观。

不过，楚人饮酒在借鉴周礼的基础上也略有变易，在此略举数端：

其一，《周礼·大行人》云："上公之礼……飨礼九献。"食礼九举上公，即诸侯之长，商周以来称为伯。"九献"指王招待宾客在庙中行飨（享太牢以饮宾）的最高待遇：首先是王酌献宾，接着是宾酢主人，然后是主人酬宾，酬后继续有八献，一共为九献。只有极少数诸侯能够享受此待遇，但在具体执行，也偶有僭越，如《国语·晋语四》记当时颠沛流离之晋公子重耳在楚国受到的礼遇即是："（重耳）遂如楚，楚成王以君礼享之，九献，庭实旅百。"当时重耳不过一流亡之没落贵族，但胸襟深广的楚成王却慧眼独具，称"晋公子敏而有文，约而不谄，三材侍之，天祚之矣"。甚至如对待作为上公（诸侯之长）的国君一样，以"九献"之礼待重耳，重耳感恩戴德。此举虽稍有僭越，但体现出楚

① 战国策·卷九［M］. 上海：上海古籍出版社，1985.

② 贾思勰 . 齐民要术·卷七［M］. 北京：中华书局，2009.

③ 张德付 . 醴、酒、玄酒——周公制作管窥［M］// 礼乐中国——首届礼学国际学术研讨会论文集 . 上海：上海书店出版社，2013.

人对周礼礼义与仪节的娴熟。

其二,《礼记·少仪》记载周礼有“宵(夜)饮”的礼仪:“凡饮酒,为献主者执烛抱燋,客作而辞,然后以授人。执烛,不让、不辞、不歌。”这里的“献主”指主人,在周礼中,饮酒时主人自为“献宾”。若主与客的身份尊卑不对等的情况下,如国君请饮则使宰夫代替作主人“献宾”。夜晚天色已暗,主人(或代替者)亲自执烛敬宾,神色不倦,表示对客人欢迎之至。而主人如欲留客人,还会“抱燋”,即抱持还未点燃的火炬。如果客人辞行,主人把烛炬交给执事者。最后,客人觉得不能再叨扰时,主客之间会相互辞谢,赋《诗》表达自己的情感。《说苑·复恩》就记载了楚庄王的一次夜饮:“楚庄王赐群臣酒,日暮,酒酣,灯烛灭,乃有人引美人之衣者,美人援绝其冠缨,告王曰:‘今者烛灭,有引妾衣者,妾援得其冠缨,持之,趣火来上,视绝缨者。’王曰:‘赐人酒,使醉失礼,奈何欲显妇人之节而辱士乎?’乃命左右曰:‘今日与寡人饮,不绝冠缨者不欢。’”庄王日暮饮酒,燃烛以示与群臣欢愉,遇到烛灭后突发情况,他以“绝缨”的巧妙安排使人情与礼法两得之,即既没有就此问罪臣下,也没有灭烛散宴,而是留群臣继续欢饮,对周礼的遵循与变通尽在其中。

其三,据《孔丛子·卷六》记载,按周代军礼“有功,于祖庙舍爵、策勋焉,谓之饮至。天子亲征之礼也”[①]。《左传·襄公三年》记载:“春,楚子重伐吴,为简之师。克鸠兹,至于衡山。使邓廖帅组甲三百、被练三千,以侵吴。吴人要而击之,获邓廖。其能免者,组甲八十、被练三百而已。子重归,既饮至三日。”子重将兵伐吴,自以为全胜,虽非天子、诸侯之位,仍归宗庙行饮至礼,说明楚人对周人的饮至礼于遵循中有逾越。

其四,薳启疆告诫楚灵王在朝聘、享觐时要以行礼为重,“设机而

① 更早的叙述见于《左传·桓公二年》:“凡公行,告于宗庙。反行,饮至,舍爵,策勋焉,礼也。”《春秋左传正义》卷第五。

不倚，爵盈而不饮”[①]，不敢倚机，不敢超量饮酒以肆意消费，可见其遵循周礼时的克制。

仅此四例足以说明楚人对周人饮酒之礼的遵循与机变。

楚国饮料还包括作为非酒精或极低酒精饮料的“六清”(《周礼·膳夫》)，即水、浆、清、凉、医、酏六种饮品。[②]

水是常备易得之物，人能随时取饮，无需赘言。当时或许也已有使用茶叶泡饮的情况，荆州博物馆陈列的楚墓出土两个小竹筒里就分别装有茶叶和生姜。[③]《楚辞·离骚》中有：“朝饮木兰之坠露兮，夕餐秋菊之落英。”想必楚人也应有饮用花茶的历史。

浆是味略酸的谷物发酵饮品的通称，《说文》：“酢，浆也。”可见浆可能带有微量酒精。文献中记载的楚人著名“浆”类饮料有“柘浆”“酪”“桂浆”“琼浆”“瑶浆”等。其中“柘浆”和“酪”见于《楚辞·招魂》：“有柘浆些……和楚酪只。”柘同蔗，是用甘蔗简单发酵后的饮品；“酪”则应属于乳酵饮品。“桂浆”见于《楚辞·少司命》：“援北斗兮酌桂浆”。或许是添加了肉桂还是肉桂花蕾，或是其他种类的桂。但可以肯定的是其气味芬芳诱人。“琼浆”“瑶浆”见于《楚辞·招魂》：“华酌既陈，有琼浆些”和“瑶浆蜜（幂）勺（酌），实羽觞些”。这两种均似为稻米发酵饮料，或乳酸饮料。根据汉人的注解，命名“琼浆”是指浆色洁白，又置鲜花于其中（或说酌上有花采）；命名“瑶浆”是指浆色美艳如玉。而“蜜勺”二字实为通假，应写作“幂酌”。当“瑶浆”端上几时，以幂布遮盖，以免散了芬芳之气。所谓“实羽觞”，即将瑶浆酌满缀刻羽纹的觞（或说形似头尾羽翼，恐误）。可见不仅饮品滋味丰富，楚人对饮器也十分考究。对此，我们也能从部分楚国出土文物中找到佐证：湖北荆门包山 2 号墓曾出土彩绘凤鸟双连杯，其“凤头、身、颈、尾遍饰羽毛纹，双翼在两杯前壁展开，似在负杯飞翔，

① 左传·卷二十九［M］. 北京：中华书局，1990.

② 《周礼·膳夫》：“饮用六清。”《周礼注疏》卷二。

③ 徐文武 . 楚国饮食文化三论［J］. 长江大学学报，2005（2）.

极富动感，制作精细，构思巧妙，充满生机”①。这样看来，盛“瑶浆”的觞上刻有精美的羽毛纹是很可能的。

“清”就是先秦文献中常提到的“醴酒”。《吕氏春秋·重己篇》高诱注：“醴，以蘖与黍相体，不以鞠也。”古人用“蘖”（芽米）加工，其酒精浓度非常低，而糖分含量则稍高，往往一宿而熟，随时可以酿造。“醴”也有清和糟之分，清醴就是澄清过，取上清液的醴，而糟则有较多滓，如今之甜酒酿。当时供王饮，用清醴，一般宾主之礼则用糟醴而已。“醴”，楚人又名之为“酾”，意为薄酒。在《楚辞·渔父》中有记载渔父的一段话：“众人皆醉，何不餔其糟而歠其酾？”渔父劝屈原也和醉生梦死的宾客一样“食糟饮酾”，酩酊大醉，不问世事。可见醴酒虽味薄，酒精浓度低，但仍然不能豪饮，有醉梦不醒的危险。

凉，是使用冰鉴冰镇各种饮料的通称，因为谷物简单发酵后，饮料的酒精含量太低，当时人四季饮用饮料，若要保持最好的风味，必须用冰鉴来冰镇饮用，或保存在密封的容器里，《楚辞》中多次描写的“冻饮”其中也就包括了凉。在枣阳九连墩 2 号楚墓中，也有出土过用于冰镇饮料的文物——两套蟠螭纹青铜圆鉴壶。

“医”即苦酒，一种用曲发酵酿坏的酒，可用于医疗。酏，是一种薄粥。但也有学者认为可能发酵，含有一定酒精量。②

另外，酒还是楚人的良药。在马王堆汉墓出土的《五十二病方》中就有许多例子，如以温酒作为粉末药物的溶剂③、用淳酒煮薤治疗伤痉病④，还有在被犬啮后用酒冲洗伤口消毒等⑤，而《养生方》更是记载了药酒酿制方法。

除了深受周礼影响，楚人也形成了自己独特的饮料文化。如善于利用南方草木制作芳香饮品。屈原在《离骚》中提到：“杂申椒与菌桂。”

---

① 文物详细资料可见湖北省荆沙铁路考古队．包山楚墓［M］．北京：文物出版社，1991.

② 洪光柱．中国酿酒科技发展史［M］．北京：中国轻工业出版社，2001：100.

③④⑤ 周一谋，萧佐桃．马王堆医书考注［M］．天津：天津科学技术出版社，1988：52、69、80.

《九歌·东皇太一》中又说："奠桂酒兮椒浆。"其中"桂酒"和"椒浆"都颇具特色。在《列仙传·卷上》中，传说春秋时楚国宛人范蠡也"好服桂饮水"。从史书对"桂酒"的描述和记录看，楚人有两种"桂酒"。第一种是用于礼神。据《汉书·礼乐志》记载，古人用"桂酒"祭八方之神："尊桂酒宾八乡"，晋灼曰："尊，大尊也。元帝时大宰丞李元记云：'以水渍桂为大尊酒。'"[①]这种生于南方山区的肉桂，在《尔雅》中也被称作"梫……枝叶冬夏常青，间无杂木"，正说明其独具特色芳香，当具有一种渐进而能侵入抵达的力量，使"间无杂木"。故此饮品不含酒精，如《九歌》中的"奠桂酒"，主要浸取其芬芳以飨神。第二种是楚人极具特色的保健酒。汉人应劭和王逸都曾提到楚人有一种"切桂投酒中"的"桂酒"[②]。即以油润肥厚的肉桂切成小片，然后浸泡在甜郁的糯米酒之中。《说文》："桂，江南木，百药之长。"其疗效在《神农本草经》中有记载："味辛，温。无毒，主百病，养精神，和颜色，为诸药先聘通使。久服轻身不老，面生光华，媚好常如童子。"[③]新鲜的肉桂呈现出鲜艳的橙色，仿佛将乳色的米酒点亮起来。入口馥郁甘柔，使人暖意融融，将糯米基酒的绵甜与肉桂的辛甘温热完全密致地糅和在一起。桂酒既能抵御寒湿的南方天气，治疗心腹痛和保健身体；也可以通过饮用，从嗅觉、味觉以及视觉的享受中，调动起令人舒心、愉悦、激情奔放的气氛；更应是楚国妇女们美容的绝佳饮品。历史记载，唐代人仍然使用桂酒医疗，孙思邈记"主产后疾痛及卒心腹痛方"的桂酒，其方为"桂心三两切，以酒三升，煮取三升。分为三服"[④]。今天，山西仍然制作的白玉汾酒，也是利用肉桂作为浸酒主要原料，可见楚人的"桂酒"文化的深远绵长。

在饮品中添加香料"椒"的传统甚早。《周颂·载芟》记载了周人

---

① 汉书·卷二十二［M］. 清乾隆武英殿刻本.
② 应劭说同上。王逸说，见朱熹. 楚辞集注·卷二引［M］. 古逸丛书景元本.
③ 孙思邈. 千金翼方·卷三［M］. 元大德梅溪书院本.
④ 孙思邈. 千金翼方·卷六［M］. 元大德梅溪书院本.

在春季籍田祈社稷的礼典上，用含有椒香的饮品祭先祖先妣以及飨燕。《毛诗注疏》中记载："为酒为醴，烝畀祖妣，以洽百礼……有椒其馨，胡考之宁"，希望祖先取用椒的芬芳。椒，按照产地，分为蜀椒和秦椒两种，见于《神农本草经》之记载："蜀椒，味辛，温。大有毒，主邪气咳逆，温中，逐骨节皮肤死肌，寒湿痹痛，下气，久服之，头不白，轻身增年。秦椒，味辛，温。主风邪气，温中，初寒痹，坚齿发，明目。久服轻身，好颜色，耐老，增年，通神。"虽然周诗较早提到了"椒浆"，但未必不是通过楚地在更早的时代流传到中原。楚人对椒有一种特别的情怀，如卖珠，置柜中"薰以桂椒"①。又《楚辞·惜诵》云："糳申椒以为粮。"这大概是与楚地的潮湿环境有关，食用椒能温中和胃，除湿痹。楚人运用"椒"制作"椒浆"的历史应源远流长，其具体做法，可能是用"水渍椒"，也有可能是将椒末或椒花与低酒精饮品混合以飨神。考古发现楚墓中常常出土有花椒，如战国中期的江陵马山1号楚墓南部上层的一个头箱里面有大量花椒籽②，太晖观50号楚墓中有花椒籽小半箱③，以及江陵秦家咀楚墓④、纪南城包山2号楚墓中都有花椒发现⑤。我们根据楚人能够制作"桂酒"推测，他们也应能够制作酒精含量较高的"椒酒"。通过后世的文献追踪，楚地十分流行"椒酒"，仍然与岁首立春的风俗相关。宗懔在《荆楚岁时记》中记载："椒是玉衡星精，服之令人身轻。又引董勋云：'俗有岁首酌椒酒而饮之。以椒性芬香，又堪为药。故此日采椒花以贡尊者，饮之亦一时之礼也。"⑥又《玉烛宝典》引《四民月令》完整记录了饮用"椒酒"的风俗："正月之旦，是谓正日。躬率妻孥，絜祀祖祢。前期三日，家长及执事皆致

① 王先慎．韩非子集解·卷十一［M］．清光绪二十二年刻本．
② 湖北省荆州地区博物馆．江陵马山一号楚墓［M］．北京：文物出版社，1985：28.
③ 湖北省博物馆，华中师范学院历史系．湖北江陵太晖观50号楚墓［J］．考古，1977（1）．
④ 荆沙铁路考古队．江陵秦家咀楚墓发掘简报［J］．江汉考古，1988（2）．
⑤ 湖北省荆沙铁路考古队．包山楚墓［M］．文物出版社，1991.
⑥ 宗懔．荆楚岁时记［M］．民国景明宝颜堂秘笈本．

齐焉。及祀日，进酒降神毕，乃家室尊卑无小无大，以次列坐，儿祖之前，子妇孙曾，各上椒酒，于其家长称觞举寿，欣欣如也。”[①]楚人开发出“椒酒”，从而形成了意蕴丰厚的酒文化。人们通过“椒酒”敬神祝愿，寄托美好希望；丰富了养生、健魄、美颜的健康实践，更发扬了行慈教孝、凝聚家族的和美风俗，在今天仍然具有一定的借鉴意义。

第四节　《神农》与楚国农业理论

一、《神农》与《吕氏春秋》论农篇

班固《汉书·艺文志》“农家类”，首列“《神农》二十篇”。然而，自《隋书·经籍志》，《神农》已不见于著录，可知其书亡佚已久，无法确知其内容。但钩稽古书之征引，虽非完璧，犹可窥斑见豹。清人马国翰所辑《神农书》一卷，即属钩沉之作。[②]辑本虽难免有菁芜杂陈之嫌，但《神农》一书之要旨，尚能得以窥见。由辑本可知，《神农》之主要内容在于君民并耕与重农，兼及农业生产经验与技术，而这些内容不仅在《吕氏春秋》中均可见其概略，而且《吕氏春秋》所载较马氏辑本更为系统和完善。这无疑给人们以某种启示：《神农》与《吕氏春秋》之间是否有某种传承关系？

《吕氏春秋》系杂糅诸子百家而成，《神农》之精华，经其采撷，得以幸存。[③]《四库提要》称：“《吕览》所陈种植之法，并文句典奥，与他篇不类，盖古必有专书，故诸子得引之，今已佚不可见矣。”所谓“专书”，即指《神农》，这是有案可稽的。首先，从内容上看，如上所述，马国翰所辑《神农书》主旨在君民并耕与重农，并兼及农业生产经验与技术，而这恰与《吕氏春秋》论农篇所体现的农业观及农业生

① 杜台卿．玉烛宝典·卷一［M］．古逸丛书景日本钞卷子本．

② 马国翰《玉函山房辑佚书》子编“农家类”有《神农书》一卷。

③ 齐思和．中国史探研［M］．石家庄：河北教育出版社，2000：358.

产理论一致。其次，《汉书·艺文志》所载已肯定为战国时的农家著作仅《神农》和《野老》。但《吕氏春秋》论农篇屡称“神农”而只字不提“野老”，可见其主要本之于《神农》。再次，《四库提要》谓《吕览》论农篇“文句典奥，与他篇不类”，而从《孟子·滕文公上》所记许行言论来看，的确说得上是“典奥”，以至被孟子讥之为：“南蛮鴂舌之人。”[①] 此外，近世也有不少学者认为《神农》与《吕氏春秋》论农诸篇有渊源关系，如顾实在论及《神农》亡佚之因时即说：“《神农》二十篇，亡。周官外史掌三皇五帝之书。故《管子》所称神农之教，《吕览》所述神农之教，晁错诵神农之法。汉武帝崇儒而后，颇摈百家，故此书也在所疑之列矣。马国翰有辑本。”[②] 顾氏在这里虽说列举了《管子》《吕览》和晁错之言与《神农》皆有渊源关系，但相比之下，《管子》和晁错之言不过是偶尔提到神农之教或神农之法，很少涉及《神农》的具体内容，因此，比较完整系统地保存了《神农》一书内容的著述，唯《吕氏春秋》足以当之。

二、《神农》作者辨析

关于《神农》一书的作者，班固《汉书·艺文志》自注说：“六国时，诸子疾时怠于农业，道耕农事，托之神农。”唐代颜师古引刘向《别录》云：“疑李悝及商君所说。”人们认为颜说比班说“具体”可信，自此言及《神农》一书的作者，奉颜说者居多。

我们以为，检验颜说正确与否，最直接的方式是将李悝、商鞅的农业观与保留了《神农》基本观点及内容的《吕氏春秋》的农业观予以比较，相合则是，相异则否。考虑到李悝、商鞅农业观的核心是“重农”，对农业生产的经验与技术少有言及，故下文的比较以“重农”为基点。

（一）《神农》非李悝所作

先秦各学派的农业观，大都是一鳞半爪，散见各篇，很少有完整的

① 孟子·滕文公上［M］. 北京：中华书局，1988.

② 顾实.《汉书·艺文志》讲疏［M］. 上海：上海古籍出版社，1987.

系统，且多为阐述其政治思想而偶尔涉及，并非专论农业问题。李悝在农业方面的理论并不多见，一般都只称他作“尽地力之教”。其实，这只是他农业观的一个方面，他的农业观的另一方面也是最重要的方面是他最先提出的崇本抑末的主张。他认识到当时正在发展中的客观经济形势，深知要确立和巩固新兴地主阶级的统治，就必须把国家经济的发展建立在地方经济的基础上。因此，他充分肯定财富产生的唯一根源是农业，故谓“农伤则国贫”[①]。他说：“雕文刻镂，害农之事也；锦绣纂组，伤女工者也。农事害则饥之本也，女工伤则寒之原也……故上不禁技巧则国贫民侈。”[②]同是论重农，《吕氏春秋》则说：“古先圣王士之所以导其民者，先务于农。民农，非徒为地利也，贵其志也。民农则朴，朴则易用，易用则边境安，主位尊。民农则重，重则少私义，少私义则公法立，力专一。民农则其产复，其产复则重徙，重徙则死处，而无二虑。”[③]依上所述，李悝重农思想突出表现在他对“民以食为天”的强调和对手工业生产的轻视，这是战国初年阶级进一步分化的反映。《吕氏春秋》重农事之要，不从“食为民天”、丰衣足食这一方面发挥，而侧重于农业对时风世俗的影响，强调重农“非徒为地利也”，而是为了使民情质朴，易于统治，安土重迁，危急可待。若不重农，则风俗诡诈，民不可依。故又说：“民舍本而事末则不令，不令则不可以守，不可以战。民舍本而事末则其产约，其产约则轻迁徙，轻迁徙则国家有患，皆有远志，无有居心。民舍本而事末则好智，好智则多诈，多诈则巧法令，以是为非，以非为是。”[④]

通过将李悝的重农思想与《神农》的重农思想的比较，不难看出二者不是微殊，而是迥异，这是有其阶级和时代根源的。战国以来，由于铁制农具的广泛使用，生产力有了极大的发展，农业生产在社会经济中的相对重要性随之增加，生逢其时的地主阶级思想家李悝，必然会意识

① 汉书·食货志［M］.北京：中华书局，1962.
② 说苑·反质［M］.北京：中华书局，1987.
③④ 陈奇猷.吕氏春秋校注·上农［M］.上海：学林出版社，1984.

到这一变化，从而将农业的重要性提到更高的层次。所以，他不仅把农业发展看作是人类生存、国家富饶的物质基础，而且首次提出了“禁技巧”的主张，这与其挖掘土地潜力的“尽地力之教”的主张是吻合的。李悝的重农，既是对春秋以来重农思想的继承和发展，又开历代封建王朝抑末思想之先河。而《神农》则是小农思想的折光反映，它希冀的社会是百姓安泰、民风淳朴。因此，它的重农着眼于农业生产对于意识形态的作用，把发展农业生产看成是社会安定的重要因素，当作将农民束缚在土地上的一种手段，强调发展农业生产的政治效果。问题至此已十分明确，如果《神农》为李悝所作，那么，为什么同样是重农，内容和目的却皆大相径庭呢?

（二）《神农》非商鞅所作

商鞅的经济思想包括农业观通过《商君书》得以保存，尽管《商君书》成书于战国末叶，其中不乏真伪混杂，但其基本内容还是可靠的，故下文的研究仍以《商君书》为依据。

同李悝一样，商鞅也是重农的。不过，商鞅的重农，不同于其他先秦诸子之处，就在于他的重农并不专以发展社会生产为目的，而是要通过农业的发展加强他所追求的新兴封建国家的军事实力，并利用这一力量来扫除实现统一的地主阶级政权的一切障碍，为新兴地主阶级的统治铺平道路。也正因为如此，在《商君书》中，商鞅总是把“农”与“战”结合在一起考虑，所谓“国之所以兴者，农战也”[①]，农战（或称耕战）是商鞅经济思想的内核。而《神农》则很少将“农”与“战”并称，即或偶尔将二者相提并论，在强调程度和侧重点上也与商鞅显然有别，这是区分二者的重要界标之一。

商鞅重农与《神农》重农的另一区别，就是后者从农业于时风世俗的影响为重农之发轫，前者则以国安、主尊为农战之归宿，即“国待农战而安，主待农战而尊”[②]。商鞅还认为，只有重农才能提供人民和士

①② 商君书·农战［M］. 北京：中华书局，1973.

兵以粮食，才能保证士兵的来源，他说：“故治国者欲民之农也。国不农，则与诸侯争权，不能自持也，则众力不足也。”① 这种观点，反映了蓬勃向上的新兴地主阶级富国强兵的愿望，更不能与《神农》作者的主观动机同日而语。

前面已说过，除重农外，《神农》的农业观还有一个极其重要的内容，就是提倡君民并耕，认为君民并耕是导致民利的良方。如《吕氏春秋·爱类》称神农氏：“故身亲耕，妻亲织，所以见致民利也。”商鞅则与之相反，他说：“故神农教耕而王天下，师其知（智）也；汤武致彊而征诸侯，服其力也。今世巧而民淫，方（仿）傚汤、武之时，而行神农之事，以随世禁，故千乘惑乱，此其所加务者过也。”②“今世巧而民淫”，是商鞅对战国早、中期民风的总的看法。在商鞅看来，当时的民人特别是农民，已不像过去那样“愚”③，而是有了“智”④，且“巧以伪”⑤。所以用“智”统治人民，与民并耕的“神农之事”，已不能行于今天了。如行“神农之事”，势必导致“千乘惑乱”的局面，从而主张以“力”伐“知”，使人们“服其力”，即使用暴力、强力使人们服从统治。这说明商鞅的农业观及其有关经济改革的措施，具有很强的法治观念和某种程度的进取精神。而《神农》主张君民并耕虽然是剥削制度存在条件下“产生一些与这一制度相反的理想”⑥，具有反抗剥削与压迫的一面，但它终究是对原始共产主义历史陈迹的迷恋，在社会发生剧烈变革的春秋战国之际，只能是水月镜花。

综上所述，《商君书》与《神农》不仅重农的主旨和目的不尽一致，而且在君民并耕上，表现出尖锐的对立。这无非证明：作为新兴的地主阶级的杰出代表、上升时期的地主阶级的经济思想家商鞅不可能也不愿

① 商君书·农战［M］. 北京：中华书局，1973.
②③④ 商君书·算地［M］. 北京：中华书局，1973.
⑤ 商君书·开塞［M］. 北京：中华书局，1973.
⑥ 列宁. 民粹主义的经济内容［M］// 列宁全集·第1卷. 北京：人民出版社，1955：393–394.

意承担《神农》这部著作的杀青之任。

（三）许行与《神农》

由上文论述可知，《神农》既非李悝所作，也非商鞅所作。那么，《神农》究竟为何人所著呢？我们以为很可能系战国时期农家代表人物许行所作。

许行，战国时楚人，殆无疑义。许行的生平已不可详考，只知他与孟轲同时。孟轲在滕国时，许行曾“自楚至滕”[①]。滕文公根据他的请求给了他一片可以居住和耕种的土地。许行有门徒数十人，“皆衣褐，捆屦织席以为食”[②]。儒家陈良之徒陈相与其弟陈辛经宋到滕，“见许行而大悦，尽弃其学而学焉”[③]。可见其学说在当时具有相当大的影响。

许行的言行，人们向来认为仅见于《孟子·滕文公上》。我们姑且以这种见解为基线，将《孟子·滕文公上》中所反映的许行的农业观与《吕氏春秋》保留的《神农》的农业观作一对比，借以推断《神农》的作者。

通过《孟子》所反映出来的许行的农业观，就是力倡君民并耕。《孟子·滕文公上》记：“陈相见孟子，道许行之言曰：‘滕君则诚贤君也；虽然，未闻道也。贤者与民并耕而食，饔飧而治。今也滕有仓廪府库，则是厉民而以自养也，恶得贤？’”许行坚决主张统治者在治理民事的同时，应与农民和手工业者一起参加生产劳动，这样才能称得上是贤良的统治者。如果依赖榨取农民的生产品来供养自己，就不配称为贤良的统治者。这是他极端平均主义思想的集中体现。[④]无独有偶，许行君民并耕的思想，在《吕氏春秋》中得到了完整的体现。该书屡次提到君民并耕，其主旨同许行的观点如出一辙。如《吕氏春秋·上农》说：“是故天子亲率诸侯耕帝籍田，大夫士皆有功业。”并主张后妃亲织：“后妃率九嫔蚕于郊，桑于公田，是以春秋冬夏麻枲丝茧之功，以力妇教也。”[⑤]前文还征引过类似的记述：“故身亲耕，妻亲织，所以见致

①②③ 孟子·滕文公上［M］. 北京：中华书局，1988.
④ 刘玉堂.《神农》作者考辨［J］. 中国农史，1984（3）.
⑤ 陈奇猷. 吕氏春秋校注·上农［M］. 上海：学林出版社，1984.

民利也。”[1] 前面已论证《神农》与《吕氏春秋》论农篇之间具有传承关系，许行的农业观又恰恰同《吕氏春秋》论农篇反映的农业观不谋而合，这种“偶然”的巧合，似乎很难不使人不将许行与《神农》一书的作者产生联想。

君民并耕的观点，并非仅仅保留在《吕氏春秋》中，其他文献也不乏记载。《尸子》说：“神农氏夫负妻戴，以致天下。尧曰：‘朕之与神农，犹旦之与昏也。’”又称神农氏“并耕而王，以劝农也”。《淮南子·齐俗训》记：“故神农之法曰：‘丈夫丁壮则不耕，天下有受其饥者。妇人当年不织，天下有受其寒者。故身自耕，妻亲织，以为天下先。’”《尸子》和《淮南子》《汉书·艺文志》皆列入“杂家”。其中所记，多博采于各家之书。《尸子》，相传为尸佼所著，恐不确。《汉书·艺文志》班固自注：尸子，“鲁人。秦相商君师之。鞅死，佼逃入蜀”。尸佼为商鞅的老师，又曾参与商鞅变法的策划，说明其政治、经济主张与商鞅应无大异。但前文曾论及商鞅坚决反对“行神农之事”[2]，而《尸子》力主行神农氏君民“并耕”已如上所述，假定《尸子》为尸佼所著，岂不是出尔反尔吗？由此可见，尸佼虽略早于许行，《尸子》却晚于《神农》，原因是《尸子》显然系后人伪托，不然何以会违背尸佼的思想主张呢？事实上，《尸子》不仅在君民并耕方面与《神农》的主张相同，甚至连用词也无大异[3]，这只能理解为《尸子》的作者转录了《神农》之言。《淮南子》成书于汉代，不仅在时间上晚于《神农》，且系楚人后裔在楚故都所作，转引诞生于楚地的楚人著作《神农》，则更是顺理成章的事。

《孟子·滕文公上》称：“有为神农之言者许行。”人们对这句话的解释是见仁见智，而分歧的焦点是对“为”字的诠释。历来注家多将

① 陈奇猷．吕氏春秋校注·爱类［M］．上海：学林出版社，1984.
② 商君书·算地［M］．北京：中华书局，1973.
③ 齐思和．中国史探研［M］．石家庄：河北教育出版社，2000：356.

"为"字释作"治"[①]或"研究"[②]，我们以为欠妥。先秦时期，"为"字一般作"替""做""伪托"或"称道"解，如《孟子·尽心上》中"观海者难为水，游于圣人之门者难为言"。尽管有时也有作"治"解的，但这时的"治"宜释为"治理"，如"为政"即指治理政事，而不能与"研究"等量齐观。"为"字作"研究"解，多出现于魏晋以后。上引《孟子·滕文公上》中的"为"，当作"伪托"解。且班固在《汉书·艺文志》中也说是先秦诸子"托之神农"所作。这不能说不是《神农》为许行假托神农所作的又一证据。

《神农》为许行假托神农而作，是春秋战国时期的"特产"。春秋战国之世，人们笃信文化以古说为甚，所谓"百家言黄帝，其文不雅训"[③]，"世俗之人，多尊古而贱今。故为道者，必托之神农、黄帝，而后能入说"[④]。世风所及，连孔子、墨子和孟子皆开口称尧，闭口道舜，韩非甚至讽刺说："孔子、墨子俱道尧舜而取舍不同，皆自谓真尧、舜，尧、舜不复生，将谁使定儒墨之诚乎？"[⑤]既然孔、墨、孟诸子能言必称尧舜，许行为什么不可以言必托神农呢？

许行托神农之言著书，有其广泛的社会基础和深刻的历史原因。在许行生活的时代，有关类似与民并耕的神农式的"圣君明主"的传说不绝于耳。其中最显著的如帝舜，据说就曾"荷此长耜，耕彼南亩"[⑥]；又如夏禹，也曾"尽力乎沟洫"[⑦]，"身执耒臿，以为民先"[⑧]；传说中的周文王，也躬耕田亩，"自朝至于日中昃，不遑暇食"[⑨]；越王句践为

① 焦循．孟子正义［M］．北京：中华书局，1987.
② 杨伯峻．孟子译注［M］．北京：中华书局，1962.
③ 史记·卷一［M］．北京：中华书局，1959.
④ 淮南子·修务训［M］．北京：中华书局，1998.
⑤ 韩非子校注·显学［M］．南京：江苏人民出版社，1982.
⑥ 周振甫．文心雕龙今译·祝盟［M］．北京：中华书局，1986.
⑦ 杨伯峻．论语译注·泰伯［M］．北京：中华书局，1980.
⑧ 韩非子校注·五蠹［M］．南京：江苏人民出版社，1982.
⑨ 曾运乾．尚书正读·无逸［M］．北京：中华书局，1964.

雪会稽之耻，也“非其身之所种则不食，其非夫人之所织则不衣”①。这些君民并耕的传说，无疑给许行以极大的影响。尤其是楚之先王熊绎以至若敖、蚡冒“筚路蓝缕，以启山林”②的事迹，更是给他以强烈的烙印。凡此，显然是许行以君民并耕为核心的农业观形成的历史、社会渊薮。

许行假托神农之教以倡其学，也有地域上的因素。神农之传说，大概始于楚之早期邻国、晚期属国——随国。因为古代文献大多认为神农生于古随国即今湖北随州市的厉山（或曰烈山）。最早明确指出神农生地的是西汉史学家褚少孙，他在《史记·补三皇本纪》中说：“神农……本起烈山，故称烈山氏，亦曰厉山氏。”相传为汉代学者纂集的《礼记·祭法》也说：“是故厉山氏之有天下也，其子曰农，能殖百谷。”郑玄注云：“厉山氏，炎帝也，起于厉山，或曰有烈山氏。”前者谓神农起于厉山，后者说炎帝起于厉山，其实是一回事，因为郑玄是将炎帝与神农视为一人，故而互代。对此，唐人司马贞已有意会，因而他在为《史记·三皇本纪》作注时说：“郑玄云：‘厉山，神农所起。’”自东汉以降，言神农或炎帝生于厉山者代不乏人。《左传·昭公二十九年》：“有烈山氏之子曰柱为稷，自夏以上祀之。”杜预注：“厉山氏，炎帝也，起于厉山，或曰有烈山氏。”南朝梁宗懔进一步指出厉山的地望，他在《荆楚岁时记》中说：“随郡北界有厉山村，村南有厉山，山下有一穴，父老相传，神农所生。”由此可见，炎帝神农部落的主要支系曾生息劳作于以随为中心的汉水中下游一带。③随国与楚国山水相连，且长期处于楚国卵翼之下。作为楚人而又周游列国的许行，对神农之传说应知之甚详，故有感而发，就近取材著书立说是不难理解的。章学诚也认为，“古人未尝离事而言理”④。

① 国语·越语［M］. 上海：上海古籍出版社，1978.

② 见《左传·宣公十二年》《左传·昭公十二年》。

③ 刘玉堂 . 炎帝神农与远古文明［M］// 炎黄文化与现代文明 . 武汉：武汉出版社，1993.

④ 章学诚 . 文史通义·易教上［M］. 上海：上海古籍出版社，2015.

此外，许行之所以托神农立说，还在于他的君民并耕的理想在阶级社会里近乎海市蜃楼，恐不易被人接受，所以借神农这尊偶像以抬高自己学说的地位，扩大其影响。对于这种“挟古人以自重”的风气，梁启超披露得淋漓尽致：“有许多书，分明是后人所作，又往往假托古人名字以自重。”①

或许有人用章学诚“古人不著书”的名言来质疑《神农》为许行所著。其实，章氏的话与我们的看法并不矛盾。因为我们说许行著《神农》一书，并不排除此书经过其后学者的加工整理，正如我们肯定《孟子》为孟子的著述，又不否认它经过其弟子纂集一样。

三、《吕氏春秋》中的楚国农学

我们说《吕氏春秋》保存了《神农》的基本内容，是针对其论农诸篇而言。所谓“论农诸篇”，包括《上农》《任地》《辨土》《审时》四篇。其中，《上农》体现了以许行为代表的农家学派的农业观，上文已对此进行了论述，不再多赘。《任地》《辨土》《审时》等篇，主要论述了农业生产的技术与经验。有的学者认为，《吕氏春秋》中关于农业生产经验与技术的论述，都是从以许行为代表的农家学派那里承袭下来的。②这种见解有一定道理，只不过有点绝对化。我们认为，《吕氏春秋》关于农业生产技术和经验的论述，主要是来源于以《神农》为代表的楚国农学，但也吸收了其他国家如秦国的农业生产技术与经验。因此，可以这样认为：《吕氏春秋》中《任地》《辨土》《审时》诸篇，在一定程度上反映了楚国的农业生产的技术成就和经验水平。

从《任地》《辨土》《审时》诸篇看，当时楚国对农业生产的各个环节能够比较严格地把握，形成了一整套耕作制度，并能在此基础上进行科学的理论总结。

---

① 梁启超．古书真伪及其年代［M］．北京：中华书局，1962.

② 潘富恩，施昌东．农家学派“耕之大方”的朴素辩证法思想［J］．复旦学报，1982（2）.

据《任地》记载，楚人非常注重精耕细作，即“五耕五耨，必审以尽，其深殖之度，阴土必得”。为了调节地力，楚人保留了传统的休耕制度：“息者欲劳，劳者欲息”，并且创造了调茬轮作的先进耕作方式：“今兹美禾，来兹美麦。”同是在《任地》篇中，又记述有楚人多粪肥田的经验与技术：“地可使肥，又可使棘，人肥必以择，使苗间而地隙。”这里，楚人不仅总结了施肥的经验，而且对施肥的方法也提出了具体要求。《老子》曰：“天下有道，却走马以粪。”说明楚人对施肥有着长期经验。

据《辨土》记载，楚人非常重视田间管理。如对于通风与间苗，楚人的做法：“故晦欲广以平，甽欲小以深，下得阴，上得阳”；还应做到“衡（横）行必得，纵行必术，正其行，通其风”；更须注意：“其耨也，长其兄而去其弟。”可见，楚人对田间管理的任何一个操作过程都有严格的标准。这也是楚国农业生产水平发达的标志。

据《审时》记载，楚人对防治农作物的病害和虫害有着丰富的经验。如该篇在谈到农作物病害时说：“得时之禾”“如此者不风”，而“后时者”却会“穗阅而青零”；还说到“失时之稼约”。在这里，“青零”指未熟先落，“稼约”则是青病的一种，总之，都是讲的禾苗未熟时的病态。楚人对庄稼的不同病害能够做出如此精细的观察和准确的描述，正是他们长期同病害作斗争的经验总结。《审时》篇在谈到虫害时，同样细致入微：“得时之麻”，“如此者不蝗”；“得时之菽”，“如此者不虫”；“得时之麦”，“如此者不蚼蛆”，而“先时者胕动蚼蛆而多疾”。此外，《任地》中还提到“大草不生，又无螟蜮”。这说明，楚人对不同农作物的天敌都作了区分，并采取了相应的预防和消灭措施。这也是楚人粮食产量较高的重要原因之一。

特别值得提出的是，《吕氏春秋》中关于水稻栽培经验的总结更令人瞩目。这也从另一个角度说明《吕氏春秋》的农家之学，主要应来自楚国。因为在那时，正如前文所述，在水稻生产方面，楚国要算首屈一指。[①]《任地》开篇假后稷问了九个问题，其中四句："子能以窐为突乎？子能藏其恶而揖之以阴乎？子能使吾土靖而甽浴土乎？子能使保湿安地而处乎？"这四句都是讲如何把低洼之地改造成水田，以便改种水稻。由于楚人有着丰富的种植水稻的经验和较高的技术，故楚国的水稻颗粒饱满，口感也极佳。对此，《审时》篇有生动的描述："得时之稻"是"大本而茎葆，长稠疏机，穗如马尾，大粒无芒，博米而薄糠，舂之易而食之香"。而"先时者本大而茎叶格对，短稠短穗，多秕厚糠，薄米多芒；后时者纤茎而不滋，厚糠多秕，庢碎米不得恃，定熟仰天而死"。由此可见，楚人的水稻栽培技术和经验已达到相当高的水平。如前文提到的在楚故都江陵纪南城发现的西汉早期稻穗，色泽金黄，颗粒饱满，其中一穗为 72 粒，粒长 0.9 厘米，粒宽 0.34 厘米，主穗长 19 厘米，第一枝梗长 7 厘米，护颖长 0.25 厘米，剑叶长 28.5 厘米。[②] 真可谓"形如马尾"。这或许就是楚人所说的"得时之稻"。

总之，从某种意义上说，以许行为代表的农家学派诞生于楚国而非其他国家，这本身就说明，楚国具备孕育这一学派的理想土壤。而《吕氏春秋》论农诸篇之所以对楚国的农学格外推崇以至精心撷录，则标志着楚国农业已达到当时农业的最高水平。

---

① 郭仁成．楚国经济史新论［M］．长沙：湖南教育出版社，1990：81.
② 蒲士培．春秋战国时期江陵地区稻作浅探［J］．荆州师专学报，1989（3）.

第七章 楚国手工业管理与生产体系

第一节 官营作坊

马克思指出："一个民族的生产发展的水平，最明显地表现在该民族分工的发展程度上。任何新的生产力都会引起分工的进一步发展，因为它不仅仅是现有生产力的量的增加（例如开垦新的土地）。"[①]这是因为分工不是一种生产形式并列的自然存在，而是一种技术构成，分工越复杂，相互制约因素就越多，这里有工具种类的增多、劳动内容和方式的增多、流通交换方式的增多等。越专门化的生产，越要求专门的技术、工具、原料；越复杂的分工，越要求专门生产的组合。[②]这种组合，便形成了各种不同门类的官营和私营手工业作坊。春秋战国时期，楚国在生产力迅速发展的基础上，生产自身也获得了长足发展，手工业不仅成为重要的生产部门，而且生产种类、生产环节都表现了很高程度的生产分工和协作，出现了各种类型的手工业作坊。由于自春秋以来，楚国的王权始终十分强大，政府控制了生产和流通领域，私营手工业生产未能得到正常的发展，因此，我们的探讨主要放在官营作坊上。

一、中央政府直属作坊

《周礼·考工记》贾公彦疏："凡置官之法，所以教示在下。上行之，下效之。今一国皆能，不须教示，不置其官。"这里的"官"，即官营手工业作坊，也称之为官府工场。又《国语·齐语》记管仲对齐桓公之言有"处工就官"句，也足证官府即手工业作坊。《周礼·考工

① 马克思恩格斯全集·第3卷［M］.北京：人民出版社，1960：24.
② 张鸿雁.春秋战国城市经济发展史论［M］.沈阳：辽宁大学出版社，1988：167.

记》列举了三十个工种，即："凡攻木之工七，攻金之工六，攻皮之工五，设色之工五，刮磨之工五，搏埴之工二。"应该说每一个工种都设有若干官营作坊。楚国究竟有哪些官营作坊？按理至少《考工记》所列的三十个工种都设置了官营作坊。但根据目前所掌握的材料，能确知的主要有以下十类官营作坊。

造府　府库本为储藏器物之所，但到了战国时代，各国府库往往兼负造器之责。① 迄今所知有"造府"字样的楚器有四：《商周金文选录》578 号《陈旺戟》，其铭文为"陈旺之岁造府之戟"；《三代吉金文存》3·12·1·所录《造府鼎》，其铭文为"造府之右冶□□"；《古玺汇编》0131 著录有"造府之玺"，《古玺汇编》2550 所录《造府玺》。② "造"字从"人"从"告"，或从"攴"从"告"，郝本性等释读为"造"，③ 可从。据黄锡全考证，"告"字上部竖笔向左弯曲，应是楚文字的特点。据"造府"铜玺出于寿县，上列诸器之时代皆为战国晚期，说明此府与大府、高府一样，是设在国都内的中央府名。④ 据"造府鼎"和"造府"下有冶铸机构，郝本性认为这类机构"至少有两个，既有右冶，当有左冶。……负责铸造之事"⑤。郑超也认为，造府的"主要任务是制造器物"⑥。而据《陈旺戟》出于造府分析，此府也铸造武器。总之，造府为楚国大型官营冶铸作坊是没有疑问的。

郢郄（？）府　江苏无锡出土楚"䣄陵君"铭文铜器三件，其中，铜豆盘外底有："郢（郄？）贷（府）所告（造）"等铭文数十字。䣄陵君诸器属战国晚期楚物，铭文中"郢"无疑指寿春。第二字不清，难以

① 黄茂琳.新郑出土战国兵器中的一些问题［J］.考古，1973（6）.
② 罗福颐.古玺汇编［M］.北京：文物出版社，1981：22、246.
③⑤ 郝本性.试论楚国器铭中所见的府和铸造组织［M］// 楚文化研究论集·第一集.武汉：荆楚书社，1987：318.
④ 黄锡全.古文字中所见楚官府官名辑证［J］.文物研究，1991（7）.
⑥ 郑超.楚国官玺考述［J］.文物研究，1986（2）.

确释。黄锡全以为或即“郄”[①]，姑且存疑。无论第二字为何义，此府当与“郢大府”类似，是楚都内另一府名。李学勤认为，“□府，属于楚朝廷的机构，为王子申制器，类似秦的少府”[②]。李零、刘雨则进一步指出“应为楚之郢地监造这批铜器的官署名”[③]。可见，“郢郄（？）府”当即楚都中监造青铜器的官营手工业作坊。

铁官 《荀子·议兵》云：“楚人……宛钜铁铊，惨如蜂虿。”钜，杨倞注：“宛，地名，属南阳。徐广曰：‘大刚曰‘钜’。铊与‘鍦’同，矛也。’《方言》：‘自关而西谓之矛，吴扬之间谓之铊’。言宛地出此刚铁为矛。’”宛，既是楚国北疆的经济和军事重镇，又是楚国的冶铁中心之一。故可以断定楚宛县设有铁官，因为当时的齐秦都有铁官，而此后的汉代也多置铁官，加之楚国冶铁业起步早，发展快，想必楚国在铜官之后更置铁官，乃是理所当然的事。[④]

织室 《古玺汇编》0213 和 0320 分别著录有楚“织室之玺”一枚，又同书 0310 又著录有楚“东䧙（国）织室”玺一枚[⑤]，长沙楚墓还出土过一枚“中织室钵”铜印。[⑥]上列诸“织”字均不从“系”，朱德熙、裘锡圭释为“织室”。[⑦]甚确。“织室”之名见于《汉书》、汉印。《汉书·百官公卿表》记“少府”属官有“东织、西织……河平元年省东织，更名西织为织室”。汉印有“织室令印”。[⑧]叶其峰认为，“织室之玺”殆是管理纺织手工业的工官玺印[⑨]“中织室”之“中”，郑超以为“大概指王宫之中”，“中织室大概是专门给王后宫女们制作服装的

① 黄锡全．古文字中所见楚官府官名辑证［J］．文物研究，1991（7）．
② 李学勤．从新出青铜器看长江下游文化的发展［J］．文物，1980（8）．
③ 李零，刘雨．楚郏陵君三器［J］．文物，1980（8）．
④ 郭仁成．楚国经济史新论［M］．长沙：湖南教育出版社，1990：88.
⑤ 罗福颐．古玺汇编［M］．北京：文物出版社，1981：36、56、54.
⑥ 周世荣．湖南楚墓出土古文字丛考［M］//湖南考古辑刊·第一辑［M］．长沙：岳麓书社，1982.
⑦ 朱德熙，裘锡圭．战国文字研究（六种）［J］．考古学报，1972（1）．
⑧ 罗福颐．汉印文字征［M］．北京：文物出版社，1978.
⑨ 叶其峰．试释几方工官玺印［J］．故宫博物院院刊，1979（2）．

地方”。[①] 石志廉则认为，“中织室玺和织室之玺，均为掌管宫廷纺织事业官吏所用之印”。[②]“东陻（国）织室”之“陻”字从“邑”从“或”，郑超以为“当即‘国’字异体”。《左传・昭公十四年》记：“楚子使然丹简上国之兵于宗丘……使屈罢简东国之兵于召陵。”郑超由此指出：“东国织室不知是否设在召陵。”[③] 何琳仪则认为“东陻”在安徽淮北。[④] 黄锡全在综考诸家之说后，提出了自己的看法。他认为，“织室”二字均具楚文字特点，其字又见于楚简和铜器，尤其是“室”字，乃是判定国别的典型字例。“织室”应是掌管王室丝帛织造的官府机构，“织室令”才是官名。“中”与“东国”可能均是地名，楚系铜器有《中子化盘》[⑤]《中子宾缶》等器。[⑥] 这些“中”亦即“中州六器”之“中”，为汉阳诸姬之一，后来臣服于楚，并为楚灭。《中子化盘》铭“中子化用保楚王，用征莒”可证。[⑦] 玺文“中织室”可能就是“中”地的织室。“陻”即“古”或“国”字，其写法与《古玺汇编》0204 及《师寰簋》同。“东陻（国）”之名，又见于《保卣》《宜侯矢簋》及《师寰簋》等器。《战国策・西周策》：“令楚割东国以与齐。”高诱注：“楚东国，近齐南境者也。”如依高注，“东国织室”当在近齐南境之楚东国城内。事实上，楚东国也即“东地”，《战国策・楚策》记楚昭常对齐使说：“我典主东地，且与死生。悉五尺至六十，三十余万。弊甲钝兵，愿承下尘。”这里的“东地”，即东国。因此，“东陻织室”也可解为楚东地所设织室。“召陵”，杨伯峻以为在今河南郾城县东三十五里。[⑧] 在楚墓中发现了不少丝织物，有“丝绸宝库”之称的江陵马山砖瓦厂 1 号楚墓便出土了大量精美的丝织刺绣品。尤其值得注意的是，湖南长沙左家塘

①③ 郑超．楚国官玺考述［J］．文物研究，1986（2）．
② 石志廉．战国古玺考释十种［J］．中国历史博物馆馆刊，1980（2）．
④ 何琳仪．古玺杂识［J］．辽海文物学刊，1986（2）．
⑤ 《中子化盘》铭见《三代吉金文存》17・13・1。
⑥ 陈千万．《中子宾缶》初探［J］．江汉考古，1985（3）．
⑦ 张亚初．论鲁台山西周墓的年代和族属［J］．江汉考古，1984（2）．
⑧ 杨伯峻．春秋左传注［M］．北京：中华书局，1983.

44 号楚墓出土一件褐色矩纹锦，其黄色绢边上有墨书“女五氏”三字，这大概是工匠伍氏女子的署名。锦面上钤盖着一长条形朱玺，应为织造机构的标志。[①]这些材料不仅可以说明楚国纺织手工业在当时已非常发达，而且也证明纺织品上还须加盖织造作坊的玺印，写上纺织工人的姓氏，可见其分工之细密和管理之严格。[②]

船官　《水经注·江水》：“江陵县城，楚船官地也，春秋之渚宫矣。”《左传·文公十年》记：“(子西)沿汉泝江将入郢，王在渚宫，下见之。”张守节《正义》云：“渚宫当郢都之南。”杨伯峻以为“当在今江陵县治”，[③]其说可从。这渚宫，当是楚国的造船中心。据文献屡载楚有“舟师”分析，楚国应有一定规模的造船业。《左传·襄公二十四年》记：“楚子为舟师以伐吴，不为军政，无功而还。”《左传·昭公十九年》记：“楚为舟师以伐濮。”同书《昭公二十四年》记：“楚子为舟师以略吴疆。”同书《昭公二十七年》记：“(楚)与吴师遇于穷，令尹子常以舟师及沙汭而还。”同书《定公六年》记：“吴太子终累败楚舟师，获潘子臣、小惟子及大夫七人。”楚居江水上流，自春秋中晚期以来，先后与吴、越频繁发生舟战，必须有发达的造船业以满足舟师的需求。考古发现也证实了楚国造船业在春秋晚期至战国得到了快速发展。文物考古工作者在今江陵新桥河流入楚都纪南城南垣中部缺口处进行了一次发掘，在靠缺口的两侧，发现了一段流向与该河相同的古河道，并在古河道中发现了一座木构水门建筑。这座木构建筑的主体部分平面作方形，有 41 个柱洞(其中 32 个柱洞保存了木柱)，分 4 排构成 3 个门道，门道最宽者为 3.7 米，最窄者也有 3.5 米，其建造时代为春秋晚期至战国时期。[④]这座木构建筑当是水上城门，其功能是供船只出入都城。从水门的宽度分析，楚国船体已具相当规模。鄂君启金节铭文记

① 李学勤. 东周与秦代文明［M］. 上海：上海人民出版社，2007：231.
② 黄锡全. 古文字中所见楚官府官名辑证［J］. 文物研究，1991(7).
③ 杨伯峻. 春秋左传注［M］. 北京：中华书局，1983.
④ 湖北省博物馆. 楚都纪南城的勘查与发掘(上)［J］. 考古学报，1982(3).

载楚国商船成群结队，船上满载商贾和货物，说明船在战国时已成为楚国重要的水上交通工具，故楚国的官营造船作坊当不止一两处。1978年在广州首次发现一处秦汉之际的造船工场遗址，船场上有三个平行排列的造船台，说明当时已采用了船台与滑道下水结合的结构原理，可以制造载重50—60吨的大木船。夏鼐认为这个船场是秦代统一岭南时建造的。① 但岭南番禺一带自战国中期吴起“南平百越”② 后一直附属于楚，秦建船场恐怕脱离不了楚国造船技术的基础，或许它就是楚船官的旧址。③

集醻　已知楚国有“集醻”铭文的铜器有三：《三代吉金文存》3·12录《铸客鼎》和故宫博物院藏《铸客鐎壶》器盖对铭均为“铸客为集醻为之”，上海博物馆藏《铸客鏕》也有相同铭文。郝本性以为鏕与鐎壶为一套温酒器，“醻”是美酒名。④ 可从。陈秉新认为，“醻”当读为“酋”，“醻”与“酉”古音同隶幽部，醻属舌面禅纽，酋属齿头从纽，两纽相近，可以通转。集醻是楚王室总管酿酒的机构。⑤ 当时的管理与生产往往结合在一起，故集醻也是楚王室大型酿酒作坊。据楚辞《招魂》《大招》等记载，楚国宫廷饮酒之风甚炽，这说明楚国酿酒作坊必定不少。

㔹（肆）府　《古玺汇编》0337著录有“㔹（肆）府之玺”一枚。⑥ 第一字，何琳仪认为应隶作“㔹”，后世作“𠟭”，训“解骨”，典籍或作“肆”。《周礼·春官·大宗伯》：“以肆献祼享先王。”注云：“肆

① 夏鼐．考古学和科技史［M］．北京：科学出版社，1979：5.
② 史记·卷六十五［M］．北京：中华书局，1959.
③ 郭仁成．楚国经济史新论［M］．长沙：湖南教育出版社，1990：88.
④ 郝本性．试论楚国器铭中所见的府和铸造组织［M］// 楚文化研究论集·第一集．武汉：荆楚书社，1987：324、326.
⑤ 陈秉新．寿县楚器铭文考释拾零［M］// 楚文化研究论集·第一集．武汉：荆楚书社，1987：336.
⑥ 罗福颐．古玺汇编［M］．北京：文物出版社，1981：59.

者，进所解牲体。”玺文“斘府”应是宰割牲体的机构。[①]楚国牲畜屠宰业十分兴旺，《庄子·养生主》记有“为文惠君解牛”的“庖丁”，《韩诗外传》卷八记有以宰羊为业且拒绝官禄的“屠羊说”。虽说后者也可能是私营宰牲作坊主，但受官府控制的私人宰牲业尚且具有如此大的诱惑力，或可反证官营宰牲业之盛。

铜官　董说《七国考》引《图书记》云：“楚设铜官，铸钱洲上，遂名铜官。”《一统志》：“铜官渚在（长沙）县西北铜官山下，一作铜官浦，旧传楚铸钱处。”长沙是战国时期楚国南部的经济中心，其地恰好位于楚国产铜基地今大冶铜绿山和麻阳九曲湾之间，[②]原材料转运十分便利，且处于战争后方，楚人在长沙设有大型造币作坊是完全可能的。考虑到楚国商业的繁荣，货币流通量大，楚国的铸钱作坊当不止此一处。

黄金采　《韩非子·内储说上》云：“荆南之地，丽水之中生金，人多窃采金。采金之禁，得而辄辜磔于市，甚众，壅离其水也；而人窃金不止。”显然，在这丽水之滨，楚国政府必设有专门淘金的工场，不然，就用不着颁发如此严厉的禁令来与民争利了。[③]由于黄金所拥有的特殊地位，使得楚人对它的开采权的控制远甚于其他金属矿藏，也就是说，在楚国，只有官营黄金开采作坊才是合法的。楚国黄金开采作坊的名称，先秦典籍无载，也未见于文物铭刻。目前只知道汉代设有“黄金采”，专营黄金开采。《汉书·地理志上》云：“豫章郡……鄱阳武阳乡，右十余里有黄金采。师古曰：‘谓采金之处。’”豫章郡鄱阳县战国时期隶于楚，[④]“黄金采”之名，或许源于楚国采金作坊。

① 何琳仪．古玺杂识［J］．辽海文物学刊，1986（2）．

② 中国科学院考古研究所铜绿山工作队．湖北铜绿山东周铜矿遗址发掘［J］．考古，1981，（1）；高至喜，熊传新．楚人在湖南的活动遗迹概述——兼论有关楚文化的几个问题［J］．文物，1980（10）．

③ 郭仁成．楚国经济史新论［M］．长沙：湖南教育出版社，1990：89.

④ 刘玉堂．楚人入赣的时间、路线及发展试探［J］．中南民族学院学报，1987（4）．

二、其他类型的作坊

以上所列官营手工业作坊都是楚国中央政府所直接控制，并由总管全国手工业生产的工尹（有时临时设大工尹）负责经营，这应是楚国官营手工业的主要部分。与此同时，王家、贵族和地方政府也经营有手工业作坊，这些手工业作坊虽不由工尹管辖，但从其性质来看，仍然属于官营手工业作坊的范畴，它们同严格意义的私营或曰个体手工业作坊有着比较明显的区别。

（一）宫廷作坊

据《周礼·天官·冢宰》记载分析，战国时期，各国宫廷之内多设典妇功之官，管理宫内女红，尤其是丝麻纺织，皆有作坊。又有缝人、染人、追师（掌首饰）、屦人、夏采（染鸟羽）等制作服饰，以供宫廷享用。《三代吉金文存》3·19录有楚《王后七府鼎》一件，其铭为“铸客为王句（后）七府为之”。“王句”，朱德熙释为“王后”。[①]甚确。“七府”不见于文献，但文献中有“九府”“六府”等名称。如《史记·货殖列传》：“设轻重九府。”《汉书·食货志》：“太公为周立九府圜法。”张守节《正义》以为“九府”指太府、王府、内府、外府、泉府、天府、职内、职金、职币等。《尔雅·释地》有“九府”，指九方的宝藏和特产。《礼记·曲礼下》：“天子之六府，曰：司土、司木、司水、司草、司器、司货，典司六职。”注云：“六府，主藏六物之税者。”“王后七府”，可能为供奉王后的第七府，[②]也即第七个手工业作坊，其所执掌经营的门类不详。楚国不仅在宫廷设有手工业作坊，而且在离宫别馆也附设有手工业作坊，这在有关楚国文献中可发现一些蛛丝马迹。《左传·昭公十二年》：“楚子次于乾溪……工尹路请曰：‘君王命剥圭以为鏚柲，敢请命。’王入视之。”这说明楚国离宫也附设有冶玉手工业作坊。鄂君启金节铭文也明言此节是在“茂郢之游宫”制

① 朱德熙．寿县出土楚器铭文研究［J］．历史研究，1954（1）．

② 黄锡全．古文字中所见楚官府官名辑证［J］．文物研究，1991（7）．

作的，[1]这是楚游宫附设有冶铸手工业作坊的证据。

（二）贵族家庭作坊

鄂君启金节铭文说，此节是专为“鄂君启之府”铸造的，相类似的还有“司马之府”，见于出土楚器“司马之府”玺。[2]这些府都是贵族食邑或家室造器和储货的地方。在传世的楚器中，不少有“自作”的铭文，说明这些物主都有自己的家庭作坊”。[3]比如在各种有铭楚公钟上，都铭记着“楚公旅自作”“楚公家自作”“楚公家自铸”的字样。[4]可见楚公家是有私家冶铸作坊的。还有一件战国楚兵器《羕陵公伺戈》，铭文中也有“羕陵公伺之自所造”字样，说明羕陵公伺家也有自己的作坊。[5]另有一些铜器虽然铭文未明言自作，但考虑到用器者的身份地位，也很可能系其食邑或家室自己铸造。如《三代吉金文存》3·11录《坪夜君鼎》和《鄬伯受簠》等，[6]就很可能为贵族食邑或家室自造之器，因为后者铭文称该器系“鄬伯受用其吉金”所作，既然是用自己的“吉金”，当然也就是自作。需要说明的是，同上述宫廷手工业作坊和以下将要论及的地方手工业作坊相比，楚国贵族手工业作坊的私有特征比较明显，但由于王权对贵族的强有力的控制，使得贵族家庭手工业仍然未能突破官营的范畴。

（三）地方政府所属作坊

楚国地方手工业作坊铸造的铜器，已知的如《寿春府鼎》，其铭为“寿春府鼎（？）□署（？）官肴”[7]。《史记·楚世家》：楚考烈王“二十二年，与诸侯共伐秦，不利而去。楚东徙都寿春，命曰郢”。郝本性认为，此鼎不称郢而直称寿春，当铸于楚考烈王二十二年（公元

---

①③ 于省吾.《鄂君启节》考释［J］.考古，1963（8）.

② 汤余惠.楚玺两考［J］.江汉考古，1984（2）.

④ 见《攈古录·三代》。

⑤ 武汉市文物商店.武汉市收集的几件重要的东周青铜器［J］.江汉考古，1983（2）.

⑥ 湖北省荆州地区博物馆.江陵岳山大队出土一批春秋铜器［J］.文物，1982（10）.

⑦ 天津市文化局文物组.天津市新收集的商周青铜器［J］.文物，1964（9）.

前 241 年）楚迁都寿春以前。[①] 这就是说，此鼎系楚国寿春地方政府所铸造。又如薛尚功《历代钟鼎彝器款识法帖》著录有《卑梁君鼎》。据《史记·楚世家》记载，卑梁原为吴近楚边邑。后因吴卑梁人与楚边邑钟离人争桑，“楚王闻之怒，发兵灭卑梁”，卑梁便沦为楚邑。《卑梁君鼎》当即卑梁地方政府铸造作坊为其行政首脑所作的器物。在广西平乐银山岭战国楚墓出土一件铜戈，内上横刻“江鱼”二字。据载，江、鱼均是地名，江在战国时属楚，鱼在公元前 227 年以前也属楚，后为秦人所占领。[②] 可能这件戈是江、鱼两地合办的冶铸作坊的出品。[③] 前文曾援引《古玺汇编》等所著录之楚玺有《中织室鈢（玺）》和《东䧃（国）织室玺》。前者为楚灭姬姓中国后“中”地的织室；后者系楚东国地方政府的织室，该地近齐之南境。又《古玺汇编》0309 著录有《下蔡戠襄玺》一枚。下蔡为蔡国晚期都城，蔡亡后隶入楚国，其地在今安徽凤台一带。“戠襄”或读“职纕”，汤余惠认为“纕官和职纕大约是同类性质的工官”。[④] 吴振武认为“可能是负责织造佩带部门或官吏所用之玺”。[⑤] 吴说可从。可见，“下蔡戠襄”当为楚下蔡地方政权所设置的主管织造佩带的手工业作坊。楚国的爰金，到目前为止，已出土六种：郢爰、陈爰、郚爰、鄗爰、卢金、鄟（蔡）字爰金，再加上长沙出土的陶质冥爰“鄢爰”，一共是七种，分别由七个地方制造。[⑥] 其中除了郢爰即楚爰，是国都所铸外，其余几种就是各个地方政府的冶金作坊铸造的。《古玺汇编》0133 著录有《□（爰？）正府玺》一枚，[⑦] 其中第一字疑为

---

① 郝本性．试论楚国器铭中所见的府和铸造组织［M］// 楚文化研究论集·第一集．武汉：荆楚书社，1987：319.

② 蒋廷瑜．从银山岭战国墓看西瓯［J］．考古，1980（2）.

③ 郭仁成．楚国经济史新论［M］．长沙：湖南教育出版社，1990：90.

④ 汤余惠．楚玺两考［J］．江汉考古，1984（2）.

⑤ 吴振武．《古玺汇编》释文订补及分类修订［M］// 古文字论集·初编．香港：香港中文大学中国文化研究所，1983.

⑥ 朱活．楚金杂谭［J］．江汉考古，1983（3）.

⑦ 罗福颐．古玺汇编［M］．北京：文物出版社，1987：23.

“爰”字，如此释可以成立，则此处“爰正府”当即某地铸造爰金的作坊。

由此可见，楚国官营手工业在楚国手工业生产中居于绝对的优势，几乎控制了所有的重要生产行业与部门，而民间手工业只是它们的补充。这，就是楚国官营手工业最重要的特征。

第二节　管理与技术职官

春秋战国时期，楚国以发达的手工业著称于世。而手工业生产特别是官营手工业的发展，必须有一大批官员来担任行政管理和技术监督指导的角色，某些低级技术官吏甚至亲自参加生产。所有这些官吏，又被统称为“工官”。下面，拟从大量的文献记载和传世与出土的考古材料中钩沉索隐，对楚国手工业管理与技术监督指导官员的名称、职能及其源流作一系统考察，以此亦可印证楚国手工业尤其是官营手工业发展之速度与规模。

工尹　管理百工的长官，三代以来习称司空，是为冬官。《周礼·考工记》郑玄注云：“司空掌营城郭，建都邑，立社稷宗庙，造宫室、车服、器械，监百工。”春秋时代，中原诸国大多称司空为“工正”，唯南方楚国独称工尹。楚国也有工正，但另有所司。《左传·文公十年》记：“王使（子西）为工尹。”杜预注：“掌百工之官。”《左传·成公十六年》记：“郤至三遇楚子之卒，见楚子必下，免胄而趋风。楚子使工尹襄问之以弓。”又《左传·昭公十二年》记：“工尹路请曰：‘君王命剥珪以为鍼柲，敢请命！’王入视之。”从其负责赠送珪玉以饰斧柄的活动来看，工尹为掌管百工之官无疑。楚《郕客铜量》铭文有“攻（工）尹穆丙”[①]而据包山楚墓竹简有“鄜陵工尹产”[②]分析，楚国

① 周世荣．楚《郕客铜量》铭文试释［J］．江汉考古，1987（2）．

② 包山墓地竹简整理小组．包山二号墓竹简概述［J］．文物，1988（5）．

地方政府也设有工尹一职。

大工尹　鄂君启金节铭文记：“大司马昭阳败晋师于襄陵之岁……大攻（工）尹脽台（以）王命命彙（集）尹悊糌、裁尹逆，裁令阬为鄂君启之府赓铸金节。”[①] 又湖北随州曾侯乙墓出土竹简所记楚官也有大工尹。[②] 从鄂君启金节铭文分析，大工尹的职权当与被称为百工之长的工尹相当。它很可能为限制工尹职权而专设或临时增设，但也不排除是对工尹尊称的可能。

工佐　上引楚《郱客铜量》铭文有“以命攻尹丙、攻差宝之、集尹陈夏”等“铸二十金剖以賹”[③]。“攻”即工，“差”即佐。“攻差”即工佐。工佐紧列工尹之后，很可能系工尹副职，意为工尹之辅佐。

少工佐　上引楚《郱客铜量》铭文有“以命……集尹陈夏、少集尹龚赐、少攻差孝癸铸二十金剖以賹”[④]。可见，集尹在工佐之后，而少工佐则在少集尹之后，说明少工佐并非工佐之副，而只能以工佐之技术助理视之。否则，少工佐位置即便次于集尹，也不至于列在少集尹之后。

司徒　《左传·宣公十一年》记：“令尹芀艾猎城沂，使封人虑事，以授司徒。”杜预注：“司徒掌役。”孔颖达对杜注进一步发挥说：“《周礼》，大司徒掌庶人之政令，小司徒凡用众庶，则掌其政教。凡国之大事致民，是司徒掌徒役也。”《左传·襄公二十五年》记郑伐陈，陈屈服，最后郑一毫不取，“司徒致民，司马致节，司空致地，乃还”。此处“民”，主要指徒役。又《尚书·牧誓》伪孔传云：“治事三卿：司徒致民，司马主兵，司空主土。”这里的“民”也包括徒役在内。综合上述记载分析，司徒主掌徒役。徒役主要指在王宫、贵族和地方政府手工业作坊中服役的工奴，但也包括在军中做一些带有技术性和后勤性质工作的人，如修理车辆者和做饭采樵者等。据《荀子·王制篇·序官》

---

① 郭沫若．关于《鄂君启节》的研究［M］// 文史论集．北京：人民出版社，1961：335.

② 裘锡圭．谈谈随县曾侯乙墓的文字资料［J］．文物，1979（7）．

③④ 周世荣．楚郱客铜量铭文试释［J］．江汉考古，1987（2）．

云："司徒知百宗城郭立器之数。"这说明，司徒不仅为管理工奴的总监，还兼掌城建和器服制造之事。

右斯政　《古玺汇编》0280著录有楚《右斯政玺》一枚。此玺第二字从斤从其，与《汗简》"斯"字的写法类同，吴振武释为斯。[①]可从。《说文》："斯，析也。"斯或作厮。《集韵》云："厮，析薪养马者。"据《公羊传·宣公十二年》何休注，古代凡执劳役以供使令者皆称"厮役"。厮役或称厮徒，必要时可能为卒参战。《史记·苏秦列传》云："厮徒十万。"司马贞《索隐》曰："厮徒，谓厮养之卒，厮养马之贱者，今起之为卒。"《史记·张仪列传》云："料大王之卒，悉之不过三十万，而厮徒、负养在其中矣。"又《后汉书·郑玄传》有"厮役之吏"，注云："厮，贱也。""政"为主其事者之称，犹如盐政、学政之类。《说苑·善说》："魏文侯与夫人饮，使公乘不仁为觞政。""斯政"，可能就是负责管理厮役、厮徒这些低贱的奴仆的官吏。[②]而这些受斯政管理的低级奴仆，当以从事饲养公马等职业的工奴为主，故斯政也应归之于广义的工官之列。根据此玺，"斯政"还有左、右之分，按楚人尚左，此右斯政的地位当低于左斯政。不过，楚国究竟是以斯政为正职，以左、右斯政为副职，或是只设左、右两斯政，尚待进一步考证。

工正　《左传·宣公四年》记："及令尹子文卒，斗般为令尹，子越为司马。蒍贾为工正，谮子扬而杀之，子越为令尹，己为司马。"这是楚官工正见于《左传》的唯一记载。工正究竟为何官，有两种不同的解释：一是《左传·庄公二十二年》载，陈公子完奔，齐桓公"使为工正"。杜注："掌百工之属。"吴永章按：工尹，杜预也说是掌百工之官，故其职责应相类似；又据《尔雅·释诂》郭注：正，"谓官长"，即古时一官之长曰正，故从字义上讲工正与工尹也相类似。[③]据此可以

① 吴振武.《古玺汇编》释文订补及分类修订［M］//古文字论集·初编.香港：香港中文大学中国文化研究所，1983.

② 黄锡全.古文字中所见楚官府官名辑证［J］.文物研究，1991（7）.

③ 吴永章.楚官考［J］.中华文史论丛，1982（2）.

这样理解，工正与工尹或是一官二名，如同《湖北通志》所说：“工尹掌百官之长，又有工正亦其类也。”事实上，这是以中原职官比附楚官，中原诸国工正管百工不假，楚国工正则另有所司。二是《左传·昭公四年》记：“夫子为司马，与工正书服。”孔颖达疏云：“工正掌作车服，故与司马书服。”又《左传·襄公九年》记：“使皇郧命校正出马，工正出车。”杜注：“工正主车。”孔疏：“《昭四年传》云，夫子为司马与工正书服，是诸侯之官司马之属有工正主车也。”再联系《左传·宣公四年》记蒍贾“为工正”后升为司马，工正主车为司马之属的说法，[①]可通。我们以为，工正应为主、司车服制造的官吏，并兼管理车服。

市攻　湖南长沙杨家湾6号楚墓出土漆耳杯底部有“市攻”二字戳印，[②]“市”字与鄂君启金节铭文中的“市”字写法类同，裘锡圭释为“市”，可从。裘氏以为“市攻”当读为“市工”，意即市所属的工官或工匠。[③]据《史记·循吏列传》记载，楚国有“市令”。我们以为市令为一市的行政长官，市工则系一市主管手工业生产的官员。

集尹　从前引鄂君启金节銘文“……大攻（工）尹睢台（以）王命命集尹悊糌……为鄂君之府更铸金节”分析，至少可以获得两点认识：其一，集尹的地位低于工尹（或大工尹），二者有着统属关系，楚王下达制作器服的命令后，工尹（或大工尹）即向集尹和其他有关官员传达，集尹等再往下落实给有关工官去负责具体制作；其二，集尹的主要职责是监造青铜器，也包括青铜符节印信等。如楚《郱客铜量》即有“集尹陈夏”等“铸二十金剀以赊”的铭文，[④]亦可为证。但是，集尹很可能还兼管其他事务，河南信阳战国楚墓出土的贴金木当铲的背面有一

① 吴永章．楚官考［J］．中华文史论丛，1982（2）．
② 湖南省文物管理委员会．长沙杨家湾M006号墓清理简报［J］．文物参考资料，1954（12）．
③ 裘锡圭．战国文字中的“市”［J］．考古学报，1980（3）．
④ 周世荣．楚郱客铜量铭文试释［J］．江汉考古，1987（2）．

“集”字，同墓出土铜匕木柄上也有“集”字，这些“集”字疑即标志着这些木器为集尹所监制。①此外，江陵天星观一号楚墓竹简记有“集尹墨”②，惜未言其职司。楚集尹不见于文献。

少集尹　楚《郙客铜量》铭曰：“罗莫敖臧其、连敖屈上，以命攻尹穆丙、改差宝之、集尹陈夏、少集尹龚赐、少攻差孝癸，铸二十金剖以赓，秋七月。”③由此看来，少集尹为集尹之副，其地位也低于攻差，却高于少攻差。少集尹既然为集尹的副职，其职责当为协同集尹监造青铜器服等。同集尹一样，楚少集尹也不见于文献。

冶师　《三代吉金文存》17·16著录楚《酓感鼎》和《酓感铋鼎》之一，铭文均为“冶师绍圣、差（佐）共为之”。又《三代吉金文存》4·17著录楚《酓感鼎》之二，铭文为“冶师史秦、差（佐）苛膽为之”。同书同卷还著录楚《酓感鼎》之三，铭文为“冶师盘野、差（佐）秦忑为之”。铭文“冶”字释读不一，黄盛璋释为“冶”，④可从。由此可见，冶师应为负责青铜器冶铸的基层技术官员。

冶佐　由上引楚鼎铭文可知，冶佐与冶师一同具体负责青铜器的冶铸工作，冶佐当为冶师的技术助理。

菽尹　根据前引鄂君启金节铭文来看，楚还有称作“菽尹”的官员。“菽”，其义不明。有的学者释“菽”为“织”，以为菽（织）尹是负责织造的官。⑤疑未妥。鄂君启金节铭文明言菽尹等同集尹一道负责“更铸金节”，足证其职责非掌织造。还有学者释“菽尹”为“箴尹”，⑥亦欠当。《吕氏春秋·勿躬》高诱注云：“楚有箴尹之官，亦谏臣。”《国语·周语》韦昭注：“师箴”为“箴刺王阙以正得失”。足见

①⑤ 郝本性．试论楚国器铭中所见的府和铸造组织［M］// 楚文化研究论集·第一集．武汉：荆楚书社，1987：322.

② 湖北省荆州地区博物馆．江陵天星观一号楚墓［J］．考古学报，1982（1）．

③ 周世荣．楚郙客铜量铭文试释［J］．江汉考古，1987（2）．

④ 黄盛璋．战国“冶”字结构类型与分国研究［M］// 古文字论集·初编．香港：香港中文大学中国文化研究所，1983.

⑥ 缪文远．七国考订补［M］．上海：上海古籍出版社，1987.

箴尹为掌谏议之官，与司铸造无缘。由此看来，裁尹的职责或许与监管铸造有关，但也很可能不限于此，其地位应略低于集尹。

裁令　据前引鄂君启金节铭文来看，裁令大概为裁尹之副，其职责可能侧重于技术工作。

织室（尹）　前面在讨论楚国官营手工业作坊时，曾援引《古玺汇编》等所著录之楚玺有《织室之玺》《中织室鈢（玺）》和《东䣙（国）织室玺》等，并据以论证楚中央政府设有织室，为楚国纺织手工业的监制机构。根据楚部门长官惯常称“尹”分析，织室应当设有织室尹之职，很可能还配置有织室令等副职官员。同理，前引《中织室鈢（玺）》和《东䣙（国）织室玺》则分别表明楚“中地”和“东地”设有主持地方织室工作的长官。

襄官　《古玺汇编》0141 著录有楚《襄官之玺》。“襄官”似可读如“纕官”，汤余惠认为“可能与衣带的制作和管理有关”。①《楚辞・离骚》：“既替余以蕙纕兮。”王逸注：“纕，佩带也。”《集韵》云：“纕，一曰马服带。”楚简遣策中记载有各种带名，如汤氏所举革带、组纕之类。此襄官当为楚国中央政府管理制作各种佩带的职官。又前文曾论证楚国地方政府手工业作坊有戠襄，专营佩带生产，其长官或称戠襄令。

司衣　包山楚墓出土竹简《司法文书》中有“司衣之州”②。据该墓发掘报告，知楚州为县以下基层组织，在“里”之上。③“司衣”应是官名，类似于《周礼・春官》之“司服”。“司服”主管王之吉凶、衣服。故司衣很可能为负责王室服饰的官吏。州以官命名，有两种可能：一是此州属于司衣，如同“邸阳君之州”④；二是由于某种原因以纪念“司衣”，犹如汉代州名“司州”，是因汉以司隶校尉督察畿辅，后世于

① 汤余惠．楚玺两考［J］．江汉考古，1984（2）．
② 包山墓地竹简整理小组．包山二号墓竹简概述［J］．文物，1988（5）．
③ 湖北省荆沙铁路考古队．包山楚简［M］．北京：文物出版社，1991．
④ 湖北省荆州地区博物馆．江陵天星观 1 号楚墓［J］．考古学报，1982（1）．

畿内置“司州”[①]。

封人　《左传·宣公十一年》：“令尹蔿艾猎城沂，使封人虑事，以授司徒。量功命日，分财用，平板干，称畚筑，程土物，议远迩，略基趾，具糇粮，度有司。事三旬而成，不愆于素。”杜注：“封人，其时主筑城之官。”《周礼·地官》谓封人“凡封国，设其社稷之壝，封其四疆；造都邑之封域者亦如之”。可见楚封人职在负责大型建筑工程的工程规划设计和建筑材料、工期以及经费的预算等工作。封人当隶于司徒。[②] 又《荀子·尧问》也记有楚孙叔敖答缯丘封人问之事。此缯丘封人，或即地方政府主管建筑工程的官员。他国亦有封人，如《左传·隐公元年》记郑有颍谷封人，《左传·桓公十一年》记郑有祭封人，《左传·文公十四年》记宋有萧封人，《左传·昭公十九年》记蔡有郹阳封人，《论语·八佾》有仪封人。上述他国诸封人皆为典守封疆之官，与楚封人名同责异。

司城　包山楚墓出土竹简有“司城”[③]。“司城”当为主管城市建设的官员。又曾侯乙墓出土竹简中有“宋司城”[④]。过去一直认为司城即司空或司工，为宋独有，是宋因武公名司空，遂改司空为司城。现在看来，这种看法尚须修正。[⑤]

吏臣　漆木器制造业是楚国手工业生产的一个重要部类，当有官员专司。由于文献失载，长期以来，人们对楚国漆木器生产管理方面的情况不甚了解，幸有地下出土文物弥其不足。缪文远《七国考订补》引长沙楚漆奁刻铭：“廿九年六日□月作造，吏臣向、右工师向、工六人台。”[⑥] 这当是楚国漆木器行业中管理者和生产者的标记。其中，吏臣大概为负责漆木器制造业的行政长官；右工师或许为执掌此行业的技术

① 黄锡全．古文字中所见楚官府官名辑证［J］．文物研究，1991（7）．
② 高介华，刘玉堂．楚国的城市与建筑［M］．武汉：湖北教育出版社，1995：221．
③ 包山墓地竹简整理小组．包山二号墓竹简概述［J］．文物，1988（5）．
④ 裘锡圭．谈谈随县曾侯乙墓的文字资料［J］．文物，1979（7）．
⑤ 黄锡全．古文字中所见楚官府官名辑证［J］．文物研究，1991（7）．
⑥ 缪文远．七国考订补［M］．上海：上海古籍出版社，1987．

官吏（下文有专论）；工，即工匠，即具体生产者。由此可见，楚国漆木器的生产具有一套比较完整的体系。

右工师　前引长沙楚漆奁刻铭谓楚有“右工师”。此右工师，其地位可能相当于中原诸夏之工师，楚国惯常分置官职为左、右，以示尊卑。《礼记·曲礼上》孔颖达疏引干宝云：“凡言师者，训其徒也。”故工师之于工匠，往往就是隶属关系兼师徒关系。工师与工尹的主要区别在于：前者是从工匠中遴选出来负责技术指导和生产管理的技术官员，而后者则是手工业生产的行政管理官员。故《管子·立政》云：“使刻镂文采勿敢造于乡，工师之事也。”《荀子·王制》亦云：“论百工，审时事，辨功苦，尚完利，便备用。使雕琢文采不敢专造于家，工师之事也。”在生产过程中，工师还负有监工的任务。如《礼记·月令》曰：“百工咸理，监工日号。”郑玄注云：“于百工皆理治其事之时，工师则监之，日号令之。”又《周礼·考工记·梓人》云：“凡试梓，饮器乡衡而实不尽，梓师罪之。”郑注：“梓人之长罪于梓人焉。”贾疏：“梓师是梓官之长，不可自受罪，故为梓师罪梓人也。”这段引文说明：工师乃是通名，梓师才是梓官的实名。在不同的生产部门，工师的名称并不相同，[①]其职司也互异。此漆奁刻铭中之“右工师”，很可能是工师在漆木器生产部门的名称。

戒客（？）　《古玺汇编》0163著录有楚《客戒之玺》。[②]石志廉读为“客戒之玺”，疑系械客。[③]郑超读为“戒客之玺”，认为“客”字写得比较马虎，有一些伪变，“戒”字当读为“械”，“械客”当是主管机械制造之官，此印当以“戒”字为起点环读。[④]依楚器铭文惯例，大凡称“客”者多系外来技术工匠，非楚官。此“客”有玺，与其身份不符。黄锡全通过对字形的分析，也认为此玺第一字释“客”可能有问

① 郭仁成．楚国经济史新论［M］．长沙：湖南教育出版社，1990：87.
② 罗福颐．古玺汇编［M］．北京：文物出版社，1981：28.
③ 石志廉．战国古玺考释十种［J］．中国历史博物馆馆刊，1980（2）.
④ 郑超．楚国官玺考述［J］．文物研究，1986（2）.

题，主张存疑待考。①

玉尹　《新序》卷五有荆人卞和“奉玉璞而献之（楚）武王，武王使玉尹相之”的记载。可见，玉尹为掌治玉之官。

铜官（尹）　据前引《七国考》和《一统志》等文献，楚有铸钱作坊铜官。按照楚国部门长官多称“尹”的惯例，铜官应置有铜官尹，或许还置有协助其工作的铜官令等。

新造盩　《战国策·楚策》记：“芬冒勃苏对曰：‘臣非异，楚使新造盩。’”“新造盩”，鲍彪注：“楚官。”董说《七国考·楚职官》云：“战国官号之奇者，如新造盩、犀首是也……”随州曾侯乙墓出土简文有“新造尹”②。缪文远《七国考订补》以为“或即《战国策》所云之‘新造盩’”③。此说可取。新造盩所司何事不详，但从其有“造”字分析，或许与造器有关。

胥师　《左传·宣公十四年》记楚子伐宋：“屦及于窒皇，剑及于寝门之外，车及于蒲席之市。”《正义》云：“阙名窒皇及市名蒲胥，义皆未闻，盖谓郢都之市耳。”《周礼·地官·司市》云：“以贾民禁伪而除诈。”郑注：“贾民，胥师、贾师之属。必以贾民为之者，知物之情伪与实诈。”郭仁成认为：“蒲胥之‘胥’，似是胥师之谓，则蒲胥之市，应即是蒲席之市了。因为楚地多产蒲席，在郢都辟有专门市场，而以胥师管理之。”④可见胥师即楚国管理蒲席市场的下层官吏，同时还可能兼监理蒲席生产。因为按郑玄上说，胥师必“知物之情伪与实诈”，而要想做到这一点，就必须对蒲席的生产过程有较深的了解，而这正是蒲席制造业行政管理者和技术官员所必须具备的基本业务素质。

集酭（尹）　前文在讨论楚国官营手工业作坊时，曾援引楚国现存三件有“集酭”铭文的铜器，并据以论证楚有官营酿酒作坊——集酭。

① 黄锡全．古文字中所见楚官府官名辑证［J］．文物研究，1991（7）．
② 裘锡圭．谈谈随县曾侯乙墓的文字材料［J］．文物，1979（7）．
③ 缪文远．七国考订补［M］．上海：上海古籍出版社，1987.
④ 郭仁成．楚国经济史新论［M］．长沙：湖南教育出版社，1990：14.

而依楚制，部门长官多称“尹”，因此，楚或许有集醻尹一官，很可能还置有集醻令为之副职。不过，参之以有关典籍，似乎也不能完全排除楚集醻兼有酿酒机构和酿酒机构长官双重涵义。《礼记·月令》云：“仲冬之月……乃命大酋秫稻必齐，麴糵必时，湛炽必洁，水泉必香，陶器必良，火齐必得。兼用六物，大酋监之，毋有差贷。”郑玄注：“酒孰曰酋。大酋者，酒官之长，于周则为酒人。”许慎《说文》亦云：“酋，绎酒也。《礼》有大酋，掌酒官也。”由此说来，集畴也可能是楚酿酒机构名兼该机构主管官员名。

鍼尹　《左传·定公四年》记：“……涉雎。鍼尹固与王同舟，王使执燧象以奔吴师。”《说文》：“鍼，所以缝也，从金咸声。”可见，鍼尹应为主管缝纫之官，所以到楚惠王十二年，他便升任工尹了。[①]

蓝尹　《左传·定公五年》：“王之奔随也，将涉于成臼。蓝尹亹涉其帑，不与王舟。”明董说《七国考》引《楚书》云：“蓝尹、陵尹分掌山泽，位在朝廷。”李仁溥《中国古代纺织史稿》则进一步推测蓝尹为“专门主持靛青生产的工官”。《禹贡》记：荆州“厥篚玄纁玑组”。孔安国传云：“此州染玄纁色善，故贡之。”又《周礼·考工记·㡛氏》云：“湅丝，以涚水沤其丝七日，去地尺暴之。昼暴诸日，夜宿诸井，七日七夜，是谓水湅。”郑玄注：“沤，渐也。楚人曰沤，齐人曰涹。”郭仁成据此以为：既然《考工记》的作者从楚称而不从齐称，可见这一套湅丝的技术以楚国为最佳。或许，蓝尹就是掌染湅之官。之所以称蓝尹，大约由于蓝为最主要的染料，故以之代表染湅之事。[②]虽说蓝尹所司何事尚不能最终断定，但郭说无疑是值得重视的。

陵尹　《左传·昭公十二年》记：“（楚子）使荡侯、潘子、司马督、嚣尹午、陵尹喜帅师围徐以惧吴。”上援《考工记》引《楚书》既说陵尹与蓝尹为分掌山泽之官，而蓝尹很可能执掌天然染料的提炼与染

① 杨伯峻．春秋左传注［M］．北京：中华书局，1981.

② 郭仁成．楚国经济史新论［M］．长沙：湖南教育出版社，1990：85.

湅，那么，陵尹就应管山陵之事了，疑即掌开矿之事。因为从矿石中提炼染料与开矿都同山泽有关。《周礼·地官·卝人》贾公彦疏云："此官不造器物，直取金锡玉石以供冬官百工。"陵尹所掌大概就是这等事务。①

连尹　《左传》宣公十二年、襄公十五年、昭公十七年都有关于楚连尹的记载。连尹的职能，孔颖达疏引服虔云："连尹，射官，言谢相连属也。"其说有牵强附会之嫌，历来不为学者所信从。《史记·货殖列传》："长沙出连、锡。"裴骃《集解》引徐广曰："连音莲，铅之未炼者。"又《广雅·释器》云："链，铅矿。"郭仁成通过对上述文献的综合分析，认为"连"即"链"。又《汉书·食货志》云："铸作钱布，皆用铜，殽以连锡。"颜师古注引李奇曰："铅锡璞名曰连。"如此看来，连不光指铅矿，还包括锡矿在内。由于锡和铅是制造青铜器和钱币的重要原料，因而需要开发大量的连，连尹也正是为管理铅锡矿的开发而设的工官。②

根据以上的论述，我们不难获得这样几点认识：一是楚国有着堪称完备的工官制度，举凡采矿、冶炼、青铜器与铁器铸造、纺织、漆木器和玉器制作、城市建筑、工程建设、铸钱乃至酿酒等主要生产部类，都设有相应的官员专司。二是官吏配置比较合理，即既有全面负责的行政长官"尹"，又有侧重负责技术工作的副职"令""师""佐"。这在一定程度上能够避免因主管官员不熟悉业务而造成的失误，保证了手工业生产的健康发展。三是从楚工官大多有印玺和一些重要楚器不少勒有生产机构名或主管官员名来看，楚国手工业生产不仅有着相当完善的技术监督与考核制度，而且有着较为严格的产品质量检验制度，这是楚国手工业产品享誉列国的主要原因之一。四是某些重要楚器勒有"客"或"工"的名字，证明楚国手工业生产领域已实行重点产品责任制。凡此，无不表明楚国手工业生产已达到较高水平。

①② 郭仁成．楚国经济史新论［M］．长沙：湖南教育出版社，1990：85.

第三节　百工的身份与地位

周代，手工业生产者被称作“百工”。《周礼·考工记》谓国有六职，即王公、士大夫、百工、商旅、农夫、妇功。贾公彦疏云：“百工并是官，余五者或非官。知然者，王公及士大夫、百工并官，其商旅、农夫、妇功三者非官，据九职而言，三者皆出税之色。”《周礼·天官·玉府》云：“凡王之献金玉、兵器、文织，良货贿之物，受而藏之。”郑玄注：“谓百工为王所作，可以献遗诸侯。”又《周礼·天官·内府》云：“掌受九贡九赋九功之货贿、良兵、良器，以待邦之大用。”贾公彦疏：“良兵良器者，此是冬官百工所作。”由此可知，百工为春秋战国时期手工业生产者的通称。据《国语·楚语》记载，楚国手工业生产者也称百工。

楚百工作为手工业生产者的通称，主要包括以下几种身份的工匠：即国工、匠客和工奴。

一、国工

《周礼·考工记》云：“故可规、可萬、可水、可县、可量、可权也，谓之国工。”又云：“良盖弗冒弗纮，殷亩而驰不队，谓之国工。”同书《庐人》则云：“六建既备，车不反复，谓之国工。”这三处提到的国工，郑玄注以为“国之名工”。但在讲到“粤之无镈也，非无镈也。夫人而能为镈也”时，郑玄又注云：“言其丈夫人人皆能作此器，不须国工。”如此说来，国工既是对巧匠的美称，又是对官府工匠的习称，他们应是百工的主要组成部分。国工的身份，据《周礼》六官之属最下者为庶人在官者这个事实，应为征发来为官府手工业作坊（或曰工场）给徭役的民间工匠。[①]因为庶人在官人数最多、身份最低的是胥徒。如《周礼·天官·冢宰》：“府六人，史十有二人，胥十有二人，徒百有

① 郭仁成．楚国经济史新论［M］．长沙：湖南教育出版社，1990：92.

二十人。”贾公彦疏云：“案《礼记·王制》云：下士视上农夫，食九人禄，足以代耕。则府食八人，史食七人，胥食六人，徒食五人禄，其官并亚士，故号庶人在官者也。”上引《周礼》中的“徒”，郑玄注为“民给徭役者”。楚国国工的身份也为役徒，即征发来为官府手工业作坊给徭役的民间工匠。这有文献记载为证。《国语·楚语上》记：“灵王为章华之台，与伍举升焉，曰：‘台美夫！’对曰：‘……今君为此台也，国民罢焉，财用尽焉，年谷败焉，百官烦焉，举国留之，数年乃成。’”此“百官”，当即“百工”。如《尚书·尧典》：“允厘百工”，孔安国解为“信治百官”。又上引《国语·楚语》“百官烦焉”句，韦昭注云：“为之征发。”足证楚百工系征发之役徒。役徒在被征发前为有手工业技能的庶人，其身份与农奴相当，而略高于奴隶。他们享有某种程度的人身自由，故其姓名可与专司官吏印记一同署于产品之上。如前引长沙左家塘44号楚墓出土矩文锦的黄色绢边上即有墨书“女五氏”三字，[①] 在长沙出土楚漆奁铭文中，工官“吏臣向、右工师象”与国工“工六人台”的名字依次而列。[②] 这种待遇，非奴隶所能想象。《周礼·考工记》于百工或称人，或称氏。贾公彦疏云：“其曰某氏者，其义有二：一者官有世功，则以官为氏，韦氏、裘氏、冶氏之类是也；二者族有世业，以氏为官，若凫氏、㮚氏之等是也。”上引“女五氏”不是“官有世功”者，便是“族有世业”者，总之不可能属奴隶之列。

二、客匠

《三代吉金文存》卷二等著录的安徽寿县朱家集出土楚铜器铭文中，每每有“铸客为某某为之”之语，如有二豆一罍并同铭：“铸客为王句六室为之。”又有一匜铭曰：“铸客为御室为之。”刘节以为“铸工而名曰客，非楚人可知”。[③] 继而引徐中舒曰：“韩器有句客之名，即

① 熊传新．楚国的丝织业［J］．江汉论坛，1982（8）．

② 杨宽．战国史［M］．上海：上海人民出版社，1955.

③ 刘节．寿县所出楚器考释［M］// 古史考存．北京：人民出版社，1958.

铸客。"[①]这里的"客"，为在楚国手工业作坊做工的外国工匠，这说明楚国十分注意任用外国技术人才。上述"铸客"之职事，或认为是有关冶炼的技术指导，郝本性则认为是技术工人。[②]当以郝说为是。因为据前文有关论述可知，楚国手工业生产的技术指导或技术官吏称"师"而非"客"。在故宫博物院所藏楚《室客匜》腹部，有"楚王室客为之"铭文，底部有铭文"食客"二字。据郝本性鉴定，故宫收藏的这件银匜为平底桃形器，据收购者介绍，也是寿县出土的。郝氏认为"室"在此与"铸"字意义相近，室客与铸客应是同一种工人的不同称呼。[③]此言可从。此"室客"当亦系在楚国工作的外国工匠。而从"室客"前冠以"楚王"二字分析，此室客已能进入王室，直接为宫廷铸造器物了，足见楚国对国外技术人才是十分重视的。又《古玺汇编》0161著录楚《铸巽客玺》一枚[④]。第一字，汤余惠释为"鱼"，[⑤]何琳仪、吴振武释为"铸"，[⑥]当以后说为是。第二字，骈宇骞释为"巽"，[⑦]李家浩读为"钱"。[⑧]郑超认为，"铸巽客"也当读为"铸钱客"，是主管铸造蚁鼻钱的技术官吏，与楚国铜器铭文中的"铸客"相类。[⑨]我们以为，铸巽客当为铸造蚁鼻钱的技术工匠，也属外国在楚手工业作坊工作的技术工匠。而从外国工匠得以参与关系楚国国计民生的铸钱业来看，楚国对外国技术工匠是能够充分信任并大胆使用的。正是由于楚国能够充分发挥

① 徐中舒．寿州出土楚铜器补述［N］大公报"图书"副刊，1934（29）．按，"韩器有句客"应订正为"魏器有斪（或訢）客。"

②③ 郝本性．试论楚国器铭中所见的府和铸造组织［M］// 楚文化研究论集·第一集．武汉：荆楚书社，1987：324–326.

④ 罗福颐．古玺汇编［M］．北京：文物出版社，1981：27.

⑤ 汤余惠．楚玺两考［J］．江汉考古，1984（2）．

⑥ 何琳仪．古玺杂识［J］．辽海文物学刊，1986（2）；吴振武．《古玺汇编》释文订补及分类修订［M］// 古文字论集·初编．香港：香港中文大学中国文化研究所，1983.

⑦ 骈宇骞．试论楚货币文字"巽"［C］．中国古文字学学会1979年年会论文．

⑧ 李家浩．战国货币文字中的"尚"与"比"［J］．中国语文，1980（5）．

⑨ 郑超．楚国官玺考述［J］．文物研究，1986（2）．

外国铸造工匠的先进技术水平，所以到春秋中晚期之世，楚国的青铜冶铸水平已后来居上了。

外国技术人才用于楚国，主要通过以下三条途径：第一条途径是诚心聘请。《越绝书》卷十一记：“（楚王）于是乃令风胡子之吴见欧冶子、干将，使之作铁剑。欧冶子、干将凿茨山，泄其溪，取铁英，作为铁剑三枚：一曰龙渊，二曰泰阿，三曰工布。”这欧冶子、干将就是被楚人聘用的著名铸客。或许正是因为他们将越人精湛的铸剑技术悉心传教楚人，楚国才造出了足以震慑诸夏的铁剑，以至连秦昭王也发出“吾闻楚之铁剑利”[①]的感慨。第二条途径是外国技术人才自动流入。《墨子·鲁问篇》云：“公输子自鲁南游楚，焉始为舟战之器，作为钩强之备……楚人因此若执，亟败越人。”又同书《公输篇》云：“公输般为楚造云梯之械成，将以攻宋。”这个自动入楚的公输般，也即鲁班，是当时知名的技工。但是，他在故国却未能受到重用。《礼记·檀弓下》：“季康子之母死，公输若方小。敛，般请以机封，将从之。公肩假曰：‘不可……般，尔以人之母尝巧，则岂不得以？’……弗果从。”“机封”，孔颖达疏云：“以转动机关窆而下棺”，显然是一项技术革新，具有较大的应用价值，但公肩假不仅不予以支持，反而讥之为“以人之母尝巧”，即以他人的母亲作试验品。然而，这位不容于鲁的公输般到楚国后，却受到高度重视，他运用自己的技术为楚国“为舟战之器，作钩绳之备”，又“造云梯之械”，为楚国军事技术装备的改善做出了巨大的贡献。第三条途径是受异国派遣而来。《左传·成公二年》记：“楚侵（鲁）及阳桥，孟孙请往赂之以执鍼、执针、织纴，皆百人。”此处所谓“赂”，指借以讨好楚人，并不一定意味着将这些工匠送给楚人当奴隶，至少我们还没有确切的根据这样说。《韩非子·说林上》记载，以善织“屦”“缟”名闻天下的鲁国，其织纴技术当也为列国之冠。鲁国缝纫之类的工匠入楚，无疑给楚国的纺织刺绣业带来了新的技术，这不能说不

① 史记·卷七十九［M］. 北京：中华书局，1959.

是楚国纺织刺绣水平至战国时期已技压群芳的重要因素之一。由上述可知，正是由于楚人能够重用外国的人才和技术，最大限度地发挥异国技术人才的聪明才智，吸取当时国际上最先进的技术成果，才赢得了手工业生产的高速发展和技术水平的全面提高。

三、工奴

在楚国官营手工业作坊从事生产活动的，地位最低的是工奴，其身份同奴隶比较接近，但还不能算严格意义上的奴隶。工奴从数量上说远低于国工，从技术上看又逊于客匠。工奴的来源主要有三部分人：一部分为罪人或其家属没入的官奴婢，一部分是附托于有威之门的“臣隶”，还有一部分是战俘。第一部分人如《左传·昭公七年》楚申无宇所谓“僚、仆、台”一类人，他们中无技术的就沦为家内奴隶，有技术的则到官营手工业作坊当工匠。《左传·昭公七年》记：“（楚灵王）为章华之宫，纳亡人以实之。（芋尹）无宇之阍入焉。”这类参入营建宫室的“亡人”或“阍”，均属附托之列，文献也称为“宦”或“臣隶”。《左传·定公四年》记：“（楚）铲金初宦于子期氏，实与随人要言。”这个铲金，就是由楚入随的铸客，他原在楚时“宦于子期氏”。此“宦”，即其身世，其义可于他处索解。《国语·越语》：“（越王）与范蠡入宦于吴”，韦昭注：“宦，为臣隶也。”杨伯峻则进一步释作“为子期家臣”。[①] 总之，这类人即属于工奴来源中的第二部分人。相对来说，第三部分人的来源在楚国工奴中所占比重极小。

自春秋末叶以降，楚国已开始出现了个体手工业和少量私营手工业。如1956年在湖南长沙湖桥19号楚墓发现一件漆耳杯，器底漆书有“□里□”字样。这种题铭和官方作坊制品的题铭完全不同，而漆器制造业的复杂工序又似非个体手工业者所易于经营，这种漆耳杯也可能是

① 杨伯峻．春秋左传注［M］．北京：中华书局，1981.

私营手工业作坊制造的。[1]但是，由于受到中央政府强有力的控制，楚国的私营手工业始终未能有大的发展。相反，因为政府的鼓励，民间手工业的发展则日益迅速，成为官营手工业的补充。如《韩诗外传·卷八》记载，随楚昭王出走有功的屠羊说，就是一位经营屠宰业的个体手工业生产者。又如《孟子·滕文公上》所记“以其器械易粟”者，就是从农业中脱离出来的个体手工业生产者。此外，还存在着如《列女传》所载“纺织不嫁”的白公胜之妻那样的家庭手工业生产者。

自春秋晚期开始，楚国的手工业在生产关系上也发生了变革，这种变革突出体现在手工业生产者身份地位的提高。《左传·哀公二年》记赵简子誓曰：“……克敌者，上大夫受县，下大夫受郡，士田十万，庶人、工、商遂，人臣隶圉免。”世人多以为工商业者因功受封始于此时，却不知在此前十余年楚国已开先例。前引《韩诗外传·卷八》记屠羊说随昭王出走有功，昭王欲“请为三公”，而屠羊说坚辞不受。从这件事中，可以看出楚国工商业者身份地位的提高。及至战国时期尤其是战国中期以后，楚国手工业生产者的地位进一步提高，楚百工享有一定的自由权利，他们可以跨国经营手工业生产。如前引《左传·定公四年》所记的铲金，就是由楚入随从事青铜铸造的手工业者。又《季木藏陶》所辑陶文有“楚城迁蕈里赋”“楚城迁蕈里祁”“楚城迁蕈里妁”等。据陈直考证，“蕈里”是齐国里巷名，而“赋”“祁”是陶工之名，“妁”则可能是女陶工之名。[2]他们均是从楚国迁去的，自标“楚城”字样，说明他们的迁徙是合法的，[3]同时也是为了在异国打出楚国制陶工艺的响亮招牌。

① 中国科学院考古研究所.新中国的考古收获［M］.北京：文物出版社，1961.

② 陈直.读金日札（选录）［J］.社会科学战线，1980（1）.

③ 郭仁成，楚国经济史新论［M］.长沙：湖南教育出版社，1990：97.

第八章 楚国手工业生产与工艺水平

第一节 采矿与冶炼

现已发现的楚铜矿遗址，有湖北大冶铜绿山、湖南麻阳九曲湾和湖北阳新三处。[①]从已获得的资料看，在这三处铜矿中，铜绿山古铜矿的时代最早、规模最大、采掘与冶炼的技术最新、工艺水平最高、保存最完善，因而最能代表楚铜矿的开采与冶炼水平。

铜绿山古铜矿遗址自 1973 年发现以来，先后发现古露天采场 7 个，地下采区 18 个；清理出不同时期、不同结构的采矿井巷 400 多个。同时，发掘出冶铜竖炉 8 座，发现古冶炼遗迹 50 余处，古代遗留的炉渣占地面积 14 万平方米，约 40 万吨以上，估计累计产铜不少于 8—12 万吨。根据对出土文物的测定和对有关资料的考证，铜绿山古铜矿遗址的年代始于西周，经春秋战国一直延续到汉代以后。现已发掘的古矿井和古炼炉，多数是春秋战国时代的。如Ⅰ号矿体 12 线老窿出土的一件斧形铜凿，其木柄为标本 ZK297，经碳十四测定为距今 2485 ± 75 年，经树轮校正后为距今 2530 ± 85 年。Ⅰ号矿体的 24 线老窿，标本 W · B · 79—36 为坑木，标本 W · B · 79—37 为铁斧的木柄，经碳十四测定，分别为距今 2600 ± 130 年和 2575 ± 175 年。柯锡太村的 1 号炉，标本 TK11—2 是内壁，热释光年代为距今 2447 ± 240 年；标本 TK11—3 也是内壁，热释光年代为距今 2278 ± 205 年；标本 TK12 为炉基，热释光年代为距今 2278 ± 142 年。从出土器物来看，主要开采年代也是春秋

① 夏鼐，殷玮璋．湖北铜绿山古铜矿［J］．考古学报，1982（1）；湖南省博物馆，麻阳铜矿．湖南麻阳战国时期古铜矿清理简报［J］．考古，1985（2）．

战国时代。[①]经分析研究，在春秋早期以前，矿山由扬越所建东鄂所经营，从春秋中期楚成王时起，就成为楚地，而由楚人所采冶了。[②]由此可以确认，铜绿山古铜矿在楚人的经营下达到了它的极盛时期。因此，本节所要介绍的主要是铜绿山古铜矿春秋中期以至战国时期的采冶水平，但有时不免要涉及麻阳九曲湾铜矿的有关资料。

一、采矿

探矿是开采的前期工作。铜绿山以“铜绿”为名，是由于“每骤雨过时，有铜绿如雪花小豆点缀土石之上”。相传，这里是“古出铜之所”。楚人乃至以前的越人通常是根据露出地表的孔雀石发现铜矿的。其过程是先在露出孔雀石的地方进行露采，随后用开凿竖井的方法追踪矿脉。发掘中发现的一部分断面小的群井，就是探矿用的。随着矿脉的延伸，还采用盲竖井和盲斜井探矿，有一种浅井和短巷组成的混合斜井，打在绢云母化蚀变带内，意味着当时已知绢云母化硅卡岩是富矿的重要标志，说明当时的矿工探矿是按一定的规律进行的。[③]在古矿井平巷中还发现有船形、元宝形、长条形等大小不一的木盘，类似后世的“淘金斗”。“淘金斗”的使用，说明当时的矿工已懂得根据矿物和岩石的不同比重，运用重力分析的方法，来测定细粉矿物品位高低，以指导井巷掘进的方向。在铜绿山古矿井遗址中，古矿井几乎都是沿着富矿的矿脉走向逐步延伸的，表明当时楚国矿工的寻矿水平已不可低估。[④]

大冶铜绿山古矿井的发掘表明，春秋战国时期，楚国铜矿的开采

① 铜绿山考古发掘队．湖北铜绿山春秋战国古矿井遗址发掘简报［J］．文物，1975（2）；中国社会科学院考古研究所实验室．湖北大冶铜绿山古炼铜炉的热释光年代［J］．考古，1981（6）．

② 张正明，刘玉堂．大冶铜绿山古铜矿的国属——兼论上古产铜中心的变迁［M］//楚史论丛・初集．武汉：湖北人民出版社，1984：66.

③ 杨永光等．铜绿山铜矿开采方法研究［J］．有色金属工程，1980（4）．

④ 铜绿山考古发掘队．湖北铜绿山春秋战国古矿井遗址发掘简报［J］．文物，1975（2）．

已经采用了竖井、斜井、平巷（或曰横巷）和盲井联合开拓的方式开采矿石。有的平巷围绕竖井作扇面形展开。属于春秋时代的12线古矿井，所发现的10条平巷方向都不一致，宽窄也不一样，有的呈“一”字形，有的呈“T”字形。其中最大的2号巷道，内空高1.6米、宽1.95米。随着时代的不同，井巷断面逐渐增大，开采深度也不断增加，如属于战国时代的24线古矿井，向下掘进的平巷分上、中、下三层，最深处距地表达50余米。为了能够顺着矿体倾斜的走向延深采挖富矿，当时的矿工们采用了斜井，采用斜井挖掘富矿可节省工程、提高效率。绝大多数斜井的倾角由25度至70度不等。

井巷支护采用木支护结构，其支护方式视井的类型而异。竖井的支护方式，是采用了断面成正方形或矩形的框架，从力学角度来看，这是比较合理的。[①] 平巷的支护方式因时代而有所不同，前期是榫接式间隔方框支架和搭接式方框支架并用，战国以后逐渐改为单一使用搭接式方框。两侧的立柱为圆木，圆木的两端通过榫卯或顶端形成支杈与上面的横梁及下面的地袱相连接，在框架的外面用木棍、木板、席子等作顶板、背板，共同支撑着四周的岩壁。[②] 斜井的支护方式有两种：一是井框支架垂直于井巷的顶、底板；另一种是井框支架沿地心方向铺设。为了防止框架发生滑动和错动，框架采用了公母榫套接。[③] 这些方框支架承受了巷道的顶压、侧压和底鼓，至今仍能完好地支撑，可见具有良好的稳定性能。

从大冶铜绿山和麻阳九曲湾古矿井内出土的实物可见，当时的铜矿开采，除少数是露天开采外，大多数都是井下开采。这无疑对开采工具提出了比较严格的要求。在铜绿山和九曲湾古矿井中，都出土了金属工具和木制工具。以铜绿山矿为例，用于采掘矿石的是金属工具。据有关专家研究，在战国早期以前主要使用青铜工具，其种类有铜斧、锛、镢、凿等。其中大型铜斧长25厘米，重3.5千克。战国中期以降已广泛

①② 夏鼐，殷玮璋. 湖北铜绿山古铜矿［J］. 考古学报，1982（1）.
③ 杨永光等. 铜绿山铜矿开采方法研究［J］. 有色金属工程，1980（4）.

使用铁工具，其种类有铁斧、锤、锄、耙等。这些铁器中既有锻铁件，又有铸铁件，还进行了不同工艺的柔化处理。尤其引人注目的是一种直柄上端缠有多道篾箍的铁斧和重达 6 千克的铁锤，它们可能是当时挖掘矿井最得力的工具。在当时，开掘竖井是采用类似挖水井的方法进行的，即每向地下掘进一段支护一段，往复进行直到矿石层。在向下掘进的过程中，当遇到坚硬的地层和矿石层时，便将直柄铁斧直立于坚硬的岩层上，用铁锤从上端夯砸，这样较易击碎岩层。在斧柄上端缠有多道篾箍，是为了夯砸时木柄不易发生开裂而毁坏。当挖掘平巷在水平方向遇到坚硬的地层或矿石层时，可用大型的铜斧进行开掘。湖北省博物馆收藏有一柄大型铜斧，重量为 15 千克多，系大冶铜绿山古矿井附近出土，从斧之刃部严重磨损和表面布满了与刃成垂直的划痕分析，应是采矿工具。其使用方法是，先用绳系住斧之柄部，再将它悬挂在横梁上，利用水平方向的冲击力量来开掘坚硬的岩层或矿石层。由于这种铜斧重量大，加上横向的撞击作用，能产生较大的冲力，在当时的技术条件下，是十分有力的开掘工具。①

铜绿山矿的采矿方法，西周时期是从地表沿矿体向下开拓竖井，到达一定深度（10—20 米）再开平巷，平巷下部开凿盲井，跟踪矿脉逐渐向下延伸，有矿即采，无矿即停，这可称为群井跟踪矿脉采矿法。春秋时期发展为数条平巷平行排列，沿矿体走向水平延伸，进行进路式回采，采完后再在平巷底部开拓盲井，向下逐层回采，这可称为下向式单框竖分条采矿法。进入战国以后，将竖井式斜井开拓到矿体底盘，再凿穿脉平巷进入矿体，在富矿带内用大方框平巷沿矿体走向水平伸展，然后在其上部用小方框平巷回采。下层采完后再采上层，上层方框的底梁坐落在下层方框的顶梁上。上层采的矿石经手选后运往地表，贫矿及废石则填充下层巷道。这同现代的上向式方框支柱充填采矿法十分相似。②

① 后德俊 . 楚国科学技术史稿［M］. 武汉：湖北科学技术出版社，1990：11.
② 郭仁成 . 楚国经济史新论［M］. 长沙：湖南教育出版社，1990：103.

提升采掘出来的矿石的方法，早期使用的是分层人力提升法。在铜绿山和麻阳的古矿井中都出土有盛矿石用的竹篓、竹筐或藤筐等。铜绿山古矿井中出土的扁方形竹筐，其容积约为0.01立方米，一次可提升20—25千克重的矿石，还出土了扎绑着绳索的木钩，在井深20—30米的情况下，由一到二人用手提拉就可以运出井外。大概到战国时期，已使用了机械提升法。所谓机械提升法，是指于竖井所在地面上搭起支架安装木辘轳，以长绳、竹钩、竹筐、藤篓作为运载工具，这样既节约了劳力，又提高了工效。如铜绿山古矿井遗址出土的木辘轳长2.5米、直径260毫米，两端各有一排木把手，可双手交替操作。辘轳外层上有一层突起的辐条，起加大辘轳直径、提高效力的作用。为了防止辘轳滑动，匠师们还在轴上设计了若干密孔，如停止提升，只要插上插屑，就能控制轴的回转，并随时可以停转。这种在当时来说堪称先进的工具，已基本上具备了现代矿井提升机械的雏形。①

由于采取了竖井、斜井、平巷和盲井相结合的开采方式，故排除井巷内的积水就成了必须认真解决的难题。为此，当时的矿工们想出了行之有效的办法——设置排水道。排水道分两种：一种是利用废弃的巷道和开掘较窄的巷道作为排水道；另一种是铺设排水槽（用粗树干挖空而成），利用高差将水导入贮水井内，然后运用提升工具把水提升到地面排出。铜绿山古矿井发现的排水槽，每节长65—260厘米不等，各节水槽的相联结处都涂有一层青灰膏泥以防渗漏。井中发现的木瓢、木桶等也主要是用以排水的工具。

矿井内的通风与照明，也是安全采矿必须解决的问题。对此，矿工的主要方法是：利用井口高低不同产生气压差所形成的自然风流来调节井下的空气，同时又采取了填塞废巷的做法来控制风流，使新鲜空气流向深处的作业区，以保证矿工们的氧气供应。在铜绿山古矿井中发现有一端已燃烧过的成束的竹签，麻阳九曲湾古矿井也出土了很可能是作照

① 后德俊.楚国科学技术史稿［M］.武汉：湖北科学技术出版社，1990：13.

明灯具用的陶豆。干燥的竹条因内部含有一定的油质，极易点燃作照明之用。不过，当时的矿井相对来说都比较窄小，加之又是以自然通风为主，想利用点燃的竹签进行长时间的照明似乎不大可能，但用这种方法进行间歇式的、短时间的照明则是简便易行的。就是说，井下存放竹签是为了以备不时之需。

二、冶炼

楚国的炼铜遗址，除了在铜绿山发现了三处较大的冶炼场外，在湖南平江发现的楚国遗址中曾出土过铜熔块，说明此遗址极可能是春秋战国时期楚国的一处冶炼基地；在湖北江陵、钟祥等地也发现有楚国的冶炼遗址。但冶炼遗址内涵最丰富的还是铜绿山矿的冶炼遗址。

在已发现的铜绿山春秋战国时期的古炼炉遗址边，有备料用的工作台，工作台上有破碎矿石用的石砧、已经加工过的具有粒度的铜铁矿石、木炭、孔雀石、粗铜块等。在其中一座炼铜炉遗址内还出土了一大块未完全熔化的炉料，炉料内有木炭、孔雀石和铁矿石。由此可知，春秋战国时期，楚人用来冶铜的主要原料就是孔雀石等氧化型的铜矿石、木炭和铁矿石。

铜绿山矿已发掘数座春秋战国时期的炼铜炉，以 10 号炉为例，其热释光年代为距今 2895 ± 305 年、3014 ± 320 年，从地层和出土物分析，属春秋时代。这几座炼炉都是炼铜竖炉，包括炉基、炉缸和炉身三部分。炉基在当时的地表之下，下设风沟（又称防潮沟），沟壁糊着青膏泥，经过烘烤，质地坚硬。风沟的设置对确保熔炉的炉温和防止炉缸冻结是十分有效的。炉缸筑在炉基的上面，其截面或为椭圆形，或为长方形，长轴与炉基的横沟垂直。到目前为止，在我国已发现的古炼炉中，设有风沟和炉缸截面呈椭圆形者，都以铜绿山春秋炼铜竖炉为最早。在炉缸长轴的两端各有一个鼓风口，鼓风口呈直筒状，内径 5 厘米。两个鼓风口对称送风，使得风力和风速比较均匀，利于冶炼。鼓风的工具，可能是采用皮橐。《老子》第五章云：“其犹橐籥乎？虚而不屈，动而愈出。”据吴澄注，“橐籥”即早期风箱。这种早期风箱大概就是皮橐。由于皮制品易腐烂，故至今未发现实物。炉缸的侧壁上筑有金门，便于修炉和点火，门上安装堵门墙，墙上开排放孔，用于排渣放铜。炉身因坍毁大半，无法确知炉高，仅知壁厚约40厘米。经复原研究，铜绿山炼铜炉从缸底至炉顶的高度约为1.5米，并具有一定的炉腹角和炉身角（指炉身的炉壁与水平面形成的夹角），如4号炼炉的炉身角为84°—86°，6号炼炉的炉身角为83°—85°。炉身的内倾是技术上的重要创造，是炼炉发展史上的一大进步，因为它能使炉火分布均匀，改善矿石的还原和换热过程，节约原料并能延长炉壁的寿命。①模拟实验证明，铜绿山发现的炼铜竖炉，其冶炼工艺是铜的氧化矿的还原熔炼。用这种竖炉炼铜，只要炼炉熔化带中保持足够的温度，那么矿石无论品位高低，无论块矿、粉矿，都可以炼出红铜。模拟实验还证明，这种竖炉并非每炉只炼一次便要破炉取铜，而是可以连续投料、连续排渣、间断放铜、持续冶炼的。显然，这种竖炉具有较高的冶炼能力。卢本珊、华觉明认为：铜绿山春秋炼铜竖炉具有热效率较高、炉龄较长、炉料处理量较大、检修简易、操作方便等优点。②当然，炼铜炉的冶炼能力同选矿、配矿技术也不无关系。发掘出土的实物资料表明，当时已掌握了两种选矿方法：一种方法是手选，包括开采过程中手选和入炉前的破碎手选；另一种方法是重选，即根据矿物比重不同导致在介质（水）中出现的不同沉降速度进行分选，在战国晚期矿井中出土的一件整木雕成的木溜槽，即是重选时用的。考古发掘资料还表明，楚人已掌握了比较先进的配矿技术。在铜绿山发掘的10号古代炼铜炉边的工作台上，有石球、石砧等碎矿用的工具，在这些工具旁边，各有一个大小不等的浅坑，坑内堆有明显经过加工粒度比较均匀的铜铁矿石和粒度较大的褐铁矿石，这就是经过选配的矿料，其中褐铁矿石是作为熔剂选配的。这标志着两千多年

① 卢本珊．铜绿山春秋早期的炼铜技术［C］．中国科学院自然科学史研究所技术史研究室．科技史文集，上海：上海科学技术出版社，1985.

② 卢本珊，华觉明．铜绿山春秋炼铜竖炉的复原研究［J］．文物，1981（8）．

前古代劳动人民在冶金化学上的重要成就。经过推算及参考模拟实验的结果，这些炼炉的平均容积约为 0.3 立方米，一炉可以产铜 40—45 千克，一昼夜可产铜约 350 千克。在 3 号炼炉的遗址中出土的粗铜块，很可能就是该炼炉冶炼出的产品，经过化学分析，其结果是铜 93.32%、铁 3.35%、铅 0.038%、锌 0.014%、锡 0.023%，按照现代炼铜技术的要求，粗铜中铜的含量一般为 92%—95%，两千多年前铜绿山的冶铜工匠们所炼出的粗铜中铜的含量已达 93.32%，完全符合现代冶铜所规定的指标，足见其产品质量之优和筑炉水平之高。[①]

如前所述，铜绿山矿区古代炉渣的总量，估计在 40 万吨以上，这意味着古代炼出的红铜达 10 万吨左右，这是一个惊人的数字，它标志着楚国雄厚的经济实力。

考古资料表明，春秋战国时期的楚国在铜矿的开采和冶炼方面已达到较高的水平。惟其如此，才能够生产出大量的铜，以制造众多的青铜器。如湖北随州曾侯乙墓出土了总重量达 10 吨之多的庞大青铜器群，其中仅青铜编钟的重量就达 2500 余千克，通过对其成分的分析、检验，发现其中微量元素的含量与铜绿山古矿井内铜矿石的微量元素的含量十分相近。[②] 这套大型编钟很可能就是用铜绿山生产的铜为原料制造的。

第二节 青铜铸造

商代和西周的青铜铸造遗址，大半在中原。然而，当时与铜矿在一起的红铜冶炼遗址，却至今在中原不曾发现。估计当时中原的铜矿是分散的小矿，废弃既久，就踪迹渺茫了。春秋时代的铜矿，现已发现的，除了铜绿山及其附近地区的阳新和麻阳九曲湾外，只有内蒙古昭达乌盟

① 卢本珊．铜绿山春秋早期的炼铜技术［C］．中国科学院自然科学史研究所技术史研究室．科技史文集：第 13 集，上海：上海科学技术出版社，1985.

② 叶学贤等．化学成分、组织、热处理对编钟声学特性的影响［J］．江汉考古，1981（1）．

林西县的大井初步推断为春秋早期的铜矿。[①]让人饶有兴味的是，铜绿山和九曲湾在“蛮夷”之地，大井是“戎狄”之地。看来，最迟在春秋时代，由于中原铜矿资源的枯竭，已形成了蛮夷戎狄生产红铜原料和华夏生产青铜成品的分工。这是民族性的分工，也是地域性的分工。尽管冶炼技术和铸造技术为华夏和蛮夷戎狄所共有，上述分工毕竟是客观存在的。[②]楚国在春秋中期占领铜绿山及其附近地区后，得以把扬越的冶炼技术和中原的铸造技术结合起来。况且成品与原料一般来说是同步增长的，楚国冶炼的红铜锭多了，它铸造的青铜器就也多了。丰富的铸造实践，使得楚人在铸造工艺上迅速进步，以至超过了北方诸夏。1978 年和 1979 年在河南淅川下寺发掘的 9 座大型和中型楚墓，年代为春秋中期至晚期，出土青铜器达 400 余件。这些青铜器足以说明，当时楚国不仅普及了中原大约在春秋中期推广的分铸、焊接技术，而且创造了中原未曾尝试的失蜡法铸造工艺；不仅镶嵌红铜工艺的采用同中原难分先后，而且镶嵌黑漆工艺的采用更是比中原捷足先登。[③]及至战国早中期，楚人不只是在上述各项铸造工艺上更趋精密和成熟，甚至出现了细工线刻工艺和首创了鎏金工艺。总之，到战国中期，楚国的青铜铸造工艺已达到当时世界范围内一流水平。

一、分范合铸

所谓分范合铸法，又称为合范分铸法，即指器身连同附件不是一次铸成的。或者先铸耳、足等附件，后把附件嵌入器身的范内浑铸为全器；或者先铸器身，后把附件铸接上去。春秋时期，先铸附件，后铸器身是分铸法的主流。时当春秋晚期前叶的淅川下寺楚墓出土的青铜

---

① 喀左县文化馆，朝阳地区博物馆，辽宁省博物馆．辽宁省喀左县山湾子出土殷周青铜器［J］．文物，1977（12）.

② 张正明．楚文化史［M］．上海：上海人民出版社，1987：76–77.

③ 张剑．从河南淅川春秋楚墓的发掘谈对楚文化的认识［J］．文物，1980（10）；北京大学历史系考古教研室商周组．商周考古・第四章第三节之二［M］．北京：文物出版社，1979.

器，有一部分就是用这种方法铸造出来的。战国时期，楚人的分范合铸技术达到了更高的水平。以属于楚文化系统的曾侯乙编钟为例：因编钟的音律必须准确，故对铸造的要求非常严格。加之它数量多，重量大，形制、纹饰复杂，需要有很高的技术水平才能铸造成功。经有关专家研究，这套编钟的铸造工艺极尽繁复精细之能事：上层钮钟均用双面陶范，钟体泥芯自带定位用的泥质芯撑。中层甬钟先塑制钟样，再作陶模；钟体纹饰须分别使用范盒翻制分范，再组合成形；干部分范是单独制成后插于甬范之中的；钟体和甬部泥芯都用芯盒翻制，这样，一件甬钟需用的范、芯有的多达 136 块。下层甬钟的甬部是分铸的，其红铜纹饰用铸镶法形成。至于簨簴铜构件，趺座满饰的高浮雕蟠螭纹是将附饰分铸，然后与座铸接的；簨端铜套上的较浅纹饰则是分成若干段落，由同一范盒翻制的分范形成。据华觉明等研究，全套编钟 65 件，其中包括镈钟一件，无一不是用上述分范合铸的技术制作的，大小、厚薄异常精确，纹饰细密而清晰，可见匠师的分范合铸技艺是何等高超。[①]

二、失蜡法

以往曾有学者主张中国古代青铜器普遍使用失蜡法铸造，后来，发现许多复杂器物是用合范法辅以分铸技术铸成的，于是不少人又认为中国在秦以前不曾掌握失蜡法这一先进工艺。[②] 河南淅川下寺楚墓和湖北随州曾侯乙墓的发掘，以无声的语言宣告：楚国的分范合铸与失蜡法在青铜器铸造中是并行不悖、相辅相成的，从而纠正了人们在这一问题认识上的偏颇。

所谓失蜡法，依其工艺的不同有多种形式，简言之，就是先将蜡料作一铸件——蜡模，继而在蜡模的外表浇淋泥浆并涂抹砂、石的粉末等耐火材料，硬化之后便形成比较坚固的外壳——铸型，然后加热使蜡熔化并从铸型中流出，这样就形成了铸件所需的外模。最早记载失蜡

① 华觉明 . 曾侯乙编钟簨虡构件的冶铸技术［J］. 江汉考古，1981（1）.

② 张正明 . 楚文化志［M］. 武汉：湖北人民出版社，1988：55.

法的，是宋代赵希鹄的《洞天清禄集》，惜所言欠详。至明代，宋应星才在其所著物《天工开物·冶铸篇》中，较详细地记述了使用失蜡法铸造大钟的程序。其文曰："凡造万钧钟与铸鼎法同。掘坑深丈几尺，燥筑其中如房舍，埏泥作模骨。其模骨用石灰三和土筑，不使有丝毫隙拆。干燥之后，以牛油黄蜡附其上数寸。油蜡份两，油居什八，蜡居什二……油蜡墁定，然后雕镂书文物象，丝发成就。然后舂筛绝细土与炭末为泥，涂墁以渐，而加厚至数寸。使其内外透体干坚，外施火力，炙化其中油蜡，从口上孔隙熔流净尽，则其中空处即钟鼎托体之区也……中即空净，即议熔铜。凡火铜至万钧，非手足所能驱使。四面筑炉……洪炉熔化时，决开槽梗，一条如水横流，从槽道中枧注而下，钟鼎成矣。"在这里，宋应星将用失蜡法铸造大型钟鼎的工艺流程、技术措施、油蜡配方等作了具体说明。可见，直至明代，失蜡法仍然是铸造大型青铜器的重要技术。

已知最早用失蜡法铸造的青铜器，是时代为春秋晚期前叶的淅川下寺 2 号楚墓出土的铜禁。此禁为长方形，通高 18 厘米、长 107 厘米、宽 47 厘米，上下共有 24 只镂空透雕兽，器体上表面周缘及侧面均为镂空饰。经有关专家研究，禁体蜡模系用 28 个部件焊成，焊接部位表现不够平整，焊缝较宽而走向不直，具有蜡料热焊时的特征。淅川下寺 1 号楚墓出土铜盏的足部、纽部缠绕的纹样，也是采用蜡条捏出来的，其表面有明显的修饰痕迹。[①] 时代为战国早期的曾侯乙墓出土尊盘，是我国先秦青铜器中目前所见到的具有最精美、最复杂纹饰的稀世之珍。尊的口沿透雕镂空，成为两层，外层为高低相间的蟠虺纹，内层为蟠螭纹；盘的口沿上的 4 个方耳，其两侧为扁形镂空夔纹。这些表层纹饰，不同于一般的镂空花纹，它们互不接续、彼此独立，全靠内层铜梗支承，而内层铜梗又分层联结，这样构成一个整体，达到玲珑剔透、节奏鲜明的艺术效果。观察表明，这一附饰无焊接与合范铸造的痕迹，而在第三层

① 华觉明 . 失蜡法的起源和发展 [C] . 中国科学院自然科学史研究所技术史研究室 . 科技史文集：第 13 集，上海：上海科学技术出版社，1985.

铜梗背面较均匀地分布着许多铜条残茬，说明附饰是倒着浇的，铜条便是直浇口和排气孔道，铜梗兼起分支浇道的作用，这只能是熔模铸造浇注系统。也就是说，这些用青铜铸成的附饰，是用比较柔软的蜡料作蜡模铸造而成的。[①]而这种柔软的蜡料可能是用蜂蜡加上松香、油脂等调制而成的。[②]

楚国工匠用失蜡法铸造的青铜器，是我国目前发现的时代最早的失蜡法铸件。考虑到一种新型工艺从诞生到应用推广有一个过程，因此，楚人发明失蜡法铸造工艺的时间当会更早。也许人们会问，当时楚人具有使用失蜡法所需用的蜂蜡、油脂、松香等原料吗？对此，已有学者作了肯定回答。如后德俊通过对有关文献记载的综合分析后认为，春秋战国时期楚人已懂得使用蜂蜡和油脂，至于松香，则更是楚地特产。因此，楚人在春秋中期前后使用失蜡法制造青铜器是有一定的物质基础和技术基础的。[③]

然而，也有人对楚人在春秋战国时期已使用失蜡法的观点提出了质疑，理由是蜡在40℃就要软化，到63℃—67℃就要熔化，质地又松脆，而擂鼓墩曾侯乙墓所出铜尊和下寺楚墓所出铜禁的镂空附饰异常繁复精致，很难做成物理性能稳定和立体纹饰完好的蜡模。因此，李志伟认为所用的应是漏铅法而非失蜡法。所谓漏铅法，即以属于易熔金属的铅锡为模料的熔模铸造法，其工艺可概括为：设制模范→复合组型→分部铸模→加工成形→镶焊一体→雕花修饰→糊泥制范→漏铅浑铸。[④]这种看法似乎也有某种道理。不过，从湖北省博物馆等单位在复制曾侯乙编钟时所采用的现代熔模铸造法来看，其基本原理和工艺程序却与前

① 马承源．中国古代青铜器［M］．上海：上海人民出版社，1982：12.
② 华觉明，郭德维．曾侯乙墓青铜器群的铸焊技术和失蜡法［J］．文物，1979（7）.
③ 后德俊．楚国科学技术史稿［M］．武汉：湖北科学技术出版社，1990：24.
④ 李志伟．曾侯乙墓编钟及尊、尊座铸造方法新探［M］// 楚史论丛・初集．武汉：湖北人民出版社，1984：85-90.

引宋应星《天工开物》所记的失蜡法比较相近。[①] 这说明，铸造下寺铜禁和曾侯乙尊盘所用的工艺为失蜡法的可能性要大于漏铅法。

三、焊接

我国古代青铜铸造工艺中，为了处理好器物主体与附件的连接问题，同时也是为了达到造型精美，花纹繁复的目的，常常采用分铸法。分铸的附件同器物的主体连接方式分两种：一种是分铸的附件采用铸接工艺连成整体，此即前文所介绍的分铸合范或曰分范合铸；另一种是采用焊接的工艺连接，这就是下文要叙述的。

楚国的焊接工艺从材料看可分为两种：一种是铜焊，一种是镴焊。前者操作困难，但焊接强度高，常用于青铜构件的焊接上，已知采用焊接工艺的楚器多属铜焊；后者焊接强度虽然较低，但操作简便，经济实用，常用在受力较小、不需要很高连接强度的部位，如曾侯乙墓出土编钟横梁铜套与木质钟簨的结合即使用了镴焊合金。经中国社会科学院考古研究所化验室分析，这种镴焊合金的成分为：铅 58.48%，锡 36.98%，铜 0.23%，锌 0.19%。有关专家指出：这是已发现的我国古代镴焊技术及其所用合金的最早实物。[②]

焊接的方式，根据汤文兴对淅川下寺 1 号楚墓出土 55 号大鼎所作的研究，共分三种。[③]

一是榫卯焊接法。榫头三个，位于鼎底外侧，是按照设计要求，在浇铸鼎体时一并形成的，起铆钉作用。焊接前，鼎足内的泥芯要挖出圆窝后，再抬起鼎体，把三个榫头压进圆窝。待焊剂冷却后，就焊接成功了。经考察，所用的焊剂大概是锡。

---

① 关洪野，罗定元．采用传统失蜡法复制曾侯乙大型甬钟的研究［J］．江汉考古，1983（2）；曾侯乙编钟复制研究组．曾侯乙编钟复制研究中的科学技术工作［J］．文物，1983（8）．

② 华觉明，郭德维．曾侯乙墓青铜器群的铸焊技术和失蜡法［J］．文物，1979（7）．

③ 河南省博物馆，淅川县文管会，南阳地区文管会．河南淅川下寺一号墓发掘简报；汤文兴．淅川下寺一号墓青铜器的铸造技术［J］．考古，1981（2）．

二是铸出孔焊接法。铸出孔六个，位于鼎壁上，为长方形，内宽外窄。焊接时，先把镂空浮雕兽的铸口对准铸出孔，捆扎牢固，再从铸出孔的内口注入铜液。大鼎出土后，六只镂空浮雕兽都脱落下来了，这是因为当初省略了把被焊的两个铜件同时加热的必要工序，企图利用铸出孔内宽外窄的构造使焊接牢固，终因与焊液温差过大和孔壁过薄，未能持久。但这个大鼎入墓前六只镂空浮雕兽不曾脱落，与其说是匠师故意偷工取巧，不如说是因为他们还不了解减少一道加热的工序能不能经受长期埋在地下的考验。

三是用“耳垫”作媒介的特殊焊接法。耳垫是实心的特制青铜构件，每个耳垫有三个榫头：一个向上，可插入空心鼎耳；两个向下，可分别插入鼎的方唇沿内和口沿下腹壁内。焊接有三个步骤：先把向上的一个榫头插入挖掉了少许泥芯的鼎耳，从鼎耳内侧浇入铜汁，把鼎耳与耳垫焊接起来；再把向下的两个榫头插入内范与外范之间的型腔，在浇注鼎体时，将榫头与鼎体铸接在一起；最后，把榫头的露出部分磨平。耳垫的厚度，与鼎壁的厚度接近，这是为了避免因冷却快慢不同而产生的应力把铸接部位拉裂。

上面所介绍的只是体现在一件铜鼎上的焊接技术。这些技术，在下寺楚墓所出的其他许多铜器上也能观察出来，只是应用的程度不等罢了。[①] 及至战国，楚国工匠更是尽焊接之所宜。如曾侯乙墓建鼓的鼓座用青铜铸成，有 8 对大龙交相蟠绕在座体之上，还有许多小龙攀附在大龙的头部、身部、尾部之上，龙群由 22 件铸件和 14 件接头通过铸接和焊接相互联接并和座体接合到一起，蔚为奇观。在受力较大的部位，用强度较高而操作较繁难的铜焊；在受力较小的部位，则用强度较低而操作较简便的镴焊。[②]

① 张正明 . 楚文化史［M］. 上海：上海人民出版社，1987：82.

② 华觉明，郭德维 . 曾侯乙墓青铜器群的铸焊技术和失蜡法［J］. 文物，1979（7）.

四、铸镶错嵌

铸镶法的工艺过程简单的说就是：将预先铸造成型的红铜纹饰经过加工修整后，置于事先造好的青铜器铸型内，然后合模并浇入青铜液，即可铸成。如淅川下寺楚墓和随州曾侯乙墓出土的青铜盥缶、大甬钟等器物表面的红铜花纹，就是采用了铸镶法。① 过去，一般认为这类纹饰是用红铜捶成薄片或长条，然后嵌入预铸的纹槽中形成的。一些学者通过对上述器物的显微镜检测，发现装饰在这些器物表面的红铜片均是铸造成型，没有发现任何捶打的痕迹。② 之所以会出现这种认识上的分歧，是由于人们长期以来习惯于将铸镶与错嵌视为同一种工艺。实际上，那种将红铜捶成薄片和长条后嵌入预铸的纹槽中的工艺手法，是错嵌而非铸镶。

错嵌与铸镶的装饰效果大致相若，但其工艺流程则有所区别。一般来说，错嵌的工艺流程主要有以下两种：一种是大多数错嵌铜器是先做范时就在母范上刻出带花纹的凹槽，然后翻范并做泥芯，继而合范铸器，最后是在器表预留的凹槽内嵌金、银丝或片并打磨抛光。另一种是对于金银纹饰细如毫发的器物，则是先铸出器形，并在器表錾刻凹槽，然后通过捶打将金、银丝嵌入槽内，再打磨抛光。应用错嵌工艺的青铜器，主要有曾侯乙编钟上的错金铭文、编磬的磬架横梁上的错金花纹和错金鹿角与立鹤。此外，还有错嵌绿松石的铜器和嵌玉铁带钩等。③

战国时期，楚国又出现了鎏金和线刻工艺。鎏金工艺或许是楚国首创的，河南信阳长台关楚墓所出土的鎏金铜带钩是已知年代最早的鎏金青铜器。④ 至于线刻工艺，楚国虽也有之，但并不发达。

---

① 后德俊．楚国科学技术史稿［M］．武汉：湖北科学技术出版社，1990：25.

② 贾云福等．曾侯乙墓青铜器红铜花纹铸镶法的研究［C］// 中国科学院自然科学史研究所技术史研究室．科技史文集：第 13 集，上海：上海科学技术出版社，1985.

③ 贾峨．关东错金镶嵌铜器的几个问题的探讨［J］．江汉考古，1986（4）.

④ 河南省考古研究所．信阳楚墓［M］．北京：文物出版社，1986：63.

此外，在战国时期，楚国已出现了复合剑的铸造技术。①

第三节　铁之冶铸

从考古发掘的资料看，到目前为止，我国各地所发现的最早的铁器大部分出于楚地。其中，时代为春秋晚期的有 9 件：即 1951 年在湖南长沙识字岭楚墓出土凹口锄 1 件，1952 年在长沙龙洞坡楚墓出土刮刀 1 件，1958 年在湖南常德德山楚墓出土刮刀 1 件，1964 年在江苏六合程桥出土铁丸 1 件，1972 年在程桥又出土铁条 1 件，1976 年在长沙杨家山楚墓出土剑 1 件、刮刀 1 件、鼎形器 1 件，1978 年在河南淅川下寺楚墓出土玉茎铁剑 1 件。② 其中江苏六合程桥出土的铁丸和铁条原来多认为出于吴地，③ 其实根据当时的军事态势分析，也可能出于楚地。《左传 · 襄公十四年》记："秋，楚子为庸蒲之役故，子囊师于棠以伐吴……"，是年为公元前 559 年，这说明，春秋晚期前叶，棠邑属于楚国的疆土。此后至吴灭于越，棠邑一直被吴、楚两国反复争夺。因此，说铁丸和铁条出于楚地也未尝不可。何况从墓中出土的其他器物观察，也颇具楚风。至于 1977 年在甘肃灵台县梁源公社景家坪发掘的一座春秋墓中出土的一件铜柄铁剑，由于严重锈蚀，已无法断定是否为人工炼铁所铸。④ 值得关注的是，《光明日报》1986 年 5 月 4 日报道陕西秦公大墓出土了 10 余件铁铲、铁锸，如果此秦公大墓即秦景公墓，时代当为春秋晚期。这就是说，至少目前还没有可靠的证据说明这批铁器在时间上早于楚墓出土铁器。进入战国时期，楚国的铁器发现就更多了。据有关专家统计，

---

① 湖北省鄂城县博物馆 . 鄂城楚墓［J］. 考古学报，1983（2）；湖南省博物馆 . 湖南资兴旧市战国墓［J］. 考古学报，1983（1）.

② 中国社会科学院考古研究所 . 新中国的考古发现和研究［M］. 北京：文物出版社，1984.

③ 江苏省文物管理委员会，南京博物院 . 江苏六合程桥东周墓［J］. 考古，1965（3）；南京博物院 . 江苏六合程桥二号东周墓［J］. 考古，1974（2）.

④ 甘肃省博物馆 . 甘肃省文物考古工作三十年［M］// 文物考古工作三十年 . 北京：文物出版社，1979.

自1951年至1979年，考古工作者在河南信阳长台关，湖北宜昌、江陵、鄂城（今鄂州）、大冶，湖南常德、益阳、长沙、衡阳、郴州、湘乡、资兴等地楚墓，以及江陵纪南城、大冶铜绿山古铜矿遗址中，共发现战国时期的铁器160件，占出土楚铁器总数的94%。其中属于战国早期的19件，属于战国中期的69件，属于战国晚期的52件，只能笼统地视为战国时代（主要是中晚期）的20件。黄展岳曾根据大量资料，推论楚国是我国历史上最早冶铸和使用铁器的国家。[①] 尽管目前作此推论似显得为时略早，但根据现已掌握的资料看，至少可以肯定楚国是我国早期制造和使用铁器最多的国家。

楚人有着较高的铜矿开采和冶铸技术，与之相关的冶铁技术也应有较高的水平。但目前尚未见到楚国有关炼铁的遗址及其发掘资料，所以对楚人的冶铁技术只有通过出土的楚国铁器进行考察。金相检验表明，在前述铁器中，六合程桥出土铁丸是白口生铁，长沙杨家山鼎形器是白口铁铸件，六合程桥出土的铁条则属于块炼铁铸件。这些早期铁器证实楚国至迟在春秋晚期已有了白口生铁和块炼铁。而随着冶铁技术的发展，楚人为了克服生铁制品在使用性能上性脆、易断裂的弱点，又采用了铸铁柔化技术。[②] 这种技术是将生铁铸件在较高温度下（900℃左右）长时间退火（3—5天）得到的。因为生铁铸件经处理后，铁内的渗碳体分解为石墨，这些石墨小片聚集在一起，成为团絮状石墨，从而使生铁铸件变成了韧性铸铁。韧性铸铁又分为白心韧性铸铁和黑心韧性铸铁两种，这两种韧性铸铁在楚国都出现了，大冶铜绿山出土的六角形锄属白心韧性铸铁，长沙左家塘出土的凹口锄属黑心韧性铸铁。[③] 韧性铸铁增加了铁的强度和韧性，大大地增长了铁器的使用寿命，使生铁广泛地用作生产工具成为可能。不过，从楚国已出土的铁器来看，韧性铸铁器的

① 黄展岳．关于中国开始冶铁和使用铁器的问题［J］．文物，1976（8）；黄展岳．试论楚国铁器［J］．湖南考古辑刊，1984（2）．

② 后德俊．楚国科学技术史稿［M］．武汉：湖北科学技术出版社，1990：45.

③ 李众．中国封建社会前期钢铁冶炼技术发展的探讨［J］．考古学报，1975（2）．

数量还比较少，说明这种技术才刚刚开始起步。但同楚国相比，西方获得铸铁柔化技术却晚了大约 1700 年。①

楚人不仅可能在我国历史上最早使用生铁柔化技术，而且可能最早发明了炼钢技术。《荀子·议兵》称楚有“宛钜铁𫓧，惨如蜂虿”。唐杨倞根据徐广和扬雄的说法注曰：“言宛地生此刚（钢）铁为矛。惨如蜂虿，言其中人之惨毒也。”这是我国出钢铁的最早记载。但是，由于长期以来未能得到实物的印证，以至人们对东周时期我国已出现钢铁表示怀疑。直到 1976 年湖南长沙杨家山春秋晚期 65 号楚墓出土了一把钢剑，这种怀疑始得以消除。金相检验表明，这把剑为含碳约 0.5% 的中碳钢制成，断面可以看出是经过反复锻打的层次有七至九层，可能还经过高温退火处理。② 此后不久，考古工作者在湖南麻阳九曲湾楚国铜矿遗址的矿井里发现了两件铁錾，经金相检验，这两件铁錾系低碳钢制品，是通过反复锻打加工而成。③ 后德俊认为，中碳钢和低碳钢的出现，很可能同块炼铁反复加热锻打有关。因为块炼铁加热的燃料是木炭，在反复加热锻打过程中，块炼铁就很容易吸收燃料中的碳，同时反复锻打又利于排除铁里的夹杂物，钢就这样出现了。④ 楚墓出土的钢制品还表明，春秋时期楚国工匠已经懂得采用加热锻打的工艺来提高块炼铁的使用性能，从而为我国在战国中晚期出现块炼渗碳钢奠定了基础。

楚国之所以在铁之冶炼与铸造方面独步一时，同它拥有比较发达的青铜冶铸技术有着明显的继承关系。铜绿山春秋炼炉已经达 1200℃的冶炼温度，比铁的最低熔化温度 1146℃要高，与纯铁的最高熔化温度 1537℃也相差不远。同时，铜绿山矿冶遗址中楚人用作熔剂的铁矿石的发现，不仅说明楚国工匠已经认识到铁矿石是一种单一的矿石，而且

① 张正明．楚文化的主要成就和基本精神［J］．理论月刊，1993（1）．

② 长沙铁路车站建设工程文物发掘队．长沙新发现春秋晚期的钢剑和铁器［J］．文物，1978（10）．

③ 湖南省博物馆，麻阳铜矿．湖南麻阳战国时期古铜矿清理简报［J］．考古，1985（2）．

④ 后德俊．楚国科学技术史稿［M］．武汉：湖北科学技术出版社，1990：44.

对其性质也有了较深的了解。换言之，他们既然懂得用铁矿石作炼铜熔剂，也自然可以用铁矿石炼出铁来。因为楚人将冶铜所用的技术、设施用于冶铁，除稍稍提高炉温外，并不需要进行更多的技术创造。这显示了我国古代冶铁技术的独特发展规律。有必要强调的是，从生铁的发明到铸铁的批量生产，其间必然要经过一段相当长的时间，特别是铸造像鼎这样较大较复杂的铸件，经历的时间可能还要长些；而从铸铁件在生产中的推广，到韧性铸铁的产生，也需要有一个过程。因此，若考虑到以上因素，楚国冶铁业的萌芽可能在春秋中期前后。

第四节　纺织与刺绣

据《史记·楚世家》记载，从熊绎以至若敖、蚡冒，楚人的衣着一直是“蓝缕”。所谓“蓝缕”，只能是麻织品，这意味着西周时期楚人很可能还没有丝织业。

至少在春秋早期后叶，楚国已有了丝织业。《管子·小匡》记：（齐桓公）伐楚“使贡丝于周”。《禹贡》记荆州物产有：“包匦青茅，厥篚玄纁玑组。”玄纁，是一种经多次染色的赤红色丝织品。楚国的丝织品能列入贡品，说明已达到一定的技术水平。又据《左传·僖公二十三年》记载，楚成王二十一年（公元前 651 年），晋公子重耳离楚返晋之际曾对楚成王说：“子、女、玉帛，则君有之……其波及晋国者，君之余也。”这表明，楚国的丝织品不仅能自给，而且进入了中原市场。到春秋中期，楚国又兴起了刺绣业。《史记·滑稽列传》记楚庄王曾将马“衣以文绣”，这“文绣”，当为刺绣有精美图案纹饰的丝织品。楚国的丝织品，应为桑蚕丝织品，《史记·楚世家》记吴楚边邑小童由“争桑”引起的“卑梁之衅”，反映了楚人对发展桑蚕的高度重视。

战国时期，楚国以丝织业为主的纺织业得到了空前发展。代表战国时期楚国纺织业成就的，是时间为战国晚期前叶的江陵马山 1 号楚墓出土的丝织刺绣品。因此，下文对楚国纺织刺绣业的讨论，主要材料来源是马山1号楚墓出土的纺织刺绣品，[①]以及院文清在《楚文化志》有关章节中对楚国纺织刺绣业所作的介绍。[②]不过，有时也不免涉及其他楚墓的有关资料。

一、丝织品的种类

综合考古发现和文献记载，楚国丝织品的种类主要有纱、罗、绢、绨、组、绮、锦、絛、纨、缟、缣、縠等，下面分别予以介绍。

纱　纱是平纹组织的丝织物，外观有明显的方孔，质轻，经纬稀而轻薄。《汉书·江充传》记："充衣纱縠禅衣。"颜师古注："纱縠，纺丝而织之也。轻者为纱，绉者为縠。"江陵马山1号墓所发现的，有素色、土黄色、深褐色、橘红色四种方孔纱。其中一件深褐色的纱巾保存较好，幅宽为32.2厘米，经纬密度为25×16根/平方厘米。长沙左家塘44号楚墓出土有藕色纱手帕，织品长28厘米，宽24厘米，有稀疏的方孔，经纬丝投影宽为80微米，足见其轻薄。纱多用作衣袍的里、手帕和巾等。除楚国外，尚未见其他地方有先秦绉纱面世。[③]

罗　罗属绞经组织织物，表面有纱一样的方孔，又称纱罗。《楚辞·招魂》有："罗帱张些。"江陵马山1号墓出土了一件用作绣地的四经纹罗，经纬线都加S向捻，经纬密度为46×42根/平方厘米。左右两根经线交替绞转，每四根相邻的经线构成一个网孔，每织入四根纬线完成一个组织循环。另外，长沙五里牌406号战国楚墓出土丝织网络，也很可能是罗。[④]

绢　绢属质地细薄的平纹织物，经纬密度相差较大。《急就篇》卷二颜师古注："绢，生白缯，似缣而疏者也。"这种织物在考古发现中

① 荆州地区博物馆.湖北江陵马山砖瓦厂一号墓出土大批战国时期丝织品［J］.文物，1982（10）；荆州地区博物馆.江陵马山一号楚墓［M］.北京：文物出版社，1985.

② 张正明主编.楚文化志［M］.武汉：湖北人民出版社，1988：97–118.

③ 熊传新.楚国的丝织业［J］.江汉论坛，1982（8）.

④ 中国科学院考古研究所.长沙发掘报告［M］.北京：科学出版社，1957：63–64.

最为常见，是当时丝织物的主要品类。长沙左家塘 44 号楚墓和江陵雨台山楚墓都出有绢。[①] 江陵马山 1 号楚墓出土的衣衾和绣品所用绢的数量最大，达 55 件之多。其中枕套的绢面经纬密度尤其大，为 164×66 根 / 平方厘米，超过了长沙马王堆西汉早期墓所出绢的经纬密度。有将近 15% 的绢经过捶砑后，毛茸使绢的孔隙缩小而显得丝线扁平。个别绢经过压光处理，极富光泽感。

绨　绨属厚实有光泽的平纹染色丝织物。《急就篇・卷二》颜师古注："绨，厚缯之滑泽者也。"绨经纬丝较粗，丝线采用了并丝工序，织成后练染，织品紧密光洁。江陵马山 1 号墓出土的一件麻鞋面为绨，其经线为双股合成，加 S 向捻，捻度为 500 次 / 米，经纬密度为 80×110 根 / 平方厘米。土黄色，光泽尤佳。

组　组是用经线左右交叉成一定角度编结的窄带状织物，多用作带饰或衣衾的领和缘。江陵马山 1 号墓出土 10 件，都是双层的，但不能分开成筒状。其中用作帽系的一对有用紫色和土黄色两种丝线编织出的三角纹、横带纹和雷纹。

绮　绮为平纹地斜纹起花织物。《尔雅・释名》云："绮，倚也，其纹欹邪，不顺经纬纵横也。"绮以运用织物组织变化而产生斜纹起花为特征，早在商代就出现了。[②] 长沙广济桥 5 号楚墓、五里牌 405 号楚墓和信阳长台关楚墓都发现有菱纹绮，[③] 江陵望山 1 号墓发现有纹绮。[④] 绮通常为素色，马山 1 号墓出土的绮却有三彩，即以黑、深红、土黄几种不同颜色的丝为经线，以棕色丝为纬线，按颜色条带分区，相间织制。

① 熊传新 . 长沙新发现的战国丝织物［J］. 文物，1975（2）；湖北省荆州地区博物馆 . 江陵雨台山楚墓［M］. 北京：文物出版社，1984.

② 陈娟娟 . 两件有丝织品花纹印痕的商代文物［J］. 文物，1979（12）；陈维稷 . 中国纺织科学技术史・古代部分［M］. 北京：科学出版社，1984.

③ 湖南省文物管理委员会 . 长沙广济桥第五号战国木椁墓清理简报［J］. 文物参考资料，1957（2）；中国科学院考古研究所 . 长沙发掘报告［M］. 北京：科学出版社，1957；河南省考古研究所 . 信阳楚墓［M］. 北京：文物出版社，1986.

④ 湖北省文化局文物工作队 . 湖北江陵三座楚墓出土大批重要文物［J］. 文物，1966（5）.

其经纬密度为 88 × 19 根 / 平方厘米。

锦　锦是平纹地经线提花织物。《六书故》云："织彩为文曰锦。"锦属复杂组织结构的织物，代表着战国时代丝织品的最高水平。锦依其织物和组织特征，可分为经二重、纬二重和经三重组织织物。曾侯乙墓所出深褐色暗花纹锦是纬二重组织；① 左家塘 44 号墓出土有六种不同花纹的织锦，其中深棕地红黄色菱纹锦和褐地矩纹锦是经三重组织，朱条暗花对龙对凤纹锦、褐地双色方格纹锦等则是经二重组织。马山 1 号墓所出的锦都是经二重组织，按经线配色的不同，又可分为二色锦和三色锦两类。其经线密度为 84 根 / 厘米—156 根 / 厘米，纬线密度为 24 根 / 厘米—54 根 / 厘米，经线略粗，纬线略细。幅宽为 45—50.5 厘米，质地厚实，多用于衣衾的面和衣物的缘。

绦　绦是用彩色丝线编织而以纬线起花的窄带织物。《说文》云："绦，扁绪也。"《汉书 · 贾谊传》颜师古注："偏緒，若今之织成以为腰襻及褾领者也。"又《礼记 · 杂记下》云："纠以五采。"郑注："纠，施诸缝中，若今时绦也。"绦在长沙楚墓和江陵马山 1 号墓中都有发现。绦依其组织结构可分为纬线起花绦和针织绦两种。纬线起花绦的工艺特点是织造时采用花纬分区使用方法，这与"通经回纬"极为相似，这种提花工艺方法对于汉代的"织成"以及后世的缂丝工艺都有直接的影响。纬线起花绦色彩鲜艳，纹样构图繁复。江陵马山 1 号墓出土的这种绦，其纹饰有田猎纹、龙凤纹、六边形纹、菱形纹和花卉形纹等，经、纬线色彩有深棕、土黄、钴蓝、红棕、棕等。针织绦属纬编物，由手工编织而成。其编织特点是将丝线弯曲成线圈并加以串连，在织物反面加衬绢。组织结构采用横向连接组织和单面提花组织，以各种色线编织出不同花纹的绦。江陵马山 1 号墓出土的针织绦有动物纹、星点纹和十字形纹。针织绦花纹小，幅面窄，外形呈圆形和半圆形。丝线的色彩有紫红、淡黄、深棕、红棕、土黄。丝线均加 S 向捻，捻度为 1000—

① 湖北省博物馆 . 曾侯乙墓［M］. 北京：文物出版社，1989.

3500 次 / 米。江陵马山 1 号墓出土的针织绦，是目前世界上发现的时代最早的针织品。

纨　纨是质地细腻有光泽的丝织品。《尔雅・释名》云："纨，涣也，细泽有光涣也。"时代为战国早期的随州曾侯乙墓出土有纨，织造精致细密，经纬密度在 102×33 根 / 平方厘米—87×32 根 / 平方厘米之间。

缟　缟是细密素白的生丝平织物。缟的特征是经纬密度相差不大，曾侯乙墓出土有这种织物，其经纬密度为 20—45×20—40 根 / 平方厘米。

缣　缣是经重平组织的双纬织物。又称双丝细绢。《淮南子・齐俗训》云："缣之性黄，染之以丹则赤。"长沙识字岭 345 号楚墓出土有这种织物。①

縠　縠为平纹熟丝织品，其组织结构与纱同，有纱一样的方孔，质地轻薄，丝缕纤细，表面有细致均匀的鳞形绉纹。故《汉书・江充传》颜师古注曰："轻者为纱，绉者为縠。"縠在织造过程中，经纬线均须加反向强捻，织成后经过煮练，使加捻经纬丝退捻，收缩弯曲，织物表面就形成绉纱了。时代为战国时期的长沙左家塘 44 号楚墓出土的一块浅棕色绉纱，经纬密度为 38×30 根 / 平方厘米，这是我国目前所发现的时代最早的绉纱。

上列十二类丝织品，几乎囊括了先秦丝织品的所有类别。

二、丝织与练染

（一）丝织

缫丝是丝织品生产的头道工序。《说文》："缫茧为丝也。"缫丝要经过选剥茧、煮茧、索绪、集绪、绕丝。线缕的匀度是衡量缫丝技术的标尺。有关专家对长沙出土的楚国丝织物进行的丝缕测定表明，织物的

① 中国科学院考古研究所 . 长沙发掘报告［M］. 北京：科学出版社，1957：63-64.

经纬丝的缫丝茧数平均为 7 粒到 10 粒，丝缕光滑均匀，显示了楚国缫丝的技术水平。①

纺纱是丝织生产的第二道工序。这是因为各种不同品种的织物对经纬丝线的粗细和强度的要求不尽相同，在织造前丝缕需要进行并丝和加捻处理。加捻能增加丝线的强力和耐磨性能，减少起毛断头，增加织物牢度，增强丝线弹性，提高织物抗折能力，还可以促成丝线出现螺旋形，从而使织物表面得到绉纹的外观。经过对出土遗物的测定，证实楚国丝织品在织造前都经过了并丝处理，有的还经过了加捻，并能根据不同织物的要求控制经纬丝线的粗细程度和捻度。如江陵马山 1 号墓出土的六边形纹绦地组织经纬密度为 32×24 根 / 平方厘米，经线和地纬均为加 S 向弱捻的合股丝线，经线投影宽度为 0.15—0.25 毫米，纬线投影宽度为 0.25—0.30 毫米。测定还表明，马山 1 号墓出土丝线捻度多在 1000 次 / 米以上，最多可达 3500 次 / 米。要达到这样强的捻度，很可能在并合加捻丝缕工序中使用了纺车类工具。

织造是纺织生产的关键工序，而织造技术的高低在很大程度上又通过纺织品的组织结构体现出来。如前文所述，楚国既有简单的、常见的平纹组织织物和平纹变化组织织物，如绢、纱、纨、缟、缣、绨，这些织物结构紧密，坚牢平整；也出现了斜纹组织、斜纹变化组织以及斜纹和平纹的联合组织织物，如花绮类丝织品的菱形纹即属此类；还出现了平纹与斜纹的绞纱组织织物罗，如马山 1 号墓出土的四经纹罗。特别是由二组经纱、一组纬纱，三组经纱、二组纬纱交织的经二重、经三重组织和二组纬纱、一组经纱，二组纬纱、二组经纱交织的纬二重组织的出现，表明楚国纺织品的结构已经相当完备。而从有些锦面的花纹图案贯穿全幅来看，楚人已拥有较先进的提花织机。对某些丝织物的捶砑和压光处理，也证实楚人的织造技术已向深加工迈进。凡此，标志着楚国的纺织技术已达到了当时的最高水平。

① 陈维稷 . 中国纺织科学技术史［M］. 北京：科学出版社 .1984：50-51.

（二）练染

精练是丝织物染色的前期工序。丝帛只有经过精练，才能去掉蚕丝表面的丝胶和杂质，以便染色。先秦时期，我国的染色技术已分为煮、湅、暴、染四个步骤。《周礼·考工记》记载精练丝帛的方法是："湅丝，以涚水（温水）沤其丝七日，去地尺暴之。尽暴诸日，夜宿诸井，七日七夜，是以水湅。湅帛，以栏为灰，渥淳其帛，实诸泽器，淫之以蜃。"日本学者对长沙出土战国时代楚国的丝织品精练程度作了研究，发现楚国当时已掌握了控制精练深度的技巧，按照丝织品不同的用途和质量，进行不同程度的精练。江陵马山1号墓出土的丝织物，绝大多数都经过精练。

先秦丝织品的染色工艺，依其染色原料的不同，分为石染和草染，前者是以矿物作原料，后者是以植物作原料。从楚国出土的丝织物来看，楚人对这两种染色工艺已能熟练掌握。

石染的方法主要是涂染，其原料常见的有朱砂（红）、孔雀石（绿）和胡粉（铅白）等，这些原料在楚地都相当丰富，湖南辰溪和湖北大冶就分别是朱砂和孔雀石的著名产地。楚国石染工艺中很重要的一点是已能熟练运用黏合剂。黏合剂是利用淀粉的黏性，增强矿物颜料与纤维的附合力。长沙左家塘44号墓出土的朱条暗花纹锦，就采用了黏合剂，因而其结构显得相当牢固。①

草染的方法主要是揉染和浸染，其原料常用的有茜草、栀子和蓝草等。据《本草纲目》记载，这些植物主要生长在南方。从对马王堆1号汉墓纺织品的研究结果看，用茜草、栀子染色在汉初的楚地比较盛行。② 而其渊源则不可不追溯到先秦的楚人。成功的草染还要求掌握多次浸染和使用媒染剂的技术。《尚书·禹贡》载荆州产"玄纁"。《尔雅》云："三染谓之纁。"《周礼·钟氏》云："三入为纁，五入为緅，七入

① 熊传新.楚国的丝织业［J］.江汉论坛，1982（8）.

② 上海市纺织科学研究院等.长沙马王堆一号汉墓出土纺织品的研究［M］.北京，文物出版社，1980：15.

为缁。”缁为黑色。《淮南子·俶真训》云：“今以涅染缁，则黑于涅。”涅为绿矾，以其作媒染剂，可与多种植物染料媒染出黑色。媒染就是利用媒染剂使得多色性染料的原色发生变化而得出新的色彩。楚国丝织品中的草染红、棕、紫、黑等色，显然是运用了多次浸染和媒染的方法。

三、麻纺

《尚书·禹贡》载：“荆州，厥贡丝枲。”枲，即雄性大麻。这说明地处长江中游的楚地是大麻盛产之区。但是，在业经发掘的楚墓中，麻织品的数量比较少，其原委可能是麻织品不如丝织品名贵，统治阶级不大穿用，穿戴麻织品的普通劳动者的墓葬又极其简陋，不利于麻织品的保存。

已发现的楚国麻织品，除长沙五里牌 406 号楚墓出土两块麻布片外，其余均为麻鞋。五里牌出土的两块白色麻布片，经科学鉴定，属苎麻纤维制成的平纹组织，其经纬密度为 28×24 根 / 平方厘米。同时该墓还出土有称之为“葛布”的麻织品。[①] 江陵雨台山楚墓出土的两件麻鞋，均腐烂残破，仅剩下鞋底。其中 557 号墓出土的麻鞋底长 19.2 厘米、前宽 6 厘米、后宽 4 厘米。编织方法是用两股搓成的直径为 0.2 厘米的一根长麻绳作经线，由里向外绕七周，作成鞋底状，然后用细麻线绞合。该墓还出土了长约 250 厘米、直径 0.2 厘米的麻线一根，也是用两股搓成的。[②] 江陵马山 1 号墓出土的 3 双麻鞋，仅一双保存完好。麻鞋的前端近圆形，侧视呈缓坡状，表层用麻布，髹黑漆，里层用草编成，鞋口与鞋帮均用锦面，鞋底用麻绳编结，从中间向外逐圈缠绕共 27 圈。底有许多乳丁状线结。[③] 此外，湖南常德德山战国楚墓也出土过麻鞋，可惜腐朽过甚，出土时已成黑色。[④]

---

① 中国科学院考古研究所 . 长沙发掘报告［M］. 北京：科学出版社，1957：65.

② 湖北省荆州地区博物馆 . 江陵雨台山楚墓［M］. 北京：文物出版社，1984：118.

③ 荆州地区博物馆 . 湖北江陵马山砖瓦厂一号墓出土大批战国时期丝织品［J］. 文物，1982（10）；湖北省荆州地区博物馆 . 江陵马山一号楚墓［M］. 北京：文物出版社，1985.

④ 湖南省博物馆 . 湖南常德德山楚墓发掘报告［J］. 考古，1963（9）.

上述麻制品除五里牌406号战国墓中出土的为苎麻布外，其他均未作过详细的科学鉴定，因而不能确认它们属何种麻类。但根据长沙马王堆汉墓出土有大麻、苎麻、苘麻织物分析，这三种纤维楚人可能都已经使用了。[①]

沤麻和绩麻是麻纺生产的重要工序。所谓沤麻，是指将刚割下的麻用清水久渍，通过发酵作用使麻茎皮腐蚀柔软，便于剥离，故又称脱胶；所谓绩麻，是指将成束的麻纤维用人工劈开分细。楚人既然已能织出经纬密度达28×24根/平方厘米的细麻布，必定掌握了沤麻、绩麻等制麻的工艺。[②]

四、刺绣

刺绣主要是针对丝织品而言的。楚国的刺绣实物，在长沙五里牌[③]、烈士公园[④]和江陵望山[⑤]、九店[⑥]等地楚墓都有发现，但出土刺绣品最多且保存最完好的墓葬，则当推江陵马山1号楚墓。

已发现的楚国刺绣品，大抵选用织造精致、质地轻薄、平面整洁的绢为绣地，也有极少数以素罗为绣地的。如马山1号墓出土刺绣品21件，有20件是绢，仅1件是罗，都用作衣物的面和缘。刺绣的方法是，首先在绣地上用淡墨和朱红绘出所绣花纹的图案，然后以多种色彩的丝线绣出花纹。绣线一般用双股合成，投影宽度为0.1—0.5毫米，颜色有棕、红棕、深棕、深红、朱红、橘红、浅黄、金黄、土黄、黄绿、绿黄、钴蓝共12种。针法均为锁绣，锁扣大致均匀整齐。花纹的绣制采取了灵活多变的方式，即主体部分一般是以多行锁绣绣出轮廓，以密集的满绣填充块面，或虚出绣纹轮廓内的局部块面，使得花纹更富于主

①② 后德俊．楚国科学技术史稿［M］．武汉：湖北科学技术出版社，1990：133-134.

③ 中国科学院考古研究所．长沙发掘报告［M］．北京：科学出版社，1957.

④ 高至喜．长沙烈士公园3号木椁墓清理简报［J］．文物，1959（10）.

⑤ 湖北省文化局文物工作队．湖北江陵三座楚墓出土大批重要文物［J］．文物，1966（5）.

⑥ 楚文化研究会．楚文化考古大事记［M］．北京：文物出版社，1984.

体感和虚实感；辅助部位和连接部位则以单行或数行锁绣排成稀疏的线条，某些部位为了达到绣出细小花朵的效果，采用了单行的劈绒接针的锁绣花纹方法。这同陕西宝鸡市发现的西周前期仅用单线或双线条勾勒花纹轮廓的刺绣品印痕相比，①已前进了一大步。锁扣长 0.7—4.0 毫米，宽（以最宽处计）0.4—1.5 毫米。花纹的大小与衣物的大小相适应：缘上的较小，长度一般在 26 厘米以下；衣袍上的较大，长度一般在 50 厘米上下；衾面上的更大，最大的花纹长达 1.81 米。

有些花纹，不同部位显示出不同的用针风格，应是不止一人绣成的。马山 1 号墓的 21 件刺绣品，图案主题虽相似，而花纹无一雷同。由此可以推测，这些刺绣品可能像不加刺绣的丝织品那样，也是在专门手工业作坊里有计划、有组织地生产出来的。②

第五节　木、竹制作与髹漆

楚国的木器，凡精工制作的，一概髹漆；竹器，只要是出于精工制作，就也没有不经髹漆的。因此，通常将它们称为漆木器和漆竹器，或统称为漆器，这就是本节把木、竹制作和髹漆放在一起介绍的缘由。需要留意的是，漆器的胎骨虽以木、竹居多，却还有其他材料。不过，这些材料在漆器生产中只占很小的比重，故本节对这类质料漆器的介绍将力求从简。

一、木、竹制作

（一）木器制作

楚地拥有丰富的木材资源，这就为楚人发展木器生产奠定了基础。考古发现表明，木器的应用，及于楚人生活的各个领域。其中属于工具

① 李也贞，张宏源，卢连成，赵承泽 . 有关西周丝织和刺绣的重要发现［J］. 文物，1976（4）.

② 张正明 . 楚文化史［M］. 上海：上海人民出版社，1987：259.

和武器的有几乎所有生产工具的柄和长兵器的柲以及弩、弓、甲、盾及至云梯等；属于生活用具的有房屋和作为交通工具的舟、车以及日常生活用品耳杯、盒、卮、樽、豆、俎、盘、碗、勺、床、枕、几、桶、禁、虎子、扇、梳、篦等；属于娱乐用具的有鼓、瑟、琴、六博棋盘等；属于工艺品的有鹿、座屏、立凤、飞鸟等；属于丧葬用品的有镇墓兽、虎座立凤、俑、笭床和棺等。下面所要叙述的，是有突出水平或鲜明特色的器类和器件。先介绍只需斫削、镟凿的木器，后介绍需经过雕刻的木器。

有鲜明特色的以斫削为主的木器有舟、车、云梯和弩等。

楚国的舟，未见实物出土，形制不明。鄂君启金节铭文记楚有“舿”船，《楚辞·涉江》载楚有“舲”船。前者大，足以历风涛；后者小，便于越险滩。二者都能够长途行驶，可知其坚固。

楚国的车，与中原各国的车相比，形制大同小异。已知楚车实物，主要出土于时代为春秋中晚期的淅川下寺楚车马坑、时代为战国晚期的河南淮阳马鞍冢楚车马坑，[①] 以及时代为春秋战国之际的湖北宜城楚车马坑。[②] 据裴明相研究，淅川、淮阳楚车轨宽相当，但后者不仅在轮径、轴长、厢广、厢深、辕长等方面都超过前者，而且在某些方面甚至优于辉县琉璃阁出土的战国魏车。已发现的战国楚车又分为战车、安车两类：战车结构复杂，造型新颖；安车的车厢分前后两部，成凸字形，御者在前，乘客居后。楚车的这些特点，是中原罕见的。[③]

云梯，相传是鲁班发明的。《墨子·公输篇》记：“公输般为楚造云梯之械成。将以攻宋。”楚国在春秋中期已有用于实践的楼车，云梯应是在楼车的基础上改作而成的。云梯的出现，增强了攻坚的能力。

已发现的上古弩机，年代最早的属于战国中期与晚期之际，是在长沙扫把塘 138 号墓、长沙左家塘新生砖厂 15 号墓和常德德山 12 号墓出

①③ 裴明相．谈楚车［M］// 楚文化研究论集·第一集．武汉：荆楚书社，1987：158–168.

② 郭德维．楚车考索［J］．东南文化，1993（5）．

土的，这几座墓都是楚墓。[1]其中尤以扫把塘出土的比较完整，弓和弦都已脱落，但铜制的牙、悬刀、栓塞俱全，无铜郭而有木臂。这木臂，即以木斫削而成。

需经镟凿的木器，多数是容器，其中尤以豆、耳杯和圆盒最为常见。镟凿难度较大的是深腹大杯和蛋形卮。后者底有三足，顶有小盖，蛋形体而实心；造型出人意表，堪称镟凿木器之佳构。

楚国木器的上乘之作，是雕刻作品。其中最能显示楚国木雕艺术水平的，是某些容器、乐器、饰物和葬具。

容器如江陵雨台山 427 号楚墓出土的一件鸳鸯木豆。此豆盖和盘合成一只鸳鸯，头、身、翅、足、尾一概雕出，敛翅蹉足，扭颈侧视，加以诸色精绘。此器为古代木雕豆之极品。又雨台山 471 号墓出土的蟠蛇卮，盖上雕八条相蟠的蛇，卮身雕十二条蟠蛇，构图巧妙，雕刻精细。

乐器如虎座凤架鼓。江陵雨台山有 15 座楚墓各出土 1 件，形制大体相同。双虎、双凤皆背向，虎仰首踞伏，凤昂首立于虎背。鼓悬于双凤之间，系于凤冠之上。

饰物如江陵望山 1 号墓出土的一件木雕座屏，座上有浮雕的大蛇，屏上有透雕的凤、雀、鹿、蛙和小蛇。整个座屏计有凤 4 只、雀 4 只、鹿 4 头、蛙 2 只、大蛇 20 条、小蛇 17 条，共 51 个动物。屏上的动物是分别雕刻之后，利用榫卯组接起来的，拆开来是许多圆雕，合拢来是一幅透雕。刀法圆熟精细，形象逼真传神。

葬具最精巧者莫过于长沙仰天湖战国楚墓出土笭床；[2]最神秘者莫过于“镇墓兽”；最壮美者莫过于虎座立凤。“镇墓兽”，据陈跃钧、院文清统计，湖北楚墓已出土近 200 件，湖南楚墓仅出土 2 件，河南楚

① 高至喜．记长沙、常德出土弩机的战国墓——兼谈有关弩机、弓矢的几个问题［J］．文物，1964（6）．

② 湖南省文物管理委员会．长沙仰天湖战国墓发现大批竹简及彩绘木俑、雕刻花板［J］．文物参考资料，1954（3）．

墓只出土1件，他处无所见。[①]已知“镇墓兽”的年代，均属战国时期。其形态多变，但仍具有下述共同特征：下有方座、中有躯干，上有头部，顶插鹿角。“镇墓兽”之名为暂拟，它究竟为何物，则不下十说：1.镇墓兽；2.山神；3.土伯；4.死神；5.灵魂化身；6.看管灵魂者；7.冥府守护者；8.生命之神；9.引魂升天的龙；10.兵主。[②]迄今为止，还没有一种说法能居于明显的优势地位。因此，“镇墓兽”的形象尚有待进一步辨识。

虎座立凤仅见于湖北楚墓，尤以江陵楚墓所出者为多。凤昂首展翅，作欲飞状，两胁有鹿角，即飞廉。飞廉为风伯，其身为凤。[③]虎座立凤雕像的凤，首、颈、身、足分雕合装，一如虎座凤架鼓的凤；所异者，是多了两支鹿角和两只翅膀，更显示出动态的美感。

（二）竹器制作

楚人日常所用的竹器，涉及的领域不如木器广，主要有生活用品、兵器和乐器等。

楚国的竹器，按制造方法来区分，有斫削竹器、雕刻竹器和编织竹器三类。

斫削而成的竹器，已知实物有竹筒、竹片、竹筷、竹枕、竹弓、竹柲以及乐器等。竹筒、竹片、竹弓制作简易，倒是湖北宜昌博物馆保存的一双竹筷令人注目。此筷出土于春秋战国之际的楚墓，长短、粗细以及上方下圆的特征都与现代竹筷无异，在食具发展史上当有一席之地。竹枕，江陵马山1号墓和湖南湘乡牛形山1号墓各出1件，[④]是我国已知年代最早的两个竹枕。枕面所用的竹片，前者素面，后者有方形镂孔，镶鸟形刻纹，黑漆作地，饰红黄二色云雷纹。竹柲中最佳者数积竹

① 陈跃钧，院文清.“镇墓兽”略考［J］.江汉考古，1983（3）.
② 彭德.楚墓“兵主”考［M］// 楚文艺论集.武汉：湖北美术出版社，1991：191–206.
③ 张正明，滕壬生，张胜琳.凤斗龙虎图像考释［J］.江汉考古，1984（1）.
④ 湖南省博物馆.湖南湘乡牛形山一、二号大型战国木椁墓［M］// 文物资料丛刊·第3辑.北京：文物出版社，1980.

柲。据郭沫若考证："庐器以积竹为之。揣其制当取竹之青皮而去其黄，细撕而再加以胶合，则较木强韧而有弹性，高贵者戈戟之柲恐均以庐器为之，惟戈戟之柲自亦可以用木，不必尽庐器耳。"[①]郭沫若的考证大致不误，但从楚国出土积竹柲来看，中心均有木棒，此则郭氏所未言，或许此种柲为楚国所特有。

雕刻而成的竹器，已知的实物只有竹卮。江陵拍马山有 3 座楚墓各出竹卮 1 件，都用竹节制作，身盖俱全。其中 19 号墓所出的 1 件雕刻较精，盖和口沿两侧凸出成耳，有三只兽蹄足。

编织而成的楚国竹器主要有竹席、竹笥、竹箱、竹盒、竹筐、竹篮、竹扇等。竹席为寝坐所必需，也用作葬具。竹筐、竹箱通常作衣箱用。竹盒用以放置果品之类。竹筐、竹篮用以放置杂物。

编织竹器的篾丝粗细不等，如江陵雨台山楚墓出土竹笥的篾丝，宽 0.12—0.20 厘米；江陵马山 1 号墓出土竹扇的篾丝，宽仅 0.10 厘米。竹编的花纹，由简到繁，为人字纹、回字纹、十字纹、矩形纹。此外，还有与素罗花纹类似的透空菱形纹。[②]

已出竹器精品，编织工艺异常出色。江陵沙塚 1 号墓出土彩漆编花竹席 1 件，长 51 厘米，宽 24 厘米，小巧精致，篾丝髹红漆和黑漆，编织出工细的图案。[③]江陵马山 1 号墓出土的彩漆编花竹扇 1 件，编织工艺可谓出类拔萃，至今鲜艳完好，宛如新制。这件竹扇，是我国已知年代最早的竹扇中制作最精、保存最好的 1 件。江陵天星观 1 号墓还出土 1 件羽扇，柄长过人，竹制的扇骨呈心形，扇面用羽毛连缀而成。[④]

二、髹漆

髹漆主要是针对木、竹器而言的，前文所述木器和竹器的制作，从

① 郭沫若 . 殷周青铜器铭文研究 · 说戟［M］. 北京：科学出版社，1961：200.

② 陈振裕 . 楚国的竹编织物［J］. 考古，1983（8）.

③ 湖北省文化局文物工作队 . 湖北江陵三座楚墓出土大批重要文物［J］. 文物，1966（5）.

④ 湖北省荆州地区博物馆 . 江陵天星观 1 号楚墓［J］. 考古学报，1982（1）.

漆木器和漆竹器生产的角度来说，属于制胎工艺的范畴，是漆木、竹器生产的头道工序。不过，髹漆的器胎除木、竹胎外，还有夹纻综胎、皮胎、陶胎和铜胎等，但这些质料的器胎同木、竹胎相比只能说处于髹漆的末流，故下文在介绍时仅约略涉及。

考古发现表明，春秋早期楚国已有了漆器，如湖北当阳赵家湖楚墓中就是髹漆的棺木。[①] 到了春秋中期以后，楚国的漆器生产便蓬勃发展起来，不仅一些大中型楚墓常有成百件漆器随葬，而且在一些小型楚墓中也每每有几件甚至十几件漆器出土。如江陵望山楚墓就出土彩绘漆器等 200 件之多，长沙浏城桥楚墓出土漆器 60 余件，信阳长台关楚墓也出土一大批漆器，而江陵雨台山的 500 多座楚墓中就有 224 座出土漆器近千件。到战国早中期，漆器生产已跻身楚国手工业生产的支柱产业，从而与铜铁器、丝织生产势同鼎足。

楚国漆器生产工艺，包括制胎、制漆和髹饰三个步骤。作为楚漆器主体的漆木、竹器的制胎上文已作了介绍，其他胎质漆器的制胎可同髹漆一并简介。下面要叙述的是制漆和髹饰。

（一）制漆

制漆就是将天然的漆液进行人为的加工。从目前出土的楚国漆器来看，楚人使用的漆主要有三种类型，即未经加工的原生漆、进行过脱水加工的精制漆和调油漆。

原生漆含有较多的水分，用这种漆制成的漆膜，色泽、透明度都比较差，性硬且脆，故原生漆大多用于漆器木胎的粘接和某些器物背面的涂刷，极少用于器物表面的装饰。

将原生漆进行加工脱水后即可获得精制漆。在古代，加工脱水的方法主要是晒和煮，这种方法至今仍为民间工匠所常用。使用这种脱水精制漆所形成的膜在亮度、光泽、韧性等方面都比原生漆要好，特别适宜

① 高应勤，王光镐 . 当阳赵家湖楚墓的分类与分期［M］// 中国考古学会第二次年会论文集 . 北京：文物出版社，1982.

于制造黑漆。至今，黑色推光漆的制造仍然采用这种方法。从出土楚漆器观察，用这种方法制出的黑色漆膜占有很大的比重。因为采用这种方法制出的漆黑色纯正、庄重和古朴。在这种黑色漆膜上进行朱绘，越发显示出强烈的对比色彩。江陵楚墓出土的一些漆耳杯，就是在这种面漆上进行朱绘的。

调油漆是彩绘漆器的常用漆。明黄成《髹饰录》杨明注云："黑唯宜漆，而白唯非油则无应矣"，又云："如天兰、雪白、桃红则漆所不相应也。"就是说，描绘浅淡鲜艳纹饰所用的色漆，必须要调入植物油，否则难以达到理想的效果。已发现的楚国的漆器，大多为彩绘，如前面提到的木雕座屏，其彩绘花纹的颜色就有红、绿、金、银等色，其中绿色甚为鲜明；江陵楚墓出土的大漆耳杯上有白色花纹；信阳楚墓出土的漆瑟残片花纹的颜色有红、黄、绿、蓝、白、金等多种。这充分说明当时楚人已采用了调油漆。调油漆的制法基本上有两种：一种是在生漆中直接加入熬制好的植物油。另一种是生漆经部分脱水后再加入熬制好的植物油。但楚国匠师使用的是何种植物油，目前还难以肯定。有的学者认为使用"荏油"的可能性较大，[①] 看来有一定道理。

（二）髹饰

根据对某些楚国漆器残片断面的观察，当时髹饰过程主要分三个步骤：打底、上漆和装饰。其中装饰的手法比较复杂，若细分起来，又包括彩绘、针刻、错嵌、描金、贴金等。

彩绘，即《髹饰录》上称之为"漆画"或"描漆"的工艺方法，是以各种颜色溶入调油漆进行的，彩绘的手法有线描、平涂和堆漆。同时还能利用漆调色黏稠的性能，用厚薄来表现物象，使之具有浮雕感。

针刻又称锥画，是在漆器表面上用金属锥状物刻画出细如发丝的阴线纹饰，有的还在线内填以不同的色料，使图案更加富有装饰意味。湖

① 后德俊，陈赋理．楚国漆制品生产与使用中的几个问题［J］．中国生漆，1983（1）．

南长沙黄土岭战国楚墓出土的针刻凤纹漆奁就是用这种工艺装饰的。[①]

错嵌，指用金属或其他物质错嵌在漆器的各个部位，起装饰和加固作用。楚墓出土这类漆器是将金属制的圈安放或曰扣在漆器的口沿和底圈上，因而又称之为“扣器”。从某种程度上说，扣器是错嵌漆器的早期形式。江陵张家山出土的时代为战国中期前后的铜扣漆壶、安徽舒城秦桥出土的时代为战国晚期的错金铜扣大漆盒，[②]就是简单的金银错嵌漆器。

描金是指用金粉或金银粉在漆器上平涂。这种漆器多出土于大中型楚墓之中，如信阳楚墓出土的漆瑟残片上，就有用极细的金彩在兽身周围所作的平涂，长沙仰天湖楚墓出土的漆雕花笭床的纹饰也大量施以金、银粉，曾侯乙墓出土外棺表面还有用红色、金色描绘的图案。经过描金的漆器，更显得高贵华丽，因此被视为上流社会的专利，下层平民大概难以分享。

贴金是将雕刻有各种形象的金、银箔贴于漆器表面的一种装饰手法。在湖北襄阳山湾 27 号楚墓棺木痕迹中，夹有黑色的漆皮和不少金箔，可见此棺原来是髹黑漆并贴有金箔花纹的。[③]该墓是一座中型墓葬，时代为春秋晚期。这说明，最迟在春秋晚期，楚人在制造漆器时已采用了贴金装饰工艺，而与之相关的描金工艺也大约同时出现。

需要补充说明的是，楚国的髹漆除了主要施于木器和竹器外，也用于夹纻、皮、金属、陶等胎质的器物。夹纻胎漆器是用纯麻布和漆灰在预先制好的模具上做出器形胎骨，并经磨光后上漆彩绘。夹纻胎漆器在湖北、湖南多座楚墓中均有发现，其主要器类为漆奁、漆盒和漆鞘。革胎漆器大多在革胎的外层直接上漆彩绘，其主要器类为漆甲、漆胄和漆

① 杨宗荣．战国漆器花纹与战国绘画［J］．文物参考资料，1957（7）；沈福文．中国髹漆工艺美术简史［M］．北京：人民美术出版社，1964.

② 湖北省博物馆．湖北省文物考古工作新收获［M］// 文物考古工作三十年．北京：文物出版社，1979；安徽省文物工作队，安徽文物考古工作新收获［M］// 文物考古工作三十年．北京：文物出版社，1979.

③ 湖北省博物馆．襄阳山湾东周墓葬发掘报告［J］．江汉考古，1983（2）.

盾。《荀子·议兵》云："楚人鲛革犀兕以为甲，鞈如金石。"说明楚国革胎漆器在军事装备中具有重要地位。楚国的革胎漆器在江陵藤店、拍马山和长沙等地楚墓中都有发现。楚国的髹漆铜器出土数量很少，只有信阳长台关楚墓出土髹漆铜镜以及曾侯乙墓出土髹漆铜人和爬虎状挂钩等3件。楚人髹饰铜器的目的有二：即改变金属的外观和防止金属的锈蚀。陶胎漆器在楚国虽有但不多见。

第六节 料器

料器原称琉璃，是早期的玻璃。之所以称料器，是为了遵从文物考古界的习惯。

据有关专家统计，战国时代的料器，出自湖南楚墓的最多，而且主要是出自长沙的楚墓。长沙地区出料器的楚墓已有110多座，其中，有80多座墓出的料器有璧80多件、瑗1件、环2件，有30多座墓出土珠和管130多件，另外还发现了剑首3件、剑珥2件、印1件。① 出自湖北楚墓（包括曾侯乙墓）的次之，有料珠、剑饰共计110多件。出自河南、安徽楚墓的又次之，在河南淅川、淮阳和安徽寿县楚墓中均有为数不等的料器发现。此外，在河南固始吴墓以及陕西、河北、山东等地也有零星料器出土。固始侯古堆吴王夫差夫人墓发现的成分为钠钙玻璃的"蜻蜓眼"式料珠，后德俊以为是吴人从楚人手中掠夺的战利品，② 言之成理。据鄂君启金节铭文记载，楚国商人曾涉足陕西汉中地区；③ 据有关学者研究，楚人讨伐中山国，曾深入河北腹地；④ 据有关考古专家考证，山东南部在战国晚期已沦于楚境，何况楚与齐鲁一直有着经济文化

① 高至喜.从长沙楚墓看春秋战国时期当地经济文化的发展［M］// 中国考古学会第二次年会论文集.北京：文物出版社，1982.

② 后德俊.楚国科学技术史稿［M］.武汉：湖北科学技术出版社.1990：113.

③ 黄盛璋.关于鄂君启节地理考证与交通路线复原问题［M］// 历史地理论集.北京：人民出版社，1982.

④ 程如峰.从山字镜谈楚伐中山［J］.江淮论坛，1981（6）.

交流。[①] 因此，陕西、河北、山东三地发现的 5 颗左右琉璃珠，应为楚国产品，它们或由商人携带所至，或因征战流失异域。

关于楚国料器的来源，至今学术界仍众见不一：一说来自西亚；一说出于自制；一说属于钠钙玻璃者为西亚所输入，而属于铅钡玻璃者则为楚人自制。最后一说的根据是：经湖南省地质局实验室检验，湖南地区的琉璃璧都是铅钡玻璃，与西亚琉璃之属于钠钙玻璃者显然不同；而上述料器中有一种“蜻蜓眼”式的琉璃珠，经河南固始有关部门检验，却又属于钠钙玻璃一类，并且它的纹饰风格与我国传统风格殊异，倒与西亚、南亚的琉璃珠非常相似。由此可以窥见，战国时代楚国不仅有了自己的琉璃工业，而且已经与西亚等地开展了货物贸易和工艺交流。[②] 这一说法较前说无疑深入了一步，但也存在着疑问：同是“蜻蜓眼”式琉璃珠，固始侯古堆出土的为钠钙玻璃，[③] 而曾侯乙墓出土的却非钠钙玻璃。因此，上述说法是否可作这样的补充修正：在“蜻蜓眼”式琉璃珠中，属于钠钙玻璃者很可能为西亚传入，属于铅钡玻璃和含钾玻璃者很可能是楚人依照西亚传入的“标本”所作的复制品。张正明亦曾针对楚墓出土的“蜻蜓眼”式琉璃珠作了如此解释：西方的琉璃珠曾几经转手传到中国南部来，恰好遇上喜爱新奇的楚人，楚人就利用自己原有的技术来仿造西方的琉璃珠了。[④]

从淅川下寺楚墓出土带有玻璃相的石英珠来看，楚人至迟在春秋中期就已经懂得了烧制玻璃的基本原理。楚人的这种技术很可能是从周人那里学来的，因为早在西周中期的周人墓葬中已经出土过不少这类制品。当然，这类制品还算不上是成熟的料器。后来，楚人大概从西亚传

---

① 王思田 . 从曲阜两周墓看鲁文化面貌及楚文化对鲁国的影响［M］// 楚文化研究论集・第一集 . 武汉：荆楚书社，1987：293-301.

② 高至喜 . 从长沙楚墓看春秋战国时期当地经济文化的发展［M］// 中国考古学会第二次年会论文集 . 北京：文物出版社，1982；吴铭生 . 资兴战国墓出土琉璃器的探讨［J］. 湖南考古辑刊，1986（3）.

③ 张福康等 . 中国古琉璃的研究［J］硅酸盐学报・第 11 卷，1983（1）.

④ 张正明 . 楚文化史［M］. 上海：上海人民出版社，1987：209.

入的料器中受到了某种启示，逐步改进了制造工艺，促进了料器制造业的发展。从出土“蜻蜓眼”式料珠的河南固始侯古堆吴墓下葬年代为春秋晚期分析，楚人改进料器生产可能始于春秋末叶，而取得成效则在战国中期后叶，出土料器的楚墓，多数为这一时期。

从品种上看，楚墓出土最多的玻璃品是珠，其次是璧。玻璃管、玻璃剑饰、玻璃印章等都很少。其中璧、剑饰两种玻璃制品是具有我国民族特色的东西，在西方同时期的玻璃品中无一露面，很可能为楚人所首创。同时它们也只是在长沙地区出土较多，其他地区则十分少见或根本未有。联系到长沙地区出土料器的数量之多和时间之早，说明这里曾是楚国料器生产的中心。①

楚国料器生产工艺，从资兴旧市出土的琉璃璧一面光滑而另一面粗糙推测，可能是采用单模制成的；从越王勾践剑上由楚人补嵌的琉璃剑饰内部存在较大的椭圆形气泡分析，可能是压制（或拉制）成型的。而“蜻蜓眼”式的彩色琉璃珠的制作工艺则大致如下：先在具有相近曲率的模具内表面放一滴液料，形成蓝色的玻璃粒，待稍微凝固后，分别覆盖上白、棕各色液料，形成所谓“眼”；再将熔化好的浅蓝色的液料做成珠体，趁其尚处于半熔融状态时，在外表面安放上一定数量的“眼”，再通过相应的工具进行加工定型。②

楚人用于生产料器的原料大概主要包括有石英砂、重晶石、硝石、铅矾或方铅矿等，这些都是具有玻璃光泽或金属光泽的矿物体，在外观光泽上与玻璃有相似之处，故楚人用其来制造料器。但是，从楚地出土料器的化学成分不尽相同推测，当时楚人尚未形成统一的用料标准。这也恰好证实了楚人制造真正的料器是从仿制入手的。

从用途看，楚国的料器主要是一些小型器物，是作为装饰品用的。而从出土料器的墓葬包括有大、中、小不同的等级分析，料器并非是贵

① 后德俊 . 楚国科学技术史稿［M］. 武汉：湖北科学技术出版社，1990：103.
② 后德俊 . 谈我国古代玻璃的几个问题［J］. 江汉考古，1985（1）.

族的奢侈品，而是一种各个阶层都能够享用的饰物，至于常出于小型墓的玻璃璧，很可能是被用作棺档的装饰品。[①]

第七节　盐业

《黄帝内经・宝命全形论》引岐伯曰："夫盐之味咸，其气令器津泄。"[②]这说明中国古人在长久的生产生活实践中，已经能够认识到咸味可以疏泄津液，从而帮助人体的体液达到平衡。现代营养学认为，盐是人类维持生理活动的必需品，对人类身体和智力的发展都会起到重要作用。盐中所含的钠，不仅在心肌及其他肌肉的运动中是不可缺少的动力要素，而且在神经兴奋传递中也是形成神经细胞膜内外电位差的重要角色。同时，盐还能促进胃液分泌，与胃酸结合后加速对肉类的分解，从而促进消化吸收。[③]有研究表明，上古人类素食的钠消费量可能不足0.2—0.3 克 / 天，而肉食摄入的钠量可能达到 1.4 克 / 天。人在高强度体力活动和热应激情况下，为了保持平衡，钠的丢失量和消费量必须相等。[④]大自然中含盐量的植物非常稀少，进入农耕生活后，"精耕细作"的先民已不能从中摄取相当的盐分，必须寻找自然界的天然盐或者用含盐原料提炼盐，以补充身体的需要。

自然界存在天然的泉盐（包括井盐）。所谓泉盐，即地下盐岩层溶于水后涌现出地面的咸泉，通过天然晾晒或人工取得后蒸发结晶就可得到食盐。盐泉多分布于河流岸边，流出地面后颜色较浑浊且气味刺鼻，经日光晾晒后出现白色晶体，非常容易为古人发现和利用。在长江中游及周边地区，泉盐资源最为丰富，其中属于楚人生活范围者莫过于峡江

① 高至喜．湖南出土战国玻璃璧和剑饰的研究［M］//1984 年北京国际玻璃学术讨论会论文集．北京：中国建筑工业出版社，1986.

② 王冰．重广补注黄帝内经素问・卷第八［M］．四部丛刊景明翻北宋本．

③ 俞为洁．中国食料史［M］．上海：上海古籍出版社，2011：37.

④ B.A 鲍曼，R.M 拉塞尔．现代营养学［M］．北京：化学工业出版社，2004：375.

一带。盐业考古发现表明，三峡地区的渝东和鄂西的巴东、秭归都有丰富的盐资源，且盐矿存在于较浅的背斜底层内，当河川下切背斜，古代人类即可在河流沟谷内发现盐卤的露头。[①]有学者从上古巫咸的故事中勾勒出古老盐卤文化的发展历程，[②]发现三峡库区最早与盐业有关的遗址可早到新石器晚期。[③]现代考古发现显示，每次洪水期，长江中游地区新石器文化都有往三峡地区迁徙的实例，其影响的范围甚至达到了今重庆忠县附近。[④]洪水过后，精通先进稻作农业生产技术的先民，有的依然选择靠近多高山陡坡的三峡地区定居，甚至还不断西进。尤其在第四次洪水期后，遭遇王湾三期文化晚期强烈冲击而产生的肖家屋脊文化，不向有利于稻作农业生产的两湖平原扩张，却沿江汉平原西北部逆向西行至峡江地区。这种现象很有可能源于古人对盐资源的需求，因为非如此不足以促使古人往峡江地区发展。正是由于峡江地区富有鱼盐之利，故大溪文化时期以沿江分布为主且深入到了巫山大溪遗址的玉器发现地点，或许就是长江下游地区人类用精美的玉器交换稀缺的盐资源所留下的遗痕。[⑤]

《蜀本论》记载："荆人鳖令死，其尸随水上。荆人求之不得，令至汶山下复生，起见望帝。望帝者，杜宇也，从天下，女子朱利自江源出为宇妻，遂王于蜀，号曰望帝，望帝立以为相。时巫山峡而蜀水不流，帝使令凿巫峡通水，蜀得陆处。望帝自以德不若，遂以国禅，号曰开明。"[⑥]由此可见，荆楚地区与巴蜀地区的交通很早就发生了。楚国早期受封的地理位置位于丹水之阳，此地缺乏食盐资源，长期以来其食盐供应主要依赖渝东和鄂西地区，尤其是前者，其泉盐开发的力度比之

① 唐仁粤 . 中国盐业史（地方编）［M］. 北京：人民出版社，1997：503.
② 阿波 . 上古巫咸国考析——中国盐文化探源［J］. 盐业史研究，1991（1）.
③ 参见重庆市文物局、重庆市移民局 . 重庆库区考古报告集 1997 卷［M］. 北京：科学出版社，2001.
④ 樊力等 . 川渝新石器文化有重要发现［N］. 中国文物报，2001-02-07.
⑤ 长江文明馆 . 长江中游地区新石器时代的人地关系研究［M］. 武汉：长江出版社，2015.
⑥ 郦道元 . 水经注 · 卷三十三［M］. 清武英殿聚珍版丛书本 .

新石器时代应该更大。《文选·蜀都赋》："滨以盐池。"刘渊林注曰："盐池出巴东北新井县，水出地如涌泉，可煮以为盐。"[①]该地区的盐既可以沿长江经巫峡运至夔国、楚国，也可以从巫山出发沿大溪（古亦称巫飞水）、清江一线至恩施后在宜都进入长江，继而沿长江东下，通过向东的两条路径，运至今天湖北西北部、南部甚至东部一部分地区以及湖南北部地区。[②]今鄂西地区的盐业资源虽不及渝东，但也不可小觑，《后汉书·南蛮西南夷列传》注引盛弘之《荆州记》："昔廪君浮夷水，射盐神于阳石之上。案今施州清江县水一名盐水，源出清江县西都亭山。"[③]可见巴人远祖廪君曾在此取用食盐。有学者指出：鄂西地区的盐因地处大溪清江一线，主要供应今湖北南部、西部和东部地区。考古发现表明，巫山跳石和蓝家寨遗址自春秋中期以来成为典型的楚文化分布区，战国中期以后楚国"西有黔中、巫郡"，说明鄂西与渝东、黔中的盐业逐渐为楚人所控制，长期以来成为楚国最大的食盐供给地。[④]

另外，晋南河东池盐对早期中原王朝具有十分重要的意义，[⑤]甲骨文中可能已有"卤小臣"一职。[⑥]有研究表明，从商代开始，该地区的盐也可经霍（今河南汝阳西）、申（今河南南阳北）、卢（今湖北襄阳西南）一线，运达荆楚地区。[⑦]

除了传统的泉盐、井盐、池盐，楚人食盐的另一个重要来源为海盐。早在《黄帝内经·异法方宜论篇第十二》中就有："故东方之域……鱼盐之地，海滨傍水，其民食鱼而嗜咸，皆安其处，美其食。"而《周礼·天官·盐人》又记载："盐人掌盐之政令，以共百事之盐……宾客，共其形盐、散盐。"贾公彦疏云："散盐，煮水为之，出东海。"可见散盐即指海盐。供"宾客"以海盐，说明当时利用海水制作食盐的经验已

①② 六臣注文选·卷四［M］.四部丛刊景宋本.

③④ 后汉书·卷八十六［M］.北京：中华书局，1965.

⑤⑥ 《甲骨文合集》5596，部分学者对"卤"字的正确与否仍有不同的看法，见陈星灿、刘莉，赵春燕.解盐与中国早期国家的形成［A］.中国盐业考古（第二集）［C］.北京：科学出版社，2010.

⑦ 高慎强.先秦食盐经济文化地理研究［D］.重庆：西南师范大学，2012.

相当丰富，形成了较大的海盐生产规模并养成了固定的消费习惯。

海盐的生产制作方法，应该只有极少部分会直接用海水煮沸或晾晒（此方法过分浪费燃料且效率极低）而成，多数情况正如后世《南齐书》所记“漉沙构白，熬波出素”[①]，即通过过滤富含盐分的海沙得到浓缩卤水，熬煮后最终成盐。当然，每一个阶段具体的工序会比文献简单的记录要复杂得多。盐业考古学者指出：早期的海盐制作可能为“海潮集卤”或“刮咸淋卤”。所谓“海潮集卤”就是在海潮可及处挖过滤坑，当潮水来时自然漫浸不需通过浇淋得到卤水；而“刮咸淋卤”是指选择天气晴朗之日，利用水牛和人力以犁刀刮取富含盐分的咸土，然后将刮下的咸土收集起来，堆栈于割刈的草席上，形成过滤的沙堆。人们再在过滤的沙堆旁掘出卤水坑，其后由妇女和男童负责将海水倾倒在沙堆上，经过海水浇淋，咸沙土内的盐分被淋溶出来，流入卤水坑，最后再将具有一定浓度的卤水运往以待煎煮海盐的作坊架设的铁锅中。而检验卤水浓度的方法是往卤水中丢入干莲子，当卤水质量良好时，莲子会恰好直立在水面下。[②]

最早开发海盐的地区，当然是东部沿海地区。春秋时海盐输入楚国已十分便利，《国语·齐语》记载齐桓公“通齐国之鱼盐于东莱，使关市几而不征，以为诸侯利，诸侯称广焉”。当时除了北方的齐国，南方的吴越也向楚国输入海盐，其线路大致可以由鸠兹过长江经巢、雩娄、柏举等地，最后西至于楚都郢。[③]至战国之世，通往楚国的盐运线路则更加便捷了。[④]《史记·货殖列传》记载：“陈在楚夏之交，通鱼盐之货，其民多贾。”由此不难看出楚地周边盐业商贸已十分发达。

---

① 南齐书·卷四十一［M］. 清乾隆武英殿刻本 .

② 傅汉斯 . 从煎煮到曝晒——再谈帝国时代的中国海盐生产技术［A］. 中国盐业考古（第二集）［C］. 北京：科学出版社，2010：26.

③ 史念海 . 春秋以前的交通道路［J］. 中国历史地理论丛，1990（3）；高慎强 . 先秦食盐经济文化地理研究［D］. 重庆：西南师范大学，2012.

④ 陈伟 . 楚“东国”的道路——兼谈影响先秦交通的社会因素［J］. 湖北大学学报，1992（4）.

据有关学者考证，楚国设置海盐生产的机构最迟当在威王、怀王之际，也就是楚国拓境海滨之后。[①]楚国的海盐业，主要为官营。包山楚简147中也可见楚国官方盐业的发展情况：“陈□、宋献为王煮盐于海，受屯二儋之飤，金□二□。将以成收。”[②]陈、宋二人应是负责盐务的官员；“二儋之食，金鉼二鉼”，似是当时从事盐业工作人员的工资或享受待遇的规定。[③]楚顷襄王时代，今渝东和鄂西地区为秦人所占，这一地区的泉盐资源业已丧失，楚国自然对东部地区的海盐更为依赖，其主要食盐生产和消费都转向海盐。《史记·货殖列传》：“吴……春申……东有海盐之饶。”表明楚国后期在海盐的生产上更具规模。

① 陈浩．略论楚境“东至于海”［J］．江汉考古，1995（1）．

② 陈伟．楚地出土战国简册（十四种）［M］．北京：经济科学出版社，2009：56.

③ 王颖．从包山楚简看战国中晚期楚国的社会经济［J］．中国社会经济史研究，2004（3）．

第九章　楚国商业管理与商人的地位

第一节　管理机构

楚国的商业管理机构，典籍所载无多。本节的探讨，只能以出土和传世楚国文物上的文字资料为主要依据，兼及有关文献资料。虽然未能全面反映楚国商业管理机构的面貌，却可获得一些信息，从而使我们对楚国的商业管理机构有一个大体上的认识。

大府　《淮南子·道应训》："白公胜得荆国，不能以府库分人……叶公入，乃发大府之货以予众，出高库之兵以赋民，因而攻之，十有九日而禽白公。""大府"又作"太府"，如同是此事，《吕氏春秋·分职》则记为"乃发太府之货予众，出高库之兵以赋民"。鄂君启金节铭文也记："女（如）载马牛羊台（以）出内（入）关，则政（征）于大府，毋政（征）于关。"[①]可见楚国设有大府机构。传世和出土的有"大府"铭文的楚器甚多，如安徽寿县邱家花园发现1件铜牛，铭曰"太质之器"[②]。安徽凤台发现1件铜量，铭曰："郢大质之□笲（筲）。"[③]《文物》1980年第8期载有楚器《大府铜镐》，其铭曰："秦客王子齐之岁，大府为王飤晋镐。集脰。"[④]《三代吉金文存》10·1著录有铭为"大府之匿"的楚《大府铜匿》，刘体智《小校经阁金文拓本》

① 郭沫若．关于鄂君启节的研究［J］．文物参考资料，1958（4）．

② 殷涤非．安徽寿县新发现的铜牛［J］．文物，1959（4）．

③ 安徽阜阳地区展览馆文博组．安徽凤台发现楚国"郢大质"铜量［J］．文物，1978（5）；胡悦谦．试论安徽出土的楚国铜量［M］．中国考古学会第二次年会论文集．北京：文物出版社，1982．

④ 殷涤非．寿县楚器中的"大质镐"［J］．文物，1980（8）．

2·38著录有楚《大府之饋盏》，张振林、马国权摹补《金文编》著录有楚《大府簠》，《古玺汇编》0127著录有楚《大府玺》。大府的职司，若据前引《淮南子·道应训》和《吕氏春秋·分职》所载分析，似乎只是藏物资的处所。其实，这只是其职能之一。《周礼·天官》记："大府掌九贡、九赋、九功之贰，以受其货贿之入，颁其货于受藏之府。凡官府都鄙之吏及执事者，受财用焉。"叶其峰据此认为，大府是古代国家管理财赋物资的机构，国家的税收及其他财政收入均归大府收管，官府的支用也是由大府拨发的。[①]据《郢大府铜量》，知楚之大府是设在国都的中央府库；据鄂君启金节铭文，知大府还掌管某些方面的税收；据《大府铜镐》，知大府要向王室提供物资器用。[②]总之，楚大府当是楚国中央掌管财政税收和负责物资收藏与调配的最高权力机构。

高府　《史记·楚世家》记：惠王八年，白公胜与勇士石乞"劫惠王，置之高府，欲弑之。惠王从者屈固负王亡走昭王夫人宫。白公胜自立为王"。此事又见于同书《伍子胥列传》及《左传·哀公十六年》。裴骃《集解》引贾逵云："高府，府名也。"杜预曰："楚别府。"可见此高府为楚国都内府名。汤余惠据《七国考》引《春秋后语》："吴入楚，烧高府之粟，破九龙之钟。"及《吕氏春秋·分职》："发太府之货以予众，出高库之兵以赋民。"认为"高府"即"高库"，高府之中不仅有粮粟，而且有兵器，应是春秋战国之际楚国京城之内贮藏粮谷、兵械等物资的重要府库之一。[③]事实上，"高府"并非"高库"，《礼记·曲礼下》："在府言府，在库言库。"郑注："府，谓宝藏货贿之处。库，谓车马兵甲之处。"这说明，楚之高府、高库应是两个机构，前者贮藏粮食，后者贮藏武器。"发大府之货"与"出高库之兵"同时并举，是"府""库"有别之证。[④]

---

① 叶其峰．试释几方工官玺印［J］．故宫博物院院刊，1979（2）．
②④ 黄锡全．古文字中所见楚官府官名辑证［J］．文物研究，1991（7）．
③ 汤余惠．楚玺两考［J］．江汉考古，1984（2）．

职岁　《周礼·天官》："凡官府都鄙群吏之出财用，受式法于职岁。"可见，职岁是先秦时期国家管理财政支出的计划机构。《古玺汇编》0205 著录有楚《职岁之玺》1 枚，这是楚设有职岁这一机构的实证，其职司当如《周礼·天官》所言。

事室　《古玺汇编》0228 著录有楚《事（専？）室之玺》1 枚。此玺旧皆释为"专（传）室"，认为是管理驿传车马及有关人员饮食、休息的机构。汤余惠改释为"専室"，疑即"簿室"，[①] 是古时贮藏簿籍的地方。黄锡全以为，此玺第一字与《古玺汇编》0203 及《王命传任节》等器铭中的"传"字明显不同，而与楚简及《酓感鼎》《冶勺》中的"事"字类同，应释为"事"字。[②] 我们以为，无论是释读为"簿室"，还是"事室"，都与商业管理有关。"簿室"，或即簿计之室，是主管填写与财务有关的凭证、登记帐簿和资金核算等项工作的机构；"事室"，或即服事之室，是侍奉王室日常经济生活的服务性机构。当然，此字究竟是释为"簿"或是"事"，尚有待进一步研究。

袁府　《书道全集》27 卷 20·5 著录有楚《袁府之玺》1 枚。[③] 黄锡全以为，古"袁""睘"均从"○（圆）"声，音同可通。《说文》云：睘，"从目，袁声"。"袁府"当读为"圜府"，即楚之"钱府"。宋孙逢吉《职官分纪》云："管官钱曰圜府之职。"《汉书·食货志》："太公为周立九府圜法。"注："圜即钱也。"《史记·越王勾践世家》："每王且赦，常封三钱之府。"裴骃《集解》引或曰："钱币至重，虑人或知有赦，盗窃之，所以封钱府，备盗窃也。"可见，楚专门负责贮存货币的机构称"钱府"，当即玺之"袁府"。[④]

三钱之府　《史记·越王句践世家》："每王且赦，常封三钱之府。"裴骃《集解》引贾逵云："金币三等，或赤，或白，或黄。"金

---

① 汤余惠．楚玺两考［J］．江汉考古，1984（2）．

②④ 黄锡全．古文字中所见楚官府官名辑正［J］．文物研究，1991（7）．

③ 书道全集·第 27 卷［M］．日本：平凡社，1931．

币三等之说也见于《史记·平准书》，实皆导源于《禹贡》“金三品”，孔安国以为指“金银铜”，郑玄以为指“铜三色”，当以孔说为是，因为依当时技术水平而论，辨别金、银、铜已经很不容易，要区分铜之三色，就更难了。从考古发现来看，楚国确有金、银、铜三种不同金属成分的货币，可证“三钱之府”即楚国负责贮藏和管理金、银、铜三种货币的机构。又《古玺汇编》0133著录有楚《□（爰？）正府玺》1枚，第一字不清，疑似“爰”，若可以此字释，则爰正府或即楚国专司爰金贮备与旧爰金回收的机构。

大厩　长沙沙湖桥战国楚墓出土《大厩□□》楚玺半枚，存“大厩”两字，另半枚不详。①幸存两字，石志廉、汤余惠释读为“太飤”，认为是楚王食饮机构——王飤所用的印信。②李家浩释为“大厩”，朱德熙从之，③认为“飤”乃“段”形省作，楚“大厩”当是楚王的御厩，《旧汉仪》《汉书·百官公卿表》所载可证。云梦秦简《厩苑律》：“其大厩、中厩、宫厩马牛也，以其筋、革、角及其价钱效。”由此我们可以获得两点认识：第一，大厩即楚国首都管理马牛的机构；第二，所谓“以其筋、革、角及其价钱效”，说明这一机构还兼司马牛之经营。至于包山楚简中“新大厩之田”之“新大厩”，④或为新设之“大厩”机构，也可能为“新”地之大厩，即地方管理并经营马牛的机构。

集脰　“集脰”多出现于寿县楚器，《三代吉金文存》著录寿县出土有“集脰”铭文的楚器共八件。“集”字从亼、从集，或从邑，朱德熙释“集”。“脰”字说法不一。刘节以为“集脰”为膳具之名。⑤朱德

① 李正光，彭青野.长沙沙湖桥一带古墓发掘报告［J］.考古学报，1957（4）.

② 石志廉.战国古玺考释十种［J］.中国历史博物馆馆刊，1980（2）；汤余惠.楚玺两考［J］.江汉考古，1984（2）.

③ 朱德熙.战国文字中所见有关厩的资料［M］//古文字学论集·初编.香港：香港中文大学，1983.

④ 湖北省荆沙铁路考古队.包山楚简［M］.北京：文物出版社，1991.

⑤ 刘节.楚器图释［M］.北平：北平图书馆，1935.

熙、裘锡圭释脰为厨，认为“集脰”当是楚王室厨官的名称。[①]陈秉新认为“集”为“总汇”“集纳”之义，“脰”字训“馔”是其本义。“集脰与集脰尹有别。集脰是掌管楚王、王后及太子食饮膳馐的机构，不是官名，集脰尹才是官名。”[②]当以陈说为是。

集緒　《三代吉金文存》3·12著录有楚《铸客鼎》一件，铭曰：“铸客为集緒为之”。安徽省博物馆和上海市博物馆分别收藏有楚《铸客甗》和楚《铸客甑》各1件，前者铭曰：“铸客为集緒”，后者铭曰：“铸器客为集緒”。信阳长台关楚墓简文有“集緒之器……”[③]陈秉新疑《说文》“鬻”为“煮”之“古文”，緒乃其省变、集緒为楚王室总管烹煮的机构。[④]天星观1号楚墓简文有楚官名“集緒尹”，可证陈说不误。

集既　北京图书馆藏《寿州楚器铭文拓本》著录有《铸客甑》，其铭曰：“铸客为集既铸为之。”《说文》氣字或写作槩和饩。郝本性读既为饩，认为“集既”是主饮官，祭祀时供给粢盛，平时供应楚王与王后的六谷之饭。[⑤]陈秉新认为，“集既”为楚王室总管饩廪的机构，其长略等于《周礼》之“廪人”。[⑥]联系到前述“集脰”“集緒”等辞例皆为机构名来看，当以陈说为是。

脰官　《三代吉金文存》3·19著录有楚《铸客匜鼎》，铭曰：“铸客为大句（后）脰官为之”。朱德熙、裘锡圭认为，大句脰官即太后厨官，就是太后的食官。[⑦]郝本性读“官”为馆，以为太后脰官即太后的脰馆，是楚太后进食的宫室之一。这与王之六室是性质相近的。[⑧]脰馆很可能是主理太后乃至后宫膳食的机构。

---

① 朱德熙，裘锡圭.战国文字研究（六种）[J].考古学报，1972（1）.

②④⑥ 陈秉新.寿县楚器铭文考释拾零[M]//楚文化研究论集·第一集.武汉：荆楚书社，1987：324-340.

③ 河南省文物研究所.信阳楚墓[M].北京：文物出版社，1986.

⑤⑧ 郝本性.寿县楚器集脰诸铭考释[M]//古文字研究·第十辑.北京：中华书局，2008：205-214.

⑦ 朱德熙，裘锡圭.战国文字研究（六种）[J].考古学报，1972.

肴　《商周金文录遗》70著录有楚《东陵鼎》，铭曰：“东陵肴。”《文物》1964年第9期载有楚《寿春府鼎》，铭曰：“暑（？）官肴。”①“肴”字从厂、从肉、从刀、从爻，过去释读不一。黄锡全主张从爻一说，以为即肴之异体。《文选·西京赋》“膳夫驰骑”注：“肴，膳也。”“东陵”为楚地名，“东陵肴”当即东陵主理膳食的机构。“暑官肴”就是楚寿春府中的膳食机构。②

此外，还有前面提到的贵族之府如鄂君启府和司马之府等。这类贵族的府只以爵名或官名命名，而不以其职事命名，本身就说明它是一种包括手工业和商业在内的综合型的经济管理机构，前者的这一特征尤其明显。正如有的学者所指出的那样：楚之封君，犹如他们拥有封邑的行政权一样，他们也设有掌握经济收入和开支并主持各项经济活动的机构——府。鄂君启金节就是怀王命大工尹铸成发给“鄂君启之府”的。在全境内经营商业，就是这个“府”所从事的经济活动项目之一。③司马之府的特权和规模可能比封君之府要小一些，但同样是一种综合性的经济管理机构。

第二节　管理职官

一般而言，凡设一机构，必配备有若干不同级别和职事的职官。即使是某些专业性很强且规模很小的机构，至少也应配备有主持该机构工作的官吏。照理说，楚国既然设有大府、高府、职岁、事室、三钱之府等商业机构，必定拥有一大批相应的官吏各司其职。但是，由于文献失载和文物考古资料有限，我们的上述结论仍然只能建立在逻辑推理的基础上，难以获得实证的分析。不过，文物考古资料虽说有限，毕竟给我们提供了一些有关楚国商业管理职官方面的线索，通过这些线索，我们

① 天津市文化局文物组．天津市新收集的商周青铜器［J］．文物，1964（9）．
② 黄锡全．古文字中所见楚官府官名辑证［J］．文物研究，1991（7）．
③ 何浩．战国时期楚封君初探［J］．历史研究，1984（5）．

仍然能够掌握楚国商业管理官员的部分情况，若能进一步同楚国商业管理机构的设置情况串连思考，似乎也可以勾勒出楚国商业管理职官的大致轮廓了。

正官　《古玺汇编》0136著录有楚《正官之玺》一枚。石志廉认为此印之“正”与鄂君启金节铭文中“勿正关玺”之“正”相同，应读为“征”。① 郑超进一步指出，征官当是专管赋敛税收的官员。② 也有的学者以为此玺文“正”也可读如“政”，“正官”即“政官”。《周礼·夏官》：“政官之属，大司马，卿一人；小司马，中大夫二人……”《仪礼·大射仪注》：“司马政官主射礼。”由此，“政官”应指掌管国内政事的官，如依《周礼》，则为军政之官的司马。③ 按，《左传·僖公二十六年》记楚“司马子西帅师伐宋”，同书《宣公四年》记楚“子越为司马”，同书《襄公十五年》记楚“芀子冯为大司马”，又记楚有左司马和右司马。楚司马之地位，史有明载。《左传·襄公三十年》记：“司马，令尹之偏，而王之四体也。”“偏”，杜注：“佐也”；“四体”，杜注：“俱股肱也。”这说明，楚司马作为令尹之佐，同令尹一起皆为楚王的主要助手。正因为其地位异常显赫，故文献多有所载。若“正官”果为“政官”，为司马之属，为何文献屡称楚司马之属的大司马、左司马、右司马等，独不见楚有“政官”？由此看来，我们倾向于释“正官”为“征官”，即楚国政府主管税收的官员。

陆官　方清霖《周秦古玺精华》著录有楚《陆官之玺》一枚。石志廉释第一字为“险”，认为此玺“险官”即《周礼》所谓的司险，他是专门掌管古代天下土地之图，以考其险要形势及道路远近者，其官职在古代军事交通中有重要的地位。④ 黄锡全则以为第一字当是“陆”字讹变，其形与《说文》籀文“陆”、《汗简》录《尚书》“陆”、《古文四声韵》录《古老子》“陆”等形类似。《说文》：“陆，高平地。”《楚

①④ 石志廉．战国古玺考释十种［J］．中国历史博物馆馆刊，1980（2）．

② 郑超．楚国官玺考述［J］．文物研究，1986（2）．

③ 黄锡全．古文字中所见楚官府官名辑证［J］．文物研究，1991（7）．

辞·惜贤》："巡陆夷之曲衍兮，幽空虚以寂寞。"王逸注："大阜曰陆。言己巡行陵陆，经历曲泽之中，空虚杳冥，寂寞无人声也。""陆官"可能是管理、征收这类阜陆之地赋税的官吏。①按，广义的土田应包括山林、川泽。所谓"阜陆之地赋税"，即山林税，属田税的一个项目，可知陆官就是具体负责山林税收的官员。

五渚正　《古玺汇编》0343著录有楚《五渚正玺》一枚。《战国策·燕策》："汉中之甲，乘舟出于巴，乘夏水而下汉，四日而至五渚。"李家浩据此认为印文的"五渚"当是这里所说的"五渚"；"五渚正"即管理五渚的长官。②据《水经注》，夏水故道从今湖北荆州市沙市区东南分江水东出，流经今监利县北，折东北至今仙桃市区附近入汉水。自此以下的汉水，也兼称夏水。《战国策·燕策》谓"乘夏水而下汉，四日而至五渚"，只字未提由汉水入江，故知此"五渚"很可能在汉水下游与长江交汇处。然而，楚国还有称"五渚"者，《水经注·湘水》："凡此四水（指湘水、资水、沅水、澧水）同注洞庭，北会大江，名之五渚。"显然，此"五渚"指长江以南的湖南中、西部地区，与《战国策·楚策》所言"五渚"当非一地。由此可见，楚"五渚"很可能是川泽的代称，并不一定是专称。所谓"五渚正"，即"五渚征"，为楚国专管川泽税征收的官员。郑超也认为，"五渚正"大概主要掌管收山泽税，是税务官而不是行政官。③郑说近是，只是欠准确。因为"山泽税"应包括山林税和川泽税两个项目，五渚正只管征收川泽税，并不管征收山林税，山林税另有陆官负责征收。

计官　《古玺汇编》0137—0140著录有楚《计官之玺》一枚。"计"的概念运用极普遍，凡官府对各个部类、各个机构的经济核算都称为"计"。据云梦秦简《效律》，知负责"计"事的专职官吏就有掾计、尉

① 黄锡全．古文字中所见楚官府官名辑证［J］．文物研究，1991（7）．
② 李家浩．楚国官印考释（四篇）［J］．江汉考古，1984（2）．
③ 郑超．楚国官玺考述［J］．文物研究，1986（2）．

计、掾苑计、官计等。其中“官计”可能是“通称”。[①]《周礼·天官·序官·司会》注云：“会，大计也。司会主天下之大计，计官之长。”计官即负责财务工作的官员，隶于司会。

军计　《古玺汇编》0210著录有楚《军计之玺》一枚。按上文对“计官”的解释，“军计”当为军中计官。《六韬·龙韬·王翼》：“法算二人，主会计三军营垒、粮食、财用出入。”军计所管的，大概是军队的营建、军需和其他有关财务。

粟客　《古玺汇编》5549著录有楚《郢粟客玺》一枚。李家浩认为此“粟客”与汉代管粮食的官“治粟都尉”相当，[②]其理由是《史记·高祖功臣侯者年表》和《汉书·高惠高后文功臣表》记韩信为“连敖”“粟客”，而《史记·淮阴侯列传》和《汉书·韩信传》并作韩信先后为“连敖”“治粟都尉”。郢粟客，当为楚国郢都管理粮食购销和储藏的官员。《古玺汇编》0160还著录有楚《群粟客玺》一枚，郑超认为“群”也许是地名，也许说明此印为一群粟客所公用。[③]我们以为前一种说法比较妥当。因为按古代惯例，印多为主司官员所执掌并启用，以示权责，不大可能由众多同类官员公用，那样将导致责权不明。又《古玺汇编》5550著录有楚《呈粟之玺》，同书0276著录有楚《傷邦粟玺》。前者可能是指“呈”地粟客之玺；后者则可能是“傷邦”这个地方的粟客所用之玺。根据楚国从中央到地方都配备有粟客来看，楚国对粮食的贸易和储藏是相当重视的。

太官　《史记·滑稽列传》记：楚庄王的爱马死后，欲以大夫之礼葬之，“乐人优孟曰：‘请为大王六畜葬之。以垅灶为椁，铜鬲为棺，赍以姜枣，荐以木兰，祭以粮稻，衣以火光，葬之于人腹肠。’于是王乃使以马属太官。”据《汉书·百官公卿表》载，少府属官有太官，师古注曰：“太官，主膳食。”由此可知楚之太官与汉之太官职事相同，即

① 葛剑雄．秦汉的上计和上计吏［J］．中华文史论丛，1982（2）．
② 李家浩．楚国官印考释（两篇）［J］．语言研究，1987（1）．
③ 郑超．楚国官玺考述［J］．文物研究，1986（2）．

为主管王宫饮食机构的长官。又曾侯乙墓简文所记赠马者有“大官”，[①]此大官即太官，大、太古通。

宰尹　江陵天星观1号楚墓简文所记赠物助丧者中有“宰尹”[②]，随县曾侯乙墓简文所记赠马者中也有“宰尹”[③]。《韩非子·八说》云：“酸甘咸淡，不以口断而决于宰尹，则厨人轻君而重于宰尹矣。”显然，宰尹为厨人总管。又楚官多名尹，《韩非子·八说》所谓“宰尹”，或许即指楚厨人之长。

宰官　《古玺汇编》0142著录有楚《宰官之玺》一枚。《国语·晋语》：“以随宰人。”韦昭注：“宰人，宰官也。”说明宰官也可称作宰人，周代为冢宰之属官。《史记·赵世家》记：“灵公立十四年……食熊蹯，胹不熟，杀宰人。”又《列女传·节义传》“阴令宰人各以一斗，击杀代王及从者”。可见，宰人亦即宰官，为治膳食的官员，其地位低于宰尹，很可能为宰尹之属官。

集糈尹　江陵天星观1号墓简文所记赠物助丧的官员中有“集糈尹”[④]，前文已认定集糈为楚宫廷中主理王室和高级官员主食的机构名，鉴于楚官多名尹的惯例，此“集糈尹”当即集糈之长。

集脰尹　江陵天星观1号墓简文所记赠物助丧的官员中有“集脰尹”[⑤]，前文已认定集脰为楚宫廷负责楚王及太子膳馐的机构，兼考虑到楚官多名尹的惯例，此“集脰尹”当即集脰的主管官员。

职飤　《古玺汇编》0217著录有楚《职飤之玺》一枚。《周礼》有“职金”“职丧”“职币”等官，分别掌管金玉锡石、丧礼、财物。“飤”即食，包山楚墓出土竹简称食邑为“飤田”[⑥]，可证。“职飤”当读作“职食”，是掌管膳食的官员，其地位很可能相当于《周礼》中的“膳夫”。《周礼·天官》：“膳夫掌王之食饮膳馐，以养王及后世子。”

①③ 裘锡圭．谈谈随县曾侯乙墓的文字材料［J］．文物，1979（7）．
②④⑤ 湖北省荆州地区博物馆．江陵天星观1号楚墓［J］．考古学报，1982（1）．
⑥ 湖北省荆沙铁路考古队．包山楚简［M］．北京：文物出版社，1991．

监市　《庄子·知北游》记："正获之问于监市履狶也，每下愈况。"大意是说监市向屠宰者询问有关牲猪肥瘦的问题，屠宰者回答说：越往下腿踩越清楚。这说明监市为负责商品检验的官员，否则就不会对有关专业知识如此重视。由此也可看出楚国对商品市场的管理是很严密的。

通过以上对楚国商业管理职官的检索清理，并联系到楚国商业管理机构的设置情况，我们似乎不难获得以下几点印象：一是从楚商官的类别来看，大抵门类齐全，即既有全面主持综合商业管理机构事务的高级职官，又有分管财务、税收、饮食、商检等行业的部门官吏。二是一般来说，楚国中央政府设有某一职官，地方政府也设有相应职官，这对于政令能否顺利贯彻实施尤为重要。三是大致上，同一商业机构中既有主管长官即正职官员，又有副职即属官，不同职务的官员各有所司，有利于提高办事效率。四是从楚商官很少见于文献，说明楚商官虽然在具体专业事务中具有一定地位，但对其地位似乎不宜估计过高。或许有人会举鄂君启为例来证明楚商官地位之显要，我们则以为，鄂君启地位显赫一时是实，但他的地位高并非因为他是商官，相反倒是因为他是官商。而楚国商官的地位，又与楚国商人的地位息息相关。

第三节　商人的社会地位

古今论楚人重商者，几乎无一例外地要引晋随武子赞许楚国的一段话。为便于分析，现将原文录下。《左传·宣公十二年》记晋随武子在谈论楚国伐郑之因时说："会闻用师，观衅而动。德、刑、政、事、典、礼不易，不可敌也，不为是征。楚君讨郑，怒其贰而哀其卑。叛而伐之，服而舍之，德、刑成矣。伐叛，刑也；柔服，德也，二者立矣。昔岁入陈，今兹入郑，民不罢劳，君无怨讟，政有经矣。荆尸而举，商、农、工、贾不败其业，而卒乘辑睦，事不奸矣。"在这里，随武子对楚国"四民"（按，实为"三民"）的排列次第为"商、农、工、贾"。《管子·小匡》则称："士农工商，四民者，国之石民也。"其排列次第显然与随武子所言不同。而《管子》所举当代表中原诸夏的观念，故不少学者认为诸夏与楚国对"四民"的排列次第不同，反映了商人在诸夏和楚国社会地位的差异。并进一步认为，楚人之所以要以商为"四民"之首而又商贾并列，只能归因于楚人对商业的重视以及商贾在楚国社会经济生活中占有的特殊地位。[①]我认为，这种推论似乎有商量的余地。

首先，楚国"四民"的排列次第与中原诸夏并无区别。如《谷梁传·成公元年》称："古者有四民：有士民，有商民，有农民，有工民。"《谷梁传》所指无疑代表中原诸夏的观念。如果我们在随武子所言"商、农、工、贾"之前加上"士"，则与《谷梁传》所言毫无二致。因为贾亦即商，二者合称即为商，分之则为商、贾，商贾一起构成"四民"之一。那么，楚国"商、农、工"之前为何无"士"呢？对此，古人已作了解答。唐孔颖达《左传正义》说："齐语云，处士就闲燕……彼四民谓士农工商。此数亦四，无士而有贾者，此武子意言举兵动众，四者不败其业。发兵则士从征，不容复就闲燕。"也就是说，随武子谓"商、农、工、贾不败其业"的前提是"荆尸而举"，而举兵之时，士势必要全力投入征战，余下的商农工贾则仍然可以操持各自的生业。士的天职就是征战，不存在败不败其业的问题。假定《谷梁传·成公元年》也是以谈论征战为前提的话，那么，就必然会去"士"，而余下者也只能是"商、农、工"了。

其次，由以上的论证也可证明，先秦时代人们对"四民"的称举除将"士"列于首位相同外，对其他"三民"的排列次第基本上是随意性的。如前引《谷梁传·成公元年》与《管子·小匡》的排列次第就不同，而且同是管子，称举次第也互异。如《国语·齐语》记管仲对齐桓公说："四民者勿使杂处，杂处则其言哤，其事易……昔先王之处士

① 郭仁成.楚国经济史新论［M］.长沙：湖南教育出版社，1990：1.

也，使就闲燕，处工就官府，处商就市井，处农就田野”，且欲使“士之子恒为士，工之子恒为工，商之子恒为商，农之子恒为农”。在这里，管子对“四民”的排列次第是“士工商农”，与《管子·小匡》的“士农工商”除“士”外余皆不同。不仅“四民”的排列次第不同，就连其中“二民”的排列也不尽一致。如《荀子·君道》称：“省工贾，众农夫”，《韩非子·五蠹》则称：“使其商工游食之民少”。前者“工”居“贾”前，后者则“工”居“贾”后，恰好颠倒过来了。这足以说明先秦时期人们对“四民”的排列并无严格次第，更不宜由此推断出“四民”地位之尊卑高下。

最后，即令楚人对“四民”的列举不似中原诸夏那样具有随意性，而是寓尊卑于排列次第之中，也难以解释随武子所言。因为若视“商”居首位而重商，那么，贾居末位岂不是轻贾？而“贾”与“商”在先秦时期基本上是名异实同。

需要说明的是，“商”“贾”的涵义由相同到微殊有一个演变过程。大致说来，商周之际多称“贾”。如《尚书·酒诰》：“肇牵车牛远服贾”，《诗经·大雅·瞻卬》：“如贾三倍”等即可为证。春秋战国时期，虽“商”“贾”并称，但二者意义上并无严格区分，即称“商”称“贾”皆可。如《逸周书·大聚》曰：“工匠役工，以攻其材；商贾趣市，以合其用”。《墨子·贵义》云：“商人之四方，市贾倍徙”。韩宣子辞玉一事尤其能证明这一点。《左传·昭公十六年》记：晋韩宣子聘于郑，欲得郑贾人之玉环，“买诸贾人，既成贾矣，商人曰：‘必告君大夫’！韩宣子请诸子产……子产对曰：‘今吾子以好来辱，而谓敝邑强夺商人，是教敝邑背盟誓也，毋乃不可乎！’韩子辞玉。”在此，《左传》时而称郑国市玉环者为“贾人”，时而又称其为“商人”，足见二者无别。秦汉时期，人们才开始将商、贾区别开来。《周礼·地官·司市》：“以商贾阜货而行布。”《周礼》此言本无区分商贾之意，但郑玄在为之作注时说：“通物曰商；居卖物曰贾。”由此，尔后人们便逐渐形成了“行商”“坐贾”的概念。然而先秦时期人们绝无此概念，如《左传·僖公三十三年》称“将市于周”的弦高为“郑商人”，同书《成公三年》则称已市于楚的将置荀罃于褚中以出者为“郑贾人”。同为奔走于列国的生意人，前者称之为“商人”，后者却称之为“贾人”，足见二者无异。不过，即使是在秦汉以后，“商”与“贾”的区别仍然谈不上严格，人们通常或以商代贾，或以贾代商，或商贾连称。如《汉书·食货志》云：“商贾大者积贮倍息，小者坐列贩卖，操其奇赢，日游都市。”显然，这里经商者只有“大”“小”之分，而无“商”“贾”之别。

我们说仅凭“商、农、工、贾”的排列次第不能证明楚人重商，并不等于说楚人不重商。事实上，楚人是重商的，商人在楚国也是有一定社会地位的。楚国对商业和商人的重视突出表现在如下几个方面。

第一，在楚国，商人可介入甚至干预国家的政治生活。据《史记·越王句践世家》记载，楚人范蠡在佐越灭吴之后，弃官经商，三掷千金，世称陶朱公。陶朱公的中男杀人，囚于楚，朱公使长子携千金求助于楚王素所信任的庄生。这庄生居然说服了楚王以大赦挽救了朱公中男的生命。而庄生和楚王之所以愿意成全范蠡，除了范蠡曾有功于楚外，很重要的一个原因是出于对富商的保护与尊重。后来只是由于朱公的长子自作聪明才导致其弟毙命。又据《韩诗外传》卷八和《庄子·让王》等文献记载，吴师入郢，楚昭王出逃，一个叫屠羊说的亦工亦商者一路护卫昭王，立下了功劳。昭王返郢后，论功奖赏随同出走的有功人员，除了赏赐九个有特殊贡献的功臣外，也没有忘记屠羊说。屠羊说坚辞不受，昭王愈加器重，令“司马子期舍车徒求之，五日五夜”，且“愿为兄弟，请为三公”。昭王对屠羊说如此厚爱，固然主要是由于他有功于国，但同时也意味着对商人的重视。还是这位屠商透露：“楚国之法：商人欲见于君者，必有大献重质而后得见。”虽说商人见君必须以牺牲经济利益为条件，但毕竟能介入国家政治生活。这大概是对商人的特许政策，因为文献尚未见楚国有“农”“工”或“士”见君的法规。

第二，在楚国，商人甚至可以涉足外交活动。据《左传·定公四年》记载，郢都陷落，昭王奔随，吴军紧追不舍，最后幸亏随君曲意保护，才脱离险境。而随人之所以能拒绝吴人的要求，不把昭王交出来，则主要是由于当时楚国有一个亦工亦商的小炉匠铲金在随国经商，他因为“初宦于子期氏，实与随人要言”。昭王既脱险，“喜其意，欲引见之以比王臣，且欲使盟随人”。楚王敢于把与他国建立同盟的重任交给一个小商人，除了这个小商人有过人的机智外，也包含着楚王对商人的看重。楚国不仅器重本国商人，而且对外国在楚经商兼从事外交活动者也优礼有加。《左传·成公三年》记：“(晋)荀罃之在楚也，郑贾人有将寘诸褚中以出。既谋之，未行，而楚人归之。”楚人发现郑贾人的所作所为后，不但没有怪罪他，反而让他回国。这说明在楚人眼中，商人兼事外交活动是一种正常的现象。

第三，楚人经常采取“抚民”措施，尽管被抚之“民”不限于商人，但商人因此所得到的实惠往往大于农、工。这是因为，商贸往往是超国界的，其发展尤其需要比较安定的国内、国际环境。而“抚民”的最主要措施是缓和征战和减轻徭役，这无疑为改善国内和国际环境创造了条件。楚人“抚民”，也包括对弃农经商者给予较大的自由。《管子·轻重戊》记：“桓公即为百里之城，使人之楚买生鹿。楚生鹿当一而八万……楚民即释其耕农而田鹿。”楚国农民见养鹿的利润大大超过躬耕，便纷纷弃农田鹿，而正是由于这种行为得到了政府的肯定和支持，楚国的生鹿交易才获得了迅速发展。因而《管子·轻重戊》才又记载说：“管子告楚之贾人曰：‘子为我致生鹿，二十赐子金百斤。什至而金千斤也。’”

第四，重点扶持官商，通过支持豪商巨贾来带动整个商业的发展。楚国扶持官商的主要表现是给予其一系列的政策优惠。据鄂君启金节铭文分析，大官商至少享受下述优惠政策：一是经营市场广阔。其车队和船队不仅可以在全国各地通行，而且可以进入四方邻国。二是经营队伍庞大。即不仅有浩浩荡荡的车队，又有鱼贯而行的船队。三是享受部分免税特权。所经国内各地，只要出示金节，便可免征关税。但如载马牛羊出关，则必须将税交给大府，关税同样减免。当然，尽管楚国给官商不少优惠政策，但并非毫无限制。如车节就规定："勿载金革箘箭。"因为箘竹与金革并为军用物资，故在禁运之列。[①] 这主要是出于国防上的考虑，对官商的发展并无大碍。

第五，在优先发展国营商业和重点扶持官商的前提下，楚国也十分重视中小商贾的发展。楚国的中小商贾主要包括四种类型。一是从事农产品收购、贩运工作者。《韩非子·内储说下》称："(楚)昭奚恤令吏执贩茅者而问之。"这种贩茅者正是农副产品的收购与贩运者。同书《外储说左上》称："楚人有卖其珠于郑者"，又同书《难一》称"楚人有鬻盾与矛者"，这两种商人已超越国界，经营项目已扩大到昂贵的珠宝和兵器，足见其资本之雄厚。二是零售商人，他们主要是从官商手里批发货物，或套购上述商贩的农副产品，然后列肆零售。如《庄子·外物》所谓"索我于枯鱼之肆"，正是指的这类咸鱼零售店。三是亦工亦商者，如前述《左传·定公四年》所记的铲金和《韩诗外传》卷八所记的屠羊说，即属于亦工亦商的典型。《庄子·则阳》记："孔丘之楚，舍于蚁丘之浆。"这蚁丘之浆，也即经营豆浆的店铺。四是利用业余时间经营小型工商业的小生产者，他们出卖自己的产品主要是为了换取必需的生活资料。他们虽然不是地道的商人，但仍然参与了商业活动。[②] 而楚国政府对此不仅未加制止，反而鼓励他们这样做。《史记·循吏列传》记孙叔敖曾"秋冬则劝民山采，春夏以水(乘多水时而出材竹)，各得其便，民皆乐其生"。《孟子·滕文公上》所谓"以械器易粟"者，就是小生产者的代表。

由此可见，在楚国，商人不仅具有一定的经济地位，而且有着一定的政治地位。商人社会地位的提高，是楚国商业发展的一个重要标志。

---

① 于省吾."鄂君启节"考释[J].考古，1963(8).

② 郭仁成.楚国经济史新论[M].长沙：湖南教育出版社，1990：4.

第十章　楚国商品经济

第一节　商品与贸易

商品贸易发达与否，是衡量一个国家经济实力的重要标志之一。

西周时代，楚国的商业还不甚发达。到了春秋中期，与手工业的发展同步，商业日臻繁盛。及至战国中晚期，楚国商业已处于发展的巅峰。

《孟子·滕文公上》记载了孟子与许行弟子陈相的一段对话："孟子曰：'许子必种粟而后食乎？'曰：'然'。'许子必织布而后衣乎？'曰：'否，许子衣褐。''许子冠乎？'曰：'冠。'曰：'奚冠？'曰：'冠素。'曰：'自织之与？'曰'否，以粟易之。'曰：'许子奚为不自织？'曰：'害于耕。'曰：'许子以釜甑爨，以铁耕乎？'曰：'然。''自为之与？'曰：'否，以粟易之。''以粟易械器者，不为厉陶冶；陶冶亦以其械器易粟者，岂为厉农夫哉！'"许行所代表的是只求温饱的楚国农民，他们对市场的需求是不多的。《史记·货殖列传》记"楚越之地"可"不待贾而足"，是专就"饶食"而言的。民以食为天，与饶食相比，其他都是次要的。商品只求合用，价格只求平稳，精粗美恶在所不计。而且，一般的农民未必拥有货币，即使拥有货币，其数量也不会大。他们所进行的商品交换，通常就像许行那样，只是以物易物。在楚国的农村，商品经济只是自然经济的补充。[①]

然而，楚国城市却有着广阔的商品市场。在国内市场上，大宗的物资是谷粟、食盐、布帛、丝絮、麻缕、冠履、衣袍、竹木、漆器、陶

① 张正明．楚文化史［M］．上海：上海人民出版社，1987：218.

器、铜器、铁器、牲畜、皮革等，贵重的物品有珠玑、犀角、象齿、丹砂、黄金等。在市场从事交易活动的，虽然也有来自鄙野的“以粟易械器”的农民和“以械器易粟”的小生产者，更多的则是持币求购的市民和列肆叫卖的商贩，也有一些囤积居奇的豪商巨贾。然而，这种交易通常只是地方性的，至多也不过是全国性的。但它毕竟反映了楚国国内贸易的发展水平。

楚国商品贸易发达的重要标志是对外贸易。这不仅因为楚国有得天独厚的自然条件，蕴藏着取之不尽的自然资源，而且因为楚国拥有堪称发达的手工业，以及良好的商业政策。

在楚国同中原诸夏之间的商品贸易中，输出者主要有矿产和林特渔牧产品。

楚国的矿产资源居列国之首位。《史记·货殖列传》记：“江南出……金、锡、连、丹沙。”又说：“豫章出黄金，长沙出连锡。”《集解》引徐广曰：“连，音莲，铅之未铸者。”《史记·夏本纪》又列举荆、扬二州“厥贡唯金三品”，前文已据孔安国解释，认为“金三品”即“金、银、铜”。由此可知，楚地有着丰富的金、银、铜、锡、铅等矿产资源，其中尤以铜和金为中原诸夏所渴求。迄今为止，中原地区尚未发现春秋战国时代的冶铜基地，而大冶铜绿山和麻阳九曲湾两处大型古铜矿遗址的发现，证明楚国是当时南方的冶铜中心，中原诸夏所需的红铜在很大程度上依赖于楚国。《左传·僖公十八年》记：“郑伯始朝于楚，楚子赐之金，既而悔之，与之盟曰：‘无以铸兵。’”《史记·楚世家》记楚庄王曾对周人炫耀说：“楚国折钩之喙，足以为九鼎。”对此，前文已有论述。这足以说明楚国铜产之丰和中原铜源之缺。而要获得某种平衡，必然要假手于商品贸易。徐中舒先生认为：“春秋战国时代，百分之九十以上的青铜皆产于楚国。”[①] 这种推测，看来不无道理。楚

① 徐中舒 . 论巴蜀文化［M］. 成都：四川人民出版社，1982：182.

国还很可能是当时唯一产金的国家。齐国的管仲曾对此艳羡不已：“使夷吾得居楚之黄金，吾能令农勿耕而食，女勿织而衣。”①楚怀王更是自鸣得意：“黄金、珠、玑、犀、象出于楚，寡人无求于晋国。”②一个红铜，一个黄金，正是这两种关系国计民生的资源，成为奠定楚国对外贸易地位的重要基石。

楚地森林资源丰富，木材种类繁多，这无疑成为楚国与中原诸夏进行贸易的重要物产。《史记·夏本纪》记荆州贡品有：“杶、榦、栝、柏……菌、簬、楛。”同书《货殖列传》又云：“江南……多竹木。”胡渭《禹贡锥指》说：“古矢笴之材有竹有木。竹二：扬之篠，荆之簬也。木二：荆之楛，冀之浦也。”又《国语·楚语下》云：“楚之所宝者……又有薮曰云连徒州，金木竹箭之所生也。”《史记·越王句践世家》又记楚国另一处木材产地说：“竟泽陵，楚之材也。”《索隐》：“竟泽陵当是竟陵泽，言竟陵之山泽出林木。”《战国策·宋卫策》也称：“荆有长松、文梓、楩、柟、豫樟。”楚国的木材，大量倾销晋国。《左传·襄公二十六年》记蔡声子答楚令尹子木问时说：“杞梓、皮革，自楚往也。虽楚有材，晋实用之。”当然，中原并非全无林木资源，诸夏所缺乏的，主要是楚国所产的上述特种木材。

楚地多湖泽，渔业兴旺。《战国策·宋卫策》说：“江汉鱼鳖鼋鼍为天下饶。”其中最负盛名的是“洞庭之鱄”“湘波之鱼”“长沙鳖”，还有龟、珠、瑇瑁、玑等。这些水产品除了满足国内市场外，很大一部分是远销水产缺乏的中原地区，其中不少品种是国际市场上的奇货。《韩非子·外储说左上》记：“楚人有卖其珠于郑者，为木兰之椟，薰以桂椒，缀以珠玉，饰以玫瑰，辑以羽翠。”人们常以此作为调侃楚人喧宾夺主的话柄，殊不知楚人正是为了迎合中原人酷爱珠的心理才刻意追求其装饰效果的。《左传·宣公四年》记：“楚人献鼋于郑灵公。公子宋（即宋子公）与子家将见，子公之食指动，以示子家，曰：‘他日我如

① 管子·轻重［M］. 北京：中华书局，2004.
② 战国策·楚策［M］. 上海：上海古籍出版社，1985.

此，必尝异味。’……及食大夫鼋，召子公而弗与也。子公怒，染指于鼎，尝之而出。”从子公对鼋之垂涎，不难想见中原人对楚国珍贵水产之渴求。

鸟、兽及其羽毛和角齿皮革，也是楚国与中原贸易的传统产品。《战国策·楚策》谓：“犀象出于楚。”《战国策·宋卫策》又说：“荆有云梦，犀兕麋鹿盈之。”这些诸夏眼中的“珍稀动物”，或被直接投入中原市场，或以其皮毛行销他国。① 前者如上文引《管子·轻重戊》所记齐、楚之间进行的大型生鹿交易；后者如《左传·僖公二十三年》记晋重耳对楚成王说：“羽毛齿革，则君地生焉。其波及晋国者，皆君之余也。”李斯的《谏逐客书》说到由各国输入秦国的贵重特产中，就有楚国的“犀象之器”。

由楚国输往中原市场的，还有其他一些土特产品。《史记·夏本纪》所记荆州之贡品就有“砺、砥、砮、丹……包匦菁茅”等。《集解》引孔安国云：“砥细于砺，皆磨石也。砮，石中矢镞。丹，朱类也。”《集解》又引郑玄云：“菁茅，茅有毛刺者，给宗庙缩酒。”当时所产菁茅，以楚地为优。《括地志》记：“辰州卢溪县西南三百五十里有包茅山。《武阳记》云：‘山际出包茅，有刺而三脊，固名包茅山。’”这种包茅是滤酒的佳物，中原不可或缺。故《左传·僖公四年》记齐桓公伐楚的借口之一，就是：“尔贡包茅不入，王祭不供，无以缩酒。”这些物品，除有小部分是作为贡品献给周室外，绝大部分是通过贸易的渠道流入中原。楚地气候温暖，雨量充沛，出产的水果也为诸夏所喜爱。据《吕氏春秋·本味》记载：“菜之美者”，有“云梦之芹”；“果之美者”，有“云梦之柚”。《史记·货殖列传》甚至说“江陵千树橘”可以“富埒封君”。芹、柚、橘这些楚地特产，在各国市场上都备受欢迎。如《战国策·赵策》记苏秦曾对赵王说：“大王诚能听臣……楚必致橘柚云梦之地……”在这里，苏秦显然是把“橘柚云梦之地”当作楚国的宝地看待

① 国语·楚语［M］. 北京：中华书局，2002.

的。此外，据《史记·货殖列传》记载，楚国的特产还有兼作药用和香料的姜桂。

如果说，楚国输往中原的主要是矿产、林木渔牧以及其他特产，那么，由中原输入楚国的则主要是以日常生活用品为重要内容的手工业品。如齐鲁的食盐，就是通过陈、郑商人经销楚国的。[①]除了食盐这类大众生活必需品外，一些高档消费品也受到楚国上流社会的青睐。据楚辞《招魂》《大招》《国殇》等篇记载，楚国宫廷中不仅有“秦篝齐缕”“郑卫妖玩”，也有“晋制犀比”和“吴戈”“秦弓”。吕振羽认为，齐故都临淄出土陶器上有“楚贾购□□里豆”的字样，应是楚商远往齐国定购陶器的证明。[②]

楚国丰富的物产资源，不仅为楚国商人提供了牟利的机会，也吸引着异国商人不顾“关梁之难，盗贼之危”[③]，不远千里前来贩运。同样，中原的手工业产品也是靠着这些商人贩入楚境的。除了楚国有着为数不多的资力雄厚的跨国商人之外，产生这种跨国商人的地方主要是郑国和陈国。郑国地处天下之中，是春秋时楚与中原各国之间商路的绾毂。加之它地狭人稠，物产欠丰，唯经商有利可图。可以说，郑国是个典型的以商立国的国家。在郑国，政府与商贾之间世有盟誓：“尔无我叛，我无强贾，勿或丐夺，尔有利市宝贿，我勿与知。”优越的地理位置和优惠的商业政策，驱动着郑国商人的商品意识和风险精神，他们南至楚越，北到燕晋，东达齐鲁，西抵周秦，真可谓足迹遍天下。据李剑农统计，《左传》中涉及商贾之事，共四五条，郑之商人独居其三，即《左传·僖公三十三年》所记矫君命以救秦师的商人弦高，《左传·成公三年》所记置晋荀罃褚中以出楚的郑贾人，以及《左传·昭公十六年》所记欲售玉环于韩宣子因子产干预未能成交的郑贾人。[④]正是由于郑国在

① 史记·卷一百二十九［M］. 北京：中华书局，1959.
② 吕振羽. 殷周时代的中国社会［M］. 北京：三联书店，1962：219.
③ 墨子·贵义［M］. 北京：中华书局，1993.
④ 李剑农. 先秦两汉经济史稿［M］. 北京：三联书店，1957：71.

商业上具有特殊重要的地位，所以晋楚之间为争夺对郑国的控制权展开了长期的斗争，最后达成协议，双方相互间不得封锁商路："凡晋楚无相加戎……交贽往来，道路无壅。"[①]而郑国正是晋楚之间商路之枢纽。可以说，春秋时代，郑是南北商品贸易最主要的驿站。战国初期，楚灭陈。战国中期，韩灭郑。从此，"在楚夏之交"[②]的陈就取代郑而成为南北商品贸易的主要中转站了。

同楚与中原诸夏之间的商品贸易恰好相反，在与岭南和西南邻邦的贸易中，楚国输出者为手工业产品，输入者则为以海产品为主的自然特产和某种金属矿产。

楚国输往岭南地区的手工业产品，以铜器为主。1962 年和 1963 年，在广东清远发现了两座墓葬，其中属春秋晚期的Ⅰ号墓出土的Ⅱ式铜鼎为长沙楚墓常见形制，[③]显系楚地传入。继此之后，考古工作者又在广东德庆、肇庆、四会、广宁、怀集、佛岗、龙川、罗定、龙门、揭阳、博罗、湛江、曲江、揭西、惠来、深圳、珠海和香港等地发现不少青铜时代的遗址和墓葬，出土青铜器 740 多件，其中不少鼎、鉴、盉、缶、盘、钟、壶、铎、矛、斧、剑、凿、削等铜器，都可以在楚墓或楚系的曾侯乙墓、蔡侯墓中找到相似的类型。[④]上述铜器中，至少有相当一部分为楚器，而且其时代也大多在战国中期吴起"南平百越"之前，故应来自楚国。

楚国输往西南地区的手工业产品，以铁器和丝绸为大宗。在有关楚国铁器生产的章节中，我们曾指出楚国是我国先秦时期铁器出土最多的国家。同时，也不能完全排除楚国是我国最早生产和使用铁器的国家的可能。楚国的铁器，成为商人用以吸引西南邻邦异族的最好货物。《史记·南越列传》称："高后时，有司请禁南越关市铁器。（赵）佗曰：

① 左传·成公十二年［M］. 北京：中华书局，1990.

② 史记·卷一百二十九［M］. 北京：中华书局，1959.

③④ 徐恒彬. 试论楚文化对广东历史发展的作用［M］// 中国考古学会第二次年会论文集. 北京：文物出版社，1980：71–72、77.

‘高帝立我，通使物，今高后听谗臣，别异蛮夷，隔绝器物，此必长沙王计也。’”可见，铁器由长沙供应南越，乃是汉初以前就已形成的历史传统，其源应上溯到楚人。楚国的丝织刺绣业，达到了当时历史的最高水平。楚国商人正是凭借手中的铁器和精美的丝织刺绣品，敲开了西南邻邦的大门。

岭南和西南地区输入楚国的海产品，主要为珠、贝之类。《竹书纪年》记：周厉王元年，“楚人来献龟、贝”。楚国本不产贝，这些贝当是通过楚商人之手从南海之滨购来的。瑇瑁、珠玑的主要产地也在南海，集中于番禺、合浦两个都会，它们之所以会被楚人列为贡品，当然也是通过江南的商人长途贩运而来。[①]岭南和西南地区输入楚国的金属矿产，主要有锡和金。《水经注·萌渚水》云：“萌渚水，南出于萌渚之峤，五岭之第四岭也。其山多锡，亦谓之锡方。”锡是冶炼青铜必不可少的成分，楚国固然产锡，其产量也欠丰，楚国冶炼青铜所用之锡，当有一部分来自五岭地区。楚国虽然是黄金的重要产地，但从其拥有量之大来看，不可能完全出于楚地。因此，有的学者做出如是推测：楚国当年黄金储量的一部分很可能是从云贵高原辗转贩运而来的。[②]这种推测是很有道理的。

在岭南、西南地区与中原之间，楚国还发挥了物资中转站的作用。《荀子·王制》说：“南海则有羽翮、齿革、曾青、丹干焉，然而中国得而财之。”试想，若非经楚商转手，中原恐怕是难以得到这些珍贵物品的。

上述楚国的对外贸易，是指楚国同当时中国版图内列国诸邦之间的商品贸易关系。然而，特别需要强调的是，楚国的商品贸易已远远超越了当时中国的国界，进入今人所谓“世界”的范围。

西北方向，楚国商人已穿过阿尔泰山脉。在今阿尔泰山西麓巴泽雷克发现了古代游牧民族的贵族墓，其年代相当于我国的战国时期，墓中

① 顾铁符．江南对楚国的贡献与楚国开发江南［J］．湖南考古辑刊，1982（1）．

② 朱俊明．楚向古云贵开疆史迹钩沉［M］//楚史论丛·初集．武汉：湖北人民出版社，1984：211.

出土了堪称标准楚式镜的四山镜和丝织刺绣物。[①]其中丝织刺绣物的丝纤维、花纹风格（龙凤纹）以及刺绣工艺手法（锁绣），都与长沙烈士公园战国楚墓出土的龙凤纹刺绣相同。[②]这说明楚国的商品已远销到中亚乃至东欧了。

楚国同南亚甚至西亚之间也存在商贸往来。公元前4世纪后期，摩揭陀王国的大臣商那阎在其所著《政论》中说："产生在支那成捆的丝，贾人常贩至印度。"苏仲湘从荆楚的国力、影响和地理位置，以及"荆"与"支那"语音上的相近等方面分析，认为"支那"一词即指"荆"（楚国）。[③]此说不无道理，更何况在当时"中国"大陆，楚国的丝织业为列国之冠。由此看来，中国运去的丝，只可能来自蚕丝业十分发达的楚国，而不可能舍近求远取给于关中或中原。有鉴于此，进而联系到楚国发现有用钠钙玻璃制成的"蜻蜓眼"式琉璃珠，张正明认为，最迟在公元前4世纪后期，南方就开通了一条"丝绸之路"。他论证说：南方"丝绸之路"东起长江中游的楚国郢都（今湖北江陵），西至恒河中游的摩揭陀王国孔雀王朝的都城华氏城（今印度比哈尔邦巴特那附近），途经长沙、贵阳、昆明、缅甸等地，中间要越过横断山脉。[④]尽管这是一条布满风险的古道，却依然被犯艰历险的楚国商人所征服。

东南亚一些国家的考古发现，也提供了楚国商品传入该地的物证。据杰里米·戴维森《越南近年来的考古活动》一文介绍："在东山时期（约公元前5世纪），文郎文化在东南亚和太平洋地区的传播……与战国艺术初次接触……开始同印度和西亚地区进行交流。出现铁器和漆器。"[⑤]漆器是楚国大量制造的产品之一，具有很高的工艺水平。与东

① 潘孟陶译，С.И. 鲁金科 . 论中国与阿尔泰部落的古代关系［J］. 考古学报，1957（2）.

② 熊传新 . 楚国的丝织业［J］. 江汉论坛，1982（8）.

③ 苏仲湘 . 论"支那"一词的起源与荆的历史和文化［J］. 历史研究，1979（4）.

④ 新华社武汉2月19日电（记者陈新洲、刘凉）：中国史学家研究表明：南方也有"丝绸之路"［N］. 人民日报（海外版），1993-02-20.

⑤ 杰里米·戴维森 . 越南近年来的考古活动［M］// 考古学参考资料·第2辑 . 北京：文物出版社，1979：86-87.

山文化初次接触的战国艺术应该是楚国的文化艺术，那里出现的漆器很可能是楚漆器或受楚影响的产品。① 考虑到漆器生产对工艺水平以及地理条件的要求极高，当地发现的漆器应经由楚国商人辗转而至。又据谭·夏里臣《1964年在马来西亚最近考古发现》一文介绍：“近年来在马来西亚各地发现了大量的琉璃珠，绝大部分是中东产品，也有一些是来自中国的，时代从公元开始或更早一些”②。公元前中国范围内的琉璃珠，无论是就其数量还是质量，都莫过于楚国。因此，马来西亚各地发现的琉璃珠应是楚国与当地有着商贸往来的实证。

楚国在鼓励发展商品贸易的同时，对经商的范围和商品的种类也作了一定限制。如鄂君启金节铭文中就有“毋载金、革、黾（一作篃）、箭”的规定。但是，商人们对“关梁之难，盗贼之危”尚且在所不惧，为牟取暴利铤而走险甚至违法犯禁者当也不乏其人。如中原并不产铜，而铜器却不见其少，其中必有一些红铜是通过“不法”商人“走私”到中原去的。而这些禁运物资既然进入了中原，也必定会流入其他地区乃至突破当时中国的国界。这种行为虽然有违楚国禁令，却促进了楚国同邻国及域外的经济文化交流。

第二节　都会与交通

一、都会

随着楚国经济的发展，春秋战国时期，楚国形成了一些著名的商业都会。

郢　位于今湖北江陵纪南城的楚郢都，又称郢中、南郢、纪郢，是春秋战国时期南方第一大都会，楚郢都雄踞于长江中游云梦泽畔，北依

① 后德俊.楚国科学技术史稿［M］.武汉：湖北科学技术出版社，1990：110.

② 谭·夏里臣·1964年在马来西亚最近考古发现［J］.皇家亚洲学会·马来西亚五分会会报·第1部，1965（28）.

纪山，西接八岭山，东傍雨台山，呈高屋建瓴之势。南临长江，逾江而南可溯湘水至苍梧，逆江而上可穿巫峡以通巴蜀，顺江而下可过鄱阳而达吴越；西有漳水，径通蛮濮之地；东有湖泊，珠串河水大江：北有大道，直驰中原诸夏。像这样优越的经济地理形势，只有郑都新郑庶几可与之媲美。考古勘查和发掘的结果表明，楚郢都纪南城平面呈方形，东、南、西、北城垣的长度，分别为3706米、4502米、3751米、3547米，总周长为15506米，面积达16平方千米。[①]若以268平方米/户的指数计算，应有5.97万户；若每户平均以5口计，则郢都城内的人口数应为29.85万，其高峰人口数大体在30万左右，仅次于当时世界第一大城临淄。[②]难怪桓谭《新论》在描绘郢都市面万头攒动的景象时说："楚之郢都，车毂击，民肩摩，市路相排突，号为朝衣鲜而暮衣弊"[③]。据文献记载，郢都城内，店肆林立，商贾云集：有出售蒲席的"蒲胥之市"[④]、有出售咸鱼的"枯鱼之肆"[⑤]、有"屠羊之肆"[⑥]、有卖浆之家[⑦]等列肆，也有贩生鹿者[⑧]、贩茅者[⑨]、贩陶器者[⑩]等行商，真可谓"商贾大者积贮信息，小者坐列贩卖，操其奇赢，日游于市"[⑪]。据有关专家推测："郢都的商业区——市，可能在城东周家湾一带地段内。理由是这里濒临龙桥河，可取得水运之便，又接近手工业区和城的东南二门，同时也是东周文化堆积较厚、人口最为密集的地方，且其规划位置仍属宫北范围。"[⑫]从

① 湖北省博物馆.楚都纪南城的勘查与发掘［J］.考古学报，1982（3、4）.
② 马世之.略论楚郢都城市人口问题［J］.江汉考古，1988（1）.
③ 太平御览·卷七百七十六［M］.北京：中华书局，1966.
④ 左传·宣公十四年［M］.北京：中华书局，1990.
⑤ 庄子·外物［M］.北京：中华书局，1961.
⑥ 庄子·让王［M］.北京：中华书局，1961.
⑦ 庄子·则阳［M］.北京：中华书局，1961.
⑧ 管子·轻重［M］.北京：中华书局，2004.
⑨ 韩非子校注·内储说下［M］.南京：江苏人民出版社，1982.
⑩ 吕振羽.殷周时代的中国社会［M］.北京：三联书店，1962：219.
⑪ 汉书·食货志［M］.北京：中华书局，1962.
⑫ 贺业钜.中国古代城市规划史论丛［M］.北京：中国建筑工业出版社，1986：120.

郢都的城门设计来看，也体现了商业都会的特征。郢都的城门分为陆门和水门，其中陆门又分正门和侧门，水门也分为三道。看来，当初郢都规划考虑到了有利于商贸发展这一因素，不只实行了人车分流，而且实行了水陆分流。水门中，舿船往返如梭；陆门内，马车来去如织。郢都城内，桥下的咿哑声同桥上的叫卖声不绝于耳。呈现出一副南国头号商业都会的气派。

鄢　鄢位于今湖北宜城市境。宜城境内原有一�姓小国名鄢，其国名并非由郑武公所灭之鄢国南迁而来，而很可能得名于鄢水。楚灭鄢后，以鄢为别都。《路史·国名纪丙》："鄢，�姓，今襄之宜城，楚之鄢都。"《汉书·地理志补注》云："鄢本古国，后入楚为别都。"鄢何时为楚所灭，史无明载。但据有关文献资料分析，至迟在楚灵王三年（公元前 538 年）以前。别都鄢废于楚顷襄王二十年（公元前 279 年）。今宜城市东南 7.5 千米的郑集西部，已发现了一座古城遗址，城垣为土筑，城墙残高 2—4 米不等，城址平面略呈长方形。城垣东、南、西、北长度分别为 2000 米、1500 米、1840 米、1080 米，周长 6440 米，城区面积 2.2 平方千米。据遗物推断，城址的年代上至春秋，下至秦汉以后，与文献记载的鄢故城大体相符。① 鄢地处汉水中游，是春秋时期楚与中原诸夏商品流通的重要水、陆通衢，其繁盛可想而知。

宛　宛位于今河南南阳市。其地原为申国境，春秋初年楚文王灭申置县，② 宛遂成为楚北部重镇。《史记·货殖列传》："南阳西通武关、郧关，东南受汉、江、淮。宛亦一都会也。俗好杂事，业多贾。"《荀子·议兵》："宛钜铁钝，惨如蜂虿。"说明宛不只是一个著名的钢铁工业中心和武器制造基地，更是一个繁荣的商业都会，所以长期为楚、韩、秦所争夺。另从文种曾任宛令、范蠡自宛入越分析，宛绝非等闲之地。

① 楚皇城考古发掘队．湖北宜城楚皇城勘察简报［J］．考古，1980（2）．
② 左传·哀公十七年［M］．北京：中华书局，1990.

陈　陈位于今河南淮阳县境。[①]公元前478年，楚惠王灭陈国后设陈县。公元前278年，秦将白起拔郢后，楚都东徙于此，故陈又称陈郢或郢陈。公元前253年，楚都虽名曰“迁于钜阳”[②]，然而却“未离陈地”。[③]公元前241年，楚都东徙寿春。从公元前478年楚置陈县到公元前241年楚迁都寿春，陈先后作为楚县邑、都城共达237年。在这期间，陈替代郑成为楚与中原诸夏之间商品交流的中心，当时最主要的商品如楚国的水产和东海的食盐，正是通过陈实现商贸交流的。

寿春　寿春位于今安徽寿县。《史记·楚世家》：（楚考烈王）“二十二年……楚东徙都寿春，命曰郢。”可见寿春又称寿郢。自夏迄商，此地为淮夷活动中心，也是早期江淮地区商品交换的重要所在。入周后，地属州来国，楚穆王灭州来，地始属楚。此后，吴、楚在这一带进行拉锯战，地之隶属变化不定，但战争的频仍并没有阻碍商品的交流。楚于公元前241年迁都寿春后，寿郢便建成了一座新型的大都市。晋伏滔《正淮论》：“楚考烈王徙都寿春，城即考烈王所筑，西南小城即楚相春申君所居。”〔光绪〕《寿州志》“古迹”云：“寿春故城，亦曰南城，即今州城。其外郭包今之东徒涧，并肥水而北，至东津渡，又并肥水而西，尽于大香河入淮处。城中有金城及相国城，其城门有芍陂渎门、石桥门、长逻门、象门、沙门，其地绵延曲折三十余里。”据考古工作者对该城的局部发掘和航测图像表明，寿春的规模很可能大于楚南郢。故《史记·货殖列传》说：“郢之后徙寿春，亦一都会也。”正是由于寿春在战国晚期楚国商品经济中处于特殊重要的地位，所以，迄今发现的楚国黄金货币郢爰，相当一部分出自寿春及其附近地区。[④]位于寿春商业区南部的合肥，则成为楚国皮革集散地之一，故《史记·货殖列传》称：“合肥受南北潮，皮革、鲍、木输会也。”

---

① 曹桂岑．楚都陈城考［J］．中原文物·特刊，1981.
② 史记·卷十五［M］．北京：中华书局，1959.
③ 胡三省音注．资治通鉴·秦纪［M］．北京：古籍出版社，1956.
④ 涂书田．楚郢都寿春考［M］// 楚文化研究论集·第一集．武汉：荆楚书社，1987：263.

吴　吴位于今江苏苏州市。吴本为句吴都城。自楚灭越，兼有吴越故地，吴便成了东南商品辐辏之地。故《史记·货殖列传》说："夫吴自阖闾、春申、王濞三人招致天下之喜游子弟，东有海盐之饶，章山之铜，三江、五湖之利，亦江东一都会也。"

此外，今广州及其南部地区战国中晚期也成为楚国在岭南地区的商贸中心。不过，对晋人顾微《广州记》："六国时广州属楚"这句话，至今仍有不少人不以为然。其实，自战国中期广州地区就处于楚人的控制之下。《战国策·楚策》记："吴起为楚悼王罢无能，废无用……南攻扬越，北并陈蔡。"《史记》所载基本相同，只是有时作"南平百越"，有时又作"南攻扬越"。《后汉书·南蛮列传》在记叙此事时将扬越写作"蛮越"，并指出其部分地域概念："吴起相悼王，南平蛮越，遂有洞庭、苍梧。"战国时的"苍梧"，即包括今湘南粤北的九嶷山至五岭以南地区。及至战国中晚期楚威王灭越，广州地区已纳入楚国疆土。因此，晋顾微《广州记》谓"越人高固为楚相"，不是没有可能的，这与《左传·襄公十三年》所记楚人"抚有蛮夷，以属诸夏"的民族政策是相吻合的。《史记·货殖列传》说："九嶷、苍梧以南至儋耳者，与江南大同俗，而扬越多焉。番禺亦其一都会也，珠玑、犀、瑇瑁、果、布之凑。"《集解》引韦昭曰："果谓龙眼、离支之属；布，葛布。"这里当然主要指秦汉时期的情况，但作为一个著名都会，其基础至少在战国晚期已开始奠定。也就是说，自楚威王灭越后，包括番禺在内的广州地区已逐渐形成商业都会。

二、交通

商品经济的发展，离不开交通事业的发展。楚国交通的发展，具有两个明显的特点。其一，同中原诸夏和南方吴越相比，楚国交通路线的发展，承前者少而启后者多。楚国由"辟在荆山"，到"奄征南海"，及至"地方五千里"，新得之地，有不少是交通闭塞的所在，楚人除道梁水于斯，通商致货于斯，为南方交通事业的发展做出了巨大的贡献。其二，与中原偏重陆路和吴越偏重水路都不同，楚国将水陆交通的发展几乎放在同等重要的地位，可以说是水陆并举。到战国时期，楚国已形成较为完整的水陆交通网络，真可谓北通中原，东联吴越，南逾五岭，西接巴蜀。①

遗憾的是，文献对楚国的水陆交通并无完整、系统的记载。幸有安徽寿县出土的鄂君启金节，在一定程度上为我们弥补了这一缺憾。因此，本文的介绍以鄂君启金节铭文为主线，以战国中期为断面，借重于《楚文化志》有关章节提供的资料，② 力图勾勒出楚国水陆交通的大致轮廓。

（一）水路交通

鄂君启金节之一的“舟节”所规定的路线，即当时鄂君启的商船所能航行的水程，也就是楚国当时主要的水路交通路线。其中，节铭“上”表示溯江而上，“入”表示转入支流，“庚”表示经过，“逾”表示改道。③ 而所“庚”的地名，当为重要港口。

据鄂君启金节舟节铭文记载，当时楚国水路主要有四条：即西北汉江水路，东南长江水路，西南湘、资、沅、澧等水路和西部长江水路。

1. 西北汉江水路——“自鄂往，逾湖，上汉，庚肩，庚芑阳；逾汉，庚郢；逾夏，入邔”。

“鄂”，为鄂君启封地，也是其商船起点，故址在今湖北鄂州、黄石一带，它既是楚国最大的红铜采冶基地，又是楚国长江中游重要的商业港口。“逾湖”，应即穿过今湖北鄂州、武昌之间的吴塘湖、梁子湖、牛山湖等湖，而后自今鲇鱼口穿过长江，进入汉江水道，故曰“上汉”。④ “肩”即鄢，是汉水中游的重要城邑，故址在今湖北宜城市境。

①② 张正明．楚文化志［M］．武汉：湖北人民出版社，1988：153.

③ 黄盛璋．关于鄂君启节地理考证与交通路线的复原问题［M］//历史地理论集．北京：人民出版社，1982：263-285.

④ 马世之．试论楚与中原地区的经济关系［J］．求索，1985（1）.

“芑阳”即棘阳，故址在今河南南阳市东南。这就是说，鄂君启的商船从鄂出发，经过湖区，进入汉江，上溯至今湖北襄阳市可转入唐白河及其支流白河，然后由白河支流棘水至棘阳。这是节文所示水程最北点。然而，水程可行路线当不止于棘阳。因为古代水道上游河床沉积物较少，可通水程较远。因此，溯唐白河北上，战国时水程可能直达方城附近。这样一来，水程就可同车节铭文所记陆路起点“阳丘”连接起来了。① “邽”，与“戋”同，不知今为何地。黄盛璋认为“其地应在汉水以北，今河南或陕西境内求之。② 也就是说，舟节所示汉水航路最远的城邑在今陕西汉中地区。“夏”，即夏水。据《水经注·江水三》和《沔水中》，夏水故道应在今潜江西南分江水东北流，在今仙桃市境内汇入汉水。“邔”，未能确指其地，但节文既云逾夏而入，当为夏水支流。③ 由此看来，不仅汉江自陕西汉中以下至与长江交汇处均可通航，而且汉江的一些大的支流也可通航。

2. 东南长江水路——“逾江，庚彭弥，庚松阳；入浉江，庚爰陵”。

“彭弥”，即彭泽，城邑名，得名于彭蠡古泽。先秦时，长江主泓道在今湖北武穴附近形成扇状分汊水系东流，在皖西南的原长江遗弃河段上潴汇成泽，即《禹贡》所谓“东汇泽为彭蠡”。彭蠡古泽，其大致范围当包括今安徽宿松、望江间的长江河段及其以北的龙感湖、大官湖、泊湖等湖沼地区，是古代长江中下游间水上交通的必经之地。④ 谭其骧进一步指出，彭弥可能就是东晋时的大雷戍，在今安徽望江。⑤ “松阳”，即今安徽枞阳，是节文所示舟行水程之长江下游最东的城邑。“浉江”，今青弋江之古名，在安徽省东南部，从芜湖市入江。“爰陵”，即

① 谭其骧．再论鄂君启节地理答黄盛璋同志［J］．中华文史论丛，1964（5）．
② 黄盛璋．关于鄂君启节交通路线的复原问题［J］．中华文史论丛，1964（5）．
③ 张正明．楚文化志［M］．武汉：湖北人民出版社，1988：156．
④ 中国科学院《中国自然地理》编辑委员会．中国自然地理·历史自然地理［M］．北京：科学出版社，1982：127．
⑤ 谭其骧．鄂君启节铭文释地［J］．中华文史论丛，1962（2）．

汉代丹阳郡治宛陵，其地在今安徽宣城县境靠近青弋江处。[①] 按节文所示，船队由汉江返航后，顺江东下，在武穴转入长江汉道，经彭蠡古泽之望江后又进入长江正道，过枞阳后继续顺江东下，在今芜湖转入青弋江，南行经过今宣城。节文所示长江水程止于芜湖，但芜湖以下，水面宽阔，流势平缓，尤利舟楫，楚国水路交通当不止于此，而应可由芜湖直通东海。[②] 只不过鄂君启的船队由于某种原因未获准继续东下航行罢了。

3. 西南湘、资、沅、澧诸水路——“上江，入湘，庚𨒿，庚郍阳；入潙，庚䣄；入资、沅、澧、滽”。

“湘”，即今湘江。按《水经注·湘水》记载，今湘江以及资、沅、澧诸水至迟在魏晋时期皆汇入洞庭湖然后入江，但节文径书“入”而未言“逾湖”，说明当时上述诸水都是直接汇入长江的，这可从《汉书·地理志》零陵郡条记湘江由今临湘西北入江得到印证。“𨒿”，或谓在今湖南湘阴以南，[③] 或谓即今湖南望城以北的铜官镇，[④] 二说无大出入，都未离今湘阴与望城之间的湘江边。“郍阳”，即汉郍阳县，在今广西全州西北的湘江西岸。“潙”，即今洣水，古名潙溪，在今湖南衡山县南洣河镇汇入湘江。“䣄”，为楚䣄邑，位于今衡阳市东洣河下游岸边。“资”，即今湖南中部之资水。“沅”，即今湖南西部之沅江。“澧”，即今湖南西北部之澧水。“滽”，释作“油”，古油水发源于今湖南石门县境，东流经澧县和湖北松滋，至湖北公安北古油口入江。按节文所示，船队由长江下游返航，又从鄂出发，溯长江而上，至今湖南临湘西北进入湘江。溯湘江而上，可直达今广西全州县境。然后返航，由今洣河镇折入湘江支流洣水，再由湘江返航，又溯长江而上，折入资水。由于资

① 谭其骧．再论鄂君启节地理答黄盛璋同志［J］．中华文史论丛，1964（5）．

② 张正明．楚文化志［M］．武汉：湖北人民出版社，1988：157．

③ 谭其骧．鄂君启节铭文释地［J］．中华文史论丛，1962（2）．

④ 熊传新，何光岳．《鄂君启节》舟节中江湘地名新考［J］．湖南师院学报，1982（3）．

水水程不远，故又返航长江再折入沅水。沅水河道良好，可直通贵州境内。由沅水返长江，入澧水，入油水，此二水航道均有限。[①]由此可知，楚国西南水路交通不仅遍布今湖南全境，并及于今广西北部和贵州西部地区。

4. 西部长江水路——“上江，庚木关，庚郢”。

“木关”，当在今湖北沙市、江陵以南的大江边，距郢都不远。[②]“郢”，即今湖北江陵纪南城。按节文所示，楚人溯江而上的交通路线似乎止于郢，其实不然。春秋中期，楚灭夔，夔之故地秭归所在地西陵峡已为楚国所控。而巴人也在今重庆奉节和湖北巴东与秭归之间分别置江关和弱关，意在扼三峡航道以御楚人。这说明三峡航道为巴楚水上交通之纽带。《史记·楚世家》记：肃王四年（公元前 377 年），蜀伐楚，取兹方，于是楚为扞关以拒之。有的学者认为楚扞关即原巴之江关。可见至战国中期楚国已控制了三峡航道。《战国策·燕策》记秦灭巴蜀后宣称，蜀地之甲，可以方船积粟，循江而下，至郢三千余里而无劳顿之虞。可见，楚国当时的水路交通已穿过三峡而直达今四川境内。[③]

由舟节铭文所揭示的楚国水程路线，是以江、汉水系为主，这当是楚国主要的水上交通线。除江、汉之外，楚人也利用了淮河水道。春秋时期，楚吴在淮河流域频频交锋，不可能不利用水道，而舟师所行之道，亦即商船所循之途。公元前 278 年楚迁都于鸿沟运河岸边的陈。鸿沟过陈不远入颍水，颍水东南入淮。由此，自淮入颍，再入鸿沟，是楚通中原的一条十分便捷的水道。公元前 253 年楚迁都于颍水东岸的钜阳（按，实以之为别都，并未离陈地），公元前 241 年又再次迁都于颍水入淮附近的寿春。可见，楚最后三次迁都的路线就是循鸿沟、颍水、淮河

①③ 张正明主编. 楚文化志［M］. 武汉：湖北人民出版社，1988：158.

② 谭其骧. 鄂君启节铭文释地［J］. 中华文史论丛，1962（2）.

而下的。[①]

吴越居河湖交错之地，水路交通素称发达。公元前486年，吴国开凿了贯通江、淮的运河邗沟，将众多的水道连成了一个巨大的水上交通网络。公元前482年，吴国又在济、泗二水间开凿了一条新运河，即《禹贡》所说的“荷水”。楚灭越后，其活动中心逐渐移至吴越故地，楚人在原吴越水路交通的基础上，又开凿了语昭渎、申浦等数条人工运河。尽管开凿这些运河的主要目的是为了防洪与灌溉，但却兼有水运的功能。

（二）陆路交通

从商贸的角度看，古时船只载重远胜于车辆，能行船之处则毋须用车。一般来说，车辆仅用于不通航之处。因此，鄂君启金节车节铭文所示路线，主要是联系汉水、长江与淮河三大水路之间的交通。车节铭文云：“自鄂往，庚阳丘，庚方城，庚象禾，庚畐焚，庚繁阳，庚高丘，庚下蔡，庚居巢，庚郢。”“阳丘”，或许即重丘。据《史记·楚世家》和《吕氏春秋·处方》记载分析，其地在今河南泌阳县西北。“方城”，在今河南方城县东北。由南阳至方城，有著名的“夏路”相通，阳丘似在夏路上，上承水路之芑（棘）阳，下接陆路之方城。“象禾”，今泌阳东北有象河关，疑即象禾关，战国时其方位当在楚方城东侧。“畐焚”，即今河南遂平，汉设吴房县。“繁阳”，在今安徽临泉鲖城。“高丘”，就是宛丘，即陈，在今河南淮阳。“下蔡”，即州来，在今安徽凤台淮河北岸。“居巢”，即楚“巢邑”，在今安徽六安东北与寿县交界处。“郢”，即江陵纪南城楚郢都。[②]按节文所示，商队先自鄂出发，由水路顺长江转汉江继而折入其支流唐白河直至棘阳，然后改行陆路。陆程自阳丘东北行至高丘，再东南行至居巢，由此往南接长江水路，进而由水路上行

① 张正明主编．楚文化志［M］．武汉：湖北人民出版社，1988：159.

② 郭沫若．关于鄂君启节的研究［J］．文物参考资料，1958（4）；谭其骧．鄂君启节铭文释地［J］．中华文史论丛，1962（2）；于省吾．“鄂君启节”考释［J］．考古，1963（8）.

至郢都。此外，江、淮下游地区陆路交通也较发达，战国时楚据有其地后，足资利用。

除了车节铭文所载商路外，文献记载中的会盟、用兵的要道也是我们考察商路交通的重要线索。这是因为，古代的盟会、用兵之道通常也是商贾往来之路，尤其是商业车队和马队更是如此。

楚与中原联系的主要交通路线是南襄隘道。所谓“南襄隘道”，即指由今湖北襄阳沿唐白河谷地北上至河南南阳的一条天然隘道。位于南阳的宛是楚国重要的冶铁基地和北部商贸中心。由南阳出方城北上，即连接上了纵横交织的中原交通网，可直达郑、晋等国。春秋时郑居天下之中，为四通之地，故楚晋之间长期争夺之。因此，出方城济汝、颍而至郑，便成为楚延伸南襄隘道达于中原的主要路线。前述水道由白河折入鸦河后，可改换陆路沿鸦河河谷翻过伏牛山分水岭，再顺襄河河谷进入豫西伊、洛、汝诸水流域以到达周都洛邑，这条路线就是后世所称的“三鸦路”。[①] 由郑、周皆可通晋。从晋楚之间曾立下“交贽往来，道路无壅”[②] 的盟誓分析，晋、楚交通已纳入中原交通体系。战国时，韩国逼邻南阳，南襄隘道便成为楚与韩相通的边关要道了。由南阳出方城东行，即上述鄂君启金节车节所示路线。由南襄隘道迤西，可沿丹江河谷而上，经丹淅、鄀（商密），出少习（今陕西商县武关），进入秦之渭南地区，这是秦楚交往的主要通道。楚之“犀象之器”和秦之“簟”，就是经由这条道路交流的。

随枣走廊是楚人开辟的另一条重要干道。所谓“随枣走廊”，是指今湖北随州至枣阳之间的通道，西北接南阳盆地，东南连江汉平原。汉阳诸姬之首的随国，地当走廊南段。自春秋中期始，随成为楚的附庸，楚便完全控制了随枣走廊。从前文已指出的随州出土曾侯乙编钟与铜绿山古矿井内铜矿石二者微量元素含量十分相近分析，随枣走廊似为南铜

① 马世之．试论楚与中原地区的经济关系［J］．求索，1985（1）．

② 左传·成公十二年［M］．北京：中华书局，1990．

北运的必由之路,《诗经·鲁颂·泮水》所载周人“大赂南金”当由此途,[①]楚地其他物资的北运亦当如此。同样，中原的手工业品和楚宛地的铁器，也是经由这条走廊南输的。

由随枣走廊东行，再东北出三关进入豫南地区，是楚国通中原的又一条重要交通路线。所谓“三关”，即指“冥阨”“直辕”“大隧”，合称“城口”，也统称“冥阨”，后世又称作“义阳三关”。[②]其中冥阨关即今湖北广水与河南信阳交界处之平靖关，直辕关即今湖北广水与河南信阳交界处之武胜关，大隧关即今湖北大悟与河南罗山交界处之九里关。三关皆为桐柏、大别两山脉交接处的天然隘道，故顾栋高《春秋大事表》卷六说：“三关势如首尾，为汉东之隘道。”出三关，东可达淮河流域，北可通中原腹地。

取道今江汉平原北缘之云梦、安陆往北可通三关，往西北顺涢水河谷而上则可通随枣走廊。如此一来，江汉平原、随枣走廊、南阳盆地便形成一个交通网络。

战国时，楚国“南有洞庭、苍梧”。鄂君启舟节所示楚交通路线最南可达今广西全州。由全州换陆路，溯湘江上源通过越城、都庞之间的低谷山口，再循漓江之源便可至今桂林。《史记·甘茂列传》说：“故楚南塞厉门而郡江东。”张守节《正义》引刘伯庄云：“厉门，度岭南之要路。”沿漓江而下经厉门塞就进入西江流域了。舟节中的澧水源出湖南桂东，由桂东陆路通今郴州，再经宜章、临武境便可达广西连县，这是一条连接楚越的干道。由连县再沿连江即进入北江流域。干道所经还有许多间道可分别通今广东，由郴州到韶关就是一条这样的间道。

由楚至西南滇黔之地，有“南方丝绸之路”可通，楚人庄蹻入滇，也是选择的这一古道。[③]

---

① 诗经［M］. 上海：上海古籍出版社，1991.

② 顾栋高 . 春秋大事表·卷 6［M］. 北京：中华书局，1993.

③ 刘玉堂 . 论庄蹻其人其事［J］. 民族研究，1990（3）.

第三节　货币

《史记·平准书》说："农工商交易之路通，而龟贝金钱刀布之币兴焉。"货币的发展，经历了一个由物品货币到金属货币的演进过程。楚国的早期货币，就是天然贝（海贝）。1978 年，河南淅川下寺时代为春秋中期前段的 2 号楚墓出土海贝达 4432 枚，①就是楚国曾经使用或当时仍未能完全废除天然贝的实证。

我国广泛铸造和使用金属货币，是在春秋战国时代。楚国因受黄河流域先进货币制度的影响，跳越了从金属器具（一般商品）蜕变为货币（特殊商品）的阶段，直接以金属铸币。《史记·越世家》说，楚国"每王且赦，常封三钱之府"。楚国的金属货币，现在已知有金币、银币、铜币三种，这就是所谓"三钱"。金、银、铜三钱齐备，唯楚独有。蚁鼻钱的以个计值和铸刻文字，在当时铜币圜、布、刀、贝四大体系中亦居于领先地位。而金、银铸币，在列国中更是仅见的。因此，无论是币形、币材，还是币值、币文，楚币都别具一格，有异于同时其他各国的货币，从而形成独特的货币系统。②

一、铜币

（一）铜贝

一般来说，楚铜贝即蚁鼻钱，是楚国特有的货币。据《竹书纪年》等文献记载，楚国使用海贝历时既久，加之受殷人和周人以贝为币制度的影响，从以海贝为币过渡到以铜贝为币是极其自然的。

蚁鼻钱是迄今所确知的楚国铸行最早的金属货币。根据考古发掘的资料来看，蚁鼻钱至少流行于春秋晚期，而其实际产生的时间很可能还要早于此时。《史记·循吏列传》说："庄王以为币轻，更以小为大，百姓不便，皆去其业。市令言之相（孙叔敖）曰：'市乱，民莫安其处，

① 河南省文物研究所等．淅川下寺春秋楚墓［M］．北京：文物出版社，1991：104.
② 赵德馨．楚国金属货币币形［J］．江汉论坛，1983（5）.

次行不定。’……相曰：‘罢，吾今令之复矣。’……王许之。下令三日而市复如故。”这是有关楚人币制的最早文献记载。而既然蚁鼻钱是已知楚国铸行最早的金属货币，那么，楚庄王“更以小为大”和孙叔敖“令之复”的楚币，就很有可能是蚁鼻钱。如此说来，楚蚁鼻钱或许在春秋早中期已开始铸行。

有必要说明的是，1952 年安徽寿县在治淮工程中出土 1 枚大型铜贝，素面无纹，凹背厚唇，重 190 克。[①] 这枚铜贝显然不是装饰品。如说它是冥币，又与冥币节丧的精神不符。由于它体大量重且无确切铸造时间可考，加之在楚地迄今绝无仅有，故目前还不能肯定其为实用货币。但是，考虑到这类原始铜贝在楚国以外的地区曾有较多发现：1961 年山西侯马上马村 13 号春秋中期墓中出土原始铜贝 1600 余枚，同时还出土包金铜贝、海贝、骨贝、珧贝近 200 枚；[②] 1981 年在山东曲阜木前村一座春秋晚期墓中出土原始铜贝近 600 枚。这似乎表明，东周时期，继海贝之后，原始铜贝曾充当过一般等价物，在晋国等部分地区，海贝与原始铜贝很可能还并存过一段时间。由此说来，楚国在海贝与蚁鼻钱之间曾经历过短暂的以原始铜贝充当一般等价物的可能性并不能完全否认。

最早详细记录蚁鼻钱的文献见于南宋人著述，洪遵《泉志》记蚁鼻钱曰：“此钱上狭下广，皆平面凸，长七分，下阔三分，上锐处可阔一分，重十二铢，文如刻镂，不类字，也谓之蚁鼻钱。”现在所见蚁鼻钱的形制即如《泉志》所记，整体像海贝形，椭圆，长 1.2—2.1 厘米，宽 0.8—1.3 厘米，厚 0.2—1.0 厘米，大小不等，正面凸起，铸有阴刻文字，背面平坦，也有的向内凹入，顶端铸有未穿的小孔。蚁鼻之得名，缘于其体小、值低。晋葛洪《抱朴子·论仙》说：“以蚁鼻之缺，损无价之

① 朱活．蚁鼻新解——兼谈楚国地方性的布钱——“旆钱当釿”［M］// 古钱新探．济南：齐鲁书社，1984：200.

② 山西省文物管理委员会侯马工作站．山西侯马上马村东周墓葬［J］．考古，1963（5）．

淳钧。”朱活进一步解释说：“所谓蚁鼻，象其轻微也。”[①]因绝大部分蚁鼻钱都有一阴文“咒”字，连同穿孔呈“器”状，形似鬼脸，故又有“鬼脸钱”之俗称。“咒”字，一般释为“贝”字。清吴大澂《权衡度量实验考》认为：“古贝字作𣐻，为象形文，此作咒，为𣐻之变体。”除“咒”字外，目前经统计已发现并著录的文字还有近八种之多，其释读尚无定论。[②]

蚁鼻钱在今湖北、河南、湖南、安徽、江苏、浙江、山东、陕西等省都有出土。其中，重要的出土有以下几次：1963 年在陕西咸阳长陵车站出土 116 枚；[③]同年在湖北孝感野猪湖以北的泾嘴村出土 4745 枚，全部为“咒”字贝；[④]1972 年在山东曲阜董家庄大城村出土了约 16000 枚，是目前出土数量最多的一次。[⑤]上述各地出土蚁鼻钱数量虽多，却基本上属于古代窖藏或遗址采集品。实际上，楚墓中也时有蚁鼻钱出土，不过是数量较少而已，其中最主要的发现有如下几次：1951 年湖南长沙 272 号楚墓出土 2 枚，[⑥]1957 年长沙小林子冲 14 号墓出土 2 枚，[⑦]1958 年湖南常德德山 47 号墓和 50 号墓共出土 199 枚，[⑧]20 世纪 70 年代末，河南淮阳平粮台 4 号墓出土蚁鼻钱，[⑨]1979 年至 1981 年，淮阳平粮台发掘小型楚墓二十余座，出土物中也包括有蚁鼻钱。[⑩]由此也可看出楚蚁鼻钱流通范围之广和时间之长。

已经发现的蚁鼻钱，每枚重量不等，其中最重的 5.5—5.6 克，轻

① 朱活 . 蚁鼻新解［M］// 中国考古学会第二次年会论文集 . 北京：文物出版社，1982：101.
② 戴亚东 . 楚国的货币［J］. 求索，1982（4）.
③ 陕西省博物馆勘查小组 . 秦都咸阳故城遗址发现的窑址和铜器［J］. 考古，1974（1）.
④ 程欣人 . 湖北孝感野猪湖中发现大批楚国铜贝［J］. 考古，1964（7）.
⑤ 孔繁银 . 曲阜董大城村发现一批蚁鼻钱［J］. 文物，1982（3）.
⑥ 中国科学院考古研究所 . 长沙发掘报告［M］. 北京：科学出版社，1957.
⑦ 湖南省文物工作委员会 . 湖南长沙小林子冲工地战国、东汉、唐墓清理简报［J］. 考古，1958（12）.
⑧ 湖南省博物馆 . 湖南常德德山楚墓发掘报告［J］. 考古，1963（9）.
⑨ 曹桂岑等 . 淮阳县平粮台四号墓发掘简报［J］. 中原文物，1980（1）.
⑩ 曹桂岑 . 淮阳楚墓论述［M］// 楚文化研究论集 · 第一集 . 武汉：荆楚书社，1987：61–64.

的只有 0.5—0.6 克，河南淮阳马鞍冢楚国车马坑出土的一枚竟只有 0.1 克重。[①] 轻重悬殊的原因，除了锈蚀程度的不同外，主要是铸造年代和地区不同而造成的。时地不同，因缘改变，是早期货币铸行权不集中的表现。

同刀、布、圜等形制的铸币相比，蚁鼻钱具有体轻形小、含铜量少、价值低、以个计值等显著特点，所以，它一开始就是以等量货币的形态出现的。相对于同时期流通的其他金属货币都还处于称量货币形态来说，这是其进步之处。由楚人发其端的以铜币为等量货币的币制，后来成为中国古代金属币制的基本形态。[②]

（二）铜布和其他铜币

楚铜布分为大、小两种。大型铜布的形状似两刀币合体的方肩方足铲，一般全长约 11 厘米、身长 8.3 厘米、肩宽约 3.3 厘米、足宽约 4 厘米。大多数重量在 31—37 克之间，正面铸“旆钱当釿”四字，背面铸“十货”二字，均为阳文。“旆钱当釿”意为当一釿的大钱，“十货”则指其值相当于 10 枚蚁鼻钱（10 枚蚁鼻钱的总重量约等于 1 枚铜布的重量）。[③] “当釿”，与魏布以釿为单位有关；“十货”，与齐币、楚币以货为单位有关；“钱”，则是楚币的通称。此币与三种铜币相关联，当能用于楚国与魏、齐二国的贸易之中，因而其形制受了魏铲形币和齐刀形币的双重影响。[④]

小型铜布为连足铲形，俗称“连布”。其正面铸文为“四钱”，背面为“当釿”，均为阳文。[⑤] 其意即四枚布钱当一釿。四枚布钱即二件连布。“四钱”与“旆钱”为子母相权，都是称量货币。

楚铜布币是楚占有淮泗、吴越地区以后由楚边境县邑所铸造的，属地方性货币。

楚国还有圜形铜币和方（刀）形铜币，前者是一种正面铸有“下蔡

① 河南省文物研究所 . 河南淮阳马鞍冢楚墓发掘简报［J］. 文物，1984（10）.

② 赵德馨 . 楚国金属货币币形［J］. 江汉论坛，1983（5）.

③④ 朱活 . 蚁鼻新解——兼谈楚国地方性的布钱——“旆钱当釿”［M］// 古钱新探 . 济南：齐鲁书社，1984：192-210.

⑤ 张正明主编 . 楚文化志［M］. 武汉：湖北人民出版社，1988：181.

四朱”的小圜钱，后者背文为“四朱”，面文又有“虎蔡”和“陈”两种。这两种货币都是称量货币，其铸行时间是在楚灭蔡、灭陈之后，也属地方性货币。①

二、金币

金币是楚国的主要货币形式之一。迄今为止，我国出土的先秦黄金货币都是楚国的。②

楚金币又称爰金，爰金是目前我国发现并已著录的最早的黄金货币。因在爰金中钤印有“郢爰”的占绝大多数，因此，通常又以郢爰代指爰金，也就是楚金。

《梦溪笔谈》卷二十一记：“寿州八公山（在今安徽寿县）侧土中及溪涧之间，往往得小金饼，上有篆文‘刘主’，世传‘淮南王药金’也。然止于一印，重者不过半两而已，鲜有大者。予曾于寿春渔人处得一饼，言得于淮水中，凡重七两余，而有二十余印。背有五指及掌痕，纹理分明，传者以谓埿之所化，手痕正如握埿之迹。”沈括的描述与已出土楚金版的形制完全相符，所误者只是将篆文释为“刘主”。学术界不少人认为这是关于楚金出土的最早记载，其实不然。《晋永和起居注》曰：“庐江太守路永表言，于谷城北见水岸边紫赤光，获金一枚，文如印齿。”③《初学记·宝器部》所记略同。又据《宋书·符瑞志》和《元和郡县图志》，此谷城位于今安徽繁昌西北。上述记载在时间上显然早于《梦溪笔谈》，只是所记不如沈括详细。

楚金币出土地较广，安徽、河南、山东、湖北、江苏、浙江、陕西等省都有发现，其中以安徽、江苏两省出土最多。此外，上海及湖南等地还出土有陶质爰金。楚金币的重要发现有以下几次：1974 年河南扶沟

① 赵德馨．楚国金属货币币形［J］．江汉论坛，1983（5）．
② 汪庆正．中国历代货币大系（第 1 卷）——先秦货币［M］．上海：上海人民出版社，1988．
③ 太平御览·卷八一〇·珍宝部［M］．北京：中华书局，1966．

古城村出土金币 392 块，重 8183.3 克；[①] 1979 年安徽寿县东津公社花园大队出土爰金 18 整版另 1 块，重 5187.25 克；[②] 1982 年江苏盱眙穆店公社南窑庄出土一批金币，重达 11000 克；[③] 1986 年 2 月安徽寿县出土整版“郢爰”38 块，共重 10050 克。[④] 中华人民共和国成立以来，出土楚爰金已达 600 余件。

楚金币的形制有两种：一种是成方形或长方形的金版，一种是呈扁圆形的金饼，二者都取象于龟。完整的一块，重 250 克左右，与楚制一斤（天平砝码一斤重 251.53 克）相近。对“爰”含义的理解，长期以来存在着分歧，或释作“寽”，[⑤] 或释作“爯”，[⑥] 不一而足。近年来又有学者提出“爰”非“寽”、非“爯”，“爰者，易也，换也”的新见。[⑦] 但大多数学者还是认为清人吴大澂等释“爰”为重量单位的说法比较妥当。[⑧] 对“爰”字标志的楚金重量，也有几种不同的看法：一种认为是楚金一版的重量，约 250 克；[⑨] 另一种认为是楚金每版中一印的重量，约 15.5 克；[⑩] 还有一种认为是一方黄金的重量。[⑪] 从现有材料来看，很难在诸说之间做出选择。试以郢爰为例，若说“爰”表示楚金一版的重量，但迄今所出郢爰每版之间的印数相差较大，多的达 22 印，少的只有 16 印。若说“爰”表示一印的重量，但迄今所出郢爰最轻的每印只

① 河南省博物馆，扶沟县文化馆．河南扶沟古城村出土的楚金银币［J］．文物，1980（10）．

② 涂书田．安徽省寿县出土一大批楚金币［J］．文物，1980（10）．

③ 姚迁．江苏盱眙南窑庄楚汉文物窖藏［J］．文物，1982（11）．

④⑦ 黄德馨．楚爰金研究［M］．北京：光明日报出版社，1991：224、59-62.

⑤⑧ 吴大徵．权衡度量实验考［M］．上虞罗氏刻本，1915；吴承洛．中国度量衡史［M］．北京：商务印书馆，1937；千家驹，郭彦岗．中国货币发展史和表解［M］．北京：人民出版社，1982；王毓铨．中国古代货币的起源和发展［M］．北京：中国社会科学出版社，1990.

⑥ 林巳奈夫．战国时代的重量单位［J］．史林，1968；安志敏．金版与金饼——楚、汉金币及其有关问题［J］．考古学报，1973（2）；肖清．中国古代货币史［M］．北京：人民出版社，1984.

⑨ 张正明主编．楚文化志［M］．武汉：湖北人民出版社，1988：183.

⑩ 郭仁成．楚国经济史新论［M］．长沙：湖南教育出版社，1990：32.

⑪ 李家浩．试论战国时期楚国的货币［J］．考古，1973（3）．

有 11.5 克，最重的则达 31.1031 克。至于说“爰”表示一方的重量，概念又不太明确。因此，爰的重量单位只有依赖新的考古发现来验证。已发现的爰金中，整版整块的金版金饼很少见，一般为散块状，说明爰金多半是被切割后使用的。由此可见，尽管爰金已经具有某些铸币的特征，如钤打表示名称、重量等的印记，但仍未脱离称量货币的性质。爰金使用时必须观成色、称重量，才能定其价值，这是早期黄金铸币的特点。①或许正是由于爰金的上述特点，以至有的学者认为：“战国文献中的锾，到底是价值单位，还是重量单位，不是很明确。单就‘其罚百爰’，可以理解为价值单位，也可以理解为重量单位，但以解作价值单位适当些。甚至可以解释为货币单位。切凿得不整齐并不妨碍作为价值单位或货币单位。”②

爰金产生的时间尚不能最后确定，但可根据专用于称量黄金的天平砝码在楚国出现的时间做出推测。江陵雨台山 410 号楚墓时代为春秋中期，墓中出土天平砝码。郭仁成认为，既然称量黄金的天平砝码至迟在春秋中期已经产生，那么，爰金的出现当不会晚于此时。③黄德馨则认为，天平砝码趋于成熟是爰金得以孕育的基本条件之一，但楚爰金的正式诞生应在春秋晚期。④当以黄说较妥。不过，楚爰金的大量铸行是在战国晚期，这从楚爰金钤文所标示的都邑名称即可看出来。

（一）金版（钣）

楚爰金多数为金版。完整的金版，一般两端中间凹入，四角外伸，正看似龟板的下端形状，反看如一件龟甲。按钤印的文字分，金版有“郢爰”“陈爰”“鄟锾”“郋”（“鄗”）“卢金”“鄗爰”等六种。

郢爰　在楚金币印文中最早释出“郢爰”二字的，是方浚益父子。方氏所著《缀遗斋彝器款识考释》云：“有郢金版，铭二字印款，浚益

① 赵德馨 . 楚国金属货币币形［J］. 江汉论坛，1983（5）.
② 彭信威 . 中国货币史［M］. 上海：上海人民出版社，1965.
③ 郭仁成 . 楚国经济史新论［M］. 长沙：湖南教育出版社，1990：30.
④ 黄德馨 . 楚爰金研究［M］. 北京：光明日报出版社，1991：16.

所藏器，重四钱七分。此金出寿州、凤台二邑田间，相传以为汉淮南王安好神仙方士炼丹所遗……光绪丁丑（1877年），冬，孙秋潭大令家澄以此金见贻，始得审视，知前此以为汉器者皆误也。右一字从邑从呈是郢……长男孝杰后释左一字为爰。”[①] 清光绪二十九年（公元1903年），安徽寿县城南二里桥孙姓治智井时发现楚国黄金货币7块，其中有3块郢爰，重量分别为0.42两（清16两库秤，下同）、0.54两、0.63两不等。[②] 在所有楚金币中，只有郢爰是全国性货币，其他则都是地方性货币。郢爰铸行时间之长，流通地域之广，出土数量之多，均居其他爰金之首。郢爰中的“郢”字，即指郢都。今湖北宜城、江陵，河南的淮阳和安徽的寿县等地，都曾作过楚郢都，应先后为郢爰的铸造之地。

陈爰　陈爰以形制分有金版、金饼两种。其出土数量之多和流通地域之广在爰金中仅次于郢爰。方濬益《缀遗斋彝器款识考释》云：“有陈金钣铭，印款六枚相连，未经剪凿……残阙可辨者七字……孙幼泉太守所藏器，重一两强。”同书又云：“闻道光中寿城南谢家园孙氏别墅池得一钣，凡14枚相连。背有手掌痕，与阮文达公藏天册砖同，尤为奇异。咸丰末经乱失之。”前述1903年安徽寿县孙姓治智井时发现的楚国黄金货币中，有1块陈爰。爰金正面钤有6印，内2印残甚，仅剩一角，重1两余。[③] 陈爰之“陈”字，为陈县。1970年在安徽临泉艾亭集西南发现的50件爰金中，有8件被切割开的陈爰，是中华人民共和国成立以来的首次发现。其中最重的一块约30.7克，钤有二印，背侧有刻文。[④] 此后，陕西咸阳[⑤]、河南扶沟[⑥]、山东费县[⑦] 和湖北大冶[⑧] 都先

① 方濬益.缀遗斋彝器款识考释［M］.上海：商务印书馆，1935.

②③ 安徽省通志馆.安徽通志稿·金石古物考稿［M］.台北：成文出版社，1985.

④ 阜阳地区展览馆.安徽阜阳地区出土的楚国金币［J］.考古，1973（3）.

⑤ 咸阳市博物馆.咸阳市近年发现的一批秦汉遗物［J］.考古，1973（3）.

⑥ 河南省博物馆，扶沟县文化馆.河南扶沟古城村出土的楚金银币［J］.文物，1980（10）.

⑦ 朱活.古币三谈——谈我国先秦货币的龟贝、珠玉、金银［J］.中国钱币，1983（2）.

⑧ 大冶县博物馆.鄂王城遗址调查简报［J］.江汉考古，1983（3）.

后发现数量不等的陈爰。需要指出的是，除湖北大冶单独出土一块陈爰外，其他陈爰均同郢爰一起出土，而且陈爰的重量较郢爰轻。陈爰始铸的时间，迄今尚存歧见。黄德馨以为从楚第三次灭陈至迁都陈城即从公元前478年至公元前278年这200年中，楚王室可能将铸币权下放给陈县，铸行“陈爰”。① 如此说可从，则战国前期陈爰已开始铸行。

鄟锾　“鄟”或即鄟县。鄟本商代古国。公元前585年鲁占鄟。《左传·成公六年》曰：“取鄟，言易也。”说明鄟系弱小之国。《左传·昭公二十六年》曰：“盟于鄟陵”，即指此地。楚考烈王七年（公元前256年），楚灭鲁，鄟即为楚地。鄟的确切地望不详，清顾栋高《春秋大事表》卷5说：“或曰，在今山东沂州府郯城县东北。”也有学者认为在今山东兖州一带，离曲阜较近。前述1903年安徽寿县孙氏发现的7件楚爰金中，有一件“鄟锾”，重0.54两，正面有三印，均残，背面有阳文小印“丌”字。② 鄟锾应是楚并鄟地后铸行的地方性货币。从鄟系楚国东北要地且当中原与齐鲁交通要冲分析，楚很可能设有鄟县，果如是，鄟爰即鄟县所自铸金币。

郘（鄘）　1903年寿县孙氏发现的7块楚爰金中有“郘”2块，重量分别为0.69两、0.64两；正面各有2印、4印。③ 1974年在河南扶沟出土的爰金中，又发现“郘”字金版两块，正面钤有“郘”字篆体阴刻印文，其中一块存1整印和1半印，另一块仅存半印。④1978年5月，河南襄城发现窖藏金币47件，其中有“郘”字金版1块，重10.5克，四周有切割面，仅存1方印。⑤ “郘”又作“鄗”，⑥ 旧释为“颍”，欠妥。朱活认为，“郘”字为“少鼎”，即“鄘”字，鄘、蔡音近而通假，从而释“郘”为“蔡”。⑦ 此释可从。蔡故城本在今河南上蔡，继迁新

① 黄德馨. 楚爰金研究［M］. 北京：光明日报出版社，1991：73.
②③ 安徽省通志馆. 安徽通志稿·金石古物考稿［M］. 台北：成文出版社，1985.
④ 河南省博物馆，扶沟县文化馆. 河南扶沟古城村出土的楚金银币［J］. 文物，1980（10）.
⑤⑥ 郭建邦. 河南襄城出土一批古代金币［J］. 文物，1986（10）.
⑦ 朱活. 古币三谈——谈我国先秦货币的龟贝、珠玉、金银［J］. 中国钱币，1983（2）.

蔡，后迁下蔡（即今安徽凤台）。这些地方都可能是郇金的铸造地。而扶沟、襄城和寿县则分别距上蔡、新蔡和下蔡不远，故郇金极易流落至此。

卢金　1979 年安徽寿县出土的爰金中，有卢金整版金块 4 块和 1 件残存 3/4 印的碎块。整版每块重量在 250.15—266.05 克之间，平均重量为 260.52 克，介于郢爰与陈爰之间。[①]戳印皆为圆形，背、侧有阴刻数字或记号，一侧呈切割状痕。其中一块背面呈条纹，因冷阻呈两孔，其中之一是穿孔。卢金碎块重 9.3 克。卢金之“卢”，当为地名，赵德馨考证其地望位于今安徽舒城西南。[②]黄德馨则以为此“卢”位于今湖北襄阳市西南，原古卢戎国之地，楚灭卢戎后于其地设县，故卢金系楚卢县所自铸的地方性货币[③]。二说孰是，目前尚难断定。

鄗爰　1974 年在河南扶沟出土的爰金中曾发现一块鄗爰。出土时已被切割成不规则的四方形，正面钤有篆体阴文“鄗爰”二字，保留着三整印和二半印。“鄗”释作“栎”。《左传・昭公四年》载：“冬，吴伐楚，入棘、栎、麻”，即指此栎。栎，春秋时为郑邑，战国时为韩都。楚灭栎置县当在韩哀侯二年（公元前 375 年）韩灭郑并徙韩都于郑以前，故鄗爰的铸造时间应在战国早期[④]。栎之地望，据《路史・国名记》云：“昭公四年，吴入栎，有故栎城在新蔡故城西北。”大致可从[⑤]。鄗爰当即楚栎县铸造之爰金。这种金版是首次发现。

此外，楚国还出土有无印金版，1979 年安徽寿县出土爰金中有无印金版 8 块，正面无印记，除 1 块两侧呈原铸痕外，另 7 块的一侧均有直线的切割痕。从金版表面凹凸不平，且有大小不等的凹点和穿孔分析，应为造币时的废品，是作为币材而被保存的[⑥]。如 1974 年河南扶沟出土的 2 块无印金版中的一小块经观察系金液凝固时形成的小粒[⑦]，可为

①⑥ 涂书田．安徽寿县出土一大批楚金币［J］．文物，1980（10）．
② 赵德馨．楚国金币流通地域的考察［J］．江汉考古，1985（3）．
③④ 黄德馨．楚爰金研究［M］．北京：光明日报出版社，1991：75-76.
⑤ 朱活．楚金杂谭［J］．江汉考古，1983（3）．
⑦ 河南省博物馆，扶沟县文化馆．河南扶沟古城村出土的楚金银币［J］．文物，1980（10）

佐证。

（二）金饼

金饼以形制分，有实心与空心两种。前者底面平，上面中央部分隆起，似龟；后者底面平，上面呈球面，中间有空隙，像相连的龟甲龟壳。已发现的饼状“陈爰”残存6印。1972年陕西咸阳发现的3件饼状陈爰钤打有13或14个戳印，2件13个戳印者重量均为250克，1件14个戳印者重量为249克，二者相差无几。①无印记的金饼往往与郢爰、陈爰同出，无疑也是金币的一种。金饼的使用方法是，从圆周向圆心切割，碎块或呈半圆形和扇形，或呈三角形和楔形。

无印金饼在今安徽阜南和寿县、河南扶沟、江苏盱眙等地均有发现。1970年5月，安徽阜南发现的楚金币中，有无印金饼17块，共重270.186克，除1块为半圆形外，其余零碎小块多为楔形。②1974年4月河南扶沟出土数量最多，达197块。这批金饼只有2件形如马蹄者是完整的，其余都是碎块，多呈扇形，有的在底面或切割面有刻纹，有的在底面和切割面均有刻纹，其大小轻重不一，最大的一块半圆形，重89.5克。③1979年安徽寿县出土的4块无印金饼也都是碎块，重量分别为309.2克、339.75克、416.7克、437.21克。其中三角形2块，半圆形和楔形各1块。④从其两侧面或两腰部都是切口錾痕分析，其原状当为圆形金饼。1982年江苏盱眙发现的金币中，有10块楚金饼，底面微凹，表面隆起，其重量为248—379克。⑤

据黄德馨研究，圆饼金铸行时代应较早，在荆扬二州向天子贡献之一中，亦为“旅于上帝”与“以飨诸侯”的金币之一。春秋晚期，楚国始铸行爰金货币，虽然以版形金为基本形式，但并未完全排除圆饼形金币之

① 咸阳市博物馆．咸阳市近年发现的一批秦汉遗物［J］．考古，1973（3）．

② 阜阳地区展览馆．安徽阜阳地区出土的楚国金币［J］．考古，1973（3）．

③ 河南省博物馆，扶沟县文化馆．河南扶沟古城村出土的楚金银币［J］．文物，1980（10）．

④ 涂书田．安徽寿县出土一大批楚金币［J］．文物，1980（10）．

⑤ 姚迁．江苏盱眙南窑庄楚汉文物窖藏［J］．文物，1982（11）．

铸行，从带印圆饼金“陈爰”和“□爰”就可以充分说明这一点。[①]

楚国的爰金冥币中有圆形的一种，其中有极少铅质的，如湖北江陵太晖观所出者；也有大量陶质的，如湖南长沙等地所出者。从时间范围来看，从春秋末年至西汉中期都有；从地域来看，皆出自楚国境内的楚墓，或楚亡后原属楚地者，特别是安徽寿县，原为楚都，且与大批楚金同出；从形式来看，这些圆饼形冥币亦均不带印文。冥币是以实币为原型经过加工的，但是大量无印圆饼冥币，使我们十分有把握地推断，不带印文的圆饼金实币中也有属于楚国铸行的爰金金币。但是，一般说来，爰金在流通中切割后应有印以昭信用，因此，这种无印圆饼的数量从总的方面来说是不会很多的。[②]

三、银币

从现有资料来看，我国古代最早铸行银币的是楚国。同金币一样，楚银币从根本上说仍然属于称量货币。

（一）银币

1974 年在河南扶沟与金币一同出土的有 18 块铲状银币（银布），从而结束了长期以来关于楚国有无银币的争论。这批银布盛于一铜鼎之中，其铲首形状不一，有长有短，有方有圆，有空有实。按布身长度差异，可分为长、中、短三型：长型布 2 件，均为实首布，通长 13.7—15.7 厘米；中型布 10 件，也均为实首布，通长 14 厘米；短型布 6 件，其中空首布 1 件，实首布 5 件，通长 10—11 厘米。均无铸文。长型布一件重 188.1 克，一件因残破重 157.5 克；中型布有一件布首较长，重 206.4 克；短型空首布重 134.1 克，实首布各重 162.7 克。18 块总重量为 3072.9 克。[③]银为币材，是楚国货币文化的特点；布为币形，是中原货币文化的特点。银布在内容和形式上的统一，典型地体现了两种货币文化的融合。[④]

---

①② 黄德馨．楚爰金研究［M］．北京：光明日报出版社，1991：88-92.

③ 河南省博物馆，扶沟县文化馆．河南扶沟古城村出土的楚金银币［J］．文物，1980（10）.

④ 赵德馨．楚国金属货币币形［J］．江汉论坛，1983（5）.

（二）银版、银饼

根据文献记载和考古资料提供的信息，可做出楚有银版、银饼的推断，但目前仍缺乏这两种银币存在的确切证据。

商承祚《长沙古物闻见记》记有长沙楚墓出土的银郢爰。[①] 郑家相《中国古代货币发展史》第 200 页图版所示，有银版一块，面文“郢爰”二字，阴文铸成。在长沙战国楚墓中，发现有铅皮陶质郢爰，作长方版状，是银版郢爰的仿制品，说明当时很可能已有银版。

同金饼早于金版一样，银饼的铸行也早于银版。在湖北江陵楚墓出土的铅饼中，有的包有银箔，似为银饼的仿制品。在长沙出土的泥饼中，有的涂有银白色，当即银饼的象征。[②]

有趣的是，印度在公元前 4 世纪前后通行过方银饼，上面也打上各种标记，同样是用切割的方法来截开。[③] 考虑到楚国的丝绸和印度的琉璃曾存在过西去东来的交流这一历史事实，楚国的银饼同印度的银饼之间很可能有着某种联系。不过，限于资料，我们目前尚难以做出二者谁“源”谁“流”的判断来。

第四节　权衡度量

在春秋战国时代我国度量衡日臻完备的历史进程中，楚国的度量衡处于领先地位。由于在已出土的楚国度量衡器具中，权衡器具的发现远远超过了度器和量器，故本节的论述以权衡居首。

一、权衡器与衡制

权衡器又统称衡器。其实，这只是人们相沿成习的称谓，汉代以前的文献对权与衡还是有所区分的。权主要指秤锤，如《广雅·释器》：

---

① 商承祚．长沙古物闻见记［M］．南京：金陵大学中国文化研究所，1939.

② 张正明主编．楚文化志［M］．武汉：湖北人民出版社，1988：189.

③ 彭信威．中国货币史［M］．上海：上海人民出版社，1965.

“锤谓之权。”衡主要指秤杆，如《荀子·礼论》：“衡诚县矣，则不可欺以轻重。”因此，下面的介绍姑且将权器与衡器分开。

迄今为止，楚国的权器在湖南、湖北、安徽、江苏等省都有所发现，以湖南出土最多。在20世纪60年代末以前湖南清理发掘的2000余座楚墓中，有99座墓出土了春秋晚期至战国中期的铜权——砝码，其中最多的10个，最少的1个，共出土389个。砝码中最大的和最小的出土最少，标示中间重量的出土较多。①

已出土楚国铜砝码均为环形，故又称“环权”。环权断面大多作圆形，少数作菱形。环权以若干个为一套，已发现的最多以10个为全套。各套之间同类者直径、重量大致相同。下面介绍的是楚国几次主要的环权出土情况：1933年，安徽寿县朱家集出土的一套铜环权，共6枚，第4枚上刻有“郢子之官环”字样，“郢子”当系楚国贵族，“官环”表明是官府监制、颁发的环权。②1945年，湖南长沙近郊出土10枚一套环权，是迄今发现的唯一的整套环权，其中第9枚上刻有“均益”二字。③1954年，长沙市南郊左家公山15号战国晚期墓出土9枚铜环权，并伴出圆形泥饼金10余块。④1958年，时代为战国晚期的湖南常德德山50号墓出土6枚环权，同出的还有蚁鼻钱。⑤在江苏江宁板桥工地，出土6枚环权。⑥在湖北江陵雨台山楚墓中，有数座墓出土了权器，如时代为战国中期的419号墓出土的8枚铜环权，时代为战国晚期的410号墓、474号墓分别出土铜环权4枚和2枚。⑦1961年，时代为战国中期的湖北江陵太晖观6号楚墓出土铜环权1枚，同出的有铅饼冥金7件。⑧楚

① 高至喜.湖南楚墓中出土的天平和法马［J］.考古，1972（4）.

②⑥ 国家计量总局，中国历史博物馆，故宫博物院.中国古代度量衡图集［M］.北京：文物出版社，1984.

③ 楚文物展览会.楚文物展鉴图录［M］.北京：北京历史博物馆，1954.

④ 湖南省文物管理委员会.长沙出土的三座大型木椁墓［J］.考古学报，1957（1）.

⑤ 湖南省博物馆.湖南常德德山楚墓发掘报告［J］.考古，1963（9）.

⑦ 湖北省荆州地区博物馆.江陵雨台山楚墓［M］.北京：文物出版社，1984：89.

⑧ 湖北省博物馆.湖北江陵太晖观楚墓清理简报［J］.考古，1973（6）.

权器出土之丰，于此可知。

同权器出土的情况一样，楚国的衡器也主要出土于湖南、湖北、安徽、江苏等省，其中同样是以湖南出土最多。从 20 世纪 50 年代至 60 年代，湖南省博物馆在长沙、常德、衡阳等地区清理发掘了近 2000 座楚墓，出土天平的有 15 座，其中有 2 座墓出土的天平是完整的，另有一座有天平杆而无天平盘，其他 12 座只有天平铜盘。①1985 年 8 月，湖南省桃源县三汊港乡三元村发掘了战国中期偏晚楚墓一座，出土天平铜盘 2 件。②在时代为战国晚期的湖北江陵雨台山 535 号楚墓中，出土有天平木杆 1 件。③

湖南发现的两件完整的天平，一件出土于长沙左家公山 15 号楚墓，④一件出土于常德常棉 50 号楚墓，⑤二者均包括一根天平杆和两个铜盘。其中，前者天平杆为扁条形，长 27 厘米，正中和两端均有孔，分别用于穿提纽和系铜盘，铜盘底略圜，直径 4 厘米，边缘有 4 个系线用的小孔；后者天平杆长 21 厘米，正中及两端也有孔，铜盘直径 4.4 厘米，每个盘重 6.9 克。⑥

一般来说，权器、衡器的发展史是与金属货币的发展同步的。⑦但是，已出土的楚国权衡器却略早于其金属货币，这种现象尚有待于进一步考古发现做出解释。此外，我国已经出土的先秦时期的天平砝码，扫数出自楚墓，这也是一个值得关注的现象。

尽管从器具的角度来看，广义的“衡器”可分为权器与衡器。然而，若从制度的角度着眼，则只有衡制之称，这是因为权与衡的结合才

① 张正明主编 . 楚文化志［M］. 武汉：湖北人民出版社，1988：190.
② 常德地区文物工作队，桃源县文化局 . 桃源三元村一号楚墓［J］. 湖南考古辑刊，1987（4）.
③ 湖北省荆州地区博物馆 . 江陵雨台山楚墓［M］. 北京：文物出版社，1984：89.
④ 吴铭生、戴亚东 . 长沙出土的三座大型木椁墓［J］. 考古学报，1957（1）.
⑤ 湖南省博物馆 . 湖南常德德山楚墓发掘报告［J］. 考古，1963（9）.
⑥ 高至喜 . 湖南楚墓中出土的天平和法马［J］. 考古，1972（4）.
⑦ 黄德馨 . 楚爰金研究［M］. 北京：光明日报出版社，1991：33.

能发挥“制”的功能，二者的分离则无“制”可言。而称“衡制”不称“权制”，纯属约定俗成。

为了便于探讨楚国的衡制，现将前述楚国出土环权中几套比较完整的环权的有关实测数据列表如下：

表 10–1　安徽寿县朱家集出土的铜环权

序号	一	二	三	四	五	六
重量 / 克	3.7	7.6	15.6	31.4	62	125.5
外径 / 厘米	1.4	2	2.5	3.1	3.9	4.9

表 10–2　湖南长沙近郊出土的整套铜环权

序号	一	二	三	四	五	六	七	八	九	十
重量 / 克	0.69	1.3	1.9	3.9	8	15.5	30.3	61.6	124.4	251.3
外径 / 厘米	0.75	0.9	1.1	1.38	1.75	2.3	3.0	3.51	4.91	6.06

表 10–3　湖南长沙左家公山出土的铜环权

序号	一	二	三	四	五	六	七	八	九
重量 / 克	0.6	1.2	2.1	4.6	8	15.6	31.1	61.8	125
外径 / 厘米	0.72	0.88	1.03	1.4	1.7	2.36	2.96	3.82	4.95

表 10–4　湖南常德德山出土的铜环权

序号	一	二	三	四	五	六
重量 / 克	1.25	2.16	4.4	8.44	15.5	31.2
外径 / 厘米	0.8	0.9	1.7	1.8	2.1	3.5

表 10–5　江苏江宁板桥出土的铜环权

序号	一	二	三	四	五	六
重量 / 克	3.8	5.9	12.6	24.7	115.7	223.3
外径 / 厘米	1.2	1.9	1.9	2.2	3.8	6.1

表 10-6　湖北江陵雨台山出土的铜环权

序号	一	二	三	四	五	六	七	八
重量 / 克	1.98	3.8	7.25	7.75	15.77	30.9	62	125
外径 / 厘米	1.2	1.64	2.14	2.02	2.36	3.11	3.74	4.91

资料来源：张正明主编．楚文化志［M］．武汉：湖北人民出版社，1988：191–192.

楚地出土的砝码最小者仅重一铢（0.6 克），足见楚国当时的衡器制造技术已达到相当精密的程度。从上列诸表中可以看出，砝码的直径大小，各套之间的同类者大致相等。除明显不属于一套者外（如江苏江宁板桥出土的环权中个别环权显然不属于一套，湖北江陵雨台山出土的环权中第三、第四两枚重量接近，从其递进关系看，第三枚很有可能不属于一套），每套环权各砝码的重量基本上是以倍数递增的。由此可以推定，砝码表示的重量分别为一铢、二铢、三铢、六铢、十二铢（半两）、一两（二十四铢）、二两、四两、半斤、一斤。“均益”环权中一斤砝码的重量是 251.3 克。综合各套环权中最大砝码推算出的一斤重量以及依此法得出的一两、一铢重量，楚国衡制大致如下：

1 斤＝ 16 两≈ 250 克

1 两＝ 24 铢≈ 15.6 克

1 殊≈ 0.69 克[①]

有的学者进一步补充说：直到解放前夕，我国黄金商店一般通用戥子作衡器，采斤、两、钱、分制，最小感应量为 1 分，重约 0.31 克，约为楚国天平最小感应量 0.69 克即 1 铢的 1/2，由此可见 2000 多年前楚国衡制的成熟程度。[②]

但是，也有的学者认为类似计算数据虽符合，名称则未必如此。理由是“两”是后起的秦制，以“两”代楚金版的重量单位“爰”显然是喧宾夺主；斤虽见于记楚事的《战国策・楚策》，但“均益”二字见

① 丘光明．试论战国衡制［J］．考古，1982（5）.

② 黄德馨．楚爰金研究［M］．北京：光明日报出版社，1991：33.

于楚环权之上，安知不是指楚环权最小和最大的两枚呢？从而主张以“钧、爰、镒”作为楚人称黄金的单位，也即楚衡制的三级单位。① 这种看法固然值得重视，但其所标示的重量则有待进一步探讨。事实上，楚国衡制既有“益”（镒），又有“两”。如包山楚墓出土竹简第115简即有“鍒金一百益二益四两”的记载，第119简也有“陂異之金十益一益四两”的记载，足证楚人是镒、两并用的。② 但是，其递进关系目前尚不明确。不过，以斤、两、铢为楚衡制的三级单位，也主要是比附中原通行的衡制，并不一定完全代表楚衡制不同单位等级的名称。

二、度器与度制

如众所知，所谓度，即计算长短的标准；度器，即计算长短的器具。《尚书·舜典》：“同律度量衡。”郑玄注：“度，丈、尺也。”《汉书·律历志上》：“分、寸、尺、丈，引也，所以度长短也。”据文献记载，楚人十分重视“度”这项工作。《左传·襄公二十五年》记楚司马芀掩治理军赋，做的第一件事就是“度山林”。这里的“度”，即丈量山林面积。《商君书·算地》有“治草莱者不度地”，可互证。据前引《左传》记载，我们不难获得两点信息：第一，楚国已有相当完备的度器；第二，楚国应有专管计算工作的职官与技师。又《左传·宣公十一年》记楚“令尹芀艾猎城沂”，曾“称畚筑，议远迩”，即计算土方和器材、劳力的数字，研究取材和施工的远近。而从事上述工作，必须有完备的度具和从事计算工作的职官与技师。

楚国的度器，迄今只出土过2件，皆为铜尺。其中出土于安徽寿县楚幽王墓中的一件长22.5厘米，出土于湖南长沙战国楚墓中的一件长23厘米。这与代表中原度制的洛阳金村出土的战国铜尺长23厘米基本相合。可见，楚度制比较简单，且与中原列国无明显区别。

---

① 郭仁成．楚国经济史新论［M］．长沙：湖南教育出版社，1990：32.

② 湖北省荆沙铁路考古队．包山楚墓［M］．北京：文物出版社，1991：357.

三、量器与量制

楚国的量器，至今能确定的只有铜量。已发现的楚国铜量，共有6件，其中有5件出土于安徽，1件出土于江苏。现藏于安徽省博物馆的1935年安徽寿县朱家集楚王墓出土的一大一小2件铜量，器形均为筒形，直口缘，方唇，平底，中腹部置一环纽。① 其中大铜量表面粗糙，未经修理，浇铸合范痕迹尚存，水测容积为1140毫升；小铜量表面较为光滑，水测容积为216毫升，与商鞅方升、秦始皇方升容积相近似。② 据殷涤非介绍，寿县楚王墓还发现有1件水测容积为1200毫升的铜量，③ 但因其下落不明，故鲜为人知。1955年在安徽淮南征集到的1件楚国铜量，镌刻铭文因笔画细浅且绣蚀严重，难以指认，但依稀可辨为"楚□□陈郢□……"，其水测容积为1125毫升，当为官方颁行的标准量器。④ 1976年在安徽阜阳征集到凤台县郊区出土的1件铜量，形制与前述铜量相同，出土时已残破为12片，修复后仍略低于标准容量，水测容积为1110毫升，铜量腹部竖式镌刻有"郢大质之□笲"6字铭文1行。⑤ 江苏发现的楚铜量出土于铜山小龟山西汉崖洞墓中，量身镌刻有铭文："楚私官，重一斤一两十八铢"；"一斤一两十二铢"。⑥ 这种小铜量水测容积为200毫升，略低于安徽寿县楚王墓出土小铜量。此外，江苏盱眙南窑庄发现楚铜量壶1件，制作精美，有铭文："咠（容）一啬（一斗）五纷（升）"，水测容积为3000毫升。⑦

① 胡悦谦．试谈安徽出土的楚国铜量［M］// 中国考古学会第二次年会论文集．北京：文物出版社，1980：90.
② 马承源．商鞅方升和战国量制［J］．文物，1972（6）.
③ 殷涤非．楚量小考［M］// 古文字研究·第七辑．北京：中华书局，1981.
④ 胡悦谦．试谈安徽出土的楚国铜量［M］// 中国考古学会第二次年会论文集．北京：文物出版社，1980：90.
⑤ 安徽阜阳地区展览馆文博组．安徽凤台发现楚国"郢大质"铜量［J］．文物，1978（5）.
⑥ 南京博物院．铜山小龟山西汉崖洞墓［J］．文物，1973（4）.
⑦ 姚迁．江苏盱眙南窑庄楚汉文物窖藏［J］．文物，1982（11）.

寿县大铜量、淮南铜量、凤台铜量4件为同类量器，其标准容量即淮南铜量所测1125毫升。与寿县小铜量相比，其容积为5倍强。寿县小铜量未经修整数值偏低，若加工后增加9毫升，则为225毫升，恰好是大铜量的1/5。江苏铜山小铜量因为系“楚私官”所制，故容积略低于中央政府所颁行的标准小铜量。由此可见，楚小铜量为1升量，大铜量为5升量，量名为五进制的“筲”。“筲”与“筲”通。筲为竹器，圆筒状，刚好与此量器虽为铜质却仍仿竹器制作成竹筒状相吻合。据《说文》，筲，“饮筥也，受五升”；扬雄《方言》云：“筥（簇），南楚谓之‘筲’”。这又与安徽省博物馆所藏寿县楚王墓出土大铜量容积为小铜量容积5倍相契合。

迄今尚不能确定的楚国量器是“盆”和“鼓”。1972年6月在江苏铜山小龟山西汉崖洞墓中，与楚私官量同出的还有1件铜盆，已残破，其上有铭文：“一石九斗八升。”[①]很可能为量器。《荀子·富国篇》云：“今是土之生五谷也，人善治之则亩数盆，一岁而再获之。”荀子曾为楚兰陵令，其书著于楚，所言多系楚地之事，此处所谓“盆”，极可能是楚国量制中的一种计量单位和量器的名称。《考工记·陶人》云：“陶人为甗……盆实二鬴。”据《考工记·㮚人》，鬴大约相当于石（斛），1鬴＝10斗。所谓“盆实二鬴”，即1盆合2石（斛），亦即相当于20斗。而小龟山西汉崖洞墓中出土铜盆铭文为“一石九斗八升”，仅差2升即为2石。这或许是铸造时本来是以2石为标准，由于某种原因铸成经实测发现少了2升，故补刻铭文予以说明也并非没有可能。

楚国可能还有一种名“鼓”的量器和量制，惜未见实物验证。前引《荀子·富国》在“一岁而再获之”后接着说：“然后瓜桃枣李一本数以盆鼓”，意即以盆、鼓为单位对瓜桃李枣进行计量。鼓为量器，文献不乏其载，《左传·昭公二十九年》记：“遂赋晋国一鼓铁以铸刑鼎。”服虔注：“鼓，量名也。”《礼记·曲礼上》也有“献粺操量鼓也”的记

---

① 南京博物院.铜山小龟山西汉崖洞墓［J］.文物，1973（4）.

载，此处之“鼓”显然指量器。又《管子·地数》曰：“武王立重泉之戍，令曰：‘民有百鼓之粟者不行。’”此“鼓”，当也指量器。说明鼓为当时通行的量器。鼓的容积，文献有载。上引《礼记·曲礼上》曰：“献米者操量鼓”，郑注：“容十二石者为鼓。”又《管子·地数》：“百鼓之粟”，注云：“鼓，十二斛。”由此看来，鼓的容积是12石（斛），是盆的6倍。

此外，楚国虽然发现了“壶”这种量器实物，但尚不能肯定有壶这一量制单位。

以实物租税为主的剥削方式，要求量制逐步完备以符合统治阶级的利益。而且，楚国内部的政治斗争，在量制上也有所反映。如据《淮南子·人间训》记载，白公胜为争取人心，曾采取过“大斗斛以出，轻斤两以内（纳）”的策略，这显然是将量制作为政治斗争的一种手段。[①] 前述江苏铜山小龟山西汉崖洞墓出土楚私官小铜量，比出土于安徽寿县楚王墓的标准1升小铜量就少25毫升，这件私官铜量的铭文本身也表明是私人所铸。这类量器如用于“出”，分明是巧取豪夺：如用于“入”（纳），或许是像白公胜一样为笼络民心。

综上以观，楚量制大致如下：

1鼓＝6盆

1盆＝2石

1石＝10斗

1斗＝2筲＝10升≈2250毫升

1筲＝5升≈1125毫升

1升≈225毫升

由此可见，楚国的量制是比较完备的，这也是楚国商业发达的标志之一。

① 张正明主编．楚文化志［M］．武汉：湖北人民出版社，1988：194.

后　记

人们常用如释重负来形容完成某项重要而艰辛的工作或解除某种巨大精神压力后的感受。然而，当拙作《楚国经济史》杀青之际，我不但丝毫没有“如释重负”的体验，相反，似乎有一种更大的无形的压力向我步步进逼：作为“主考官”的读者会对我的“试卷”作何评判呢？当然，我关注的并非评语的本身，而是通过评语所反映出的因作者学识缺陷所导致的立论偏颇和行文失误。毋庸讳言，这种精神压力主要源于作者学术功力不足的心理折射，其间又交织着作者强烈的对补偏救弊之希冀与渴求的情结。这或许就是古人所谓“文章千古事，得失寸心知”吧！

拙作在撰写和出版过程中，承蒙不少师友帮助。我敬重的导师张正明先生不仅经常耳提面命，指示津梁，而且曾就一些重要问题同我反复切磋。每当我遇到困惑或遭受挫折时，高介华先生总忘不了及时给我以鼓励和扶持。尤其需要说明的是，尽管我与郭仁成先生对于楚国经济史的见解不尽相同，但郭先生颇著功力的《楚国经济史新论》，却给我以莫大的启示，令后学时生“先得我心”之慨。同样必须说明的是，友人程涛平博士于繁忙之中悉心审阅全稿，匡谬扶正，并以其未曾发表的博士论文见示，其识足道，其诚可钦！拙作还吸收了有关专家学者的研究成果，其中张正明、郭仁成、李学勤、何浩、吴永章、赵德馨、后德俊、黄锡全、王光镐、罗运环、喻宗汉、院文清等先生的有关著述，使我获益良多。诚然，限于篇幅、体例和其他种种因素，拙作对所引用的观点的注明难免有遗珠之憾，这种情况既包括对以上先生著述的征引，也包括对其他同仁有关研究成果的借鉴。特别是对某些以资料性为主的著述如《楚文化志》《楚文化考古大事记》和相关考古发掘报告、简报，拙作征引尤多，漏注之处更是在所难免。笔者在此郑重言明，不啻在于以不敢掠人之美相示，更重要的是借此机会求得有关师友的鉴谅！完稿以后，贾济东同志为书稿的誊抄付出了辛勤的劳动，在此，谨向所有直接或间接给予我帮助的良师益友表示由衷的谢忱！

还有一点有必要陈述的是，在本书撰写的最关键阶段，适逢我家旧居拆迁。为了“用志不分”，我只身蛰居于单位办公楼一斗室之中独伴青灯，而照料幼女及其他一切家务自然落到了我妻子刘铌的肩头。显然，对我辈这类并非成功者来说，倘若援引“每个成功的男人身后都有一个女人”这句几乎被世人认为带有“规律性”的“格言”，未免贻笑大方，但是，我却没有理由不在此对给予我鼎力支持的妻子表示深切的感激之情。

作者谨识

1993年仲夏于武昌东湖之滨

“增修版”补记

拙著《楚国经济史》系恩师张正明先生主编的大型学术丛书《楚学文库》之一种，1995 年 8 月由湖北教育出版社出版。该文库曾先后获得第十届中国图书奖和第三届国家图书奖，并有幸入选《荆楚文库》。欣逢湖北教育出版社拟推出“增修版”，我除了对原书进行了核校订正外，并增加了第六章第二节之“四”、第三节（仅保留原节名，内容全部重写）和第八章第七节，以上内容系弟子曾浪在我的指导下写出初稿，由我修改定稿；弟子薛源承担了全书的引文核校工作。曾浪和薛源为此付出的心血和汗水，让我感念至深。《荆楚文库》编辑部和湖北教育出版社的领导与专家也给予了极大的支持，责任编辑查丹更是鼎力玉成。值此增修再版之际，谨表示衷心的感谢！

刘玉堂

2022 年 10 月 15 日